21 世纪高职高专规划教材·财经管理系列

财务报表编制与分析实务

（修订本）

曹　军　刘翠侠　主　编

清 华 大 学 出 版 社
北京交通大学出版社
·北京·

内容简介

本书结合高职高专教育的特点和要求，依据财政部最新颁布的《企业会计准则》、《企业会计制度》，以通俗易懂的实例说明企业财务报表的编制方法与分析过程，尽量做到内容新颖、知识前沿、注重能力，全书具有较强的应用性和实践性。

全书共12章，第1章介绍财务报表概述，第2～6章介绍资产负债表、利润表、现金流量表、所有者权益变动表、合并财务报表的编制原理与实务，第7章介绍财务报表附注及说明，第8章介绍财务报表分析方法，第9～12章分别从短期偿债能力、资本结构与长期偿债能力、企业盈利能力、企业资产运用效率等方面对财务报表进行分析。为了便于学习，每章前面均附有学习目标，每章后均配有思考与练习题。

本书可以作为高等职业技术学院、高等专科学校等高职高专财经类专业的专业教材，也可作为与会计相关专业的基础课教材，还可以供在职人员学习编制财务报表和进行财务分析的自学和培训用书。

图书在版编目（CIP）数据

财务报表编制与分析实务/曹军，刘翠侠主编．—修订本．—北京：清华大学出版社；北京交通大学出版社，2007.6（2014.8重印）
（21世纪高职高专规划教材·财经管理系列）
ISBN 978－7－81082－321－0

Ⅰ．财…　Ⅱ．①曹…　②刘…　Ⅲ．①企业管理－会计报表－编制－高等学校：技术学校－教材　②企业管理－会计报表－会计分析－高等学校：技术学校－教材　Ⅳ．F275.2

中国版本图书馆CIP数据核字（2007）第034969号

责任编辑：张利军
出版发行：清 华 大 学 出 版 社　　邮编：100084　　电话：010－62776969
　　　　　北京交通大学出版社　　邮编：100044　　电话：010－51686414
印 刷 者：北京瑞达方舟印务有限公司
经　　销：全国新华书店
开　　本：185×230　印张：22.5　字数：580千字
版　　次：2007年6月第1版第1次修订　　2014年8月第12次印刷
书　　号：ISBN 978－7－81082－321－0/F·48
印　　数：38 001～40 000册　定价：31.00元

本书如有质量问题，请向北京交通大学出版社质监组反映。对您的意见和批评，我们表示欢迎和感谢。
投诉电话：010－51686043，51686008；传真：010－62225406；E-mail：press@bjtu.edu.cn。

出版说明

高职高专教育是我国高等教育的重要组成部分，它的根本任务是培养生产、建设、管理和服务第一线需要的德、智、体、美全面发展的高等技术应用型专门人才，所培养的学生在掌握必要的基础理论和专业知识的基础上，应重点掌握从事本专业领域实际工作的基本知识和职业技能，因而与其对应的教材也必须有自己的体系和特色。

为了适应我国高职高专教育发展及其对教学改革和教材建设的需要，在教育部的指导下，我们在全国范围内组织并成立了“21 世纪高职高专教育教材研究与编审委员会”（以下简称“教材研究与编审委员会”）。“教材研究与编审委员会”的成员单位皆为教学改革成效较大、办学特色鲜明、办学实力强的高等专科学校、高等职业学校、成人高等学校及高等院校主办的二级职业技术学院，其中一些学校是国家重点建设的示范性职业技术学院。

为了保证规划教材的出版质量，“教材研究与编审委员会”在全国范围内选聘“21 世纪高职高专规划教材编审委员会”（以下简称“教材编审委员会”）成员和征集教材，并要求“教材编审委员会”成员和规划教材的编著者必须是从事高职高专教学第一线的优秀教师或生产第一线的专家。“教材编审委员会”组织各专业的专家、教授对所征集的教材进行评选，对所列选教材进行审定。

目前，“教材研究与编审委员会”计划用 2～3 年的时间出版各类高职高专教材 200 种，范围覆盖计算机应用、电子电气、财会与管理、商务英语等专业的主要课程。此次规划教材全部按教育部制定的“高职高专教育基础课程教学基本要求”编写，其中部分教材是教育部《新世纪高职高专教育人才培养模式和教学内容体系改革与建设项目计划》的研究成果。此次规划教材按照突出应用性、实践性和针对性的原则编写并重组系列课程教材结构，力求反映高职高专课程和教学内容体系改革方向；反映当前教学的新内容，突出基础理论知识的应用和实践技能的培养；适应“实践的要求和岗位的需要”，不依照“学科”体系，即贴近岗位，淡化学科；在兼顾理论和实践内容的同时，避免“全”而“深”的面面俱到，基础理论以应用为目的，以必要、够用为度；尽量体现新知识、新技术、新工艺、新方法，以利于学生综合素质的形成和科学思维方式与创新能力的培养。

此外，为了使规划教材更具广泛性、科学性、先进性和代表性，我们希望全国从事高职高专教育的院校能够积极加入到“教材研究与编审委员会”中来，推荐“教材编审委员会”成员和有特色的、有创新的教材。同时，希望将教学实践中的意见与建议，及时反馈给我们，以便对已出版的教材不断修订、完善，不断提高教材质量，完善教材体系，为社会奉献更多更新的与高职高专教育配套的高质量教材。

此次所有规划教材由全国重点大学出版社——清华大学出版社与北京交通大学出版社联合出版，适合于各类高等专科学校、高等职业学校、成人高等学校及高等院校主办的二级职业技术学院使用。

21 世纪高职高专教育教材研究与编审委员会

2013 年 4 月

前言

(修订本)

2006年2月15日，财政部颁布了包括《企业会计准则——基本准则》和38项具体准则在内的企业会计准则体系，实现了我国会计准则与国际财务报告准则的实质性趋同，顺应了完善我国社会主义市场经济体制和经济全球化的需要。2006年10月30日，财政部颁布了会计准则应用指南，标志着适应我国社会主义市场经济发展进程、与国际准则趋同的会计准则体系基本建立。2007年1月1日起，上市公司等企业需执行企业会计准则体系，从而有效地提高会计信息质量。

在此次发布的会计准则体系中，和企业财务报表直接相关的会计准则包括《企业会计准则第30号——财务报表列报》、《企业会计准则第31号——现金流量表》、《企业会计准则第32号——中期财务报告》、《企业会计准则第33号——合并财务报表》、《企业会计准则第35号——分部报告》及涉及财务报表附注披露的若干会计准则。根据财政部发布的会计准则及应用指南的规定，我们对本书进行了修订。

在本次修订中，我们主要做了以下几方面的工作。

1．第1章中，在财务报表的分类上，将财务报表的内容表述为资产负债表、利润表、现金流量表、所有者权益变动表及财务报表附注。

2．第2章中，按照《财务报表列报》准则及其应用指南，对“资产负债表的编制原理与实务”一节的内容进行全面修订，删除了资产负债表附表的编制原理与实务的全部内容，尽量做到按新会计准则阐述资产负债表的编制。

3．第3章中，按照《财务报表列报》准则及其应用指南，对“利润表的编制原理与实务”一节的内容进行全面修订，删除了利润表附表的编制原理与实务的全部内容，尽量做到按新会计准则阐述利润表的编制。

4．第4章中，按照《现金流量表》准则及其应用指南，对现金流量表的格式和内容进行全面修订。

5．在新财务报表体系中，加入了所有者权益变动表，因此，本书中增加了所有者权益变动表的编制原理与实务一章，讲解所有者权益变动表的格式及编制原理与实务，从而使本书对财务报表的阐述更加完整。

6. 第6章中，按照《合并财务报表》准则及其应用指南，对合并财务报表的格式与编制内容进行全面修订，力求按准则的要求完整阐述合并财务报表的编制。

7. 第7章财务报表附注及说明按照《会计政策、会计估计变更和差错更正》、《或有事项》、《财务报表列报》、《关联方披露》准则及应用指南，对财务报表附注及说明的内容做了全面修订，力求在教材中准确完整地阐述准则的内容。

8. 第8～12章按照《企业会计准则——基本准则》和38项具体准则的内容做了全面的修订，力求在教材中准确完整地运用准则的内容对财务报表进行分析，说明企业报表数字后面的经济含义，达到报表编制与使用的相关性。

本次修订仍由曹军、刘翠侠担任主编。第1～6章由防灾科技学院刘翠侠负责修订，第7～12章由天津职业大学曹军负责修订。

由于对新发布会计准则的理解还不深入，加上作者水平有限，在本书的修订中，可能存在一些缺点、错误，恳请读者批评指正，以便我们在以后的修订中不断完善。同时，感谢广大读者对本教材的支持。

编　者

2013年4月

目录

第5章 所有者权益变动表的编制原理与实务

第6章 合并财务报表的编制原理与实务

第7章 财务报表附注及说明

第8章 财务报表分析概述

第9章 短期偿债能力分析

第10章 资本结构与长期偿债能力分析

第11章 企业盈利能力分析

第12章 企业资产运用效率分析

第1章 财务报表概述

【学习目标】

- ☑ 了解财务报表的编制目的。
- ☑ 掌握财务报表的不同分类。
- ☑ 理解财务报表的编制要求与注意事项。
- ☑ 理解财务报表的审查作用。

1.1 财务报表的编制目的

在企业日常的会计核算中，企业的各项经济业务都已按照一定的会计程序，在相关的会计账簿中全面、连续、系统地反映，但这些日常核算资料比较分散，不能集中而概括地反映企业的财务状况、经营成果及现金流量状况，不能给投资者、债权人、管理者进行投资决策及经营管理提供正确的信息。因此，企业有必要定期地将日常会计核算资料加以分类、汇总，使之成为具有内在联系的指标体系，这就需要编制财务报表。

财务报表是企业会计部门在日常会计核算资料的基础上，利用统一的货币计量单位，按照财务报表统一规定的格式、内容和编制方法定期编制的，综合反映企业财务状况和经营成果、现金流量状况的书面文件。一般来说，财务报表习惯上也称为会计报表。

1.1.1 帮助进行投资和信贷决策

财务报表应为现在和潜在的投资者、债权人提供有用的信息，以便帮助他们做出合理的投资、信贷决策。在市场经济条件下，企业生产经营所需的各项资金主要来自投资者的投资和债权人的贷款，投资和信贷都伴随着与其收益相当的风险。投资者在做出投资决策前，必须了解企业的营运资金运用情况，合理预测企业的经营前景与盈利能力，保证获得合理的投资回报；债权人在贷款决策前，必须预测企业的短期和长期偿债能力与支付能力，保证到期能及时、全额收回本息。投资者和债权人获得上述信息的最有效方式，就是利用企业编制的各种财务报表。

1.1.2 衡量企业管理人员的经营业绩

在社会主义市场经济条件下，资产所有权和经营权实现分离。一般而言，投资者投入企业的经济资源由专职的经营管理人员控制和使用，投资者往往不直接管理企业的生产经营活动。投资者虽然不直接管理企业的生产经营活动，但他可以采取考核和监督经营管理人员的业绩和受托责任的履行情况来维护自身的经济利益，这就需要借助财务报表了解企业的资产是否发生减值和毁损，资本是否实现保值和增值，企业的盈利能力是否达到预定目标等问题。财务报表可以揭示企业的财务状况和会计期间内的经营业绩、现金流量的有关信息，从而反映和衡量企业管理人员的受托经营责任及其完成情况。

1.1.3 加强对企业的领导和监督

企业的主管部门，可以利用财务报表掌握企业的经营情况，检查企业对国家有关法规、方针政策的执行情况，引导企业发展，适度地对企业进行间接调控；财政税务部门可以利用财务报表检查企业税款的计算是否正确，是否及时、足额地上缴国家；银行部门可以利用财务报表，检查、分析企业贷款的使用情况，判断企业能否到期足额偿还本息。

1.1.4 有利于企业内部的经营管理

企业的管理人员，可以利用财务报表提供的资料，检查、分析企业财务计划的完成情况，找到经营管理上的薄弱环节，制定改进措施；同时，企业的管理人员还可利用财务报表提供的实际数据，预测未来，为企业决策提供必要的数据，为编制下期财务计划提供必要的参考资料。

总之，编制财务报表是定期、总括地反映企业经济活动情况的一种专门方法，是会计核算的总结阶段。财务报表可以为各方面的财务报表使用者提供对决策有用的财务信息，促进社会资源的合理配置，为公众服务。因此，编制财务报表是企业不可缺少的一项工作，也是进行财务分析的基础。

1.2　财务报表的分类

1.2.1　按财务报表反映的经济内容分类

财务报表按反映的经济内容一般分为资产负债表、利润表、现金流量表、所有者权益（或股东权益）变动表。这四张报表是企业必须对外报送的会计报表。

资产负债表主要从企业的资产、负债、所有者权益方面反映企业的财务状况是否良好；利润表主要从企业的收入、费用、利润方面提供企业的利润或亏损情况等经营业绩；现金流量表主要反映企业现金及现金等价物的来源、运用及增减变动的情况；所有者权益变动表主要反映构成所有者权益的各组成部分当期的增减变动情况。

1.2.2　按财务报表的报送时间分类

财务报表按报送时间划分，可分为中期财务报表和年度财务报表。

中期是指短于一个会计年度的会计期间，中期财务报表是指在月末、季末或半年末编制的，反映该期间财务状况和经营成果及现金流量情况的财务报表，月份、季度、半年度财务报表都属于中期财务报表。年度财务报表是指在年末编制的，反映企业全年的财务状况、经营成果和现金流量状况的报表。通常，中期财务报表要求简明扼要，及时反映；年度财务报表要求披露完整，反映全面，中期财务报表所提供的信息少于年度财务报表。各财务报表的编制时间要求见表 1－1。

表 1－1　财务报表报送的时间要求

财务报表名称	编　报　期
资产负债表	中期报告、年度报告
利润表	中期报告、年度报告
现金流量表	中期报告、年度报告
所有者权益变动表	年度报告

1.2.3　按财务报表的服务对象分类

财务报表按服务对象划分，可分为对内财务报表和对外财务报表。

对内财务报表是指为企业的经营决策及职能部门提供的，不对外公布的财务报表。对内财务报表的格式、数量、内容、报送时间，由单位根据需要自行确定，灵活掌握，以便及时反馈生产经营信息，为管理者决策服务。如企业的成本表、赊销和现销比例表等，都属于对内报表。对外财务报表是指专门为投资者、债权人、政府部门等外部报表使用者编制的，必须定期对外公布的财务报表。对外财务报表的种类、格式、内容、编制时间等，均应执行国家有关制度的统一规定，企业不得擅自改动。资产负债表、利润表、现金流量表及所有者权益变动表均属于对外财务报表。本书所介绍的主要是企业对外财务报表的编制与分析。

1.2.4 按财务报表的编报单位分类

财务报表按编报单位有两种分类。

有上下级隶属关系的单位，财务报表可分为基层财务报表和汇总财务报表。基层财务报表是由独立核算的基层单位编制的反映本基层单位情况的报表；汇总财务报表是上级主管部门将基层财务报表汇总，加上自身报表编制而成的。

属于集团公司的，财务报表可分为个别财务报表和合并财务报表。个别财务报表是由有独立法人资格的公司编制的反映自身情况的财务报表；合并财务报表是反映母、子公司组成的企业集团这一会计主体的财务状况、经营成果和现金流量状况的财务报表，是从集团公司的角度出发，以母子公司的个别财务报表为基础，抵消母子公司内部交易的影响后编制而成。

需要注意的是，财务报表与财务会计报告的概念有所区别。财务会计报告包括财务报表、财务报表附注和财务情况说明书。财务报表是企业财务会计报告的主要组成部分；财务报表附注是为便于财务报表使用者理解财务报表的内容而对财务报表的编制基础、编制依据、编制原则和方法及主要项目等所做的解释，是对财务报表内容的补充说明；财务情况说明书是对企业财务情况的说明，财务情况说明书至少应对企业的生产经营基本情况、利润实现和分配情况、资金增减和周转情况等影响企业财务状况、经营成果和现金流量状况的重大事项做出说明。

1.3 财务报表的编制要求和注意事项

企业财务报表的编制，要遵守会计规范规定的统一编制要求，这样才有利于给外部报表使用者提供正确的经营决策信息；同时，对于不同报告期的财务报表，还有其特殊的要求。

1.3.1 财务报表的一般编制要求

1. 财务报表的编报必须及时

财务报表的信息具有极强的时效性，一旦过期，信息的价值就会丧失。因此，为使企业的投资者、债权人和政府管理部门充分利用财务报表资料，财务报表必须在会计期间结束后及时编制，并在规定期限内迅速上报。

我国财务报表的编制时间、报送时间是由国家发布的会计制度统一规定的。一般来说，资产负债表、利润表、现金流量表需要中期报告、年度报告。在财务报表的报送方面，上市公司月份财务报表一般应在月份终了后 6 天内报出，季度财务报表一般应在季度终了后 15

大内报出，半年度财务报表一般应在半年度终了后 60 天内报出，年度财务报表一般应在年度终了后 4 个月内报出。

2. 财务报表的格式必须规范

企业对外报送的财务报表的格式由财政部统一规定，各单位在编制财务报表时应严格执行，任何人不能任意改变财务报表项目的内容，不能增加、合列或减少报表项目，不得随意变更会计报表的格式。单位对外报送的财务报表采用统一的格式，有利于不同单位会计指标的口径一致和相互可比，也有利于国家有关部门进行会计指标的汇总，同时还提供了衡量一个单位的会计核算工作质量的标准之一。

3. 财务报表的质量必须保证

财务报表应当根据登记完整、核对无误的会计账簿记录和其他有关资料编制，任何人不得篡改或者授意、指使、强令他人篡改财务报表数字，做到财务报表的数字真实、计算准确、内容完整。

1）财务报表的编制要以真实合法的会计资料为基础

财务报表反映的信息应当与单位的财务状况、经营成果、现金流量状况相一致，要求每项会计记录都要有合法的会计凭证作为依据，一切会计资料必须真实反映单位经济活动实际，会计的计量、记录和确认必须根据国家统一会计制度和相关法规的规定处理。企业编制财务报表，必须以上述登记完整、核对无误的会计记录和其他有关资料为依据，财务报表所列数字应该客观地、有根据地确定，真实准确地反映企业经营活动信息。

2）财务报表的数字计算要准确

在会计账簿和其他有关资料真实可靠的前提下，严格按照会计制度规定编制财务报表，计算相关数据，做到表内各项目之间、财务报表与财务报表之间、本期报表与上期报表之间的有关数字应当相互衔接。严禁任何人用任何方式篡改财务报表数字，报送虚假的财务报表。

3）财务报表的内容填列要完整

财务报表的内容必须按照国家会计制度统一规定的内容填列，满足各方面对财务信息的要求。财务报表一般由财务报表名称、表头项目、主体项目、补充资料及有关人员的签章组成。财务报表的表头部分包括编制企业的确切名称、财务报表的报告日期或报告时期、财务报表的编号、财务报表的计价单位等内容；财务报表的主体部分主要列示财务报表的内容，包括项目名称、行次、上年财务报表的数字及本期需要报送的财务报表数据；财务报表的补充资料按照会计制度的要求列示有关内容；财务报表签章包括单位负责人、财务负责人、复核人及制表人的签章。上述财务报表项目必须填写齐全，按照规定的排列顺序填列，不允许随意改动。

总之，年度财务报表和中期财务报表都应遵守财务报表的一般编制要求，企业必须在规定的时间，按照规定的财务报表格式，对外报送内容完整、真实可靠的财务报表，才能满足各方面对财务信息的需求。

1.3.2 中期财务报表的编制要求

1. 遵循重要性原则

在确认、计量和披露中期财务报表项目时，应当遵循重要性原则。重要性原则的判断以中期财务报表数据为基础，依赖于会计人员的职业判断，根据具体情况做出分析和估计，决定在中期财务报表中需要披露的内容。通常，判断某个项目是否重要，应当将该项目的性质和金额一起予以考虑。例如，判断项目的金额重要性时，应当以资产总额、负债总额、所有者权益总额、营业收入总额、净利润等直接相关项目作为比较基础，并且综合考虑其他因素。有时，单独依据项目的金额或性质也可以判断其重要性，如发生会计政策变更，从性质上就可以判断该事项属于重要事项。

2. 采用与年度财务报表一致的格式和内容

中期财务报表的格式与内容应当与上年度财务报表的格式与内容保持一致。若当年新发布的会计准则对当年财务报表的格式和内容进行了修改，则中期财务报表按照修改后的格式和内容编制，同时调整上年比较财务报表的格式与内容。

3. 采用与年度财务报表一致的会计政策

企业应当在中期财务报表中采用与年度财务报表相一致的会计政策。如果在上年度资产负债表日之后发生了会计政策变更，且该变更了的会计政策将在本年度会计报表中采用，则中期会计报表应当采用该变更后的会计政策。

4. 提供比较会计报表

企业中期财务报表还应提供前期比较财务报表，以提高会计信息的可比性和有用性。

（1）本中期末的资产负债表和上年度末的资产负债表。例如，2006 年第一季度应提供第一季度与 2005 年度的资产负债表；2006 年的第二季度应提供第二季度与 2005 年度的资产负债表。

（2）本中期的利润表、上年度可比中期的利润表、年初至本中期末的利润表、上年度年初至可比中期末的利润表。例如，2006 年第一季度应提供 2006 年 1 月 1 日至 3 月 31 日的利润表，2005 年 1 月 1 日至 3 月 31 日的利润表；2006 年第二季度应提供 2006 年 4 月 1 日至 6 月 30 日的利润表，2005 年 4 月 1 日至 6 月 30 日的利润表，2006 年 1 月 1 日至 6 月 30 日的利润表，2005 年 1 月 1 日至 6 月 30 日的利润表。

（3）年初至本中期末的现金流量表和上年度年初至可比中期末的现金流量表。例如，2006 年第一季度应提供 2006 年 1 月 1 日至 3 月 31 日的现金流量表，2005 年 1 月 1 日至 3 月 31 日的现金流量表；2006 年第二季度应提供 2006 年 1 月 1 日至 6 月 30 日的现金流量表，2005 年 1 月 1 日至 6 月 30 日的现金流量表。

1.3.3 编制财务报表的注意事项

1. 编制财务报表前的注意事项

在编制财务报表前，企业必须保证本期发生的所有经济业务均已登入账，并且处理需以转账凭证方式记录和结转的经济业务。

（1）合理确认本期的收入和费用。

按照收入的确认原则，检查是否有收入提前确认或延后确认的情况，重点检查预收账款销售方式、分期收款销售方式等特殊的销售行为，保证真实确认本期实现的收入。同时，企业应当准确确认本会计期间应负担的成本费用，应摊销的待摊费用做到及时摊销，应预提的借款利息及时计入当期费用，保证本期的会计事项不延至以后各期。

（2）清查核实财产物资。

企业在编制财务报表前，尤其在编制年度财务报表前，应当做好各项财产物资的清查盘点工作，做到账实相符。企业的现金日记账余额与库存现金数额是否相符；银行存款日记账余额与银行对账单余额是否相符；原材料、在产品、库存商品等各项存货的实存数量与账面数量是否一致，是否有报废损失和积压物资的情况；房屋建筑物、机器设备等固定资产的实存数量与账存数量是否一致。企业对各项财产进行清查盘点后，及时处理各项财产的盘盈、盘亏及毁损情况，且按规定报批处理，及时调整账面记录，转销“待处理财产损溢”科目的余额。

（3）清理核对往来账目。

企业对于和其他单位的往来款项，在结账前也要清理核对，发现问题及时更正处理。往来款项的核对可以采用发函证的方法核对，对于核对不符的款项及时上报解决。对于长期挂账、无法收回的应收账款，符合坏账损失核销条件的，及时报批处理。

（4）结转并且分配企业损益。

企业编制年度财务报表前，必须将所有损益类科目转入本年利润，将本年利润的余额转入利润分配项目。同时，将企业利润分配各明细账的本期分配利润数转入“利润分配——未分配利润”明细账户。企业在年终结账前，所有的损益类账户应当没有余额，本年利润科目没有余额，除“利润分配——未分配利润”外，其他利润分配明细账户均没有余额。

总之，在编制财务报表之前，企业必须保证账证相符、账账相符、账实相符，编制总账科目余额表，对企业的当期业务进行试算平衡，然后编制财务报表，保证财务报表的真实性与准确性。

2. 编制财务报表时的注意事项

（1）财务报表必须按规定金额单位填制，我国一般以元（人民币）为金额单位。

（2）财务报表内的文字和数字的填列必须工整清晰，不得潦草；填写出现差错时，应按规定方法更正，并加盖制表人印章。

（3）财务报表内出现负数的项目，以“－”号表示，“－”号应在数字之前占两个数字格。

（4）财务报表中有“年初数”或“上年数”的项目，数字必须与上年度财务报表中同类项目的“期末数”或“本年数”核对一致。

（5）财务报表中规定的内容应填写完整，不得遗漏。

1.4 财务报表的审查

财务报表的审查是企业在报送财务报表前不可缺少的环节，也是保证财务报表质量的关键。财务报表的审查包括两个方面：一是内部审查，即单位领导的审查；二是外部审查，即注册会计师的审计。

1.4.1 单位领导对财务报表的审查

《会计法》和《会计基础工作规范》中规定，各单位向外报送的财务报表应当由单位领导人、总会计师等签章，单位领导人对报送财务报表的真实性、完整性负法律责任。从《会计法》和《会计基础工作规范》的规定可以看出，单位领导的审查并不是简单的工作程序，而是为了明确责任，表明单位领导已经认真审阅财务报表的内容，没有提出异议，且对财务报表的真实性、完整性承担法律责任。在实际工作中，有些单位领导人不认真审阅财务报表内容，随便签章了事；有的甚至将个人印章放在会计部门，由会计人员代替其在财务报表上签章，这是一种不负责任的表现，也是违反会计法的行为。

因此，各单位领导一定要明确自身签章应负的法律责任，强化法律意识，自觉遵守法规，根除授意、指使、强令他人篡改财务报表数字的不法行为，做到严格把关，认真审查，保证财务报表的真实性、完整性，使财务报表的质量从根本上得到保证。

1.4.2 注册会计师对财务报表的审计

我国的有关法规规定，股份制企业、对外投资企业和国有大、中型企业的财务报表必须委托注册会计师审计，其他企业也将逐步实行财务报表申请注册会计师审计的制度。企业年度财务报表应在年度终了后规定的时间内，连同注册会计师的查账报告一并报送主管财政机关。作为企业，应当配合注册会计师进行审计，如实提供会计凭证、会计账簿、财务报表和其他资料及有关情况，不得拒绝、隐匿、谎报，不得示意注册会计师出具不当的审计报告。

注册会计师审计，是指企业聘请中国注册会计师对其财务报表所反映的财务状况、经营成果和资金变动情况的合法性、公允性进行审计验证，做出客观公正的审计意见，出具适当的审计报告，以便财务报表使用者据以进行正确的经营决策与监督控制。注册会计师对财务报表审计业务质量承担法律责任。一般来说，审计报告分为无保留意见的审计报告、保留意见的审计报告、否定意见的审计报告、无法表示意见的审计报告。若注册会计师出具无保留意见的审计报告，说明企业采用的会计处理方法遵循会计准则及有关规定，财务报表内容完整，表达清楚，无重要遗漏，财务报表项目的分类和编制方法符合规定要求，财务报表反映的内容符合企业的实际情况，无保留意见意味着注册会计师认为财务报表的反映是公允的，能满足财务报表使用者的需要，并对发表的意见负责；若注册会计师出具保留意见的审计报告，说明注册会计师对被审计单位的财务报表持有异议或审计范围受到限制，一般认为企业的财务报表就整体而言是恰当的，但存在个别现象使注册会计师不能出具无保留意见的审计报告；若注册会计师出具否定意见的审计报告，说明财务报表不能公允地反映企业的财务状况、经营成果和现金流量状况，不能为各方面的报表使用者利用；若注册会计师出具无法表示意见的审计报告，说明注册会计师由于审计范围或客观环境受到严重限制，不能获取必要的审计证据，无法对财务报表的合法性、公允性发表审计意见。

随着我国经济体制改革的深化，债权人、投资者、银行、税务等各方面都十分关注与他们相联系企业的经营成果、财务状况及现金流量状况，希望得到真实可靠的财务信息。因此，对企业编制的财务报表的审查，保证其真实性、完整性显得至关重要。在企业内部审查财务报表后，再聘请有独立、公正职能的中国注册会计师进行审计，并且出具审计报告，可以大大增强外界对企业财务报表的信赖程度和可利用程度。一般来说，注册会计师的审计比单位领导的审查更具权威性，因为注册会计师是以独立于企业之外的第三者身份对财务报表进行审查的，出具的审计报告具有很高的信赖度，可以说没有注册会计师的鉴证，财务报表的可信性及其使用价值就会大打折扣。作为财务报表的使用者，在进行财务分析和财务决策时，可以参考注册会计师出具审计报告的类型，判断自身的投资决策。

思考与练习

1. 财务报表按反映的经济内容分为哪几类？
2. 财务报表的一般编制要求有哪些？
3. 财务报表的审查途径有哪些？

第2章 资产负债表的编制原理与实务

【学习目标】

- ☑ 熟悉资产负债表的格式和内容。
- ☑ 理解并掌握资产负债表的编制原理。
- ☑ 能够熟练编制资产负债表。

2.1 资产负债表概述

资产负债表是总括反映企业在某个特定日期（年末、半年末、季末、月末）的全部资产、负债、所有者权益情况的会计报表，是关于企业财务情况的记录。资产负债表反映出会计中最为基本的平衡公式，即“资产 = 负债 + 所有者权益”，表明企业在某个特定日期所拥有或控制的经济资源、所承担的现时义务和投资者对净资产的要求权，是企业必须按期编制的一张主要财务报表。

2.1.1 资产负债表的格式和内容

关于资产负债表的格式，目前国际上流行的主要有账户式和报告式两种，各国根据需要分别采用不同的格式。

1. 账户式资产负债表的格式和内容

账户式资产负债表，又称平衡式资产负债表，是将资产项目列在报表的左方，负债和所有者权益项目列在报表的右方，犹如会计中“T”型账户的左右分列。账户式资产负债表的平衡关系体现在左方的资产总额等于右方负债和所有者权益总额的合计，是左右两方的平衡。账户式资产负债表的简化格式见表 2-1。

表 2-1 资产负债表（账户式）

资产	负债和所有者权益
流动资产	流动负债
非流动资产	非流动负债
	（负债合计）
	实收资本
	资本公积
	盈余公积
	未分配利润
	（所有者权益合计）
资产合计	负债和所有者权益合计

2. 报告式资产负债表的格式和内容

报告式资产负债表又称垂直式资产负债表，将资产负债表的项目自上而下排列，首先列示资产项目，其次列示负债项目，最后列示所有者权益项目。报告式资产负债表的平衡关系体现在资产总额减负债总额等于所有者权益总额，它突出强调的是企业的所有者权益情况。报告式资产负债表的简化格式见表 2-2。

表 2-2 资产负债表（报告式）

项目	金额
资产：	
流动资产	
非流动资产	
（资产合计）	
负债：	
流动负债	
非流动负债	
（负债合计）	
所有者权益：	
实收资本	
资本公积	
盈余公积	
未分配利润	
（所有者权益合计）	

3. 我国资产负债表的格式和内容

我国企业的资产负债表一般采用账户式。一是账户式资产负债表利用“资产 = 负债 + 所有者权益”的平衡关系反映资产、负债和所有者权益的关系比较直观，易于理解和接受；二是账户式资产负债表将资产类项目单列在报表的左方，突出表明企业拥有或控制的资产情况，进一步表明企业的经营状况和发展前景。根据财政部2006年颁布的《财务报表列报》准则及应用指南的规定，一般企业资产负债表的格式如表2－4所示。

资产负债表的表首部分是报表的标志，有报表名称、编制单位、编报日期和金额单位。资产负债表是静态报表，编制日期应填列报告期末最后一天的日期。

资产负债表的正表部分是报表的主体，年度报表可按“年初余额”、“期末余额”列示金额。资产类各项目按资产流动性的高低，按由高到低的顺序排列，依次为流动资产、非流动资产；负债类项目按负债到期日由近到远的顺序排列，依次为流动负债、非流动负债；所有者权益类项目按其永久性递减的顺序排列，依次为实收资本（股本）、资本公积、盈余公积、未分配利润。资产负债表的左右两方存在着对应关系，左方反映企业在某个特定日期持有的不同形态的资产价值；右方反映的是企业对不同的债权人所应承担的偿付责任和属于投资人的资产价值，企业左方的“资产”总额等于右方“负债”总额加上“所有者权益”总额。

2.1.2 资产负债表的作用

1. 了解企业经济资源的种类及分布

通过资产负债表的资产项目，可以了解企业拥有的经济资源的种类及其分布，可以计算出企业流动资产、长期投资、固定资产及无形资产等各项资产在总资产中的比重，分析资产的构成是否合理，从而评估企业财力的强弱。

2. 评价企业的偿债能力

资产负债表中反映的流动性情况，有助于评价企业的短期偿债能力。所谓流动性是指资产转换成现金到期偿债所需时间。除现金本身外，资产变现越快，其流动性越强。短期偿债能力主要靠流动资产的流动性来衡量。资产负债表中流动资产与流动负债的相关信息能够反映资产的流动性，这些信息有助于评价企业的短期偿债能力。同时，长期投资与长期负债的相关信息能够反映企业长期偿债能力的高低。

3. 衡量企业的财务风险

通过资产负债表的负债项目，可以显示企业承担债务的不同偿还期限，了解企业面临的财务风险，可以看出企业有亟待偿还的流动负债的数额，且可算出流动负债和长期负债在总负债中所占比重，分析企业偿还债务的风险。同时，通过资产负债表的所有者权益项目，可以说明企业投资者对本企业资产所持有的权益份额，了解企业财务实力。

4. 预测企业的发展前景

通过资产负债表年初数和年末数的对比分析，可以看出企业的财务变动趋势：总资产是否增加，企业资产、负债、所有者权益增减数额，判断企业的财务状况是上升趋势，还是下降趋势。

2.2 资产负债表编制的原理与实务

2.2.1 资产负债表的编制原理

1. 资产负债表“年初余额”的填列原理

资产负债表“年初余额”栏内的各项目数字应根据上年度资产负债表各项目的“年末余额”栏的数字填列。如果本年度资产负债表规定的项目名称和内容同上年度资产负债表不一致时，应对上年度资产负债表的项目名称和内容做相应调整，按调整后的“期末余额”填入本年资产负债表的“年初余额”栏。

2. 资产负债表“期末余额”的填列原理

资产负债表“期末余额”栏内的各项目数字应当依据企业的总分类账户或有关明细账户的期末余额计算填列。有关报表中资产类项目，一般根据各资产类科目的借方余额填列；有关负债类和所有者权益类项目，一般应根据各相应科目的贷方余额填列。但是，由于资产负债表的项目与企业的会计账户之间不完全是一一对应关系，因此资产负债表中的一些项目需要对有关会计账户进行加工、整理后计算填列。根据资产负债表各项目的内容与填列方法，可将资产负债表期末余额的填列分为5种情况。

1）根据有关总账账户的期末余额计算填列

根据总账账户期末余额计算填列的资产负债表项目有“货币资金”和“存货”项目。

（1）“货币资金”项目

本项目反映企业库存现金、银行存款、外埠存款、银行汇票存款、银行本票存款和在途资金等货币资金的合计数。

“货币资金”项目的期末数＝“库存现金”账户的期末借方余额＋
“银行存款”账户的期末借方余额＋“其他货币资金”账户的期末借方余额

（2）“存货”项目

本项目反映企业期末在库、在途和加工中的各项存货的实际成本，应根据有关账户期末的借方余额、贷方余额相抵后的差额填列。

“存货”项目的期末数＝“原材料”账户的期末借方余额＋

“材料采购”账户的期末借方余额+“包装物”账户的期末借方余额+
“低值易耗品”账户的期末借方余额+“委托加工物资”账户的期末借方余额+
“生产成本”账户的期末借方余额+“库存商品”账户的期末借方余额+
“发出商品”账户的期末借方余额+“委托代销商品”账户的期末借方余额+
“受托代销商品”账户的期末借方余额-“受托代销商品款”账户期末的贷方余额-
“存货跌价准备”账户的期末贷方余额+
“材料成本差异”账户的期末借方余额（-贷方余额）-
“商品进销差价”账户的期末贷方余额+“消耗性生物资产”账户的期末借方余额

按照财政部发布的新会计准则的规定，企业也可用“周转材料”账户代替“包装物”和“低值易耗品”账户；“委托代销商品”账户也可并入“发出商品”账户；“代理业务资产”账户可代替“受托代销商品”账户；“代理业务负债”账户可代替“受托代销商品款”账户。“消耗性生物资产”账户主要反映从事与农业相关的生物资产的生产，是指为出售而持有的，或在将来收获为农产品的生物资产，包括生长中的大田作物、蔬菜、用材林及存栏待售的牲畜等，若企业提取了消耗性生物资产减值准备，该准备项目的期末余额要从“存货”项目中扣除。

2）根据总账账户所属有关明细账户的期末余额计算填列

（1）“应收账款”项目和“预收账款”项目

“应收账款”项目反映企业因销售产品和提供劳务而应向购买单位收取的各种款项，是企业的一项资产。“预收账款”项目反映企业预收购买单位的货款，是企业的一项负债。

当应收账款的某一个明细账户出现贷方余额时，虽然其一级科目仍是应收账款，但其性质已是企业的一项待偿还的负债，为正确反映企业的资产负债情况，在编制资产负债表时，应将该明细账户的余额列入企业的负债项目，即列入资产负债表中的“预收账款”项目。同样道理，当“预收账款”的某一明细账户出现借方余额时，应视为企业的一项资产，列入资产负债表中的“应收账款”项目。

“应收账款”项目的期末数=“应收账款”所属明细账户的期末借方余额合计-
“坏账准备”账户中依据应收账款的计提数+
“预收账款”所属明细账户的期末借方余额合计
“预收账款”项目的期末数=“预收账款”所属明细账户的期末贷方余额合计+
“应收账款”所属明细账户的期末贷方余额合计

例如，企业“应收账款”有两个明细账户：“应收账款——甲企业”，其期末余额在借方，为30 000元；“应收账款——乙企业”，其期末余额在贷方，为8 000元。“预收账款”有一个明细账户，其期末余额在贷方，为6 000元。假设企业未对应收账款计提坏账准备，则资产负债表中“应收账款”项目填列的金额为30 000元，“预收账款”项目填列的金额为14 000元。

(2)“预付账款”项目和“应付账款”项目

“预付账款”项目反映企业预付给供应单位的款项，是企业的一项资产。“应付账款”项目反映企业购买原材料或接受劳务应付给供应单位的款项，是企业的一项负债。填列两项目时，仍要根据“预付账款”和“应付账款”有关明细账户的期末余额分析填列。

“预付账款”项目的期末数 =“预付账款”所属明细账户的期末借方余额合计 +
“应付账款”所属明细账户的期末借方余额合计 −
“坏账准备”中依据预付账款计提数

“应付账款”项目的期末数 =“应付账款”所属明细账户的期末贷方余额合计 +
“预付账款”所属明细账户的期末贷方余额合计

例如，企业“应付账款”有两个明细账户：“应付账款——甲企业”，其期末余额在贷方，为 50 000 元；“应付账款——乙企业”，其期末余额在借方，为 6 000 元。“预付账款”有两个明细账户：“预付账款——丙企业”，其期末余额在借方，为 80 000 元；“预付账款——丁企业”，其期末余额在贷方，为 4 000 元。则资产负债表中“应付账款”项目填列的金额为 54 000 元，“预付账款”项目填列的金额为 86 000 元。

3）根据有关总账账户和明细账户的期末余额分析计算填列

(1)“一年内到期的非流动资产”项目和与其有关的非流动资产项目

在编制资产负债表时，将于资产负债表日起一年内（含一年）到期的非流动资产的金额，在流动资产中的“一年内到期的非流动资产”项目单独反映。涉及的非流动资产项目主要有“持有至到期投资”、“长期应收款”等。

“持有至到期投资”项目是指到期日固定、回收金额固定或可确定，且企业有明确意图和能力持有至到期的非衍生金融资产。在编制资产负债表时，将“持有至到期投资”账户余额中从编制资产负债表日起一年内到期（含一年）的长期债券的可收回金额，在流动资产大类下的“一年内到期的非流动资产”项目中单独反映。

“持有至到期投资”项目的填列数 =“持有至到期投资”账户的期末借方余额 −
该账户中计入“一年内到期的非流动资产”的金额 −
持有至到期投资计提减值准备的金额

例如，“持有至到期投资”账户的借方余额为 500 000 元，其中包括 2004 年 3 月购入的四年期国库券 300 000 元，2006 年年末购入的三年期企业债券 200 000 元。假设上述投资未发生减值，未计提减值准备，企业不存在其他一年内到期的非流动资产。在编制企业 2007 年度的资产负债表时，“一年内到期的非流动资产”项目填列的金额为 300 000 元，“持有至到期投资”项目填列的金额为 200 000 元。

“长期应收款”项目反映企业的长期应收款项，包括融资租赁产生的应收款项、采用递延方式具有融资性质的销售商品或提供劳务产生的应收款项等。

“长期应收款”项目的填列数 =“长期应收款”账户的期末借方余额 -
该账户中计入“一年内到期的非流动资产”的金额 -
“未实现融资收益”账户的余额

若“长期应收款”已计提坏账准备，也应从本项目扣除。

（2）“一年内到期的非流动负债”项目和与其有关的非流动负债项目

非流动负债中，将于编制资产负债表日起一年内（含一年）需偿还的各项长期借款、长期债券、长期应付款等非流动负债的数额，在流动负债中的“一年内到期的非流动负债”项目单独反映。

“长期借款”项目反映企业借入尚未归还的一年期以上的各项借款。本项目根据“长期借款”账户的期末贷方余额扣除将于一年内到期的长期借款金额后的差额填列。

“应付债券”项目反映企业发行的尚未偿还的各种长期债券的本息。本项目根据“应付债券”账户的期末贷方余额扣除将于一年内到期的债券金额后的差额填列。

“长期应付款”项目反映企业期末除长期借款和应付债券以外的其他各种长期应付款，包括采用补偿贸易方式引进国外设备款、融资租赁方式租入固定资产租赁费。本项目根据“长期应付款”账户的期末贷方余额扣除将于一年内到期的长期应付款金额，同时扣除“未确认融资费用”账户的期末余额后的差额填列。

“专项应付款”项目反映企业取得政府作为企业所有者投入的具有专项或特定用途的款项。本项目根据“专项应付款”账户的期末贷方余额扣除将于一年内到期的专项应付款的差额填列。

“其他非流动负债”项目反映企业除以上长期负债项目以外的其他非流动负债。本项目应根据有关账户的期末余额填列，如果其他长期负债价值较大的，应在会计报表附注中披露其内容和金额。

例如，企业“长期借款”账户的期末贷方余额为 800 000 元，其中 2005 年 6 月借入的三年期借款 500 000 元，其余为 2006 年年末借入的三年期借款。“应付债券”的贷方余额为 600 000 元，均为 2005 年初发行的五年期企业债券。假设企业没有其他长期负债，在编制企业 2007 年度的资产负债表时，“一年内到期的非流动负债”项目填列的金额为 500 000 元，“长期借款”项目填列的金额为 300 000 元，“应付债券”项目填列的金额为 600 000 元。

4）根据总账账户余额减去其相应备抵项目金额后的净额填列

除前面涉及的已扣除备抵项目金额的各项目外，按总账账户余额减去其备抵项目金额后的净额填列的项目还包括以下内容。

（1）“其他应收款”项目

本项目反映企业对其他单位和个人的应收和暂付的款项，应根据“其他应收款”账户的期末借方余额减去“坏账准备”账户中有关其他应收款计提的坏账准备期末余额后的差额填列。除“其他应收款”外的其他应收款项提取的坏账准备，从对应的应收款项的项目扣除。

（2）“可供出售金融资产”项目

本项目是指初始确认时即被指定为可供出售的非衍生金融资产，以及除以公允价值计量且其变动计入当期损益的金融资产、持有至到期投资、贷款和应收款项以外的金融资产。“可供出售金融资产”科目核算企业持有的可供出售金融资产的公允价值，包括可供出售的股票投资、债券投资等金融资产，按可供出售金融资产的类别和品种设明细核算，包括“成本”、“利息调整”、“应计利息”、“公允价值变动”等明细。本项目根据“可供出售金融资产”账户的期末借方余额扣除可供出售金融资产计提的减值准备的差额填列。

（3）“长期股权投资”项目

本项目核算企业持有的能够对被投资单位实施控制、共同控制、重大影响的权益性投资及对被投资单位不具有控制、共同控制或重大影响，在活跃市场上没有报价且公允价值不能可靠计量的权益性投资的净额。本项目根据“长期股权投资”账户的期末借方余额减去“长期股权投资减值准备”账户的期末贷方余额的差额填列。

（4）“投资性房地产”项目

本项目是指企业为赚取租金或资本增值，或两者兼有而持有的能单独计量和出售的房地产，包括已出租的土地使用权、持有并准备增值后转让的土地使用权、已出租的建筑物。“投资性房地产”科目反映按成本模式计量的投资性房地产的成本及按公允价值计量的房地产价值。本项目根据“投资性房地产”账户的期末借方余额扣除“投资性房地产累计折旧”账户和“投资性房地产减值准备”账户的期末贷方余额的差额填列。

（5）“固定资产”项目

本项目反映企业各种固定资产的净额，根据“固定资产”账户的期末借方余额扣除“累计折旧”账户和“固定资产减值准备”账户的期末贷方余额的差额填列。有关“累计折旧”和“固定资产减值准备”增减变动的详细情况，在会计报表附注中进行披露。

（6）“在建工程”项目

本项目反映企业期末各项未完工工程的实际支出，包括交付安装设备的价值、未完建筑工程已经耗用的材料、工资费用支出、预付出包工程价款、已经建筑安装完毕但尚未交付使用的建筑安装工程成本等。本项目应根据“在建工程”账户的期末借方余额扣除“在建工程减值准备”账户的期末贷方余额的差额填列。

（7）“工程物资”项目

本项目反映企业各项工程尚未使用的工程物资的实际成本，根据“工程物资”账户的期末借方余额扣除“工程物资减值准备”账户的期末贷方余额的差额填列。

（8）“生产性生物资产”项目

本项目反映为产出农产品、提供劳务或出租等目的而持有的生物资产，包括经济林、薪炭林、产畜和役畜等。本项目根据“生产性生物资产”账户的期末借方余额扣除“生产性生物资产累计折旧”账户和“生产性生物资产减值准备”账户的期末贷方余额的差额填列。

（9）“油气资产”项目

本项目反映石油天然气开采企业持有的矿区权益和油气井及相关设施的原价，根据“油气资产”账户的期末借方余额扣除“累计折耗”账户和“油气资产减值准备”账户的期末贷方余额的差额填列。

（10）“无形资产”项目

本项目反映企业各项无形资产原价扣除摊销数、减值准备的账面价值。本项目应根据“无形资产”账户的期末借方余额扣除“累计摊销”账户和“无形资产减值准备”账户的期末贷方余额的差额填列。

（11）“商誉”项目

本项目反映企业在非同一控制下企业合并中形成的商誉价值，即购买方支付的合并成本大于合并中取得的被购买方可辨认净资产公允价值份额的差额。本项目根据“商誉”账户的期末借方余额扣除商誉减值准备后的差额填列。

在资产负债表中，对于各项资产减值准备均在相应的项目中进行扣除。同时，为了反映各项减值准备的增减变动情况，应在会计报表附注中进行了详细披露。

5）根据总账账户的期末余额直接填列

除了上述4大项涉及的项目外，资产负债表内大多数的资产、负债、所有者权益项目都可根据总账账户的期末余额直接填列。

（1）“交易性金融资产”项目

本项目主要是指企业为了近期内出售而持有的金融资产的公允价值，比如企业以赚取差价为目的从二级市场购入的股票、债券、基金等。本项目应根据“交易性金融资产”账户的期末借方余额填列。

（2）“应收票据”项目

本项目反映企业期末尚未收到并且未向银行贴现的商业承兑汇票、银行承兑汇票的金额。本项目应根据“应收票据”账户的期末借方余额填列。若企业对应收票据计提了坏账准备，应从本项目扣除。

（3）“应收利息”项目

本项目反映企业因债权投资应收而未收的利息，一般核算分期付息的债券的应收利息。本项目根据“应收利息”账户的期末借方余额填列。若企业对应收利息计提了坏账准备，应从本项目中扣除。

（4）“应收股利”项目

本项目反映企业因股权投资而应收取的现金股利及应收其他单位利润。本项目根据“应收股利”账户的期末借方余额填列。若企业对应收股利计提了坏账准备，应从本项目中扣除。

（5）“其他流动资产”项目

本项目反映企业除流动资产中所列项目外的其他流动资产。本项目应根据有关账户的余额填列，如果其他流动资产价值较大，应在会计报表附注中披露其内容和金额。

(6)“固定资产清理”项目

本项目反映企业因出售、毁损、报废等原因转入清理但尚未清理完毕的固定资产净值，以及在固定清理过程中所发生的清理费用和变价收入等各项余额的差额。本项目应根据“固定资产清理”账户的期末借方余额填列，如为贷方余额，以“－”号填列。

(7)“开发支出”项目

本项目反映企业在研究和开发无形资产过程中发生的能够资本化形成无形资产成本的各项支出。本项目根据“研发支出”科目中所属的“资本化支出”明细科目期末余额填列。

(8)“长期待摊费用”项目

本项目反映企业尚未摊销的开办费、租入固定资产的改良支出及大修理支出、摊销期限在一年以上的其他待摊费用的金额。本项目根据“长期待摊费用”账户的期末借方余额填列。若长期待摊费用中有一年内（含一年）摊销的部分，在“一年内到期的非流动资产”项目填列，余额应从本项目中扣除。

(9)“递延所得税资产”项目

本项目反映采用债务法进行所得税会计核算的企业所发生的可抵扣暂时性差异产生的递延所得税资产。本项目根据“递延所得税资产”账户的期末借方余额填列。

(10)“其他非流动资产”项目

本项目反映除资产负债表中列示的非流动资产以外的其他长期资产。本项目应根据有关账户的期末借方余额填列。

(11)“短期借款”项目

本项目反映企业借入尚未归还的一年期以内的借款。本项目应根据“短期借款”账户的期末贷方余额填列。

(12)“交易性金融负债”项目

本项目反映企业承担的交易性金融负债的公允价值，根据“交易性金融负债”账户的期末贷方余额填列。

(13)“应付票据”项目

本项目反映企业开出并承兑的尚未到期付款的应付票据，包括银行承兑汇票和商业承兑汇票。本项目应根据“应付票据”账户的期末贷方余额填列。

(14)“应付职工薪酬”项目

本项目反映企业为获得职工提供的服务而给予各种形式的报酬及其他相关支出，包括职工工资、奖金、津贴和补贴；职工福利费；医疗保险费、养老保险费、失业保险费、工伤保险费和生育保险费等社会保险费；住房公积金；工会经费和职工教育经费；非货币性福利；因解除与职工的劳动关系给予的补偿及其他与获得职工提供的服务相关的支出。本项目根据“应付职工薪酬”账户的期末贷方余额填列。

(15)“应交税费”项目

本项目反映企业按税法规定应交的各项税费，包括增值税、消费税、营业税、所得税、资源税、土地增值税、城市维护建设税、房产税、车船使用税、土地使用税、教育费附加、矿产资源补偿费及企业代扣代缴的个人所得税等。本项目应根据“应交税费”账户的期末贷方余额填列，如为借方余额，以“－”号填列。

(16)“应付利息”项目

本项目反映企业按照合同约定应支付的利息，包括吸收存款、分期付息到期还本的长期借款、企业债券等应支付的利息。本项目根据“应付利息”账户的期末贷方余额填列。

(17)“应付股利”项目

本项目反映企业期末应付而未付给投资者及其他单位和个人的现金股利或利润，本项目应根据“应付股利”账户的期末贷方余额填列，如为借方余额，应以“－”号填列。

(18)“其他应付款”项目

本项目反映企业除应付账款、应付票据、预收账款、应付职工薪酬、应付利息、应付股利、应交税费、长期应付款以外的其他各种应付或暂收其他单位或个人的款项，如应付包装物、固定资产租金、存入保证金等。本项目应根据“其他应付款”账户的期末贷方余额填列。

(19)“其他流动负债”项目

本项目反映企业除资产负债表中列示的流动负债项目外的其他流动负债。本项目应根据有关账户的期末余额填列，如果其他流动负债价值较大，应在会计报表附注中披露其内容和金额。

(20)“预计负债”项目

本项目反映企业确认的各项预计负债，包括对外提供担保、未决诉讼、产品质量保证、重组义务、亏损合同等预计负债。本项目根据“预计负债”账户的期末贷方余额填列。

(21)“递延所得税负债”项目

本项目反映采用债务法进行所得税会计核算的企业所发生的应纳税暂时性差异产生的递延所得税负债。本项目根据“递延所得税负债”账户的期末贷方余额填列。

(22)“其他非流动负债”项目

本项目反映企业除资产负债表中列示的非流动负债项目外的其他非流动负债。本项目应根据有关账户的期末余额填列。

(23)“实收资本（或股本)”项目

本项目反映企业实际收到的资本总额。本项目应根据“实收资本（或股本)”账户的期末贷方余额填列。

(24)“资本公积”项目

本项目反映企业收到投资者出资额超过其在注册资本或股本所占份额的部分及直接计入所有者权益的利得或损失。本项目根据“资本公积”账户的期末贷方余额填列。

(25)“库存股”项目

本项目反映企业持有的尚未注销或转让的本公司股份的金额。本项目根据“库存股”账户的期末借方余额填列。

（26）“盈余公积”项目

本项目反映企业利润分配过程中所积累的法定盈余公积和任意盈余公积的金额。本项目应根据“盈余公积”账户的贷方余额填列。

（27）“未分配利润”项目

本项目反映企业尚未分配的利润或留待以后年度弥补的亏损。编制年度会计报表时，本项目应根据“利润分配”账户的期末贷方余额填列，如为借方余额，以“－”号填列。若编制中期会计报表，根据“利润分配”账户的余额和“本年利润”账户的余额计算填列。

2.2.2 资产负债表的编制实务

1. 会计资料

【例 2－1】远东股份有限公司是从事产品生产的工业企业，企业 2007 年发生的经济业务及有关的会计处理、会计账户见 4.4 节——“编制会计报表的会计资料”。

根据远东股份有限公司 2007 年度的经济业务，该企业总账账户期末余额表如表 2－3 所示。

表 2－3 总账账户期末余额表

单位：元

账户名称	借方余额	账户名称	贷方余额
库存现金	500	坏账准备	23 400
银行存款	3 958 701	累计折旧	668 110
其他货币资金	110 000	累计摊销	13 000
交易性金融资产	10 000	短期借款	100 000
应收票据	168 580	应付票据	425 338
应收账款	468 000	应付账款	105 947
预付账款	138 233	其他应付款	16 700
其他应收款	1 200	应付职工薪酬	30 100
材料采购	150 000	应交税费	7 370
原材料	362 000	应付利息	53 800
周转材料	20 000	长期借款	1 250 000
库存商品	5 075 860	股本	10 000 000
长期股权投资	402 532	资本公积	235 700
固定资产	2 145 647	盈余公积	211 686
工程物资	92 500	利润分配	380 584
在建工程	202 348		
无形资产	125 000		
长期待摊费用	90 634		
合　　计	13 508 735	合　　计	13 508 735

各总账账户中，坏账准备的余额23 400元均为按应收账款余额计提数；应收账款、预付账款明细账户的余额均在借方；应付账款、预收账款明细账户的余额均在贷方；长期借款中没有一年内将要到期的长期借款。

2. 编制资产负债表的步骤

（1）根据原始凭证编制记账凭证，登记总账及明细账，并进行账账核对、账实核对及账证核对。

（2）在保证所有会计业务均入账的前提下，编制试算平衡表，检察会计账户的正确性，为编制资产负债表做好准备。

（3）依据试算平衡表中资产、负债、所有者权益等账户的余额，结合有关明细账户的余额，计算并填列资产负债表的各项目。

（4）检验资产负债表的完整性及正确性，包括表头部分的填制是否齐全、资产总额是否与负债及所有者权益合计相等、各项目的填列是否正确等。

（5）有关人员签字盖章。

3. 编制资产负债表的实务

企业2007年度的资产负债表中，“年初余额”栏的数字是按2006年度资产负债表的“期末余额”过入的（2006年度的资产负债表略），“期末余额”栏的数字是按照资产负债表的编制原理计算得出的。

“货币资金”项目金额 =“库存现金” + “银行存款” + “其他货币资金”余额 =
500 + 3 958 701 + 110 000 = 4 069 201（元）

“应收账款”项目金额 =“应收账款”余额 − “坏账准备”余额 =
468 000 − 23 400 = 444 600（元）

“存货”项目金额 =“材料采购”余额 + “原材料”余额 +
“周转材料”余额 + “库存商品”余额 =
150 000 + 362 000 + 20 000 + 5 075 860 = 5 607 860（元）

“固定资产”项目金额 =“固定资产”余额 − “累计折旧”账户余额 =
2 145 647 − 668 110 = 1 477 537（元）

“无形资产”项目金额 =“无形资产”余额 − “累计摊销”余额 =
125 000 − 13 000 = 112 000（元）

资产负债表中其他各项目的金额按照相对应总账账户的余额直接填列。企业编制完成的资产负债表见表2－4。

表 2-4　资产负债表

会企 01 表

编制单位：远东股份有限公司　　2007 年 12 月 31 日　　单位：元

资　产	期末余额	年初余额	负债和所有者权益（或股东权益）	期末余额	年初余额
流动资产：			流动负债：		
货币资金	4 069 201	4 619 465	短期借款	100 000	200 000
交易性金融资产	10 000	210 000	交易性金融负债	0	0
应收票据	168 580	368 580	应付票据	425 338	585 338
应收账款	444 600	119 000	应付账款	105 947	105 947
预付账款	138 233	108 233	预收账款	0	0
应收利息	0	0	应付职工薪酬	30 100	3 500
应收股利	0	0	应交税费	7 370	450
其他应收款	1 200	2 500	应付利息	53 800	0
存货	5 607 860	5 508 400	应付股利	0	0
一年内到期的非流动资产	0	0	其他应付款	16 700	16 700
其他流动资产	0	0	一年内到期的非流动负债	0	750 000
流动资产合计	10 439 674	10 936 178	其他流动负债	0	0
非流动资产：			流动负债合计	739 255	1 661 935
可供出售金融资产	0	0	非流动负债：		
持有至到期投资	0	0	长期借款	1 250 000	854 800
长期应收款	0	0	应付债券	0	00
长期股权投资	402 532	302 532	长期应付款	0	0
投资性房地产	0	0	专项应付款	0	0
固定资产	1 477 537	1 422 973	预计负债	0	0
在建工程	202 348	202 348	递延所得税负债	0	0
工程物资	92 500	0	其他非流动负债	0	0
固定资产清理	0	0	非流动负债合计	1 250 000	854 800
生产性生物资产	0	0	负债合计	1 989 255	2 516 735
油气资产	0	0	所得有权益（或股东权益）：		
无形资产	112 000	205 000	实收资本（或股本）	10 000 000	10 000 000
开发支出	0	0	资本公积	235 700	235 700
商誉	0	0	减：库存股	0	0
长期待摊费用	90 634	100 634	盈余公积	211 686	185 430

续表

资　产	期末余额	年初余额	负债和所有者权益（或股东权益）	期末余额	年初余额
递延所得税资产	0	0	未分配利润	380 584	231 800
其他非流动资产	0	0	所有者权益（或股东权益）合计	10 827 970	10 652 930
非流动资产合计	2 377 551	2 233 487			
资产总计	12 817 225	13 169 665	负债和所有者权益（或股东权益）合计	12 817 225	13 169 665

单位负责人：李东　　财会负责人：韩柳　　复核：刘南　　制表：何红

2.2.3　资产负债表编制中应注意的问题

1. 注意会计账户与会计报表项目的对应关系

由于资产负债表各项目与会计账户的名称并非固定的一一对应，有的报表项目根据某一账户的余额直接填列；有的报表项目根据几个账户余额分析计算填列，如应收账款项目；有的报表项目根据几个账户的余额合计填列，如存货项目。因此，在填制资产负债表时，要严格按照编制说明的要求进行，保证会计报表的客观真实。

2. 资产价值必须按实际成本反映

在会计核算中，由于经济业务繁简不一，会计处理方法也有可供选择的余地，但在编制资产负债表时，不管企业的会计核算采用何种方法，资产的价值必须按实际成本反映。存货采用计划成本法进行日常核算的企业，在填列资产负债表时，应注意采用材料成本差异账户将存货的计划成本调整为实际成本进行反映。

3. 注意准确运用数字符号

编制资产负债表时，要注意数字符号的正确选用，若选用得当，能准确、完整地反映企业的财务状况，若选用不当，则可能引起对财务状况的误解。凡是某报表项目没有对应项目的，该项目所出现的相反方向余额，应以“-”号填列在资产负债表中。例如，“应付职工薪酬”、“应交税费”等账户若出现借方余额时，均应以“-”号填入报表的相应项目内。凡是某项目有对应项目的，该项目所出现的相反方向余额，在对应项目中反映，不以“-”号反映，这些项目包括“应收账款”与“预收账款”、“应付账款”与“预付账款”。例如，“预收账款”项目原本属于负债类项目，反映企业预收购货单位的购货款，一般根据“预收账款”账户贷方余额填入资产负债表的“预收账款”项目内，但如果企业实际销售的商品款项大于实收的预收账款，则“预收账款”账户的借方余额应填入相应的“应收账款”项目内，而不应以“-”号填入“预收账款”项目反映。

4. 注意不包括在资产负债表中的项目

按照新颁布的《企业会计制度》的规定，资产是指过去的交易或事项形成并由企业拥有或者控制的资源，该资源预期会给企业带来经济利益。按照资产的定义，能给企业带来经济利益是资产的主要特征，不能给企业带来经济利益的资产不应反映在企业的资产负债表中。因此，“待处理财产损溢”账户余额不在资产负债表中反映，若企业期末该账户中仍有未转销的余额，应及时报批处理，然后才能编制资产负债表。

思考与练习

1. 资产负债表能否表明企业某一会计年度发生的变化？为什么？
2. 资产负债表中各项目的年末数如何填列？
3. 某公司2007年度各总账账户的期末余额见表2-5，有关明细账户的余额见表2-6。

表2-5　总账账户期末余额表

单位：元

账户名称	借方余额	账户名称	贷方余额
库存现金	478	短期借款	280 000
银行存款	281 522	应付票据	368 000
其他货币资金	10 000	应付账款	185 000
应收票据	50 000	应付职工薪酬	4 000
应收账款	250 000	应交税费	10 500
坏账准备	-750	应付股利	50 000
其他应收款	52 350	其他应付款	1 000
材料采购	90 000	长期借款	503 100
原材料	303 200	股本	4 000 000
周转材料	173 000	资本公积	140 000
生产成本	234 650	盈余公积	210 000
库存商品	621 300	利润分配	50 000
持有至到期投资	600 000		
固定资产	2 325 600		
累计折旧	-170 000		
在建工程	470 000		
无形资产	360 000		
长期待摊费用	150 250		
合　计	5 801 600	合　计	5 801 600

表 2-6 明细账户余额表

单位：元

总分类账户	明细账账户	期末余额		备注
		借方	贷方	
应付账款	光耀公司		212 000	
	佛山实业公司		38 500	
	申明工厂	65 500		
持有至到期投资	债券投资	100 000		2008 年 5 月到期
	其他投资	500 000		2010 年 1 月到期
长期借款	专用借款		153 100	2005 年 3 月借入，3 年期
	更新改造借款		350 000	2005 年借入，4 年期

要求：

编制该公司 2007 年度的资产负债表。

第3章

利润表的编制原理与实务

【学习目标】

- ☑ 熟悉利润表的格式与内容。
- ☑ 理解并掌握利润表的编制原理。
- ☑ 能够熟练编制利润表。

3.1 利润表概述

利润表是反映企业一段时期（中期、年度）内利润或亏损情况的会计报表，反映的主要内容是企业在一定期间内的经营收支和经营成果。

3.1.1 利润表的格式和内容

1. 单步式利润表的格式和内容

单步式利润表将所有的收入及所有的费用和支出分别汇总，两者相减得出本期净利润。按年报送的单步式利润表的格式见表3-1。

表3-1 利润表（单步式）

编制单位： 年 月 单位：元

项 目	本期金额	上期金额
一、收入		

续表

项　　目	本期金额	上期金额
主营业务收入 其他业务收入 投资收益 营业外收入 …… 收入合计 二、成本与费用 主营业务成本 营业税金及附加 其他业务支出 销售费用 管理费用 财务费用 营业外支出 所得税费用 …… 成本与费用合计 三、净利润		

单步式利润表的优点是结构简单，而且对一切收入和费用不分彼此先后，可避免使人误认为收入与费用的配比有先后顺序；缺点是单步式利润表所提供的资料，不能直观判别企业营业收益和非营业收益对实现利润的影响，也不能直观判别主要经营业务与次要经营业务收益对实现利润的影响，在进行比较分析时十分不方便。

2. 多步式利润表的格式和内容

多步式利润表按净利润形成的主要环节，将各种收入及相关的成本费用在表中分别对应列示，算出各种净收入，最后计算企业的净利润或亏损数额。按年报送的多步式利润表的格式见表3－2。

表3－2　利润表（多步式）

会企02表

编制单位：远东股份有限公司　　　　2007年12月　　　　单位：元

项　　目	本期金额	上期金额
一、营业收入	600 000	略
减：营业成本	430 000	
营业税金及附加	1 200	
销售费用	10 000	
管理费用	76 100	
财务费用	51 800	
资产减值损失	19 900	

续表

项　　目	本期金额	上期金额
加：公允价值变动收益（损失以“－”号填列）	0	
投资收益（损失以“－”号填列）	120 000	
其中：对联营企业和合营企业的投资收益	0	
二、营业利润（亏损以“－”填列）	131 000	
加：营业外收入	85 000	
减：营业外支出	4 000	
其中：非流动资产处置损失	4 000	
三、利润总额（亏损总额以“－”填列）	212 000	
减：所得税费用	36 960	
四、净利润（净亏损以“－”填列）	175 040	
五、每股收益		
（一）基本每股收益	略	
（二）稀释每股收益	略	

单位负责人：李东　　财会负责人：韩柳　　复核：刘南　　制表：何红

多步式利润表可向会计报表使用者提供更为详细的信息，使用者可以从不同的利润项目中了解企业经营成果的不同来源，有利于企业之间和本企业前后期各对应项目的对比，有助于对管理业绩的评价和对企业未来收益的预测。

3. 我国利润表的格式和内容

目前，我国使用的是多步式利润表，按年报送的利润表按“本期金额”和“上期金额”列示。

我国利润表的具体格式见表 3－2。利润表的计算过程被分解成营业利润、利润总额、净利润三步，其计算步骤如下：

营业利润＝营业收入－营业成本－营业税金及附加－销售费用－管理费用－财务费用－资产减值损失＋公允价值变动收益（－损失）＋投资收益（－损失）

利润总额＝营业利润＋营业外收入－营业外支出

净利润＝利润总额－所得税费用

3.1.2 利润表的作用

1. 反映企业利润形成的过程

利润表通过营业利润、利润总额、净利润三个步骤的计算，反映企业利润的形成过程，揭示利润总额各构成要素之间的内在联系。同时，利润表通过各项收入与费用的配比，揭示企业投入和产出的关系，确定企业在一定期间内盈利还是亏损，以表明企业经营成果的大小。

2. 评价企业的盈亏状况

利润表可使报表使用者正确评价企业的盈亏状况，衡量企业管理者的工作业绩。利润是企业全部收入减去全部支出后的差额，是一个具有高度综合性的反映企业经营业绩的指标。利润表中的各项收入、各种费用都直接影响企业的利润总额，通过利润表，有利于评估企业的投资价值、管理业绩和信用情况。

3. 预测企业未来的盈利状况

利润表有利于报表使用者分析预测企业未来的盈利能力。多步式的利润表，反映了企业的利润形成过程及构成情况，通过对表中前后期的营业利润、利润总额、净利润的对比分析，可以测定企业损益及未来的发展变化趋势。

3.2 利润表编制的原理与实务

3.2.1 利润表的编制原理

1. 利润表“上期金额”的编制原理

在编制年度利润表时，“上期金额”栏填列上年度各项收入、费用的全年实际发生数，一般从上年度利润表的“本期金额”栏的数字过入。如果上年度利润表和本年度利润表的项目名称和内容不一致，应对上年度利润表的项目名称和数字按本年度的规定进行调整，填入本年利润表的“上年金额”栏。

2. 利润表“本期金额”的编制原理

利润表的“本期金额”编制依据是各相关损益类账户的本期实际发生额，具体数字根据相关账户的借方、贷方发生额分析填列。

1）“营业收入”项目

本项目反映企业在销售商品、提供劳务过程中实现的主营业务收入金额和除主营业务外所实现的其他业务收入的金额。本项目应根据“主营业务收入”账户、“其他业务收入”账户的本期贷方发生额填列。如果企业当期有销货退回和销售折让等情况引起主营业务收入或其他业务收入的减少，应以“主营业务收入”、“其他业务收入”账户的贷方发生额抵减其借方发生额后的差额填列。

2）“营业成本”项目

本项目反映企业因销售产品和提供劳务等主营业务而发生的主营业务成本和出售材料成

本、出租固定资产折旧、出租无形资产摊销等其他业务成本。本项目根据“主营业务成本”账户、“其他业务成本”账户的本期借方发生额填列。如果企业当期有销货退回等业务，应以两账户的借方发生额抵减其贷方发生额后的差额填列。

3)“营业税金及附加”项目

本项目反映企业经营活动发生的营业税、消费税、城市维护建设税、资源税、教育费附加等相关税费。本项目应根据“营业税金及附加”账户的借方发生额分析填列。

4)“销售费用”项目

本项目反映企业在销售商品、材料和提供劳务过程中发生的各种费用，包括保险费、包装费、展览费和广告费、商品维修费、预计产品质量保证损失、运输费、装卸费及为销售本企业产品而专设的销售机构（含销售网点、销售机构网点）的职工薪酬、业务费、折旧费等经营费用。本项目应根据“销售费用”账户的借方发生额分析填列。

5)“管理费用”项目

本项目反映企业为组织和管理企业生产经营所发生的管理费用，包括企业在筹建期间内发生的开办费、董事会和行政管理部门在企业的经营管理中发生的或由企业统一负担的公司经费（包括行政管理部门职工的工资及福利费、物料消耗、低值易耗品摊销、办公费和差旅费等）、工会经费、董事会费（包括董事会成员津贴、会议费和差旅费）、聘请中介机构费、咨询费（含顾问费）、诉讼费、业务招待费、房产税、车船使用税、土地使用税、印花税、技术转让费、矿产资源补偿费、研究费用、排污费等。本项目根据“管理费用”账户的本期借方发生额填列；若管理费用有贷方发生额，则按其借、贷方发生额相抵后的差额填列。

6)“财务费用”项目

本项目反映企业为筹集生产经营所需资金而发生的筹资费用，包括利息收入（减利息支出）、汇兑损益及相关的手续费、企业发生的现金折扣及收到的现金折扣等。本项目可根据“财务费用”账户的本期借方发生额减去贷方发生额后的差额填列。

7)“资产减值损失”项目

本项目反映企业计提的各项减值准备所形成的损失，包括计提的坏账准备、存货跌价准备、可供出售金融资产减值准备、持有至到期投资减值准备、长期股权投资减值准备、投资性房地产减值准备、固定资产减值准备、工程物资减值准备、在建工程减值准备、生产性生物资产减值准备、油气资产减值准备、无形资产减值准备、商誉减值准备等。本项目可根据“资产减值损失”账户的本期借方发生额减去贷方发生额后的差额填列。

8)“公允价值变动收益”项目

本项目反映企业交易性金融资产、交易性金融负债及采用公允模式计量的投资性房地产、衍生工具、套期保值业务等公允价值变动形成的应计入当期损益的利得或损失。本项目根据“公允价值变动损益”账户的借方发生额与贷方发生额的差额分析填列。

9）“投资收益”项目

本项目反映企业以各种方式对外投资所取得的收益或发生的损失。本项目应根据“投资收益”账户的贷方发生额减去借方发生额的差额填列。如为投资损失，即“投资收益”账户的借方发生额大于其贷方发生额，则以“-”号填列。同时在利润表中，要求单独列示“对联营企业和合营企业的投资收益”金额。

10）“营业外收入”项目

本项目反映企业发生的各项营业外收入，包括非流动资产处置利得、非货币资产交换利得、债务重组利得、政府补助、盘盈利得、捐赠利得等。本项目根据“营业外收入”账户的贷方发生额填列。

11）“营业外支出”项目

本项目反映企业发生的各项营业外支出，包括非流动资产处置损失、非货币资产交换损失、债务重组损失、非常损失、公益性捐赠支出、盘亏损失等。本项目应根据“营业外支出”账户的借方发生额填列。

12）“所得税费用”项目

本项目反映企业确认的、应从当期的利润总额中扣除的所得税费用。本项目应根据“所得税费用”账户的借方发生额填列。

13）“净利润”项目

本项目反映企业当期所实现的税后利润金额或发生的亏损金额，根据利润总额减去所得税费用的金额计算求得。

14）“每股收益”项目

每股收益是衡量上市公司盈利的重要指标，该比值越大，说明每股的获利能力越强，对股东越有利。普通股或潜在普通股已公开交易的企业及正处于公开发行普通股或潜在普通股过程中的企业应当在利润表中分别列示基本每股收益和稀释每股收益，并在报表附注中披露有关信息。

“基本每股收益”未考虑潜在的普通股，直接按普通股股东的当期净利润除以发行在外普通股的加权平均数计算求得。

“稀释每股收益”是在考虑潜在普通股稀释性影响的基础上，对基本每股收益的分子、分母进行调整后再计算每股收益。我国的潜在普通股主要包括可转换公司债券、认股权证、股票期权等。对分子净利润的调整体现在三个方面：一是当期已确认为费用的稀释性潜在普通股的利息；二是稀释性潜在普通股转换时将产生的收益或费用；三是调整时应当考虑相关的所得税影响。对分母普通股数的调整表现在股数的调增上，即计算基本每股收益时的普通股加权平均数加上全部具有稀释性潜在普通股转换成已发行普通股而增加的普通股股数的加权平均数之和。

3.2.2 利润表的编制实务

1. 会计资料

【例3-1】远东股份有限公司2007年的有关“主营业务收入”、“主营业务成本”等损益类账户的本期发生额如表3-3所示。

表3-3 损益类账户本期发生额

单位：元

账户名称	借方发生额	贷方发生额	账户名称	借方发生额	贷方发生额
主营业务收入		600 000	财务费用	51 800	
主营业务成本	430 000		营业外支出	4 000	
销售费用	10 000		所得税费用	36 960	
营业税金及附加	1 200		投资收益		120 000
管理费用	76 100		营业外收入		85 000
资产减值损失	19 900				

2. 编制利润表的步骤

（1）根据原始凭证编制记账凭证，登记总账及明细账，并进行账账核对、账实核对及账证核对。

（2）在保证所有会计业务均入账的前提下，编制试算平衡表，检察会计账户的正确性，为编制会计报表做好准备。

（3）依据损益类账户的本期发生额，计算并填列利润表的各项目。

（4）检验利润表的完整性及正确性，包括表头部分的填制是否齐全、各项目的填列是否正确、各种利润的计算是否正确。

（5）有关人员签字盖章。

3. 编制实务

按各账户的实际借方发生额或贷方发生额直接填列利润表的对应项目，编制完成的利润表见表3-2。

思考与练习

1. 利润表能够反映企业的什么财务信息?

2. 如何编制利润表?

3. 某公司 2007 年的损益类账户的本期实际发生额如表 3-4 所示。

表 3-4 某公司 2007 年损益类账户本期发生额 单位:元

账户名称	借方发生额	贷方发生额	账户名称	借方发生额	贷方发生额
主营业务收入	268 000	7 827 000	管理费用	246 000	
主营业务成本	4 760 000		财务费用	185 600	
销售费用	565 000		投资收益		60 000
营业税金及附加	604 720		营业外收入		140 000
其他业务收入		384 700	营业外支出	781 750	
其他业务成本	156 000		所得税费用	278 728	

要求:

根据以上资料编制该公司 2007 年度的利润表。

第 4 章

现金流量表的编制原理与实务

【学习目标】

- ☑ 熟悉现金流量表的格式与内容。
- ☑ 掌握企业现金流量的分类。
- ☑ 理解现金流量表的编制基础及编制范围。
- ☑ 掌握现金流量表各项目的填列原理。
- ☑ 能够采用简易方法熟练编制现金流量表。
- ☑ 理解工作底稿法和 T 形账户法。
- ☑ 掌握现金流量表补充资料的填列方法。

4.1 现金流量表概述

在经济发展中，现金与现金流量和一个企业的生存、发展、壮大息息相关，“现金至上”的观念名副其实。尤其对组织规模大、结构日趋复杂的大型企业来说，现金的多少显得更为重要。财政部 1998 年发布了《企业会计准则——现金流量表》，2001 年对现金流量表准则进行了修订，2006 年对该准则进行了再次修订。

现金流量表是以现金及现金等价物为编制基础，以收付实现制为原则，定期编制的、反映企业现金流量信息的会计报表。通过现金流量表，可以提供企业一定会计期间内现金和现金等价物流入和流出的信息，便于会计报表使用者了解和评价企业获取现金和现金等价物的能力，据以预测企业未来的现金流量。企业应在中期期末、年末编制现金流量表，及时反映企业的现金流量状况，满足各方面对现金信息的需求。

4.1.1 现金流量表的格式和内容

根据财政部2006年颁布的第31号准则《现金流量表》及其应用指南，一般企业现金流量表的具体格式见表4－1。

表4－1 现金流量表

会企03表

编制单位：远东股份有限公司　　2007年12月　　单位：元

项　目	行次	本期金额	上期金额
一、经营活动产生的现金流量			
销售商品、提供劳务收到的现金	1	541 500	略
收到的税费返还	3	0	
收到的其他与经营活动有关的现金	8	0	
经营活动现金流入小计	9	541 500	
购买商品、接受劳务支付的现金	10	555 640	
支付给职工以及为职工支付的现金	12	140 000	
支付的各项税费	13	85 200	
支付的其他与经营活动有关的现金	18	16 624	
经营活动现金流出小计	20	797 464	
经营活动产生的现金流量净额	21	－255 964	
二、投资活动产生的现金流量			
收回投资收到的现金	22	220 000	
取得投资收益收到的现金	23	100 000	
处置固定资产、无形资产和其他长期资产收回的现金净额	25	401 000	
处置子公司及其他营业单位收到的现金净额	26	0	
收到的其他与投资活动有关的现金	28	30 000	
投资活动现金流入小计	29	751 000	
购建固定资产、无形资产和其他长期资产支付的现金	30	460 500	
投资支付的现金	31	100 000	
取得子公司及其他营业单位支付的现金净额	32	0	
支付的其他与投资活动有关的现金	35	30 000	
投资活动现金流出小计	36	590 500	

续表

项　　目	行次	本期金额	上期金额
投资活动产生的现金流量净额	37	160 500	
三、筹资活动产生的现金流量			
吸收投资到的现金	38	0	
取得借款收到的现金	40	400 000	
收到其他与筹资活动有关的现金	43	0	
筹资活动现金流入小计	44	400 000	
偿还债务支付的现金	45	700 000	
分配股利、利润或偿付利息支付的现金	46	154 800	
支付的其他与筹资活动有关的现金	52	0	
筹资活动现金流出小计	53	854 800	
筹资活动产生的现金流量净额	54	-454 800	
四、汇率变动对现金及现金等价物的影响	55	0	
五、现金及现金等价物净增加额	56	-550 264	
加：期初现金及现金等价物余额	57	4 619 465	
六、期末现金及现金等价物余额	58	4 069 201	

现金流量表附注是对现金流量表的补充说明，包括用间接法披露将净利润调节为经营活动现金流量净额、当期取得或处置子公司及其他营业单位的有关信息、披露的现金及现金等价物的情况。现金流量表附注的具体格式见表 4-2、表 4-3、表 4-4，该现金流量表附注的格式适用于一般企业、商业银行、保险公司、证券公司等各类企业。

表 4-2　现金流量表的补充资料

单位：元

补充资料	本期金额	上期金额
1. 将净利润调节为经营活动现金流量		
净利润	175 040	
加：资产减值准备	19 900	
固定资产折旧、油气资产折耗、生产性生物资产折旧	102 436	
无形资产摊销	13 000	
长期待摊费用摊销	10 000	
处置固定资产、无形资产和其他长期资产的损失（收益以“-”填列）	-85 000	
固定资产报废损失（收益以“-”填列）	4 000	
公允价值变动损失（收益以“-”填列）	0	

续表

补充资料	本期金额	上期金额
财务费用（收益以“-”填列）	36 800	
投资损失（收益以“-”填列）	-120 000	
递延所得税资产减少（增加以“-”号填列）	0	
递延所得税负债增加（减少以“-”号填列）	0	
存货的减少（增加以“-”号填列）	-99 460	
经营性应收项目的减少（增加以“-”号填列）	-174 200	
经营性应付项目的增加（减少以“-”号填列）	-138 480	
其他	0	
经营活动产生的现金流量净额	-255 964	
2. 不涉及现金收支的重大投资和筹资活动		
债务转为资本	0	
一年内到期的可转换公司债券	0	
融资租入固定资产	0	
3. 现金及现金等价物净变动情况		
现金的期末余额	4 069 201	
减：现金的期初余额	4 619 465	
加：现金等价物的期末余额	0	
减：现金等价物的期初余额	0	
现金及现金等价物净增加额	-550 264	

单位负责人：李东　　财会负责人：韩柳　　复核：刘南　　制表：何红

表4-3　当期取得或处置子公司及其他营业单位的信息披露

一、取得子公司及其他营业单位的信息披露格式	金额
1. 取得子公司及其他营业单位的价格	
2. 取得子公司及其他营业单位支付的现金及现金等价物	
减：取得子公司及其他营业单位持有的现金及现金等价物	
3. 取得子公司及其他营业单位支付的现金净额	
4. 取得子公司的净资产	
流动资产	
非流动资产	
流动负债	
非流动负债	

续表

二、处置子公司及其他营业单位的信息披露格式	金额
1. 处置子公司及其他营业单位的价格	
2. 处置子公司及其他营业单位收到的现金及现金等价物	
减：取得子公司及其他营业单位持有的现金及现金等价物	
3. 处置子公司及其他营业单位收到的现金净额	
4. 处置子公司的净资产	
流动资产	
非流动资产	
流动负债	
非流动负债	

表 4－4　现金及现金等价物的披露

项目	本期金额	上期金额
一、现金		
其中：库存现金		
可随时用于支付的银行存款		
可随时用于支付的其他货币资金		
可用于支付的存放中央银行款项		
存放同业款项		
拆放同业款项		
二、现金等价物		
其中：三个月内到期的债券投资		
三、期末现金及现金等价物余额		
其中：母公司或集团内子公司使用受限制的现金和现金等价物		

4.1.2　现金流量的分类

现金流量是指企业某一期间内的现金和现金等价物的流入和流出的数量。现金流量净额是指一段时期内企业现金流入量与现金流出量的差额。现金流量表将企业的现金流量分成三大类，即经营活动产生的现金流量，投资活动产生的现金流量，筹资活动产生的现金流量。每一类中又分别列明现金流入小计、现金流出小计、现金流量净额。

1. 经营活动

经营活动是指企业投资活动和筹资活动以外的所有交易和事项。经营活动的范围很广，就工商企业来说，经营活动主要包括销售商品、提供劳务、经营性租赁、购买商品、接受劳务、广告宣传、推销产品、交纳税款等事项。经营活动产生的现金流入项目主要有销售商品、提供劳务收到的现金，收到的税费返还，收到的其他与经营活动有关的现金；经营活动产生的现金流出项目主要有购买商品、接受劳务支付的现金，支付给职工及为职工支付的现金，支付的各项税费，支付的其他与经营活动有关的现金。

各类企业由于行业特点不同，对经营活动的认定存在一定差异。在编制现金流量表时，应根据企业的实际情况，对现金流量进行合理的归类。

2. 投资活动

投资活动是指企业固定资产、在建工程、无形资产、其他长期资产等持有期限在一年或一个营业周期以上的资产的购建，不包括在现金等价物范围内的股票、债券投资及其处置活动。投资活动产生的现金流入项目主要有收回投资收到的现金，取得投资收益收到的现金，处置固定资产、无形资产和其他长期资产收回的现金净额，收到的其他与投资活动有关的现金；投资活动产生的现金流出项目主要有：购建固定资产、无形资产和其他长期资产支付的现金，投资支付的现金，支付的其他与投资活动有关的现金。购买和处置子公司及其他营业单位，属于投资活动，在表中单列项目反映。

3. 筹资活动

筹资活动是指导致企业资本及债务规模和构成发生变化的活动，主要包括吸收投资、发行股票、分配利润、发行债券、向金融企业借入款项及偿还债务等。筹资活动产生的现金流入项目主要有吸收投资收到的现金，取得借款收到的现金，收到的其他与筹资活动有关的现金。筹资活动产生的现金流出项目主要有偿还债务支付的现金，分配股利、利润或偿付利息支付的现金，支付的其他与筹资活动有关的现金。

4.1.3 现金流量表的作用

1. 客观评价企业整体的财务状况

企业能够生存并且发展，必须将生产的产品销售出去且能及时收回货款，企业的投资和筹资活动也影响着企业的经营情况。现金流量表能够提供企业经营活动、投资活动、筹资活动三方面现金流入与现金流出的信息。如果现金流量表中经营活动、投资活动、筹资活动三部分的结构合理，现金流入和现金流出无重大异常波动，一般说明企业的财务状况良好。通过现金流量表，也可大致判断企业的资金周转是否顺畅，从而对企业整体的财务状况做出客观评价。

2. 真实反映企业的偿债能力和支付能力

投资者和债权人关心的是企业的偿债能力和支付能力。现金流量表是以现金及现金等价物为基础编制的，它提供关于现金的新信息，避免以营运资金为基础编制报表的弊端，更真实地反映企业的偿债能力和支付能力。

3. 预测企业未来的发展情况

通过现金流量表，不但可以了解企业当前的财务状况，还可以预测未来的发展情况。例如，从投资活动流出的现金、筹资活动流入的现金和筹资活动流出的现金，可以分析企业是否过度扩大经营规模；通过比较当期净利润和当期净现金流量，可以看出非现金流动资产吸收利润的情况，评价企业生产现金流量能力的高低。

4. 便于和国际惯例接轨

目前世界上的许多国家都要求编制现金流量表。我国编制现金流量表后，将对开展跨国经营、境外筹资、加强国际经济合作起到积极作用。

4.2　现金流量表的编制基础与编制范围

4.2.1　现金流量表的编制基础

现金流量表是以现金为基础编制的。这里的现金是广义的现金，指能立即转化为支付能力的现金及现金等价物，具体包括企业库存现金、可以随时用于支付的银行存款、其他货币资金、现金等价物四项。

1. 库存现金

库存现金是指企业持有可随时用于支付的现金限额，与企业会计核算中“库存现金”科目所包括的内容基本一致。

2. 银行存款

银行存款是指企业存放在金融企业的、随时可以用于支付的存款，与企业会计核算中的“银行存款”科目所包括的内容基本一致。如果存放在金融企业的款项中有不能随时用于支付的银行存款，不能属于广义的现金范围。提前通知金融企业便可支取的定期存款，则包括在现金流量表中的现金范围内。

3. 其他货币资金

其他货币资金是指企业存放在金融企业的、有特定用途的资金，如外埠存款、银行汇票存款、银行本票存款、信用证保证金存款、信用卡存款等。这些都属于现金流量表中的现金范围，与企业会计核算中的“其他货币资金”科目所包含的业务内容基本一致。

4. 现金等价物

现金等价物是指企业持有的期限短、流动性强、易于转换为已知金额现金，价值变动风险很小的投资。现金等价物通常指购买日至到期日在 3 个月或更短时间内即可转换为已知金额现金的债券投资。权益性投资变现的金额通常不确定，因而不属于现金等价物。例如，企业于 2006 年 11 月 1 日从证券市场购入 2004 年 1 月 1 日发行的期限为 3 年的国债，购买时还有 2 个月到期，则这项投资可视为现金等价物。不同企业现金等价物的范围也有所不同，如经营活动主要以短期、流动性强的投资企业，可能会将所有项目都视为投资，而不是现金等价物；而非经营投资的企业，可能将其视为现金等价物。企业应当根据经营特点等具体情况，确定现金等价物的范围，在会计报表附注中披露确定现金等价物的会计政策，并且一贯性地保持这种划分标准，不得随意变更。

4.2.2 现金流量表的编制范围

一般来说，能够引起企业现金流量净额发生变化的交易或事项，均应纳入当年的现金流量表编制范围。企业日常经营业务是影响现金净流量的重要因素，但并不是所有的交易或事项都影响现金净流量。企业的经济业务按照其与现金流量的关系可分为以下 3 种情况。

1. 现金各项目之间的增减变动（包括现金与现金等价物之间的增减变动）

现金各项目主要是指库存现金、银行存款、其他货币资金及现金等价物四项。现金各项目之间增减变动，在增加现金流入量的同时，也增加了现金流出量，不会影响现金净流量的增减变动。如从银行提取现金、将现金存入银行、用现金购买 2 个月到期的债券等，均属于现金各项目之间内部资金转换，不会引起企业当期现金净流量的变化。

2. 非现金各项目之间的增减变动

非现金项目是指除了库存现金、银行存款、其他货币资金及现金等价物以外的其他会计事项，如固定资产、无形资产等。非现金各项目之间的增减变动不涉及现金的收支，不会影响现金净流量的增减变动。如用固定资产清偿债务、用原材料对外投资、提取固定资产折旧等会计事项，均属于非现金各项目之间的增减变动，不涉及现金的收支，不会引起当期现金净流量的增减变动。

3. 现金各项目与非现金各项目之间的增减变动

现金各项目与非现金各项目之间的增减变动，只会引起现金流入量或现金流出量的单方面变化，从而引起现金净流量的增加或减少。如用现金支付购买的原材料款项，非现金项目原材料增加，企业现金流出量增加，企业的现金净流量减少；又如收回长期债券投资，企业的非现金项目长期投资减少，而现金流入量增加，企业的现金净流量增加。凡是现金各项目与非现金各项目之间增减变动，都会引起现金净流量的增减变动。

引起现金净流量发生变化的经济业务，均应列入现金流量表的编制范围；不影响现金净流量变化的经济业务，不应列入现金流量表。因此，现金各项目与非现金各项目之间增减变动的交易或事项列入现金流量表的编制范围，现金各项目内部的增减变动及非现金各项目之间的增减变动，因其不影响企业的现金净流量，因此不反映在现金流量表中。但属于重要的投资和筹资活动，在现金流量表的补充资料中单独反映，如债务转为资本、融资租入固定资产等类似情况。

【例 4－1】某企业发生如下经济业务。

（1）购入原材料一批，材料的价款 100 000 元，增值税发票列明的增值税额为 17 000

元，企业以支票支付，材料已到并且验收入库。

(2) 销售产品一批，销售价款 400 000 元，开出增值税专用发票列明的增值税额为 68 000 元。产品已发出，企业已经办好托收手续。

(3) 转让一项交易性金融资产，该投资的账面成本为 180 000 元，转让收入 200 000 元已存入银行。

(4) 收到银行通知，用银行存款支付到期的商业承兑汇票款 120 000 元。

(5) 购入不需安装的设备一台，价款 100 000 元，增值税发票列明的增值税额为 17 000 元，价税均以银行存款支付，设备已经交付使用。

(6) 从银行借入 3 年期借款 600 000 元，借款已存入银行账户，该项借款用于购建固定资产。

(7) 以银行存款支付产品宣传费 5 000 元。

(8) 收回应收账款 200 000 元，已经存入银行。

(9) 购入低值易耗品 600 元，已经验收入库，以银行存款付讫。

(10) 计算应付的短期借款利息 4 800 元。

(11) 在建工程领用工程用材料 200 000 元，用于工程建设。

(12) 购入在建工程用材料一批，价款 200 000 元，增值税发票列明的增值税额为 34 000 元，企业开出 3 个月到期的商业承兑汇票。

(13) 在建工程应当负担的工程人员应付工资 50 000 元，应付职工福利费 7 000 元。

(14) 以银行存款偿还到期的长期借款本金 600 000 元，利息 150 000 元。

(15) 提取现金 200 000 元，准备发放工资。

(16) 支付工资 200 000 元。

上述业务中，应列入现金流量表编制范围的业务有 (1)、(3)、(4)、(5)、(6)、(7)、(8)、(9)、(14) 和 (16)。因为上述业务使当年现金净流量发生变化，属于现金项目与非现金项目之间的增减变化。(2)、(10)、(11)、(12) 和 (13) 属于非现金项目之间的变化，对企业的现金流量净额没有产生影响，不列入现金流量表。(15) 属于现金各项目之间的增减变化，并未引起现金净流量发生变化，也不列入现金流量表。

4.3　现金流量表各项目填列的原理与实务

4.3.1　经营活动产生的现金流量

1. "销售商品、提供劳务收到的现金" 项目

"销售商品、提供劳务收到的现金" 项目，反映企业销售商品、提供劳务实际收到的现

金，包括收现的销售收入和已收取的增值税销项税额。本项目一般包括收回当期的销售货款和劳务收入款，收回前期销售货款和劳务收入款，预收下期的销售货款和劳务收入等。本项目可以根据“库存现金”、“银行存款”、“应收账款”、“应收票据”、“预收账款”、“主营业务收入”、“其他业务收入”等科目的记录分析填列。填列本项目需要注意的有以下4点：

（1）本项目不仅包括收到的货款，还包括收到的增值税销项税额；

（2）企业销售材料和代购代销业务收到的现金，也在本项目反映；

（3）企业发生销货退回而支付的现金，从本项目中扣除；

（4）企业报告期内收回以前已经核销的坏账，也包括在本项目内。

1）以本期实际发生的经济业务为依据计算填列

销售商品、提供劳务收到的现金＝
当期销售商品、提供劳务的现金收入（包括价款和增值税销项税额）＋
当期收回前期的应收账款＋当期收回前期的应收票据＋当期收到的预收账款－
当期销售退回而支付的现金＋当期收回前期核销的坏账损失

【例4－2】甲企业本期发生下列有关的经济业务：

① 销售产品价款为100 000元，增值税销项税额为17 000元，货款及增值税收到并且存入银行；

② 销售产品价款为200 000元，销项税额为34 000元，货款及增值税均未收到；

③ 收回上年的应收账款7 000元（含增值税销项税额）存入银行；

④ 收到商品的预收款5 000元存入银行；

⑤ 将未到期的应收票据向银行贴现，面值为292 500元，贴现利息20 000元，实际收到贴现收入272 500元存入银行账户；

⑥ 发生销售商品退回，企业以银行存款退回商品款12 000元。

销售商品、提供劳务收到的现金＝
①(100 000＋17 000)＋③7 000＋④5 000＋⑤272 500－⑥12 000＝389 500（元）

2）以本期资产负债表和利润表为依据计算填列

以资产负债表和利润表为基础计算本项目时，是以权责发生制下的主营业务收入、其他业务收入和应交的增值税销项税额为计算起点，将其中实现销售但未收到现金的金额减去，将本期收到现金但未包括在收入中的金额加上，同时调整特殊项目，可以算出销售商品、提供劳务收到的现金。该方法的实质是将权责发生制下收入等项目的金额调整为收付实现制下的“销售商品、提供劳务收到的现金”项目的金额。

销售商品、提供劳务收到的现金＝
利润表中“营业收入”项目的金额＋应交增值税（销项税额）的发生额＋
应收票据（期初余额－期末余额）＋应收账款(期初余额－期末余额)＋
预收账款（期末余额－期初余额）＋（或－）特殊调整项目

公式中的“特殊调整”项目是指，如果应收账款、应收票据、预收账款和应交增值税销项税额的发生与企业的销售商品、提供劳务项目无关，这些项目要做特殊处理。如应收票据贴现产生的贴现息；非现金资产抵债导致的应收项目的减少；增值税销项税额中包括的货物投资，在建工程领用本企业产品等视同销售行为产生的销项税额；应收账款与应付账款的对冲等项目。

【例4-3】 甲企业本年发生下列有关的经济业务：

① 利润表中“主营业务收入”项目的金额为300 000元；

②“应交税费——应交增值税（销项税额）”的贷方发生额为51 000元；

③ 资产负债表中，“应收票据”的期初余额为45 000元，期末余额为52 000元；

④“应收账款”账户的期初余额为86 000元，期末余额为30 000元，应收账款的余额为未扣除坏账准备前的账面余额；

⑤ 资产负债表中，“预收账款”的期初余额为40 000元，期末余额为80 000元；

⑥ 企业当期收回的应收账款中，以商品抵偿债务的金额为10 000元。

销售商品、提供劳务收到的现金 =

①300 000 + ②51 000 + ③(45 000 - 52 000) + ④(86 000 - 30 000) +

⑤(80 000 - 40 000) - ⑥10 000 = 430 000（元）

2. “收到的税费返还”项目

本项目反映企业收到返还的各种税费，包括收到返还的增值税、所得税、消费税、营业税、关税和教育费附加返还款等。各项返还的税费按实际收到的款项在本项目中反映。本项目可根据“库存现金”、“银行存款”、“营业税金及附加”、“营业外收入”、“其他应收款”等科目的记录分析填列。

【例4-4】 甲企业前期出口一批商品，已交纳增值税，按规定应退增值税5 000元，前期未退，本期收到并且存入银行；本期收到的教育费附加返还款31 000元存入银行。

本期收到的税费返还 = 5 000 + 31 000 = 36 000（元）

3. “收到的其他与经营活动有关的现金”项目

本项目反映企业与销售商品、提供劳务收到的现金、收到的税费返还收现无关、但与经营活动有关的其他现金流入，如罚款收入、流动资产损失中由个人赔偿的现金收入、收到的经营租赁的租金、收到的押金、收到退还的其他应收款等。其他现金流入价值较大的，也可单列项目反映。本项目可以根据“库存现金”、“银行存款”、“营业外收入”、“其他应付款”等科目的记录分析填列。

4. “购买商品、接受劳务支付的现金”项目

本项目反映企业购买材料、商品、接受劳务实际支付的货款和增值税进项税额，具体包括当期购买商品支付的现金、当期支付的前期购买商品的应付款以及为购买商品而预付的现金等。本项目可根据“库存现金”、“银行存款”、“应付账款”、“应付票据”、“预付账款”、“主营业务成本”、“其他业务成本”等科目的记录分析填列。填列本项目需要注意以下3点：

（1）本项目不仅包括支付的购货款，还包括支付的增值税进项税额；

（2）本项目只反映购入的用于生产、销售的材料、商品而支付的价税，用于在建工程的工程用材料的价税不在本项目反映，计入投资活动的“购建固定资产、无形资产和其他长期资产支付的现金”项目；

（3）企业购进商品退出而收到的退回现金，从本项目中扣除。

1）以本期实际发生的经济业务为依据计算填列

购买商品、接受劳务支付的现金＝
当期购买商品、接受劳务支付的现金（包括买价和增值税进项税额）＋
当期支付前期的应付账款＋当期支付前期的应付票据＋
当期支付的预付账款－当期因购货退回收到的现金

【例4－5】甲企业本年发生下列有关的经济业务：

① 购买材料价款为20 000元，进项税额为3 400元，以银行存款支付；

② 购买材料价款为30 000元，进项税额为5 100元，货款与增值税尚未支付；

③ 用银行汇票支付材料价款及增值税，收到银行转来银行汇票多余款收账通知，退回余款34 000元，材料价款100 000元，其相应的增值税为17 000元；

④ 以银行存款预付购材料货款30 000元；

⑤ 以银行存款支付到期的应付票据，到期值为68 500元（含增值税进项税额）；

⑥ 购买工程用工程物资150 000元（含增值税），款项已用银行存款支付。

购买商品、接受劳务支付的现金＝
①(20 000＋3 400)＋③(100 000＋17 000)＋④30 000＋⑤68 500＝238 900(元)

2）以本期资产负债表和利润表为依据计算填列

以资产负债表和利润表为基础计算本项目时，以权责发生制下的主营业成本和增值税进项税额为计算起点，将其中实际未支付现金的金额减去，将已支付现金但未包括在主营业务成本中的金额加上，同时调整特殊项目就可以计算出购买商品、接受劳务支付的现金项目。该方法的实质是将权责发生制下的成本项目的金额转换为收付实现制下的“购买商品、接受劳务支付的现金”项目的金额。

购买商品、接受劳务支付的现金＝
利润表中“营业成本”的金额＋应交增值税（进项税额）的发生额＋
存货(期末余额－期初余额)＋应付票据(期初余额－期末余额)＋
应付账款(期初余额－期末余额)＋预付账款(期末余额－期初余额)＋
（或－）特殊调整项目

公式中的“特殊调整”项目是指，如果应付账款、应付票据、预付账款和存货的发生与企业的购买商品、提供劳务项目无关，这些项目要做特殊处理。如工程领用本企业产品等非经营活动引起的存货的减少，当期实际发生的制造费用（不包括消耗的物料），生产成本中包括的生产工人工资，以非现金和非存货资产抵债导致的应付款项的减少，应收账款与应付账款的对冲等特殊项目。

【例 4－6】甲企业本期发生下列有关的经济业务：

① 利润表中，“主营业务成本”项目的金额为 2 000 000 元；

②“应交税费——应交增值税（进项税额）”的发生额为 170 000 元；

③ 资产负债表中，“存货”的期初余额 970 000 元，期末余额为 780 000 元，均是与经营活动有关的存货；

④ 资产负债表中，“应付票据”的期初余额为 75 000 元，期末余额为 90 000 元；

⑤ 资产负债表中，“应付账款”的期初余额为 70 000 元，期末余额为 50 000 元；

⑥ 以固定资产偿还应付账款 10 000 元；

⑦ 生产成本中，直接工资项目含有本期发生的生产工人工资费用 500 000 元；

⑧ 制造费用中，本期计提折旧、摊销待摊费用的发生额为 200 000 元。

购买商品、接受劳务支付的现金＝

①2 000 000＋②170 000＋③(780 000－970 000)＋④(75 000－90 000)＋⑤(70 000－50 000)－⑥10 000－⑦500 000－⑧200 000＝1 275 000（元）

5. “支付给职工以及为职工支付的现金”项目

本项目反映企业以现金方式支付职工的工资和为职工支付的其他现金，包括支付职工的工资、奖金及各种补贴等，以及为职工支付的其他费用。企业代扣代缴的职工个人所得税也在本项目反映。本项目根据“库存现金”、“银行存款”、“应付职工薪酬”等科目的记录分析填列。填列本项目需要注意以下 2 点：

（1）本项目不包括支付给离退休人员的各项费用，企业支付给离退休人员的各项费用，包括支付的统筹退休金及未参加统筹的退休人员的费用，在经营活动的“支付的其他与经营活动有关的现金”项目中反映；

（2）本项目不包括支付给在建工程人员的工资，企业支付给在建工程人员的工资，在投资活动的“购建固定资产、无形资产和其他长期资产支付的现金”项目反映。

企业为职工支付的养老、失业等社会保险基金、补充养老保险、住房公积金、支付给职工的住房困难补助，以及企业支付给职工及为职工支付的其他福利费用等，应按职工的工作性质和服务对象，分别在本项目和“购建固定资产、无形资产和其他长期资产支付的现金”项目中反映。

【例 4－7】甲企业本期实际支付工资及相关款项如下：

① 企业本年实际支付工资及各种奖金、津贴共 1 000 000 元，其中，在建工程人员工资

200 000 元；

② 支付离退休人员工资 400 000 元；

③ 支付除在建工程人员以外的职工困难补助 100 000 元；

④ 支付除在建工程人员以外的职工养老保险 400 000 元。

支付给职工及为职工支付的现金 =

①(1 000 000 - 200 000) + ③100 000 + ④400 000 = 1 300 000（元）

6. “支付的各项税费”项目

本项目反映企业按规定实际向税务机关等机构缴纳的各种税费，包括本期发生并且实际支出的税金和当期支付以前各期发生的税金及预付的税金，如支付的所得税、支付给税务机关的增值税、教育费附加、矿产资源补偿费、印花税、房产税、车船使用税、预交的营业税等。本项目根据“库存现金”、“银行存款”、“应交税费”等科目的记录分析填列。填列本项目需注意以下 3 点：

（1）本项目的增值税反映向税务机关交纳的已交税金，可以根据“应交税费——应交增值税（已交税金）”项目填列，企业购进时支付的增值税进项税额不在本项目反映，列入“购买商品、接受劳务支付的现金”项目；

（2）本项目中不包括计入固定资产价值、实际支付的耕地占用税等税种，实际支付的耕地占用税列入投资活动的“购建固定资产、无形资产和其他长期资产支付的现金”项目；

（3）本项目不包括本期退回的增值税、所得税等相关税费，本期退回的增值税、所得税在“收到的税费返还”项目反映。

7. “支付的其他与经营活动有关的现金”项目

本项目反映企业除上述主要项目外，支付的其他与经营活动有关的现金流出，如罚款支出、支付的差旅费、支付的业务招待费等。其他现金流出如果价值较大，应单列项目反映。本项目可以根据“管理费用”、“营业外支出”、“库存现金”、“银行存款”等科目的记录分析填列。

4.3.2 投资活动产生的现金流量

1. “收回投资收到的现金”项目

本项目反映企业出售、转让或到期收回除现金等价物以外的对其他企业的权益工具、债务工具和合营中的权益等投资收到的现金。收回债务工具实现的投资收益不包括在本项目内，单独列入“取得投资收益收到的现金”项目。处置子公司及其他营业单位收到的现金净额也不包括在本项目内，在现金流入中单列项目反映。企业可以根据“交易性金融资产”、“长期股权投资”、“可供出售金融资产”、“持有至到期投资”、“库存现金”、“银行存款”等科目的记录分析填列。

2. “取得投资收益收到的现金”项目

本项目反映企业因持有权益性投资而实际收到的现金股利或利润（不包括股票股利），以及因债权性投资所取得的现金利息收入，包括出售债券的利息收入和一直持有债券所获得的利息收入，同时还包括从子公司、联营企业和合营企业分回利润收到的现金。本项目根据“库存现金”、“银行存款”、“投资收益”等科目的记录分析填列。

3. “处置固定资产、无形资产和其他长期资产收回的现金净额”项目

本项目反映出售固定资产、无形资产和其他长期资产所取得的现金流入，扣除为出售这些资产而支付的有关费用后的现金净额。本项目所取得的现金还包括固定资产报废、毁损的变卖收益及遭受灾害而收到的保险赔偿收入等。本项目根据“库存现金”、“银行存款”、“固定资产清理”等科目的记录分析填列。

由于处置固定资产、无形资产和其他长期资产所收到的现金，与处置活动支付的现金，两者在时间上比较接近，而且金额不大，因此以净额更能反映处置活动对现金流量的影响。如果处置固定资产、无形资产和其他长期资产所收回的现金净额为负数，则应作为投资活动现金流出项目反映，列入“支付的其他与投资活动有关的现金”项目。

4. “处置子公司及其他营业单位收到的现金净额”项目

本项目反映企业处置子公司或其他营业单位取得的现金，减去相关处置费用和子公司及其他营业单位持有的现金和现金等价物后的净额。本项目根据“长期股权投资”、“银行存款”、“库存现金”等科目的记录分析填列。

5. “收到的其他与投资活动有关的现金”项目

本项目反映企业除上述各项目外，收到的其他与投资活动有关的现金流入，如收回投资时支付的已宣告发放但尚未领取的现金股利或已到期但尚未领取的债券利息。其他现金流入如果价值较大，应单列项目反映。本项目可以根据“应收股利”、“应收利息”、“银行存款”、“库存现金”等科目的记录分析填列。

【例4-8】甲企业本年发生如下与投资活动现金流入有关的经济业务：

① 企业将持有的交易性金融资产出售，交易性金融资产的本金为25 000元，收回本金25 000元，投资收益5 000元，均存入银行；

② 企业因调整投资策略，出售一项长期股权投资，该投资本金为500 000元，转让收入为480 000元，已经存入银行；

③ 企业将某项债权性投资出售，债券投资的本金为300 000元，企业出售该投资，收回的全部投资金额为350 000元，其中，50 000元是债券利息；

④ 企业将持有长期股权投资期间，实际分得的现金股利30 000元存入银行；

⑤ 企业出售设备一台，收到价款240 000元存入银行，设备的原价400 000元，已提折旧150 000元，设备已由购入单位运走；

⑥ 报废设备一台，设备的原价120 000元，已提折旧110 000元，以现金支付清理费

2 000 元，以现金收取残值变现收入 2 500 元，该设备已清理完毕。

根据上述资料，计算投资流入的各项目如下：

收回投资收到的现金 = ①(25 000 + 5 000) + ②480 000 + ③300 000 = 810 000(元)

取得投资收益收到的现金 = ③50 000 + ④30 000 = 80 000 (元)

处置固定资产、无形资产和其他长期资产收回的现金净额 =

⑤240 000 + ⑥(2 500 − 2 000) = 240 500 (元)

6. "购建固定资产、无形资产和其他长期资产支付的现金"项目

本项目反映企业为购建固定资产、无形资产和其他长期资产而支付的款项。购建固定资产包括购买机器设备所支付现金及增值税款，建造工程支付的现金，支付在建工程人员的工资等现金支出。购买无形资产支付的现金，包括企业购入或自创取得各种无形资产的实际现金支出。本项目根据"库存现金"、"银行存款"、"固定资产"、"无形资产"、"在建工程"、"工程物资"等科目的记录分析填列。填列本项目需要注意以下 3 点：

（1）本项目中不包括融资租赁固定资产所支付的租金，融资租入固定资产所支付的租金，在筹资活动的"支付的其他与筹资活动有关的现金"项目中反映；

（2）本项目不包括为购建固定资产而发生的借款利息的资本化部分，计入固定资产成本的资本化的借款利息，在筹资活动的"分配股利、利润或偿付利息支付的现金"项目中反映；

（3）分期付款方式购建的固定资产，首次付款支付的现金在本项目中反映，以后各期支付的现金在筹资活动的"支付的其他与筹资活动有关的现金"项目中反映。

7. "投资支付的现金"项目

本项目反映企业取得除现金等价物以外的对其他企业的权益工具、债务工具和合营中的权益投资所支付的现金，以及支付的佣金、手续费等附加费用。企业购买债券的价款中含有债券利息的，以及溢价或折价购入的，均按实际支付的金额反映。本项目可以根据"库存现金"、"银行存款"、"交易性金融资产"、"长期股权投资"、"持有至到期投资"、"可供出售金融资产"等科目的记录分析填列。

需要注意的是，企业购买股票或债券时，实际支付的价款中包含的已宣告发放但尚未领取的现金股利或已到期但尚未领取的债券利息，在投资活动的"支付的其他与投资活动有关的现金"项目反映；收回购买股票和债券时支付的已宣告发放但尚未领取的现金股利或已到期但尚未领取的债券利息，在投资活动的"收到的其他与投资活动有关的现金"项目反映。

8. "取得子公司及其他营业单位支付的现金净额"项目

本项目反映企业购买子公司及其他营业单位购买出价中以现金支付的部分，减去子公司及其他营业单位持有的现金及现金等价物的净额。本项目根据"长期股权投资"、"库存现金”、“银行存款”等科目的记录分析填列。

9. “支付的其他与投资活动有关的现金”项目

本项目反映企业除上述各项目外，支付的其他与投资活动有关的现金流出。其他现金流出如果价值较大，应单列项目反映。本项目可以根据“应收股利”、“应收利息”、“银行存款”、“库存现金”等科目的记录分析填列。

【例 4-9】甲企业本年发生如下与投资活动现金流出有关的经济业务：

① 购入不需安装的设备 1 台，价款 80 000 元，增值税发票列明的增值税额为 13 600 元，包装费及运费为 1 000 元，价税及包装费、运费均以银行存款支付，设备已交付使用；

② 购入在建工程用材料一批，价款 100 000 元，增值税发票列明的增值税额为 17 000 元，已用支票支付；

③ 在建工程领用工程物资共 117 000 元；

④ 支付在建工程人员工资 23 000 元；

⑤ 计算工程应负担的长期借款利息 150 000 元，该项借款利息已用银行存款支付；

⑥ 工程完工并交付使用，固定资产价值总额为 290 000 元；

⑦ 购入准备近期售出的股票投资 100 000 元，以银行存款支付；

⑧ 企业购入准备长期持有的债券，债券的票面金额为 200 000 元，票面利率为 8%，企业实际支付的金额为 240 000 元；

⑨ 购入股票投资，实际支付的买价 254 000 元，其中包括已宣告发放但尚未领取的现金股利 4 000 元，另支付手续费 3 000 元，上述款项均以银行存款支付。

根据上述资料，计算投资活动现金流出的各项目如下：

购建固定资产、无形资产和其他长期资产支付的现金 =
①(80 000 + 13 600 + 1 000) + ②(100 000 + 17 000) + ④23 000 = 234 600（元）

在建工程负担的利息计入筹资活动，不在本项目反映。

投资支付的现金 = ⑦100 000 + ⑧240 000 + ⑨(254 000 - 4 000 + 3 000) =
593 000（元）

支付的其他与投资活动有关的现金 = ⑨4 000 = 4 000（元）

4.3.3　筹资活动产生的现金流量

1. “吸收投资收到的现金”项目

本项目反映企业以发行股票、债券等方式筹集资金实际所收到的现金净额（发行收入减去支付的佣金等发行费用后的净额）。需要注意的是，发行股票、债券时，由金融企业直接支付的手续费、宣传费、咨询费、印刷费等费用，从发行股票取得的现金收入中扣除，以净额列示。企业直接支付的发行股票的有关费用，如审计费、咨询费，在“支付的其他与筹资活动有关的现金”项目中反映，不从本项目中扣除。本项目根据“库存现金”、“银行存款”、“实收资本（或股本）”、“应付债券”等科目的记录分析填列。

2. “取得借款收到的现金”项目

本项目反映企业举借各种短期、长期借款实际收到的现金。本项目根据“库存现金”、“银行存款”、“短期借款”、“长期借款”等科目的记录分析填列。

3. “收到的其他与筹资活动有关的现金”项目

本项目反映企业除上述各项目外，收到的其他与筹资活动有关的现金流入，如接受现金捐赠等。其他现金流入如果价值较大，应当单列项目反映。本项目可以根据“银行存款”、“库存现金”、“营业外收入”等科目的记录分析填列。

【例4-10】甲企业发生如下与筹资活动现金流入有关的经济业务：

① 企业发行股票10 000 000股，每股面值1元，发行价格每股1.2元，发行手续费按发行收入的2%支付，发行费共计240 000元，企业取得发行股票的发行净收入存入银行；

② 企业经批准发行长期债券，债券的面值为2 000 000元，实际发行价格2 200 000元，证券公司按发行收入的3%计手续费66 000元，手续费直接从发行收入中扣除。由证券公司代为支付宣传费及印刷费共计8 000元，从发行收入中扣除。企业以银行存款直接支付的审计费3 000元。企业已收到发行债券的款项净额；

③ 从银行取得短期借款150 000元，已经划入企业账户；

④ 企业接受现金捐赠100 000元。

根据上述资料，计算企业筹资活动现金流入各项目如下：

吸收投资收到的现金＝
①(10 000 000×1.2－240 000)＋②(2 200 000－66 000－8 000)＝
13 886 000（元）

企业直接支付的费用3 000元，不从本项目扣除，列入“支付的其他与筹资活动有关的现金”项目。

借款收到的现金＝③150 000（元）
收到的其他与筹资活动有关的现金＝④100 000＝100 000（元）

4. “偿还债务支付的现金”项目

本项目反映企业偿还债务本金所实际支付的现金数额，包括归还金融企业借款本金、偿付企业到期的债券本金等。因借款而发生的利息支出，不在本项目反映，列入“分配股利、利润或偿付利息支付的现金”项目中。本项目根据“库存现金”、“银行存款”、“短期借款”、“长期借款”、“应付债券”等科目的记录分析填列。

5. “分配股利、利润或偿付利息支付的现金”项目

本项目反映企业当期实际支付的现金股利、分配给投资者的利润，以及企业用现金支付的借款利息、债券利息等。不同用途的借款，其利息的开支渠道不一样，但不管会计核算上计入“在建工程”科目还是“财务费用”科目，因借款支出的利息均应在本项目反映。本项目根据“应付股利”、“应付利息”、“财务费用”、“库存现金”、“银行存款”等科目的记录分析填列。

6.“支付的其他与筹资活动有关的现金”项目

本项目反映企业除上述各项目外，支付的其他与筹资活动有关的现金流出，如捐赠现金支出、融资租入固定资产支付的租赁费等。其他现金流出如果价值较大，应当单列项目反映。本项目可以根据“营业外支出”、“长期应付款”、“银行存款”、“库存现金”等科目的记录分析填列。

【例4-11】甲企业本年发生如下与筹资活动现金流出有关的经济业务：

① 以银行存款支付在建工程负担的资本化利息150 000元；

② 归还短期借款本金250 000元，利息12 000元；

③ 宣告分配并且支付现金股利70 000元；

④ 公司发放股票股利100 000股，每股面值1元，市场价格2元；

⑤ 支付融资租入固定资产的租赁费80 000元。

根据上述资料，计算筹资活动现金流出各项目如下：

偿还债务所支付的现金 = ②250 000 = 250 000（元）

分配股利、利润或偿付利息所支付的现金 = ①150 000 + ②12 000 + ③70 000 = 232 000（元）

支付的其他与筹资活动有关的现金 = ⑤80 000 = 80 000（元）

4.3.4　汇率变动对现金及现金等价物的影响

汇率变动对现金的影响额是指企业外币现金流量及境外子公司的现金流量折算成记账本位币时，所采用的是现金流量发生日的即期汇率或平均汇率，而现金流量表“现金及现金等价物净增加额”中外币现金净增加额是按期末汇率折算的，这两种汇率的折算的人民币的差额即为汇率变动对现金的影响额。

【例4-12】某企业当期出口商品一批，售价800 000美元，收汇当日汇率为1∶8.20，当期进口货物一批，价值300 000美元，结汇当日汇率为1∶8.25，资产负债表日汇率为1∶8.30，假设企业当期没有其他外币业务发生。

汇率变动对现金的影响额 =

汇率变动对现金流入的影响额 - 汇率变动对现金流出的影响额 =

$$800\,000 \times (8.30 - 8.20) - 300\,000 \times (8.30 - 8.25) = 65\,000(\text{元})$$

在编制现金流量表时，对当期发生外币业务较多的企业，也可不必逐笔计算汇率变动对现金的影响，可以通过现金流量表补充资料中“现金及现金等价物净增加额”的数额与现金流量表中“经营活动产生的现金流量净额”、“投资活动产生的现金流量净额”、“筹资活动产生的现金流量净额”三项之和比较，其差额即为“汇率变动对现金及现金等价物的影响”项目的金额。

4.3.5 现金及现金等价物净增加额

现金及现金等价物净增加额，可由“经营活动产生的现金流量净额”、“投资活动产生的现金流量净额”、“筹资活动产生的现金流量净额”、“汇率变动对现金及现金等价物的影响”四项之和计算求得；也可通过对现金、银行存款、其他货币资金账户，以及现金等价物的期末余额与期初余额比较得到。“库存现金、银行存款、其他货币资金”等项，是指符合现金流量表准则的“现金”定义的库存现金、银行存款、其他货币资金，不包括不能随时用于支付的存款。本项目的数额应与补充资料中的“现金及现金等价物净增加额”金额相等。

4.4 编制会计报表的会计资料

远东股份有限公司是从事产品生产的工业企业，企业有关会计政策、记账凭证、会计账簿等编制现金流量表的会计资料如下所示。本章中介绍的资产负债表、利润表、现金流量表、所有者权益变动表的编制方法都以远东股份有限公司为例进行编制。

4.4.1 企业的会计政策

（1）公司为增值税一般纳税人，增值税率为17%。
（2）原材料采用实际成本法核算。
（3）库存商品采用实际成本法核算，发出库存商品采用先进先出法计价。
（4）低值易耗品摊销采用一次摊销法。
（5）坏账损失的计提采用账龄分析法。
（6）长期股权投资采用成本法核算。
（7）所得税核算采用债务法。
（8）按净利润的10%提取法定盈余公积。

4.4.2 企业的会计资料

1. 各账户的期初余额

公司2007年年初各账户的期初余额见表4-5。

表 4－5 总账账户期初余额表

单位：元

账户名称	借方余额	账户名称	贷方余额
库存现金	500	坏账准备	3 500
银行存款	4 308 965	累计折旧	830 674
其他货币资金	310 000	短期借款	200 000
交易性金融资产	210 000	应付票据	585 338
应收票据	368 580	应付账款	105 947
应收账款	122 500	其他应付款	16 700
预付账款	108 233	应交税费	450
其他应收款	2 500	应付职工薪酬	3 500
原材料	400 000	长期借款	1 604 800
周转材料	20 400	股本	10 000 000
库存商品	5 088 000	资本公积	235 700
长期待摊费用	100 634	盈余公积	185 430
长期股权投资	302 532	利润分配	231 800
固定资产	2 253 647		
在建工程	202 348		
无形资产	205 000		
合计	14 003 839	合计	14 003 839

（1）“银行存款”的余额均可随时动用的银行存款。

（2）“坏账准备”的余额均按应收账款余额计提数额，其他应收款预计无损失，未提取坏账准备。

（3）“盈余公积”的余额中，法定盈余公积金 123 620 元，任意盈余公积 61 810 元。

（4）“长期借款”余额中，有一年内将要到期的长期借款 750 000 元。

2. 公司 2007 年发生的经济业务

（1）管理部门职工报销预借的差旅费 1 300 元。

（2）企业的一台设备因使用期满不能继续使用，予以报废。该设备的原价 100 000 元，已提折旧 95 000 元。在清理过程中，通过银行支付清理费用 3 000 元，残料变价收入 4 000 元已经存入银行。该项固定资产清理完毕。

（3）购入原材料一批，材料的价款 162 000 元，增值税发票列明的增值税额为 27 540 元。企业以一张金额为 200 000 元的银行汇票支付价款和税金，材料已到且验收入库。

（4）接到银行通知，收到退回的银行汇票多余款 10 460 元。

（5）销售产品一批，销售价款 400 000 元，开出增值税专用发票列明的增值税额为 68 000 元。产品发出，企业已经办好托收手续。

（6）转让一项交易性金融资产，该投资的账面成本为 200 000 元，无公允价值变动损益，转让收入 220 000 元存入银行。

（7）收到银行通知，用银行存款支付到期的商业承兑汇票款 160 000 元。

（8）购入不需安装的设备一台，价款 100 000 元，增值税发票列明的增值税额为 17 000

元，运费为1 000元，价税及运费均以银行存款支付，设备无需安装，已经交付使用。

(9) 公司将一张尚未到期的不带息银行承兑汇票到银行办理贴现，汇票的票面金额为200 000元，贴现息为15 000元，企业收到汇票贴现款存入银行。

(10) 从银行借入3年期借款400 000元，借款已经存入银行账户，该项借款用于购建固定资产。

(11) 以银行存款支付产品宣传费10 000元。

(12) 开出转账支票，支付购买办公用品款3 000元，办公用品已交付管理部门使用。

(13) 收回应收账款122 500元，存入银行。

(14) 购入低值易耗品600元，验收入库，以银行存款付讫。

(15) 以银行存款归还短期借款本息，其中，短期借款本金100 000元，已计入“长期借款”账户的利息4 800元。

(16) 以银行存款预付商品款项30 000元。

(17) 购入生产用材料一批，材料的价款150 000元，增值税发票列明的增值税额为25 500元，企业以银行存款支付，材料未到。

(18) 购入工程用材料一批，价款250 000元，增值税发票列明的增值税额为42 500元，企业均已用银行存款支付。

(19) 在建工程领用工程用料200 000元，用于工程建设。

(20) 在建工程应当负担的工程人员应付工资及各种福利费共计57 000元。

(21) 在建工程本年负担的长期借款利息17 000元，该项借款利息未付。

(22) 在建工程完工，已交付生产使用，固定资产的价值总额为274 000元。

(23) 销售产品一批，销售价款200 000元，开出增值税专用发票列明的增值税额为34 000元，价款和税金收到并且存入银行。

(24) 出售一台不需用设备，收到价款300 000元存入银行。该设备原价400 000元，已提折旧170 000元，该项设备已由购入单位运走。

(25) 转让专利权一项，转让收入100 000元存入银行，应交的营业税为5 000元，该无形资产的账面余额为80 000元。

(26) 以银行存款偿还到期的长期借款本金600 000元，已计入“长期借款”账户的利息150 000元。

(27) 以银行存款购入股票，共支付款项130 000元，其中包括宣告发放但尚未领取的现金股利30 000元。该投资企业作为长期股权投资，采用成本法核算。

(28) 收到上述购买股票价款中包含宣告发放但尚未领取的现金股利30 000元，存入银行。

(29) 提取现金190 000元，准备发放工资。

(30) 支付工资190 000元，其中包括支付给在建工程人员的工资50 000元。

(31) 分配支付的职工工资140 000元（不包括在建工程负担的工资50 000元），其中生产人员工资92 500元，车间管理人员工资21 000元，行政管理部门人员工资26 500元。

（32）本月应计福利费情况如下：生产工人福利费 12 950 元，车间管理人员福利费 2 940 元，行政管理部门福利费 3 710 元。

（33）生产车间为生产产品共领用原材料 200 000 元。

（34）生产车间领用低值易耗品 1 000 元。

（35）计提固定资产折旧 102 436 元，其中，计入制造费用的折旧费为 87 470 元，计入管理费用的折旧费为 14 966 元。

（36）本期应负担的无形资产摊销额为 13 000 元。

（37）长期待摊费用中，本期负担的财产保险费为 10 000 元。

（38）预提本期计入损益的借款利息共 36 800 元，均为长期借款利息，假定不存在利息调整。

（39）以银行存款支付电话费 3 624 元。

（40）将制造费用 112 410 元转入生产成本。

（41）计算并且结转本期完工产品成本 417 860 元。没有期初在产品，本期生产的产品全部完工入库。

（42）结转本期销售产品的销售成本 430 000 元。

（43）本期销售产品应当交纳的城建税 700 元，教育费附加 500 元。

（44）以银行存款交纳增值税 48 000 元，城建税 700 元，教育费附加 500 元。

（45）本期应当提取的坏账准备金额为 19 900 元。

（46）收到成本法核算的被投资单位分派的现金股利 100 000 元存入银行（对方税率与本企业税率一致），假定企业均可确认投资收益。

（47）将各损益类科目结转入本年利润。

（48）计算并且结转本期应交所得税 36 960 元，假定不存在可抵扣暂时性差异和应纳税暂时性差异。

（49）以银行存款交纳所得税 36 000 元。

（50）将“应交税费——应交增值税”的贷方余额 960 元转入“应交税费——未交增值税”。

（51）按净利润的 10% 提取法定盈余公积金 17 504 元，提取任意盈余公积金 8 752 元。

（52）将本年利润转入利润分配，将利润分配各明细科目的余额转入“未分配利润”明细科目。

4.4.3　企业的记账凭证及账簿

1. 编制记账凭证

（1）借：管理费用　　1 300

　　贷：其他应收款　　1 300

（2）借：固定资产清理　　5 000

累计折旧 95 000
贷：固定资产 100 000
借：固定资产清理 3 000
贷：银行存款 3 000
借：银行存款 4 000
贷：固定资产清理 4 000
借：营业外支出 4 000
贷：固定资产清理 4 000

（3）借：原材料 162 000
应交税费——应交增值税（进项税额） 27 540
贷：其他货币资金 189 540

（4）借：银行存款 10 460
贷：其他货币资金 10 460

（5）借：应收账款 468 000
贷：主营业务收入 400 000
应交税费——应交增值税（销项税额） 68 000

（6）借：银行存款 220 000
贷：交易性金融资产——成本 200 000
投资收益 20 000

（7）借：应付票据 160 000
贷：银行存款 160 000

（8）借：固定资产 118 000
贷：银行存款 118 000

（9）借：银行存款 185 000
财务费用 15 000
贷：应收票据 200 000

（10）借：银行存款 400 000
贷：长期借款 400 000

（11）借：销售费用 10 000
贷：银行存款 10 000

（12）借：管理费用 3 000
贷：银行存款 3 000

（13）借：银行存款 122 500
贷：应收账款 122 500

（14）借：周转材料 600

贷：银行存款		600
（15）借：短期借款	100 000	
长期借款	4 800	
贷：银行存款		104 800
（16）借：预付账款	30 000	
贷：银行存款		30 000
（17）借：材料采购	150 000	
应交税费——应交增值税（进项税额）	25 500	
贷：银行存款		175 500
（18）借：工程物资	292 500	
贷：银行存款		292 500
（19）借：在建工程	200 000	
贷：工程物资		200 000
（20）借：在建工程	57 000	
贷：应付职工薪酬		57 000
（21）借：在建工程	17 000	
贷：应付利息		17 000
（22）借：固定资产	274 000	
贷：在建工程		274 000
（23）借：银行存款	234 000	
贷：主营业务收入		200 000
应交税费——应交增值税（销项税额）		34 000
（24）借：固定资产清理	230 000	
累计折旧	170 000	
贷：固定资产		400 000
借：银行存款	300 000	
贷：固定资产清理		300 000
借：固定资产清理	70 000	
贷：营业外收入		70 000
（25）借：银行存款	100 000	
贷：无形资产		80 000
应交税费——应交营业税		5 000
营业外收入		15 000
（26）借：长期借款——本金	600 000	
——应付利息	150 000	

贷：银行存款		750 000
(27) 借：长期股权投资	100 000	
应收股利	30 000	
贷：银行存款		130 000
(28) 借：银行存款	30 000	
贷：应收股利		30 000
(29) 借：库存现金	190 000	
贷：银行存款		190 000
(30) 借：应付职工薪酬	190 000	
贷：库存现金		190 000
(31) 借：生产成本	92 500	
制造费用	21 000	
管理费用	26 500	
贷：应付职工薪酬		140 000
(32) 借：生产成本	12 950	
制造费用	2 940	
管理费用	3 710	
贷：应付职工薪酬		19 600
(33) 借：生产成本	200 000	
贷：原材料		200 000
(34) 借：制造费用	1 000	
贷：周转材料		1 000
(35) 借：制造费用	87 470	
管理费用	14 966	
贷：累计折旧		102 436
(36) 借：管理费用	13 000	
贷：累计摊销		13 000
(37) 借：管理费用	10 000	
贷：长期待摊费用		10 000
(38) 借：财务费用	36 800	
贷：应付利息		36 800
(39) 借：管理费用	3 624	
贷：银行存款		3 624
(40) 借：生产成本	112 410	
贷：制造费用		112 410

（41）借：库存商品	417 860	
贷：生产成本		417 860
（42）借：主营业务成本	430 000	
贷：库存商品		430 000
（43）借：营业税金及附加	1 200	
贷：应交税费——应交城建税		700
应交税费——教育费附加		500
（44）借：应交税费——应交增值税（已交税金）	48 000	
——应交城建税	700	
应交税费——教育费附加	500	
贷：银行存款		49 200
（45）借：资产减值损失	19 900	
贷：坏账准备		19 900
（46）借：银行存款	100 000	
贷：投资收益		100 000
（47）借：主营业务收入	600 000	
营业外收入	85 000	
投资收益	120 000	
贷：本年利润		805 000
借：本年利润	593 000	
贷：主营业务成本		430 000
销售费用		10 000
营业税金及附加		1 200
管理费用		76 100
财务费用		51 800
营业外支出		4 000
资产减值损失		19 900
（48）借：所得税费用	36 960	
贷：应交税费——应交所得税		36 960
借：本年利润	36 960	
贷：所得税费用		36 960
（49）借：应交税费——应交所得税	36 000	
贷：银行存款		36 000
（50）借：应交税费——应交增值税（转出未交增值税）	960	
贷：应交税费——未交增值税		960

（51）借：利润分配——提取法定盈余公积 17 504
——提取任意盈余公积 8 752
贷：盈余公积——法定盈余公积 17 504
——任意盈余公积 8 752

（52）借：本年利润 175 040
贷：利润分配——未分配利润 175 040
借：利润分配——未分配利润 26 256
贷：利润分配——提取法定盈余公积 17 504
——提取任意盈余公积 8 752

2. 登记账簿

为了简化起见，用T形账代替各明细账，总账为各所属明细账的汇总。为核对经济业务，T形账中的业务序号与经济业务的序号一致。各T形账户见表4－6。

表4－6 T形账户

银行存款 单位：元

期初余额：	4 308 965		
（2）设备残值收入	4 000	（2）设备清理费	3 000
（4）收回银行汇票余款	10 460	（7）支付汇票款	160 000
（6）转让股票投资	220 000	（8）购固定资产	118 000
（9）收到汇票贴现款	185 000	（11）付宣传费	10 000
（10）借入长期借款	400 000	（12）办公用品费	3 000
（13）收回应收账款	122 500	（14）购低值易耗品	600
（23）销售商品	234 000	（15）归还短期借款本金	100 000
（24）出售设备价款	300 000	归还长期借款利息	4 800
（25）出售无形资产	100 000	（16）预付商品款	30 000
（28）收回应收股利	30 000	（17）采购商品	175 500
（46）收到现金股利	100 000	（18）购工程物资	292 500
		（26）归还长期借款本金	600 000
		归还利息	150 000
		（27）购股权投资成本	100 000
		应收股利	30 000
		（29）提现	190 000
		（39）支付电话费	3 624
		（44）交纳增值税	48 000
		交纳城建税	700
		交纳教育费附加	500
		（49）缴纳所得税	36 000
期末余额：	3 958 701		

续表

库存现金

期初余额：500		（30）支付工资	190 000
（29）提现	190 000		
期末余额：500			

其他货币资金

期初余额：310 000		（3）银行汇票付料款	189 540
		（4）退回多余款	10 460
期末余额：110 000			

应收账款

期初余额：122 500		（13）收回货款	122 500
（5）应收产品货款	468 000		
期末余额：468 000			

坏账准备

		期初余额：3 500	
		（45）计提坏账准备	19 900
		期末余额：23 400	

应收票据

期初余额：368 580		（9）票据贴现	200 000
期末余额：168 580			

交易性金融资产

期初余额：210 000		（7）出售交易性金融资产	200 000
期末余额：10 000			

预付账款

期初余额：108 233			
（16）预付购货款	30 000		
期末余额：138 233			

其他应收款

期初余额：2 500		（1）报销差旅费	1 300
期末余额：1 200			

应收股利

（27）购入中的股利	30 000	（28）收到股利	30 000
期末余额：0			

周转材料

期初余额：20 400		（34）生产领用	1 000
（14）购入	600		
期末余额	20 000		

原材料

期初余额：400 000		（33）生产领用	200 000
（3）收料	162 000		
期末余额：362 000			

库存商品

期初余额：5 088 000		（42）结转销售成本	430 000
（41）完工入库	417 860		
期末余额：5 075 860			

材料采购

（17）购料款	150 000		
期末余额：150 000			

制造费用

（31）分配应付工资	21 000	（40）结转制造费用	112 410
（32）分配应付福利费	2 940		
（34）领用低值易耗品	1 000		
（35）计提折旧	87 470		
期末余额：0			

续表

生产成本

(31) 分配工资 92 500	(30) 产成品成本 417 860
(32) 分配福利费 12 950	
(33) 领料 200 000	
(40) 结转制造费用 112 410	
期末余额：0	

长期股权投资

期初余额：302 532	
(27) 购入股票投资 100 000	
期末余额：402 532	

长期待摊费用

期初余额：100 634	(37) 摊销财产保险费 10 000
期末余额：90 634	

累计折旧

	期初余额：830 674
(2) 报废设备折旧 95 000	(35) 生产部门折旧 87 470
(24) 出售设备折旧 170 000	(35) 管理部门折旧 14 966
	期末余额：668 110

固定资产

期初余额：2 253 647	(2) 设备报废 100 000
(8) 购入设备 118 000	(24) 出售设备 400 000
(22) 工程完工 274 000	
期末余额：2 145 647	

固定资产清理

(2) 设备清理净值 5 000	(2) 清理设备残值收入 4 000
(2) 设备清理费 3 000	(2) 设备清理损失 4 000
(24) 出售设备净值 230 000	(24) 转让设备收入 300 000
(24) 出售设备收益 70 000	
期末余额：0	

在建工程

期初余额：202 348	
(19) 领用物资 200 000	(22) 工程完工 274 000
(20) 分配支付的工资 50 000	
(20) 计提未付的福利费 7 000	
(21) 长期借款利息 17 000	
期末余额：202 348	

无形资产

期初余额：205 000	(25) 转让无形资产 80 000
期末余额：125 000	

短期借款

(15) 归还借款 100 000	期初余额：200 000
	期末余额：100 000

工程物资

(18) 购入工程物资 292 500	(19) 工程领用 200 000
期末余额：92 500	

应付账款

	期初余额：105 947
	期末余额：105 947

累计摊销

	(36) 摊销无形资产：13 000
	期末余额：13 000

应付票据

(7) 支付商业汇票 160 000	期初余额：585 338
	期末余额：425 338

其他应付款

	期初余额：16 700
	期末余额：16 700

续表

应付职工薪酬

（30）支付工资 190 000	期初余额：3 500
	（20）在建工程负担的工资及福利费 57 000
	（31）分配计入产品成本的工资 113 500
	分配计入管理费用的工资 26 500
	（32）分配计入产品成本的福利费 15 890
	分配计入管理费用的福利费 3 710
	期末余额：30 100

应交税费

	期初余额：450
（3）付购材料增值税 27 540	（5）应收增值税销项税额 68 000
（17）付购材料增值税 25 500	（23）收到增值税 34 000
（44）实际交增值税 48 000	（25）应交营业税 5 000
实际交城建税 700	（39）应交所得税 36 960
交纳教育费附加 500	（43）应交城建税 700
（49）实际交纳所得税 36 000	应交教育费附加 500
（50）转出未交增值税 960	（50）转入未交税金 960
	期末余额：7 370

本年利润

（47）转成本费用 593 000	（47）结转各项收入 805 000
（48）结转所得税 36 960	
（52）转本年利润 175 040	
	期末余额：0

利润分配

（52）结转利润分配 26 256	期初余额：231 800
	（52）转入利润 175 040
	期末余额：380 584

主营业务成本

（42）结转销售商品成本 430 000	（47）结转入本年利润 430 000
期末余额：0	

长期借款

（15）归还借款利息 4 800	期初余额：1 604 800
（42）偿还借款本金 600 000	（10）取得长期借款 400 000
偿还借款利息 150 000	
	期末余额：1 250 000

应付利息

	（21）计提长期借款利息 17 000
	（38）计提长期借款利息 36 800
	期末余额：53 800

股本

	期初余额：10 000 000
	期末余额：10 000 000

资本公积

	期初余额：235 700
	期末余额：235 700

盈余公积

	期初余额：185 430
	（51）提取法定盈余公积 17 504
	（51）提取任意盈余公积 8 752
	期末余额：211 686

主营业务收入

（47）结转入本年利润 600 000	（5）赊销商品 400 000
	（23）销售商品，已收款 200 000
	期末余额：0

营业税金及附加

（43）城建税及教育费附加 1 200	（47）结转入本年利润 1 200
期末余额：0	

续表

管理费用

(1) 报销差旅费 1 300	(47) 结转入本年利润 76 100
(12) 支付办公费 3 000	
(31) 分配工资 26 500	
(32) 提取福利费 3 710	
(35) 计提折旧 14 966	
(36) 摊销无形资产 13 000	
(37) 待摊费用摊销 10 000	
(39) 支付电话费 3 624	
期末余额：0	

财务费用

(9) 支付票据贴现息 15 000	(47) 结转入本年利润 51 800
(38) 提取短期借款利息 4 800	
提取长期借款利息 32 000	
期末余额：0	

销售费用

(11) 支付产品宣传费 10 000	(47) 结转入本年利润 10 000
期末余额：0	

投资收益

(47) 结转入本年利润 120 000	(6) 出售股票收益 20 000
	(46) 收到现金股利 100 000
	期末余额：0

营业外收入

(47) 结转入本年利润 85 000	(24) 出售设备收益 70 000
	(25) 出售无形资产收益 15 000
	期末余额：0

营业外支出

(2) 报废设备损失 4 000	(47) 结转入本年利润 4 000
期末余额：0	

所得税费用

(48) 计算所得税费用 36 960	(48) 结转入本年利润 36 960
期末余额：0	

资产减值损失

(45) 计提坏账准备 19 900	(47) 结转入本年利润 19 900
期末余额：0	

4.4.4 企业各账户的期末余额表

根据各账户的期末余额，编制企业 2007 年末的账户余额表，进行试算平衡。期末余额的试算平衡表见第 2 章“资产负债表的编制原理与实务”一节中的表 2-3。

4.4.5 企业的资产负债表及利润表

企业 2007 年度的资产负债表见第 2 章“资产负债表的编制原理与实务”一节中的表 2-4，利润表见第 3 章“利润表的编制原理与实务”一节中的表 3-2。

4.5 工作底稿法编制现金流量表的实务

采用工作底稿法编制现金流量表，是以工作底稿为手段，以利润表和资产负债表数据为基础，对每一项目进行分析并且编制调整分录，从而编制出现金流量表的方法。工作底稿是一种纯粹为编表工作而做的草稿，属于非正式的会计分录，可以涂改、随时将发生的差错及时纠正，待金额全部轧平后作为编制现金流量表的依据。

4.5.1 工作底稿法编制现金流量表的具体步骤

1. 设计现金流量表工作底稿

现金流量表工作底稿的格式见表 4－7。

工作底稿纵向分成三段：第一段是资产负债表项目，第二段是利润表项目，第三段是现金流量表项目。工作底稿横向分为四栏，第一栏是项目栏，填列资产负债表、利润表、现金流量表各项目名称；第二栏是期初数，用来填列资产负债表项目的期初数，利润表、现金流量表部分期初数空置不填；第三栏是调整分录的借方、贷方栏，此栏的资产负债表、利润表、现金流量表部分均须按调整分录进行填列；第四栏是期末数，用来填列资产负债表、利润表和现金流量表项目的期末数，资产负债表部分的期末数由当年资产负债表的期末数过入，利润表和现金流量表的期末数由调整分录的借方数与贷方数计算求得。

2. 过账

过账是将本期资产负债表的期初数和期末数过入工作底稿资产负债表部分的期初数栏和期末数栏。利润表部分和现金流量表部分不涉及过账问题。

3. 编制调整分录

工作底稿法最核心的内容就是编制调整分录。调整分录编制的正确与否，直接影响现金流量表的正确性。

4. 将调整分录的数字过入工作底稿

在将调整分录中有关的数字过入工作底稿时，最好每编完一笔调整分录，就登记一次工作底稿，并要登记调整分录号码。这样做的好处，一是便于在验证平衡出错时查找原因；二是对于前面调整过的项目会有一个清晰的了解。

5. 对工作底稿进行试算平衡

1）调整分录部分的核对

调整分录借方合计＝调整分录贷方合计

2）资产负债表部分的核对

借方项目：期初数＋调整分录借方数－调整分录贷方数＝期末数

贷方项目：期初数 - 调整分录借方数 + 调整分录贷方数 = 期末数

3）利润表部分的核对

成本费用类：调整分录借方数 - 调整分录贷方数 = 本期数

收入收益类：调整分录贷方数 - 调整分录借方数 = 本期数

工作底稿中，计算得出的利润表本期数应与企业当年利润表的本期数相等。

4）现金流量表部分的核对

现金流入项目：调整分录借方数 - 调整分录贷方数 = 本期数

现金流出项目：调整分录贷方数 - 调整分录借方数 = 本期数

工作底稿中计算得出的本期数就是本期现金流量表对应各项目的金额。

工作底稿的试算平衡有两种，一是横向平衡，目的是看资产负债表项目和利润表项目是否全部调整完毕，既不能多调，也不能少调。二是纵向平衡，即调整分录借贷合计平衡，目的是看调整分录自身计算有无错误。

6. 编制现金流量表

根据工作底稿中的现金流量表部分的期末数编制现金流量表。

4.5.2 工作底稿法调整分录的编制

1. 调整分录的账户准备

现金流量表的调整分录应当依据企业的年度资产负债表、利润表和会计账簿分析编制。因此，为了编制调整分录，企业对有关账簿的设置必须考虑编制现金流量表调整分录的需要。例如“累计折旧”账户中，本期计提的累计折旧由于列入的科目不同，需要调整现金流量表的不同项目。列入制造费用的折旧金额，调整经营活动的“购买商品、接受劳务支付的现金”项目；列入管理费用的折旧金额，调整经营活动的“支付的其他与经营活动有关的现金”项目。因此，在登记“累计折旧”账户时，必须详细记录计提折旧所计入的借方科目。同样道理，为了编制现金流量表的需要，企业其他有关账户的设置和登记也要考虑编制调整分录的需要。

2. 调整分录的借贷项目

由于编制调整分录的目的是为编制现金流量表，依据的资料是企业的资产负债表和利润表。因此，调整分录借贷的对象是会计报表项目而不是会计科目。

在调整分录中，有关现金和现金等价物的事项，并不直接借记或贷记现金，而是分别记入“经营活动产生的现金流量”、“投资活动产生的现金流量”、“筹资活动产生的现金流量”的有关详细项目。现金流入项目，借记表明现金流入增加，贷记表明现金流入减少；现金流出项目，贷记表明现金流出增加，借记表明现金流出减少。

3. 调整分录的分类

编制调整分录的原则是将企业涉及的有关业务由权责发生制调整为收付实现制。编制调整分录时，要以利润表项目为基础，从“营业收入”开始，调整至“净利润”项目结束。在调整利润表时，需要同时结合资产负债表项目进行分析。调整完利润表项目后，再调整资产负债表项目。调整分录大体有这样几类：第一类涉及利润表中的收入、成本和费用项目以及资产负债表中的资产、负债及所有者权益项目，通过调整，将权责发生制下的收入费用转换为现金基础；第二类是涉及资产负债表和现金流量表中的投资、筹资项目，反映投资和筹资活动的现金流量；第三类是涉及利润表和现金流量表中的投资和筹资项目，目的是将利润表中有关投资和筹资方面的收入和费用列入现金流量表投资、筹资现金流量中去。第四类的调整分录并不涉及现金收支，只是为了核对资产负债表项目的期末期初变动数。

4. 编制调整分录

1）调整营业收入

由于利润表中的“营业收入”是按权责发生制确认的，与企业当期按收付实现制反映的“销售商品、提供劳务收到的现金”之间必然存在差异。为此，在以“营业收入”为基础调整为“销售商品、提供劳务收到的现金”时，应调整本期应收账款、应收票据、预收账款的增减变动金额。因为应收账款和应收票据的增加、预收账款的减少意味着企业本期主营业务收入增加，但并未增加现金，对其增加额应从本期销售收入中减去；反之，对本期应收账款和应收票据的减少、预收账款的增加，意味着虽未增加本期销售收入，但本期取得的现金增加，应增加本期销售商品收到的现金金额。本例的调整分录如下：

借：经营活动现金流量——销售商品、提供劳务收到的现金	522 500	
应收账款	345 500	
贷：营业收入		600 000
应收票据		200 000
应交税费		68 000

在调整主营业务收入时，说明以下 4 点。

（1）“应收账款”、“应收票据”的数额为该账户期末余额与期初余额的差额，数字一般来源于资产负债表，但应收账款余额为不扣除坏账准备前的余额，坏账准备对现金的影响单独调整。若应收账款、应收票据的期末数减期初数为正数，在调整分录的借方；若差额为负数，在调整分录的贷方。本例中，应收账款本期增加了 345 500（期末数 468 000 – 期初数 122 500）元，在调整分录的借方；应收票据本期减少了 200 000（期末数 168 580 – 期初数 368 580）元，在调整分录的贷方。

（2）“营业收入”的金额为本期实际发生的商品销售收入，在调整分录的贷方，数字来源于利润表。

（3）“经营活动现金流量——销售商品、提供劳务收到的现金”的数额是依据其他各项计算求得，在调整分录的借方，表示企业流入现金的增加，本项目的相关内容见 6）、27）调整分录。

（4）“应收账款”、“应收票据”、“预收账款”项目，在调整资产负债表时不再调整。

2）调整营业成本

企业的“主营业务成本”、“其他业务成本”是按权责发生制确认的，它与当期发生的“购买商品、接受劳务支付的现金”的差异是由应付账款、应付票据、预付账款及存货的增减变动引起的。在假设当期存货均已付现的情况下，本期存货的增加意味着企业购买商品支出的现金增加；反之，意味着支出现金的减少。应付账款、应付票据的增加及预付账款的减少，意味着企业购买商品支出现金的减少；反之，意味着企业支出现金的增加。本例的调整分录如下：

借：营业成本	430 000	
存货	99 460	
应付票据	160 000	
预付账款	30 000	
贷：经营活动现金流量——购买商品、接受劳务支付的现金		719 460

在调整主营业务成本时，说明以下6点。

（1）“应付票据”的数额为该账户本期期末余额与期初余额的差额，数字来源于资产负债表。若期末数减期初数为正数，在调整分录的贷方；若为负数，在调整分录的借方。本例中，应付票据减少160 000（期末数425 338－期初数585 338）元，在调整分录的借方。

（2）“预付账款”的数额为该账户本期期末余额与期初余额的差额，数字来源于资产负债表。若期末数减期初数为正数，在调整分录的借方；若为负数，在调整分录的贷方。本例中，预付账款增加30 000（期末数138 233－期初数108 233）元，在调整分录的借方。

（3）“存货”的数额为该项目本期期末余额与期初余额的差额，数字来源于资产负债表。若期末数减期初数为正数，在调整分录的借方；若为负数，在调整分录的贷方。本例中，存货增加99 460（期末数5 607 860－期初数5 508 400）元，在调整分录的借方。

（4）“营业成本”的金额为本期实际发生的商品成本，在调整分录的借方，数字来源于利润表。

（5）“经营活动现金流量——购买商品、接受劳务支付的现金”的数额为依据其他各项计算求得，现金流出项目在贷方表示现金流出的增加，本项目的其他调整分录见20）、25）、26）和27）。

（6）“应付账款”、“应付票据”、“预付账款”和“存货”项目，调整资产负债表时不再调整。

3）调整营业税金及附加

借：营业税金及附加	1 200	
贷：经营活动现金流量——支付的各项税费		1 200

“营业税金及附加”的数额来自利润表中相同项目的本期发生数。本例中，“营业税金及附加”的金额均为实际支付数，与按收付实现制确认数相同。若涉及的城建税、消费税、教育费附加尚未支付，贷方可能涉及“应交税费”等科目。

4）调整销售费用

借：销售费用　10 000

　贷：经营活动现金流量——支付的其他与经营活动有关的现金　10 000

“销售费用”的数额来自利润表中相同项目的本期发生数，“销售费用”的金额与按收付实现制确认数相同。

5）调整管理费用

“管理费用”中包含涉及现金支出和不涉及现金支出的项目，此笔分录先将“管理费用”数额全额转入“经营活动现金流量——支付的其他与经营活动有关的现金”项目中。至于不涉及现金支出的项目，在调整资产负债表项目时，再分别调减“支付的其他与经营活动有关的现金”项目。

借：管理费用　76 100

　贷：经营活动现金流量——支付的其他与经营活动有关的现金　76 100

“管理费用”的数额来自利润表中相同项目的本期发生数，调减“支付的其他与经营活动有关的现金”项目的调整分录见 16）、17）、20）、23）、25）。

6）调整财务费用

企业当期内实际发生的利息支出包括计入“财务费用”的利息支出、计入固定资产价值的利息支出。财务费用与企业当期实际支付利息费用的差异主要是由于短期借款的应计利息、长期借款的应计利息、应付债券的应计利息引起的。

借：财务费用　51 800

　贷：经营活动现金流量——销售商品、提供劳务收到的现金　15 000

　　　应付利息　36 800

本期增加的财务费用中，均未支付利息。其中，票据贴现利息 15 000 元，由于在调整应收票据时已全额计入“经营活动现金流量——销售商品、提供劳务收到的现金”项目，所以要从该项目内冲回，不能作为现金流入；长期借款利息 36 800 元均已计入财务费用，但尚未支付的利息费用。本调整分录的编制依据是利润表中的“财务费用”项目及“财务费用”明细账和“应付利息”明细账。

7）调整投资收益

企业的投资收益包括权益性投资的投资收益（现金股利、利润等）、债权性投资的投资收益（利息）、出售权益性投资而与本金一起收回的价差，包括已收回和未收回的所有投资收益。调整本项目时，收到的现金股利、利润及利息计入“取得投资收益收到的现金 ”项目；股权投资的买卖价差计入“收回投资收到的现金”项目。

借：投资活动现金流量——取得投资收益收到的现金　100 000

　　　　　　　　　　——收回投资收到的现金　20 000

　贷：投资收益　120 000

投资收益由两部分组成：一是分得现金股利 100 000 元，二是出售交易性金融资产获利

20 000 元。本调整分录的编制依据是利润表中的“投资收益”项目及“投资收益”明细账。

8）调整营业外收入

编制现金流量表时，需对“营业外收入”的内容进行分析，按发生的内容不同列入现金流量表的不同部分。例如，教育费附加返还款，应计入“经营活动现金流量——收到的税费返还”项目中；处置固定资产、无形资产收入的现金净额列入“投资活动现金流量——处置固定资产、无形资产和其他长期资产收回的现金净额”项目中。

借：投资活动现金流量
　　——处置固定资产、无形资产和其他长期资产收回的现金净额　400 000
　　累计折旧　170 000
　贷：营业外收入　85 000
　　　固定资产　400 000
　　　无形资产　80 000
　　　应交税费　5 000

营业外收入 85 000 元中，出售设备收益 70 000 元，转让无形资产收益 15 000 元。编制此调整分录时，结合转让固定资产、无形资产的内容一并调整，包括涉及的固定资产原价、累计折旧、无形资产及转让无形资产应交的营业税等内容。本调整分录的编制依据是利润表中的“营业外收入”项目及“营业外收入”明细账、“固定资产”明细账、“累计折旧”明细账、“无形资产”明细账、“应交税费”明细账等。

9）调整营业外支出

编制现金流量表时，需对“营业外支出”的内容进行分析，列入现金流量表的不同部分。例如，现金捐赠支出应列入“筹资活动现金流量——支付的其他与筹资活动有关的现金”项目；处置固定资产、无形资产的现金列入“投资活动现金流量——处置固定资产、无形资产及其他资产收回的现金净额”项目。

借：投资活动现金流量
　　——处置固定资产、无形资产和其他长期资产收回的现金净额　1 000
　　营业外支出　4 000
　　累计折旧　95 000
　贷：固定资产　100 000

营业外支出 4 000 元是处置固定资产的净损失，调整本项目时，结合报废固定资产的内容一并调整，包括涉及的固定资产原价、累计折旧等内容。本调整分录的编制依据是利润表中的“营业外支出”项目及“营业外支出”明细账、“固定资产”明细账、“累计折旧”明细账、“无形资产”明细账、“应交税费”明细账等。

10）调整所得税费用

所得税与未交税金是对应的，将利润表中的“所得税费用”数额调入“应交税费”项目，在 26）笔调整分录中调整企业的应交税费。

借：所得税费用　　36 960
　贷：应交税费　　36 960

11）结转净利润

将利润表中的净利润全部调入未分配利润，目的是为了试算平衡。

借：净利润　　175 040
　贷：未分配利润　　175 040

若企业当年为亏损，调整分录与上述相反。

12）调整货币资金

将资产负债表中“货币资金”的期末数与期初数的差额调入“现金及现金等价物净增加额”项目。

借：现金及现金等价物净增加额　　550 264
　贷：货币资金　　550 264

资产负债表中的货币资金减少555 264（期末数4 064 201－期初数4 619 465）元，在调整分录的贷方；若货币资金的期末数大于期初数，“货币资金”项目应在调整分录的借方。

13）调整交易性金融资产

若“交易性金融资产”账户的借方反映增加交易性金融资产增加的现金，应增加“投资活动现金流量——投资支付的现金”项目；若其账户的贷方反映收回数，应增加“投资活动现金流量——收回投资收到的现金”项目。

借：投资活动现金流量——收回投资收到的现金　　200 000
　贷：交易性金融资产　　200 000

交易性金融资产的数字来自资产负债表的“交易性金融资产”项目。本例中交易性金融资产减少200 000（期末数10 000－期初数210 000）元，在调整分录的贷方。本项目根据“交易性金融资产”账户分析编制。

14）调整应收股利

应收股利虽然没有余额，但要根据“应收股利”账户的本期借贷方发生额分析调整。在投资时支付的已宣告发放但尚未领取的现金股利，计入“投资活动现金流量——支付的其他与投资活动有关的现金”项目；收到投资时支付的已宣告发放但尚未领取的现金股利，计入“投资活动现金流量——收到的其他与投资活动有关的现金”项目；收到投资后被投资企业发放的现金股利，在“投资收益”项目调整，调整本项目时不考虑。

借：应收股利　　30 000
　贷：投资活动现金流量——支付的其他与投资活动有关的现金　　30 000
借：投资活动现金流量——收到的其他与投资活动有关的现金　　30 000
　贷：应收股利　　30 000

本例中，应收股利30 000元，均为宣告发放但尚未领取的现金股利。

15）调整坏账准备

坏账准备的本期提取数为19 900元，同时调整“资产减值损失”项目。此分录也可在利润表部分调整。

借：资产减值损失　19 900

　贷：坏账准备　19 900

16）调整其他应收款

根据资产负债表中“其他应收款”项目的期末余额与期初余额的差额分析填列。期末余额大于期初余额的差额，应当调增“经营活动现金流量——支付的其他与经营活动有关的现金”项目；期末余额小于期初余额的差额，应当调减“经营活动现金流量——支付的其他与经营活动有关的现金”项目。本项目也可以根据“其他应收款”账户的借、贷方发生金额分析调整。

借：经营活动现金流量——支付的其他与经营活动有关的现金　1 300

　贷：其他应收款　1 300

其他应收款减少1 300元是由于差旅费的报销引起的。该报销费已计入管理费用，管理费用的本期发生数在调整分录5）已全额计入“经营活动现金流量——支付的其他与经营活动有关的现金”项目，因此本调整分录减少该现金流量表项目。

17）调整长期待摊费用

长期待摊费用的增加，使企业当期实际支付的现金多于确认的费用，在计算现金支出时应当加上；反之，在计算现金支出时应当减去，至于在哪个项目加上或减去，应当分析待摊费用具体计入哪些费用科目中去。例如，如果摊销的待摊费用计入制造费用，而制造费用计入“经营活动现金流量——购买商品、接受劳务支付的现金”中，所以应在该现金流量表项目上加上或减去；如果摊销的待摊费用计入管理费用，应当减少“经营活动现金流量——支付的其他与经营活动有关的现金”项目。

借：经营活动现金流量——支付的其他与经营活动有关的现金　10 000

　贷：长期待摊费用　10 000

本期待摊费用减少10 000元，主要是摊销财产保险费，已经计入管理费用，因此冲减“经营活动现金流量——支付的其他与经营活动有关的现金”项目。

18）调整长期股权投资

本期长期股权投资的增加是由于企业追加投资引起的，应当增加“投资活动现金流量——投资支付的现金”项目。分析调整时，根据“长期股权投资”的借方发生额、贷方发生额分析填列。

借：长期股权投资　100 000

　贷：投资活动现金流量——投资支付的现金　100 000

19）调整固定资产

“固定资产”的调整，要根据该账户的借方发生额和贷方发生额分别分析调整。固定资产的贷方发生额主要反映固定资产的处置、报废而减少的固定资产原价，在调整8）、9）的营业外收入、营业外支出时已调整完毕，本调整分录只需调整固定资产的借方发生额。

固定资产的增加有不同的途径，如购入、接受捐赠、在建工程转入等。在编制现金流量表时，主要分析固定资产的借方发生额，将其中以现金购入的部分计入“投资活动现金流量——购建固定资产、无形资产和其他长期资产支付的现金”项目中，不涉及现金的，调整实际发生时的相应会计科目。

借：固定资产　　392 000

　贷：投资活动现金流量

　　——购建固定资产、无形资产和其他长期资产支付的现金　　118 000

　　在建工程　　274 000

本期固定资产的增加包括两部分：一是购入设备118 000元，二是在建工程完工转入274 000元。

20）调整累计折旧

“累计折旧”的调整，要根据该账户的借方发生额和贷方发生额分别分析调整。累计折旧的借方发生额主要反映固定资产的处置、报废而减少的折旧金额，在调整8）、9）的营业外收入、营业外支出时已调整完毕，本项目不再调整，只需调整累计折旧的贷方发生额即可。

固定资产的折旧费用已经计入了成本费用，但并不减少企业的现金，在计算现金支出时应当减去，至于在哪个现金流量表项目中减去，应分析折旧费用具体计入哪些费用科目。例如，计提的折旧费用计入制造费用，制造费用已经转入生产成本，生产成本最终转入产品的销售成本，在调整分录2）中，已将“营业成本”项目调整计入“经营活动现金流量——购买商品、接受劳务支付的现金”中，因此，应按计入制造费用的累计折旧的数额减少“经营活动现金流量——购买商品、接受劳务支付的现金”项目；如果计提的折旧费用计入管理费用，应减少“经营活动现金流量——支付的其他与经营活动有关的现金”项目的数额。

借：经营活动现金流量——支付的其他与经营活动有关的现金　　14 966

　　　　　　　　　——购买商品、接受劳务支付的现金　　87 470

　贷：累计折旧　　102 436

本期计提的折旧102 436元中，计入管理费用的有14 966元，计入制造费用的有87 470元，所以这里要补充调整。

21）调整工程物资

本项目根据“工程物资”账户的借方发生额和贷方发生额分析调整。一般情况下，工程物资的贷方在“在建工程”项目调整，本项目只调整借方发生额。

借：工程物资　　292 500

　贷：投资活动现金流量

　　——购建固定资产、无形资产和其他长期资产支付的现金　　292 500

22）调整在建工程

调整在建工程，应当分析“在建工程”账户的借方发生额和贷方发生额。在建工程的贷方发生额在调整固定资产时已经调整完毕，不再调整。企业为在建工程支付的现金应计入“投资活动现金流量——购建固定资产、无形资产和其他长期资产支付的现金”项目中，但在建工程价款中包含的以现金支付的长期借款的利息支出，计入“筹资活动现金流量——分配股利、利润或偿付利息支付的现金”中去，对不涉及现金收付的项目，直接计入原发生时的会计科目。

借：在建工程　274 000

　贷：工程物资　200 000

　　应付职工薪酬　57 000

　　应付利息　17 000

本期在建工程的增加原因：一是领用工程物资 200 000 元，二是工程负担的应付工资 50 000元、应付福利费 7 000 元；三是长期借款应付而未付的资本化利息 17 000 元。对于实际支付的在建工程人员的工资，在调整分录 25）中的应付工资项目调整，其他项目的实际支付数也在各自的项目调整。

23）调整无形资产及累计摊销

调整无形资产应从其借方发生额和贷方发生额两方面入手。无形资产的增加，主要是企业购入的无形资产发生的现金支出，应计入“投资活动现金流量——购建固定资产、无形资产和其他长期资产支付的现金”项目。无形资产的减少，一是无形资产摊销，计入管理费用，应调减“经营活动现金流量——支付的其他与经营活动有关的现金”项目；二是转让无形资产，转让净收入应当计入“投资活动现金流量——处置固定资产、无形资产和其他长期资产收回的现金净额”项目。

借：经营活动现金流量——支付的其他与经营活动有关的现金　13 000

　贷：累计摊销　13 000

本期的无形资产贷方减少有两项：一是出售无形资产，减少成本 80 000 元，已在调整分录 8）中“营业外收入”项目调整；二是无形资产摊销 13 000 元，已计入管理费用，应当调减“经营活动现金流量——支付的其他与经营活动有关的现金”项目。

24）调整短期借款

“短期借款”的调整，需要分析该账户的借方发生额和贷方发生额。借方发生额中，归还的借款本金计入“筹资活动现金流量——偿还债务支付的现金”项目；贷方发生额中增加的短期借款，计入“筹资活动现金流量——借款收到的现金”项目。

借：短期借款　100 000

　贷：筹资活动现金流量——偿还债务支付的现金　100 000

25）调整应付职工薪酬

“应付职工薪酬”的调整，需要分析该账户的借方发生额和贷方发生额，不管期末是否有余额，本期应付工资的期末期初差额虽然为零，但并不意味着本期支付给职工的工资为零。“应付职工薪酬”的借方反映实际支付的工资薪酬数，支付给在建工程人员的工资，计入“投资活动现金流量——购建固定资产、无形资产和其他长期资产支付的现金”项目；支付给除在建工程人员以外的其他人员的工资，应计入“经营活动现金流量——支付给职工以及为职工支付的现金”项目。本期实际支付在建工程人员工资 50 000 元，支付其他人员工资共140 000元。

借：应付职工薪酬　　190 000

　贷：经营活动现金流量——支付给职工以及为职工支付的现金　　140 000

　　投资活动现金流量

　　——购建固定资产、无形资产和其他长期资产支付的现金　　50 000

“应付职工薪酬”的贷方记录已计入“生产成本”、“制造费用”、“管理费用”等科目的工资薪酬，而这些工资已在调整分录2）、5）中全部作为现金支出，计入“经营活动现金流量——购买商品、接受劳务支付的现金”项目和“经营活动现金流量——支付的其他与经营活动有关的现金”项目。因此，在调整应付工资的贷方时，应调减相应的现金流量表项目。本期分配入生产成本的工资 92 500 元，分配入制造费用的工资 21 000 元，分配入管理费用的工资 26 500 元，均应调整；计入在建工程的应付工资 50 000 元，已在调整分录22）中调整完毕。本例分配的应付福利费，计入生产成本的福利费为 12 950 元，计入制造费用的福利费为 2 940 元，计入管理费用的福利费为 3 710 元，调减相应的现金流量表项目；计入在建工程的福利费 7 000 元，已在调整分录 22）中调整完毕。

借：经营活动现金流量——购买商品、接受劳务支付的现金　　129 390

　　——支付的其他与经营活动有关的现金　　30 210

　贷：应付职工薪酬　　159 600

26）调整应交税费

应交税金的调整，需要分析“应交税费”相关明细账户的借方发生额和贷方发生额。企业实际支付给销售方的增值税进项税额，计入“经营活动现金流量——购买商品、接受劳务支付的现金”项目；实际支付给税务机关的增值税、营业税、所得税、教育费附加等税金，计入“经营活动现金流量——支付的各项税费”项目。本例中，实际支付的增值税进项税额 53 040 元，实际支付给税务机关的增值税 48 000 元，所得税 36 000 元，城建税 700 元及教育费附加 500 元已在前面调整，不再考虑。

借：应交税费　　137 040

　贷：经营活动现金流量——支付的各项税费　　84 000

　　——购买商品、接受劳务支付的现金　　53 040

应交税金的贷方发生额中，尚未收到的增值税销项税额已在调整分录1）中调过，不再调整；转让无形资产应缴的营业税已在调整分录8）中调过，也不再调整，只需调整企业实际收到的增值税销项税额 34 000 元。

借：经营活动现金流量——销售商品、提供劳务收到的现金　　34 000

　贷：应交税费　　34 000

27）调整长期借款

编制调整分录时，应当分析“长期借款”账户的借方发生额及贷方发生额，从而确定相应的调整项目。借方发生额中，归还的借款本金计入“筹资活动现金流量——偿还债务支付的现金”项目；贷方发生额中，增加的长期借款计入“筹资活动现金流量——借款收到的现金”项目。

借：长期借款　　754 800

　贷：筹资活动现金流量——偿还债务支付的现金　　600 000

　　　　　　　　　　　——分配股利、利润或偿付利息支付的现金　　154 800

借：筹资活动现金流量——借款收到的现金　　400 000

　贷：长期借款　　400 000

28）调整盈余公积

盈余公积从企业的税后净利润中提取，与现金无关，该调整分录是为了进行试算平衡，金额为本期的实际提取数。

借：未分配利润　　26 256

　贷：盈余公积　　26 256

将上述调整分录过入现金流量表工作底稿表4-7中，并进行工作底稿的试算平衡。一是横向平衡，检查资产负债表部分过入的期末数与计算的期末数是否相等，检查计算得出的利润表本期数是否与企业当年利润表的本期数相等；二是纵向平衡，检查调整分录部分借方合计与贷方合计是否相等。经核对，工作底稿部分横向平衡，纵向调整分录合计均为6 570 556元，也正确无误。

将核对无误的工作底稿中现金流量表项目的本期数过入现金流量表的金额栏，编制完成的现金流量表见表4-1。

表4-7　现金流量表工作底稿　　单位：元

项　目	期初数	调整分录		期末数
		借　方	贷　方	
一、资产负债表项目				
借方项目：				
货币资金	4 619 465		12）550 264	4 069 201
交易性金融资产	210 000		13）200 000	10 000
应收票据	368 580		1）200 000	168 580
应收股利（未扣除坏账准备）		14）30 000	14）30 000	0
应收账款	122 500	1）345 500		468 000
预付账款	108 233	2）30 000		138 233
其他应收款	2 500		16）1 300	1 200

续表

项目	期初数	调整分录		期末数
		借方	贷方	
存货	5 508 400	2）99 460		5 607 860
长期待摊费用	100 634		17）10 000	90 634
长期股权投资	302 532	18）100 000		402 532
固定资产（未扣除累计折旧）	2 253 647	19）392 000	8）400 000 9）100 000	2 145 647
工程物资		21）292 500	22）200 000	92 500
在建工程	202 348	22）274 000	19）274 000	202 348
无形资产	205 000		8）80 000 23）13 000	112 000
借方项目合计				13 508 735
贷方项目：				
坏账准备	3 500		15）19 900	23 400
累计折旧	830 674	8）170 000 9）95 000	20）102 436	668 110
短期借款	200 000	24）100 000		100 000
应付票据	585 338	2）160 000		425 338
应付账款	105 947			105 947
应付职工薪酬	3 500	25）190 000	22）57 000 26）159 600	30 100
应交税费	450	26）137 040	1）68 000 8）5 000 10）36 960 26）34 000	7 370
应付利息	0		6）36 800 22）17 000	53 800
其他应付款	16 700			16 700
长期借款	1 604 800	27）754 800	27）400 000	1 250 000
股本	10 000 000			10 000 000
资本公积	235 700			235 700
盈余公积	185 430		28）26 256	211 686
未分配利润	231 800	28）26 256	11）175 040	380 584
贷方项目合计				13 508 735
二、利润表项目				本期数
营业收入			1）600 000	600 000
营业成本		2）430 000		430 000
营业税金及附加		3）1 200		1 200
销售费用		4）10 000		10 000
管理费用		5）76 100		76 100
财务费用		6）51 800		51 800

续表

项目	期初数	调整分录		期末数
		借方	贷方	
资产减值损失		15）19 900		19 900
投资收益			7）120 000	120 000
营业外收入			8）85 000	85 000
营业外支出		9）4 000		4 000
所得税费用		10）36 960		36 960
净利润		11）175 040		175 040
三、现金流量表项目				本期数
（一）经营活动产生现金流量				
销售商品、提供劳务收到的现金		1）522 500 26）34 000	6）15 000	541 500
现金流入小计				541 500
购买商品、接受劳务支付的现金		20）87 470 25）129 390	2）719 460 26）53 040	555 640
支付给职工以及为职工支付的现金			25）140 000	140 000
支付的各项税费			3）1 200 26）84 000	85 200
支付的其他与经营活动有关的现金		16）1 300 17）10 000 20）14 966 23）13 000 25）30 210	4）10 000 5）76 100	16 624
现金流出小计				797 464
经营活动产生的现金流量净额				-255 964
（二）投资活动产生的现金				
收回投资收到的现金		7）20 000 13）200 000		220 000
取得投资收益收到的现金		7）100 000		100 000
处置固定资产、无形资产和其他长期资产收回的现金净额		8）400 000 9）1 000		401 000
收到的其他与投资活动有关的现金		14）30 000		30 000
现金流入小计				751 000
购建固定资产、无形资产和其他长期资产支付的现金			19）118 000 21）292 500 25）50 000	460 500
投资支付的现金			18）100 000	100 000
支付的其他与投资活动有关的现金			14）30 000	30 000
现金流出小计				590 500
投资活动产生的现金流量净额				160 500

续表

项　目	期初数	调整分录		期末数
		借　方	贷　方	
（三）筹资活动产生的现金流量				
借款收到的现金		27）400 000		400 000
现金流入小计				400 000
偿还债务支付现金			24）100 000 27）600 000	700 000
分配股利、利润或偿还利息支付的现金			27）154 800	154 800
现金流出小计				854 800
筹资活动产生的现金流量净额				-454 800
（四）现金及现金等价物净增加额		12）550 264		-550 264
调整分录借贷合计	—	6 570 556	6 570 556	—

4.6 T形账户法编制现金流量表的实务

T形账户法，就是以T形账户为手段，以利润表和资产负债表数据为基础，对每一项目进行分析并且编制调整分录，从而编制出现金流量表的方法。

4.6.1 开设所有非现金项目的T形账户

1. 为资产负债表和利润表中的所有非现金项目开设T形账户

非现金项目的T形账户见表4-8。

2. 将各非现金项目期末数与期初数的变动数过入各T形账户

（1）涉及利润表的项目，直接将利润表中的本期实际数过入T形账户，借贷方向不变。例如，营业收入本期实际数为600 000元，过入“营业收入”T形账户的贷方即可。

（2）资产负债表中涉及应收账款、存货、长期股权投资、无形资产等以扣除相关减值准备而以净值列示的非现金项目，该账户和对应的减值准备账户分别列示T形账户。例如，分别“应收账款”和“坏账准备”列示T形账户。

（3）如果资产负债表项目的期末数大于期初数，则将其差额过入和该项目的性质余额相同的方向。例如，“预付账款”属于资产类项目，余额应在借方，本期的期末数138 233元大于期初数108 233元，将其差额30 000元列入“预付账款”T形账户的借方；应付职工薪酬属于负债类项目，余额应在贷方，本期的期末数30 100元大于期初数3 500元，其差额26 600元列入“应付职工薪酬”T形账户的贷方。

（4）如果资产负债表项目的期末数小于期初数，则将其差额过入和该项目的性质余额相反的方向。例如，应收票据属于资产类项目，余额应在借方，本期的期末数168 580元小于期初数368 580元，将其差额200 000元列入“应收票据”T形账户的贷方；“短期借款”属于负债类项目，余额应在贷方，本期的期末数100 000元小于期初数200 000元，其差额100 000元应在“短期借款”T形账户的借方。

表4－8中，未标明题号的数字即为资产负债表和利润表有关非现金项目的过入数。

表4－8　非现金项目T形账户　　单位：元

营业收入

	600 000
	1）600 000

营业成本

430 000	
2）430 000	

销售费用

10 000	
4）10 000	

营业税金及附加

1 200	
3）1 200	

财务费用

51 800	
6）51 800	

管理费用

76 100	
5）76 100	

投资收益

	120 000
	7）120 000

所得税费用

36 960	
10）36 960	

营业外收入

	85 000
	8）85 000

营业外支出

4 000	
9）4 000	

净利润

175 040	
11）175 040	

交易性金融资产

	200 000
	13）200 000

预付账款

30 000	
2）30 000	

应收股利

14）30 000	14）30 000

应收账款

345 500	
1）345 500	

应收票据

	200 000
	1）200 000

坏账准备

	19 900
	15）19 900

其他应收款

	1 300
	16）1 300

续表

长期待摊费用

	10 000
	17）10 000

固定资产

	108 000
19）392 000	8）400 000
	9）100 000

在建工程

22）274 000	19）274 000

工程物资

92 500	
21）292 500	22）200 000

应付利息

	53 800
	6）36 800
	22）17 000

短期借款

100 000	
24）100 000	

应付职工薪酬

	26 600
25）190 000	22）57 000
	25）159 600

长期借款

354 800	
27）754 800	27）400 000

未分配利润

	148 784
28）26 256	11）175 040

存货

99 460	
2）99 460	

长期股权投资

100 000	
18）100 000	

累计折旧

162 564	
8）170 000	20）102 436
9）95 000	

无形资产

	80 000
	8）80 000

累计摊销

	13 000
	23）13 000

应付票据

160 000	
2）160 000	

应交税费

	6 920
26）137 040	1）68 000
	8）5 000
	10）36 960
	26）34 000

盈余公积

	26 256
	28）26 256

资产减值损失

19 900	
15）19 900	

4.6.2 开设“现金及现金等价物”T形账户

开设一个大的“现金及现金等价物”T形账户，每边分为经营活动、投资活动和筹资活动三个部分，左边记现金流入，右边记现金流出，过入本期符合现金流量表编制基础的“货币资金”及“现金等价物”的期末数与期初数的差额。若期末数大于期初数，填列在左边的现金流入栏；若期末数小于期初数，填列在右边的现金流出栏。“现金及现金等价物”T形账户见表4－9。表中第1列的550 264元是资产负债表中符合现金流量表编制基础的“货币资金”项目期末数4 069 201元与期初数4 619 465元的差额，其他的数字是根据本年的调整分录过入的数额。

表4－9 “现金及现金等价物”T形账户 单位：元

			550 264
经营活动现金收入：		经营活动现金支出：	
1. 销售商品、提供劳务收到现金	1）522 500 6）－15 000 26）34 000	1. 购买商品、接受劳务支付的现金	2）719 460 20）－87 470 25）－129 390 26）53 040
		2. 支付给职工以及为职工支付的现金	25）140 000
		3. 支付的各项税费	3）1 200 26）84 000
		4. 支付的其他与经营活动有关的现金	4）10 000 5）76 100 16）－1 300 17）－10 000 20）－14 966 23）－13 000 25）－30 210
投资活动现金收入：		投资活动现金支出：	
1. 收回投资收到的现金	7）20 000 13）200 000	1. 购建固定资产、无形资产和其他长期资产支付的现金	19）118 000 21）292 500 25）50 000
2. 取得投资收益收到的现金	7）100 000	2. 投资支付的现金	18）100 000

续表

投资活动现金收入：	投资活动现金支出：
3. 处置固定资产、无形资产和其他长期资产收回的现金净额 8）400 000 9）1 000	3. 支付的其他与投资活动有关的现金 14）30 000
4. 收到的其他与投资活动有关的现金　14）30 000	
筹资活动现金收入：	筹资活动现金支出：
1. 借款收到的现金 27）400 000	1. 偿还债务支付的现金 24）100 000 27）600 000
	2. 分配股利、利润或偿还利息支付的现金 27）154 800
现金流入　1 692 500	现金流出　2 242 764
	现金流量净额　550 264

4.6.3　编制调整分录

以利润表项目为基础，结合资产负债表分析每个非现金项目的增减变动，据此编制调整分录。T 形账户法下的调整分录和工作底稿法下的调整分录基本相同。在实际工作中，若采用 T 形账户法，企业可省去一些不涉及现金的调整分录，从而简化编制现金流量表的工作量。调整分录的具体内容参见本章 4.5 节。

4.6.4　过账及核对

将调整分录按顺序过入各非现金项目的 T 形账户及大的“现金及现金等价物”T 形账户，表 4 -8、表 4 -9 所示的 T 形账户中各数字的序号与调整分录的序号一致，目的是发生错误时便于查找。

将调整分录过入 T 形账户后，要进行核对。对于非现金类 T 形账户，把各个 T 形账户中借方、贷方所登记的调整分录的金额分别汇总且计算出余额，其余额及其方向应当与开设 T 形账户时过入的期末数与期初数的变动数一致；若不一致，则说明编制的调整分录有错误。可见，各非现金项目的 T 形账户可以验证调整分录的正确与否，保证现金流量表的正确性。

对于“现金及现金等价物”T形账户，将经营活动、投资活动、筹资活动所登记的调整分录的现金流入合计减去现金流出合计的差额，应与设立该T形账户时过入的“现金及现金等价物”的期末数与期初数的变动数相等；若不等，说明调整分录有误或过账错误，须查找更正，直至相等为止。

4.6.5 编制现金流量表

在对各T形账户核对无误的基础上，将“现金及现金等价物”T形账户中各项目数字的合计数过入现金流量表，编制完成的现金流量表见表4－1。

T形账户法和工作底稿法都是现金流量表准则所提倡采用的方法。实际上，T形账户法和工作底稿法只是形式上的区别，其实质是相同的，都以资产负债表及利润表为基础，对每一项目的增减变动进行分析并且编制调整分录，在这些调整分录的基础上编制现金流量表；区别在于T形账户法是为所有的非现金项目及“现金及现金等价物”开设T形账户作为编制现金流量表的手段，工作底稿法是设计一个工作底稿作为编制现金流量表的手段。

4.7 简易方法编制现金流量表的实务

采用工作底稿法、T形账户法编制现金流量表，都需要编制一系列的调整分录，不仅技术难度大，而且十分烦琐，给会计实务工作增加了很大的难度。本节仍以4.4节中远东股份有限公司2007年的经济业务为例，介绍三种编制现金流量表的简易方法。

4.7.1 现金类日记账法

由于现金流量表是以现金及现金等价物为编制基础，反映企业经营活动、投资活动、筹资活动的现金流入量及现金流出量，涉及的会计账簿主要有“库存现金”、“银行存款”、“其他货币资金”，这几个账簿可以统称为现金类日记账。

1. 以现金类日记账为基础编制现金流量表的具体步骤

（1）设置“库存现金日记账”、“银行存款日记账”、“其他货币资金明细账”、“现金等价物明细账”。因为企业的日常核算就要设置库存现金、银行存款、其他货币资金账簿，因此一般只需增设“现金等价物明细账”即可。

（2）在现金类日记账的摘要栏旁增加“现金流量表行次”一列，简称“行次”，以备积累编制现金流量表的基本资料。“行次”的数字以本书现金流量表中列示的行次为准，实际代表的是该行现金流量表的项目名称。

（3）企业发生的影响现金流量的业务，在登记现金类日记账借贷方的同时，确认该业务应计入现金流量表的项目，将该项目所对应行次的序号记入该账户的“行次”一列。例如，企业从银行借入 3 年期借款 400 000 元，已存入银行。在登记银行存款日记账借方 400 000元的同时，在“行次”内加注序号“40”，表明该项现金流入应列入筹资活动中的“借款收到的现金”项目。

（4）若某项业务涉及现金或现金等价物，但不影响企业的现金净流量，在登记现金类日记账的同时，在“现金流量表行次”内打“×”，表示该项业务不应列入现金流量表。例如，从银行提取现金 500 000 元，备发工资。在银行存款日记账的贷方登记 500 000 元，同时在“现金流量表行次”内打“×”，现金日记账的登记方法相同。

（5）期末，将现金类日记账中的“现金流量表行次”内相同行次所对应的数字汇总，将其合计金额列入现金流量表的对应项目，即可编制完成该期间的现金流量表。

2. 以现金类日记账为基础编制现金流量表的实例

以远东股份有限公司 2007 年度发生的经济业务为例，按照上述步骤进行账簿的设置和登记，从而编制现金流量表。现金类日记账中业务号与企业经济业务及会计分录的序号一致。

（1）设置库存现金日记账并登记，简化的现金日记账见表 4－10。

表 4－10　库存现金日记账

单位：元

业务号	摘　要	行次	对方科目	借　方	贷　方	余　额
	期初余额					500
（29）	提现	×	银行存款	190 000		
（30）	支付在建工程人员工资	30	应付职工薪酬		50 000	
	支付其他人员工资	12	应付职工薪酬		140 000	
	期末余额			190 000	190 000	500

（2）设置银行存款日记账并且登记，简化的银行存款日记账见表 4－11。

表 4－11　银行存款日记账

单位：元

业务号	摘　要	行次	对方科目	借　方	贷　方	余　额
	期初余额					4 308 965
（2）	设备清理费用	25	固定资产清理		3 000	
	设备残值收入	25	固定资产清理	4 000		
（4）	银行汇票余款入账	×	其他货币资金	10 460		

续表

业务号	摘　　要	行次	对 方 科 目	借　　方	贷　　方	余　　额
(6)	出售股票投资	22	交易性金融资产	200 000		
		22	投资收益	20 000		
(7)	支付商业汇票款	10	应付票据		160 000	
(8)	购入固定资产	30	固定资产		118 000	
(9)	收到汇票贴现款	1	应收票据	185 000		
(10)	借入长期借款	40	长期借款	400 000		
(11)	支付产品宣传费	18	销售费用		10 000	
(12)	支付办公费	18	管理费用		3 000	
(13)	收取货款	1	应收账款	122 500		
(14)	购入低值易耗品	10	周转材料		600	
(15)	归还借款本金	45	短期借款		100 000	
	归还借款利息	46	长期借款		4 800	
(16)	预付商品款	10	预付账款		30 000	
(17)	支付材料价款	10	材料采购		150 000	
	支付增值税进项税额	10	应交税费		25 500	
(18)	购入工程物资	30	在建工程		292 500	
(23)	收取销售货款	1	主营业务收入	200 000		
	收取增值税销项税额	1	应交税费	34 000		
(24)	出售设备价款	25	固定资产清理	300 000		
(25)	出售无形资产	25	无形资产	100 000		
(26)	归还长期借款本金	45	长期借款		600 000	
	归还长期借款利息	46	长期借款		150 000	
(27)	购入股权投资	31	长期股权投资		100 000	

续表

业务号	摘　　要	行次	对 方 科 目	借　　方	贷　　方	余　　额
	已宣告未领取股利	35	应收股利		30 000	
(28)	收回应收股利	28	应收股利	30 000		
(29)	提现	×	库存现金		190 000	
(39)	支付电话费	18	管理费用		3 624	
(44)	交纳增值税、城建税	13	应交税费		48 700	
	交纳教育费附加	13	应交税费		500	
(46)	收到现金股利	23	投资收益	100 000		
(49)	交纳所得税	13	应交税费		36 000	
	期末余额					3 958 701

(3) 设置"其他货币资金"明细账，简化的其他货币资金明细账见表 4－12。

表 4－12　其他货币资金明细账　　单位：元

业务号	摘　　要	行次	对 方 科 目	借　　方	贷　　方	余　　额
	期初余额					310 000
(3)	支付购材料款	10	原材料		162 000	
		10	应交税费		27 540	
(4)	退回多余款	×	银行存款		10 460	
	期末余额					110 000

(4) 将现金类日记账中行次相同的数字汇总，填入"现金流量表行次"所对应的现金流量表项目，编制完成的现金流量表见表 4－1。

3. 需要说明的问题

(1) 一借一贷的会计记录，但分别属于现金流量表的两个不同项目，要分别注明对应科目的名称、金额及所属的现金流量表行次。例如，现金日记账中的第 (30) 笔业务、银行存款中的第 (26) 笔业务。

(2) 现金及现金等价物内部的转换，需要入账，但无需填列"现金流量表行次"一列。

例如，现金日记账中的（29）笔业务，银行存款日记账中的第（4）、（29）笔业务，其他货币资金明细账的第（4）笔业务。

（3）对业务量较大，按年汇总有困难的企业，可采用按月或季小计各项目的金额、年底汇总的办法，减轻期末编制现金流量表的工作量。

4.7.2 现金流量台账法

由于现金流量表是按经营活动、投资活动、筹资活动三大类反映现金的流入和流出的数量，因此可以直接根据现金流量的这三大类设置台账，根据收款凭证、付款凭证及与现金流量表有关的转账凭证，分类登记现金流量台账，作为编制现金流量表的基础。

1. 设置现金流量台账编制现金流量表的具体步骤

（1）开设“经营活动现金流量”、“投资活动现金流量”、“筹资活动现金流量”三大类台账，每类台账中按现金流入各项目、现金流出各项目、现金流量净额设置分析栏。

（2）对于涉及现金及现金等价物收支、引起现金净流量发生变化的经济业务，不仅按照会计核算程序登记“库存现金日记账”、“银行存款日记账”、“其他货币资金明细账”等账户，同时，还应登记“经营活动现金流量”、“投资活动现金流量”、“筹资活动现金流量”三大类台账，分别列入现金流量表的对应项目。

（3）每期终了，计算台账中各项目的合计数，计算现金流入小计、现金流出小计、现金流量净额。编制年度现金流量表时，将各月份的数字加总即可。

2. 设置现金流量台账编制现金流量表的实例

根据企业的收款凭证、付款凭证及涉及其他货币资金或现金等价物的转账凭证，登记各现金流量表台账。“经营活动现金流量”台账见表4-13，“投资活动现金流量”台账见表4-14，“筹资活动现金流量”台账见表4-15。

编制现金流量表时，将各项目的合计数填入现金流量表的对应项目即可，编制完成的现金流量表见表4-1。企业设置现金流量表台账时，也可按现金流入量、现金流出量分别设置台账，也可根据需要增设相应的借方、贷方、余额栏。

采用上述两种方法编制现金流量表，一是以企业的记账凭证为基础，简易方便，无需编制调整分录；二是基本上不依靠资产负债表和利润表的资料，工作量分散在平时，保证企业会计报表的及时报出；三是比较直观，便于理解，准确程度高。这两种方法的缺点在于会加大会计工作的日常工作量。

表4-13 经营活动现金流量

单位:元

年 月	年 日	凭证号	摘要	现金流入量：现金流入小计	现金流入量：销售商品、提供劳务收到的现金	现金流入量：收到的税费返还	现金流入量：收到的其他与经营活动有关的现金	现金流出量：现金流出小计	现金流出量：购买商品、接受劳务支付的现金	现金流出量：支付给职工及为职工支付的现金	现金流出量：支付的各项税费	现金流出量：支付的其他与经营活动有关的现金	现金流量净额
略		(3)	支付购料款						189 540				
		(7)	支付商业汇票款						160 000				
		(9)	收到汇票贴现款		185 000								
		(11)	支付宣传费									10 000	
		(12)	支付办公费									3 000	
		(13)	收回货款		122 500								
		(14)	购买低值易耗品						600				
		(16)	支付预付商品款						30 000				
		(17)	支付购料款						175 500				
		(23)	收到销售商品款		234 000								
		(30)	支付工资							140 000			
		(39)	支付电话费									3 624	
		(44)	支付税费								49 200		
		(49)	交纳所得税								36 000		
			合计	541 500	541 500			797 464	555 640	140 000	85 200	16 624	-255 964

表 4－14 投资活动现金流量

单位:元

年		凭证号	摘　要	现金流入量					现金流出量				现金流量净额
月	日			现金流入小计	收回投资收到的现金	取得投资收益收到的现金	处置固定资产、无形资产和其他长期资产收回的现金净额	收到的其他与投资活动有关的现金	现金流出小计	购建固定资产、无形资产和其他长期资产支付的现金	投资支付的现金	支付的其他与投资活动有关的现金	
略		(2)	报废固定资产				1 000						
		(6)	出售交易性金融资产		220 000								
		(8)	购固定资产							118 000			
		(18)	购工程物资							292 500			
		(24)	处置固定资产				300 000						
		(25)	处置无形资产				100 000						
		(27)	购入投资								100 000		
			支付股利									30 000	
		(28)	收回投资时的股利					30 000					
		(30)	支付工程人员工资							50 000			
		(46)	发放现金股利			100 000							
			合计	751 000	220 000	100 000	401 000	30 000	590 500	460 500	100 000	30 000	160 500

表4-15 筹资活动现金流量

单位:元

年		凭证号	摘要	现金流入量				现金流出量				现金流量净额
月	日			现金流入小计	吸收投资收到的现金	借款收到的现金	收到的其他与筹资活动有关的现金	现金流出小计	偿还债务支付的现金	分配股利、利润或偿付利息支付的现金	支付的其他与筹资活动有关的现金	
略		(10)	取得借款			400 000						
		(15)	支付短期借款本金						100 000			
			支付短期借款利息							4 800		
		(26)	支付长期借款本金						600 000			
			支付长期借款利息							150 000		
			合计	400 000		400 000		854 800	700 000	154 800		-454 800

4.7.3 分析填列法

分析填列法是直接根据资产负债表、利润表和有关会计科目明细账的记录，依据现金流量表各项目原理，分析计算出现金流量表各项目的金额，并据以编制现金流量表的方法。下面以4.4节中远东股份有限公司2007年的会计资料为例来说明各项目的分析填列方法。

1. 销售商品、提供劳务收到的现金

销售商品、提供劳务收到的现金＝

利润表中“营业收入”金额＋应交税费（增值税——销项税额）发生额＋未扣除坏账准备的应收票据、应收账款（期初余额－期末余额）＋预收账款（期末余额－期初余额）－票据贴现息＝600 000＋(68 000＋34 000)＋(122 500－468 000)＋(368 580－168 580)－15 000＝541 500元

2. 购买商品、接受劳务支付的现金

购买商品、接受劳务支付的现金＝

利润表中“营业成本”金额＋应交税费（增值税——进项税额）发生额＋未扣除存货跌价准备的存货（期末余额－期初余额）＋应付票据、应付账款（期初余额－期末余额）＋预付账款（期末余额－期初余额）－列入生产成本、制造费用的折旧费、应付职工薪酬等金额＝430 000＋(27 540＋25 500)＋(5 607 860－5 508 400)＋(585 338－425 338)＋(138 233－108 233)－(92 500＋12 950＋21 000＋2 940＋87 470)＝555 640元

3. 支付给职工以及为职工支付的现金

支付给职工及为职工支付的现金＝

分配计入生产成本、制造费用、管理费用中的职工薪酬＋扣除在建工程人员薪酬的应付职工薪酬（期初余额－期末余额）＝(92 500＋12 950＋21 000＋2 940＋26 500＋3 710)＋[3 500－(30 100－7 000)]＝140 000元

4. 支付的各项税费

支付的各项税费＝

当期所得税费用＋当期的营业税金及附加＋应交税费（增值税——已交税金）－应交所得税（期末余额－期初余额）＝36 960＋1 200＋48 000－(960－0)＝85 200元

5. 支付的其他与经营活动有关的现金

支付的其他与经营活动有关的现金＝

营业费用、管理费用、其他应付款等账户中与经营活动有关的支付现金费用 = 10 000 + 3 000 + 3 624 = 16 624 元

6. 收回投资收到的现金

收回投资收到的现金 =

交易性金融资产、持有至到期投资、长期股权投资等账户的贷方发生额 + 与交易性金融资产、长期股权投资一起收回的投资收益 =
200 000 + 20 000 = 220 000 元

7. 取得投资收益收到的现金

取得投资收益收到的现金 =

应收股利账户中收到的现金股利或利润收入 + 应收利息账户中收到的利息收入 = 100 000 元

8. 处置固定资产、无形资产及其他长期资产收回的现金净额

处置固定资产、无形资产及其他长期资产收回的现金净额 =

固定资产清理、银行存款账户中与固定资产、无形资产有关的(处置现金收入 - 处置现金支出) = 4 000 + 300 000 - 3 000 + 100 000 = 401 000 元

9. 收到的其他与投资活动有关的现金

收到的其他与投资活动有关的现金 =

应收股利账户中属于收回投资时支付的数额 = 30 000 元

10. 购建固定资产、无形资产及其他长期资产支付的现金

购建固定资产、无形资产及其他长期资产支付的现金 =

固定资产、工程物资、在建工程、无形资产账户借方发生的现金支出 + 支付的工程人员的职工薪酬 =
118 000 + 292 500 + 50 000 = 460 500 元

11. 投资支付的现金

投资支付的现金 =

交易性金融资产、持有至到期投资、长期股权投资等账户借方发生额中的投资现金支出 = 100 000 元

12. 支付的其他与投资活动有关的现金

支付到的其他与投资活动有关的现金 =

应收股利账户中属于投资时支付的数额 = 30 000 元

13. 借款收到的现金

借款收到的现金 = 短期借款、长期借款账户中借款收到的现金 = 400 000 元

14. 偿还债务支付的现金

偿还债务支付的现金 =

短期借款、长期借款、应付债券等账户中偿还的借款本金 =

100 000 + 600 000 = 700 000 元

15. 分配股利、利润及偿付利息支付的现金

分配股利、利润及偿付利息支付的现金 =

应付股利、应付利息、应付债券等账户的借方发生额中偿还的利息 =

150 000 + 4 800 = 15 4800 元

为了采用分析填列法编制现金流量表，要详细填写账簿的摘要，为编制现金流量表准备充分资料。同时，本例中只列示了有关各项目的计算方法，在实际应用本方法时，要依据现金流量表各项目的填列原理，同时结合企业的具体经营业务和账户设置情况做出相应的调整。

4.8 现金流量表补充资料填列的原理与实务

为向会计报表使用者提供全面、准确的财务信息，使会计报表使用者不致因财务信息不全而做出错误决策，在现金流量表中，除了反映上述内容外，企业还应提供一些补充资料。财政部2006年颁布的《企业会计准则第31号——现金流量表》准则及指南中公布的现金流量表补充资料的格式见表4－2。

4.8.1 现金流量表补充资料的内容

1. 将净利润调节为经营活动现金流量

编制现金流量表时，经营活动现金流量的列报方法有两种：直接法和间接法，它们通常也被称之为现金流量表的报告方法。

直接法是指按现金收入和支出的主要类别直接反映企业经营活动产生的现金流量，如“销售商品、提供劳务收到的现金”、“购买商品、接受劳务支付的现金”等项目就是按现金收入和支出的来源直接反映，前面所述现金流量表中经营活动各项目的列示就是按直接法列报的。

间接法是指以净利润为计算起点，调整不涉及现金的收入、费用、营业外收支等有关项

目，据此计算出经营活动产生的现金流量净额。现金流量表的补充资料就是用间接法来计算经营活动的现金流量净额。

2. 不涉及现金收支的重要投资和筹资活动

一定期间内影响资产或负债但不形成该期现金收支的重要投资和筹资活动的信息应在现金流量表补充资料中披露。这些投资和筹资活动虽然本期不涉及现金收支，但对以后各期的现金流量有重大影响，以后各期必须为此支付现金，从而在一定期间内形成了一项固定的现金支出。例如融资租赁设备的租金，当期并不支付所有租金，但以后各期必须为此支付现金。现金流量表补充资料中要求列报的不涉及现金收支的投资和筹资活动有 3 项。

(1)“债务转为资本”项目，反映企业本期转为资本的债务金额。

(2)“一年内到期的可转换公司债券”项目，反映企业一年内到期的可转换公司债券的本息。

(3)“融资租入固定资产”项目，反映企业本期融资租入固定资产计入“长期应付款”账户的金额。

3. 现金及现金等价物净变动情况

本项目的有关数字根据本年度的资产负债表“货币资金”项目和有关现金等价物的期初数与期末数的差额填列。

4.8.2　现金流量表补充资料的填列原理

现金流量表补充资料中，主要讨论如何采用间接法填列“将净利润调节为经营活动现金流量净额”的各个项目。

1. 将净利润调节为经营活动现金流量净额的基本原理

企业的净利润是按权责发生制为基础确认的，包括了企业的经营活动、投资活动、筹资活动而取得的全部净收益，并不考虑收益是否已经收到或费用是否实际支出；而经营活动现金流量净额是按收付实现制为基础确认的，只反映企业经营活动中以现金形式收到或支出的项目。所以，企业的净利润与经营活动的现金流量的口径是不一致的，需要对净利润进行调整。

企业应在现金流量表补充资料中，通过债权债务变动、存货变动、应计及递延项目、投资和筹资等与现金流量相关的收益或费用项目的调整，将净利润调节到经营活动的现金流量。需要调整的项目可分为四大类：一是实际没有支付现金的费用，如计提的各项资产减值准备、计提的固定资产折旧、无形资产摊销、长期待摊费用摊销等项目；二是实际没有收到现金的收益；三是不属于经营活动的损益，如投资损益、固定资产报废损失、财务费用等项目；四是经营性应收应付项目的增减变动。

2. 将净利润调节为经营活动现金流量净额的各项目的填列原理

1）资产减值准备

企业可以计提的资产减值准备有多项，包括坏账准备、存货跌价准备、可供出售金融资产减值准备、持有至到期投资减值准备、长期股权投资减值准备、投资性房地产减值准备、固定资产减值准备、工程物资减值准备、在建工程减值准备、生产性生物资产减值准备、油气资产减值准备、无形资产减值准备、商誉减值准备等。计提准备的会计核算基本是借记损益类科目“资产减值损失”，贷记相关的资产减值准备科目。企业计提的资产减值准备，均已列入利润表，减少了当期净利润，但实际上并没有发生现金流出。因此，为了将权责发生制下的净利润调节为收付实现制下的经营活动现金流量净额，当期计提的减值准备金额应加回到净利润中。

本项目可直接根据“资产减值损失”账户的借方发生额、贷方发生额分析填列，也可根据相关资产减值准备账户的发生额分析填列。

2）固定资产折旧、油气资产折耗、生产性生物资产折旧

本项目反映企业本期累计提取的各项折旧数。企业计提折旧时，有的计入“管理费用”，并作为期间费用列入当期利润表；有的计入“制造费用”，并通过销售成本列入了利润表，两者都减少了净利润，但计提折旧时并没有发生现金流出，所以应在调节净利润时加回。

本项目可根据“累计折旧”、“累计折耗”等账户的贷方记录分析填列。

3）无形资产摊销

本项目反映企业本期累计摊入成本费用的无形资产的金额。无形资产摊销时，借记“管理费用”、“其他业务成本”等科目，贷记“累计摊销”科目。因为其减少了当期净利润，但并没有发生现金流出，所以在调整时应将本年摊销额加回到净利润中。

本项目可根据“累计摊销”账户的贷方发生额填列，也可根据“管理费用”、“其他业务成本”账户的借方记录分析填列。

4）长期待摊费用摊销

“长期待摊费用”的期末数小于期初数，说明待摊费用本期已摊销，计入了管理费用、制造费用、销售费用等科目，减少了净利润，但并没有发生现金流出，因此在调整时应将本年待摊费用的摊销额加回到净利润中；相反，若长期待摊费用的期末数大于期初数，表示本期发生的待摊费用大于摊销的待摊费用，说明本期计人费用的金额小于实际发生的金额，其差额已经发生现金流出，在计算净利润时没有包括在内，所以在将净利润调节为经营活动现金净流量时，应当扣除本期待摊费用的增加数。

本项目根据资产负债表中的“长期待摊费用”项目的年初数与年末数的差额填列；若年末数大于年初数，以“－”填列。

5）处置固定资产、无形资产和其他长期资产的损失（减：收益）

处置固定资产、无形资产和其他长期资产产生的损益不属于经营活动，而是投资活动，

但已包含在企业的净利润中，所以在将净利润调节为经营活动现金流量净额时，应加以调整。如果处置固定资产、无形资产和其他长期资产产生收益，应从净利润中扣除；如果处置固定资产、无形资产和其他长期资产产生损失，应在调整净利润时加回。

本项目可根据“营业外收入”、“营业外支出”所属明细账户的记录分析填列，如为净收益，以“-”填列。

6）固定资产报废损失（减：收益）

企业发生的固定资产报废损益属于投资活动产生的损益，不属于经营活动产生的损益，所以在将净利润调节为经营活动现金流量时，须予以剔除。固定资产报废损失均计入“营业外支出”，列入利润表，减少了企业的净利润，但这部分损失没有发生现金流出，所以应在调节净利润时加回；如果发生固定资产盘盈和报废清理收益，则应在调节净利润时减去。

本项目可根据“营业外收入”、“营业外支出”所属明细账户的固定资产盘亏或报废损失减去固定资产盘盈收益后的差额填列。为填列本项目，企业平时应在“营业外收入”和“营业外支出”账户下设置相应的明细账或设置多栏式账页进行明细核算，以便在编制现金流量表时有据可查。

7）公允价值变动损失（减：收益）

“公允价值变动损益”账户反映企业交易性金融资产、交易性金融负债及采用公允模式计量的投资性房地产、衍生工具、套期保值业务等公允价值变动形成的应计入当期损益的利得或损失。该账户的借方反映公允价值变动的损失，贷方反映公允价值变动的收益。

本项目根据当期利润表中的“公允价值变动收益”项目的发生额填列，损失数以正号填列，收益数以“-”填列。

8）财务费用（减：收益）

企业发生的财务费用可以分别归属于经营活动、投资活动和筹资活动。例如，商业汇票贴现的贴现息属于经营活动产生的财务费用；购买固定资产所产生的汇兑损益属于投资活动产生的财务费用；计入损益的借款利息属于筹资活动产生的财务费用。本项目反映企业发生的与投资活动及筹资活动有关的财务费用，不包括由于经营活动产生的财务费用。因此，在将净利润调整为经营活动的现金流量时，应把属于投资活动和筹资活动部分的财务费用从净利润中剔除。

本项目可根据“财务费用”明细账借方发生额分析填列，如为收益，以“-”填列。为了填列本项目，企业可以对财务费用按“经营活动”、“投资活动”、“筹资活动”分设明细核算，每一笔财务费用发生时，将其归入“经营活动”、“投资活动”或“筹资活动”相应明细中。

9）投资损失（减：收益）

投资损益是因为投资活动所引起的，不属于经营活动，在将净利润调整为经营活动现金净流量时，应将这部分损益从净利润中调整。本期若为投资收益，调整时从净利润中扣除；若为投资损失，在净利润的基础上加回。

本项目根据利润表中“投资收益”项目的数字填列，如为投资收益，以“-”填列。

10）递延所得税资产减少（减：增加）

本项目反映采用债务法进行所得税会计核算的企业所发生的可抵扣暂时性差异产生的递延所得税资产的增加或减少。“递延所得税资产”的减少在该科目的贷方，借记“所得税费用”科目，表明增加了当期的所得税费用，减少了当期净利润，但并未引起当期现金的流出，因此在将净利润调节为经营活动现金流量净额时，将递延所得税资产的减少数加回到当期净利润中。反之，若当期的递延所得税资产增加，表明增加了现金流出，但未减少当期的净利润，因此在将净利润调节为经营活动现金流量净额时，应减去递延所得税资产的增加数。

本项目根据当期资产负债表中“递延所得税资产”项目的本期余额与上期余额的差额填列，减少差额按正号填列，增加差额以“-”填列。

11）递延所得税负债增加（减：减少）

本项目反映采用债务法进行所得税会计核算的企业所发生的应纳税暂时性差异产生的递延所得税负债的增加或减少。若当期的递延所得税负债增加，借记“所得税费用”，贷记“递延所得税负债”，表明增加了当期的所得税费用，减少了当期净利润，但并未引起现金的流出，因此在将净利润调节为经营活动现金流量净额时，应将递延所得税负债的增加数加回到当期净利润中。反之，递延所得税负债减少，表明增加了现金流出，但未减少当期的净利润，因此在将净利润调节为经营活动现金流量净额时，应减去递延所得税负债的减少数。

本项目根据当期资产负债表中“递延所得税负债”项目的本期余额与上期余额的差额填列，增加差额按正号填列，减少差额以“-”号填列。

13）存货的减少（减：增加）

存货的增减变动多数属于经营活动。在不存在赊销的情况下，若某一期间期末存货比期初存货增加，说明当期购入的存货除耗用外，还留有余额，即除了当期销售成本包含的存货发生现金支出外，还为增加存货发生了现金支出，故应在将净利润调节为经营活动现金净流量时，减去本期存货的增加额。反之，若某一时期期末存货比期初存货减少了，说明本期生产过程耗用的存货有一部分是期初的存货，耗用这部分存货本期并没有发生现金支出，故在将净利润调节为经营活动现金净流量时，应在净利润上加上存货的减少数。在存在赊购的情况下，还应通过调整应付款项的增减变动来反映赊购对现金流量的影响。

本项目根据资产负债表的“存货”项目的期初数和期末数的差额分析填列。需要注意的是，涉及投资活动及筹资活动引起存货的增减，应先调整“存货”项目的余额，消除投资及筹资活动对存货余额的影响，再计算期初余额与期末余额的差额。同时，存货余额中不能扣除存货跌价准备，因为存货跌价准备的调整金额已在第一项“资产减值准备”中调整完毕，不能重复调整。

14）经营性应收项目的减少（减：增加）

经营性应收项目主要是指应收账款、应收票据、预付账款和其他应收款中与经营活动有关的部分及应收的增值税销项税额。若某一期间经营性应收项目的期末余额大于期初余额，说明本期销售收入中有一部分收入没有收到现金，但在利润表中已将销售收入全数列入净利润，因此在将净利润调节为经营活动现金流量时，应将经营性应收项目的增加额从净利润中减去。反之，若某一期间经营性应收项目期末余额小于期初余额，说明本期收到的现金大于利润表中所确认的销售收入，在将净利润调节为经营活动现金流量时，应将经营性应收项目的减少额加回。

本项目根据资产负债表中的“应收账款”、“应收票据”、“其他应收款”、“预付账款”的期末数与期初数的差额分析填列。需要注意的是，各账户的余额中均不扣除坏账准备，因为坏账准备的调整金额已在第一项“资产减值准备”中调整完毕，不能重复调整。

15）经营性应付项目的增加（减：减少）

经营性应付项目主要是指应付账款、应付票据、预收账款、应付职工薪酬（应扣除在建工程人员未付的工资及未付的福利费）、应交税费（应扣除在建工程等投资活动负担的应付未付的税金）、其他应付款等项目中与经营活动有关的部分及应付的增值税进项税额。若某一期间经营性应付项目的期末余额大于期初余额，说明本期购入的存货中有一部分没有支付现金，但在利润表中已将销售成本全数列入。因此，在将净利润调节为经营活动现金流量时，应将经营性应付项目的增加数加回到净利润中；反之，若某一期间经营性应付项目的期末余额小于期初余额，说明本期支付给供货单位的现金大于利润表中所确认的销售成本，在将净利润调节为经营活动现金流量时，应将经营性应付项目的减少额在净利润中减去。

本项目根据资产负债表中的“应付账款”、“应付票据”、“预收账款”、“应付职工薪酬”、“应交税费”、“其他应付款”等科目中与经营活动有关部分的期末数与期初数的差额分析填列。

4.8.3　现金流量表补充资料的填列实务

现金流量表补充资料表4－2中，各项目数据的计算过程如下。

（1）净利润175 040元来自年度利润表中“净利润”项目的本期金额。

（2）计提的坏账准备金额：查找本期“坏账准备”账户，本期计提数为19 900元。

（3）固定资产折旧金额：查找本期“累计折旧”账户，本期提取数为102 436元。

（4）无形资产摊销金额：查找本期“累计摊销”账户，本期摊销数为13 000元。

（5）长期待摊费用减少金额：查找本期资产负债表的“长期待摊费用”项目。

$$\text{长期待摊费用减少金额} = \text{长期待摊费用(期初数} - \text{期末数)} = 100\,634 - 90\,634 = 10\,000\text{(元)}$$

（6）处置固定资产、无形资产和其他长期资产的收益金额：查找“营业外收入”账户、“营业外支出”账户，以转入营业外支出的处置损失与转入营业外收入的处置收益的差额填列。本例中，出售设备收益70 000元，转让无形资产收益15 000元，以“－”填列。

（7）固定资产报废损失金额：查找“营业外支出”账户，转入营业外支出的报废清理损失 4 000 元。

（8）财务费用金额：查找“财务费用”账户中与筹资活动和投资活动有关的财务费用共 36 800 元，不包括经营活动贴现的利息 15 000 元。

（9）投资收益：查找当年利润表中的“投资收益”项目，该项目的数字为 120 000 元，为投资收益，在补充资料中以“－”填列。

（10）存货的增加：查找资产负债表“存货”项目的年末数、年初数。

存货的增加＝存货（期初数－期末数）＝5 508 400－5 607 860＝－99 460（元）

（11）经营性应收项目的增加：查找资产负债表中的“应收票据”、“预付账款”、“应收账款”、“其他应收款”项目，同时结合各自的会计账户，按各项目期初数与期末数的差额填列。之所以要查找账户是因为资产负债表中的应收账款、其他应收款等项目是按扣除坏账准备的净额列示，而坏账准备已在前面调整过，本项目要采用应收账款、其他应收款的账户余额计算。

经营性应收项目的增加＝
应收票据（期初数－期末数）＋应收账款（期初数－期末数）＋
其他应收款（期初数－期末数）＋预付账款（期初数－期末数）＝
（368 580－168 580）＋（122 500－468 000）＋（2 500－1 200）＋
（108 233－138 233）＝－174 200（元）

（12）经营性应付项目的减少：查找资产负债表的“应付账款”、“应付票据”、“其他应付款”、“预收账款”、“应交税费”、“应付职工薪酬”等项目及有关各项目的账户，按各项目与经营活动有关部分的期末数与期初数的差额填列。

经查账得知：“应付职工薪酬”账户的期末余额 30 100 元中，包括在建工程人员的福利费 7 000 元，属于投资活动引起，不包含在本项目内；应交税费的期末余额的 7 370 元中，有5 000元的营业税是由于转让无形资产产生的，属于投资活动引起，也不包含在本项目内。应付账款、其他应付款项目的期末数与期初数相同，计算时可以不考虑。

经营性应付项目的减少＝
应付票据（期末数－期初数）＋应付职工薪酬（期末数－期初数）＋
应交税费（期末数－期初数）＝（425 338－585 338）＋[（30 100－7 000）－
3 500]＋[（7 370－5 000）－450]＝－138 480（元）

思考与练习

1. 现金流量表反映企业哪些现金流量信息?

2. 是否企业所有的经济业务都应列入现金流量表? 如果不是, 哪些经济业务应在现金流量表中反映?

3. 编制现金流量表。

某公司 2007 年初各账户的余额见表 4-16。当年发生的经济业务如下。

表 4-16　总账账户期初余额表　　单位: 元

账户名称	借方余额	账户名称	贷方余额
库存现金	3 000	坏账准备	900
银行存款	1 273 300	累计折旧	400 000
其他货币资金	130 000	短期借款	300 000
交易性金融资产	15 000	应付票据	200 000
应收票据	246 000	应付账款	953 800
应收账款	300 000	其他应付款	50 000
预付账款	100 000	应付职工薪酬	110 000
其他应收款	5 000	应交税费	36 600
原材料	1 300 000	长期借款	1 601 000
材料成本差异	72 950	股本	5 000 000
材料采购	100 000	盈余公积	150 000
周转材料	60 000		
库存商品	1 047 050		
长期股权投资	250 000		
固定资产	1 500 000		
在建工程	1 500 000		
无形资产	600 000		
长期待摊费用	300 000		
合计	8 802 300	合计	8 802 300

说明: "应交税费" 的余额 30 000 元为应交增值税的贷方金额; "盈余公积" 的余额 150 000 元中, 均为法定盈余公积金。

(1) 收到银行通知, 用银行存款支付到期的商业承兑汇票货款 100 000 元, 增值税已于前期支付。

(2) 购入原材料一批, 用银行存款支付货款 150 000 元, 以及购入材料支付的增值税额为25 500元，款项已付，材料未到。

（3）收到原材料一批，实际成本100 000元，计划成本95 000元，材料已经验收入库，货款已于上月支付。

（4）用银行汇票支付采购材料价款，公司收到开户银行转来银行汇票多余款收账通知，通知上填写的多余款234元，购入材料及运费99 800元，支付的增值税额16 966元，原材料已经验收入库，该批原材料计划价格100 000元。

（5）销售A产品一批，销售价款300 000元（不含应收的增值税），该批产品实际成本180 000元，产品已经发出，价款及税金未收到，企业已经办好托收手续。

（6）公司将短期股票投资15 000元兑现，收到本金15 000元，投资收益1 500元，均存入银行。

（7）购入不需安装的设备1台，价款85 470元、增值税14 530元、包装费及运费1 000元，价税及包装费、运费均以银行存款支付。设备已经交付使用。

（8）购入在建工程用材料一批，价款150 000元（含已交纳的增值税），已用银行存款支付。

（9）在建工程应付工资200 000元，应付职工福利费28 000元。

（10）工程完工，计算工程应当负担的长期借款利息150 000元。该项借款利息未付。

（11）工程完工，交付生产使用，已经办理竣工手续，固定资产价值1 400 000元。

（12）基本生产车间1台机床报废，原价200 000元，已提折旧180 000元，清理费用500元，残值收入800元，均通过银行存款收支。该项固定资产已经清理完毕。

（13）从银行借入3年期借款400 000元，借款已入银行账户，该项借款用于购建固定资产。

（14）销售B产品一批，销售价款700 000元，应收的增值税额119 000元，销售产品的实际成本420 000元，货款银行收妥。

（15）公司将要到期的一张面值为200 000元的无息银行承兑汇票，连同解讫通知和进账单交银行办理转账。收到银行盖章退回的进账单一联。款项银行已经收妥。

（16）收到现金股利30 000元存入银行。（对方税率和本企业一致）。

（17）公司出售一台不需用设备，收到价款300 000元，该设备原价400 000元，已提折旧150 000元。该项设备已由购入单位运走。

（18）归还短期借款本金250 000元，长期借款利息12 500元。

（19）提取现金500 000元，准备发放工资。

（20）支付工资500 000元，其中包括支付在建工程人员的工资200 000元。

（21）分配应支付的职工工资300 000元（不包括在建工程负担的工资），其中生产人员工资275 000元、车间管理人员工资10 000元、行政管理部门人员工资15 000元。

（22）计算应付职工福利42 000元（不包括在建工程应负担的福利费28 000元），其中生产工人福利费38 500元，车间管理人员福利费1 400元，行政管理部门福利费2 100元。

（23）提取计入本期损益的借款利息共21 500元，均为长期借款利息。

（24）基本生产领用原材料，计划成本700 000元，领用低值易耗品，计划成本50 000元，材料成本差异率为5%。

（25）结转领用原材料应当分摊的材料成本差异，材料成本差异率为5%。

（26）摊销本月负担的无形资产60 000元、印花税10 000元、基本生产车间固定资产修理费90 000元（实际支付的印花税、修理费已列入待摊费用）。

（27）计提固定资产折旧100 000元，其中计入制造费用80 000元，管理费用20 000元。

（28）收到应收账款51 000元（不含增值税），存入银行，按应收账款余额的3‰计提坏账准备900元。

（29）用银行存款支付产品展览费10 000元。

（30）计算且结转本期完工产品成本1 282 400元。没有期初在产品，本期生产的产品全部完工入库。

（31）广告费10 000元，已用银行存款支付。

（32）公司采用商业承兑汇票结算方式销售A产品一批，价款250 000元，增值税额为42 500元，收到292 500元的商业承兑汇票1张，产品实际成本150 000元。

（33）公司将上述承兑汇票到银行办理贴现，贴现息为20 000元。

（34）提取现金50 000元，准备支付退休费。

（35）支付退休金50 000元，未统筹。

（36）公司本期产品销售应交纳的教育费附加为2 000元。

（37）用银行存款交纳增值税100 000元；教育费附加2 000元。

（38）结转本期产品销售成本750 000元。

（39）计算且结转应交所得税102 399元。

（40）将各收支科目结转本年净利润237 901元。

（41）提取法定盈余公积金23 790.10元，任意盈余公积11 895.05元。

（42）将利润分配各明细科目的余额转入“未分配利润”明细科目，结转本年利润。

（43）偿还长期借款本金1 000 000元。

（44）用银行存款交纳所得税97 089元。

要求：

（1）对企业的经济业务进行会计处理，并且编制2007年度的资产负债表和利润表。

（2）采用现金类日记账法、台账法编制现金流量表。

（3）采用工作底稿法、T形账户法编制现金流量表。

第5章 所有者权益变动表的编制原理与实务

【学习目标】

- ☑ 熟悉所有者权益变动表的格式和内容。
- ☑ 掌握所有者权益变动表各项目的填列方法。
- ☑ 能够熟练编制所有者权益变动表。

5.1 所有者权益变动表的格式

所有者权益（或股东权益，下同）变动表反映构成所有者权益的各组成部分当期的增减变动情况，是企业必须按年编制的会计报表。

《企业会计准则第30号——财务报表列报》准则及其应用指南中规定，所有者权益变动表要求至少应当单独列示以下信息：净利润；直接计入所有者权益的利得和损失项目及其总额；会计政策变更和差错更正的累积影响金额；所有者投入资本和向所有者分配利润；按照规定提取的盈余公积；实收资本（或股本）、资本公积、盈余公积、未分配利润的期初和期末余额及其调节情况。

所有者权益变动表分别就一般企业和商业银行、证券公司和保险公司给出了具体格式。一般企业所有者权益变动表的格式见表5-1。

表5－1 所有者权益变动表

会企04表

编制单位：远东股份有限公司　　2007年度　　单位：元

项目	本年金额						上年金额					
	实收资本（或股本）	资本公积	减：库存股	盈余公积	未分配利润	所有者权益合计	实收资本（或股本）	资本公积	减：库存股	盈余公积	未分配利润	所有者权益合计
一、上年年末余额	10 000 000	235 700	0	185 430	231 800	10 652 930	略					
加：会计政策变更												
前期差错更正												
二、本年年初余额	10 000 000	235 700	0	185 430	231 800	10 652 930						
三、本年增减变动金额（减少以“－”填列）												
（一）净利润					175 040	175 040						
（二）直接计入所有者权益的利得和损失												
1. 可供出售金融资产公允价值变动净额												
2. 权益法下被投资单位其他所有者权益变动的影响												
3. 与计入所有者权益项目相关的所得税影响												
4. 其他												
上述（一）和（二）小计					175 040	175 040						
（三）所有者投入和减少资本												
1. 所有者投入资本												
2. 股份支付计入所有者权益的金额												
3. 其他												

续表

项目	本年金额						上年金额					
	实收资本（或股本）	资本公积	减：库存股	盈余公积	未分配利润	所有者权益合计	实收资本（或股本）	资本公积	减：库存股	盈余公积	未分配利润	所有者权益合计
（四）利润分配												
1. 提取盈余公积				26 256	-26 256	0						
2. 对所有者（或股东）的分配												
3. 其他												
（五）所有者权益内部结转												
1. 资本公积转增资本（或股本）												
2. 盈余公积转增资本（或股本）												
3. 盈余公积弥补亏损												
4. 其他												
四、本年年末余额	10 000 000	235 700	0	211 686	380 584	10 827 970	10 000 000	235 700	0	185 430	231 800	10 652 930

5.2 所有者权益变动表编制的原理与实务

1. 所有者权益变动表的编制原理

所有者权益变动表中涉及的是所有者权益类的各个账户，反映企业所有者权益各项目的增减变化。会计报表中的各项目应根据“实收资本（股本）”、“资本公积”、“盈余公积”、“库存股”、“利润分配”各明细账户的本年年初余额、借方发生额、贷方发生额、年末余额分析填列，增加金额用正号填列，减少金额用负号填列。

1）实收资本（股本）

“实收资本”项目主要反映企业接受投资者投入的实收资本。该账户的贷方反映实收资本的增加数，包括接受货币资金或实物资产投资、发放股票股利增加资本、资本公积或盈余公积转增资本、可转换公司债券转为资本、债务重组转为资本等。该账户的借方反映实收资本的减少数，包括减少注册资本、中外合作企业在合作期间归还投资者投资等。

2）资本公积

“资本公积”项目主要反映企业收到投资者出资额超过其在注册资本或股本所占份额的部分及直接计入所有者权益的利得或损失。“资本公积”账户分别按“资本溢价（股本溢价）”、“其他资本公积”进行明细核算。

3）库存股

“库存股”项目主要反映企业收购、转让或注销本公司股份的金额。企业减少注册资本而收购本公司股份的，借记“库存股”科目，贷记“银行存款”等科目；转让库存股的，按实际收到的金额，借记“银行存款”，按转让库存股的账面余额，贷记“库存股”，按其差额，借记或贷记“资本公积——股本溢价”等账户；注销库存股的，按股票面值和注销股数计算的股票面值总额，借记“股本”，按库存股的账面余额，贷记“库存股”，按其差额，借记“资本公积——股本溢价”，股本溢价不足冲减的，借记“盈余公积”、“利润分配——未分配利润”科目。

4）盈余公积

“盈余公积”项目主要反映企业利润分配过程中所提取的盈余公积的金额，分别“法定盈余公积”和“任意盈余公积”进行明细核算。外商投资企业，设置“储备基金”、“企业发展基金”进行明细核算。

5）未分配利润

“利润分配”项目核算企业利润的分配（或亏损的弥补）和历年分配（或弥补）后的余额，利润分配的余额主要在“利润分配——未分配利润”明细账户反映。“利润分配”应当分别按“提取法定盈余公积”、“提取任意盈余公积”“应付现金股利或利润”、“转作股本的股利”、“盈余公积补亏”、“未分配利润”等进行明细核算。

6）会计政策变更

“会计政策变更”项目主要反映在由于会计政策变更采用追溯调整法的情况下，会计政策变更的累积影响数对企业期初留存收益的影响金额，影响的项目主要涉及“盈余公积”、“未分配利润”。

7）前期差错更正

前期差错是指由于没有运用或错误运用可靠信息，而对前期财务报表造成省略漏或错报，通常包括计算错误、应用会计政策错误、疏忽或曲解事实及舞弊产生的影响和存货、固定资产盘盈等。《企业会计准则第 28 号——会计政策、会计估计变更和差错更正》中规定，企业应当采用追溯重述法更正重要的前期差错，但确定前期差错累积影响数不切实可行的除外。在追溯重述法下，需要调整财务报表最早期间的留存收益的期初余额，影响的项目主要涉及“盈余公积”、“未分配利润”。

8）净利润

“净利润”项目主要反映企业当期实现的净利润或发生的净亏损的数额，若是净亏损，应以负号填列在“未分配利润”项目中。

9）直接计入所有者权益的利得和损失

“直接计入所有者权益的利得和损失”项目反映企业当年直接计入所有者权益的利得和损失金额。

“可供出售金融资产公允价值变动净额”项目反映可供出售金融资产在资产负债表日公允价值与账面余额的差额对“资本公积——其他资本公积”的影响金额。

“权益法下被投资单位其他所有者权益变动的影响”项目反映投资方长期股权投资采用权益法核算的情况下，被投资方除净损益外其他所有者权益变动对投资方“资本公积——其他资本公积”的影响金额。

“与计入所有者权益项目相关的所得税影响”项目反映企业根据《企业会计准则第 18 号——所得税》规定应计入所有者权益项目的当年所得税影响额。

10）所有者投入和减少资本

“所有者投入和减少资本”项目反映企业当年所有者投入的资本和减少的资本。

“所有者投入资本”项目反映企业接受投资者投入形成的实收资本（或股本）和资本溢价或股本溢价。投资者在所有者权益或股本中所占的份额部分计入“实收资本”，超过实收资本的金额，计入“资本公积——资本溢价或股本溢价”。

“股份支付计入所有者权益的金额”项目反映企业处于等待期中的权益结算的股份支付当年计入资本公积的金额。

11）利润分配

“利润分配”项目主要反映企业当期的利润分配金额。

“提取盈余公积”项目反映企业本期提取的法定盈余公积及任意盈余公积。提取的会计处理为：借记“利润分配——提取法定盈余公积、任意盈余公积”科目，贷记“盈余公积——法定盈余公积、任意盈余公积”。

“对所有者（或股东）的分配”项目反映经股东大会或类似机构决议后分配给投资者的现金股利、利润或股票股利的金额。分配现金股利或利润，借记“利润分配——应付现金股利或利润”，贷记“应付股利”；分配股票股利，借记“利润分配——转作股本的股利”，贷记“股本”等科目。

12）所有者权益内部结转

“所有者权益内部结转”项目反映实收资本（股本）、资本公积、盈余公积、库存股、利润分配等各项目内部结转的金额。

“资本公积转增资本（或股本）”项目反映经股东大会或类似机构决议后资本公积转增资本的金额，借记“资本公积”，贷记“实收资本”或“股本”。

“盈余公积转增资本（或股本）”项目反映经股东大会或类似机构决议后用盈余公积转增资本的金额，借记“盈余公积”，贷记“实收资本”或“股本”。

“盈余公积弥补亏损”项目反映经股东大会或类似机构决议后用盈余公积弥补亏损的金额，借记“盈余公积”，贷记“利润分配——盈余公积补亏”。

2. 所有者权益变动表的编制实务

根据第4章4.4节中远东股份有限公司2007年的经济业务，编制该企业2007年度的所有者权益变动表。

根据资料，远东股份有限公司2007年度共实现净利润175 040元，提取盈余公积共计26 256元，无其他利润分配事项。

编制完成的所有者权益变动表见表5-1。其中，“上年金额”栏的数字从上年度所有者权益变动表的“本年金额”栏数字过入，表5-1中省略。编制完成所有者权益变动表后，要注意表中各项目数字与当年的资产负债表、利润表中相关数字的勾稽关系。

思考与练习

1. 所有者权益变动表能反映哪些会计信息？
2. 所有者权益变动表的各项目如何填列？

第6章 合并财务报表的编制原理与实务

【学习目标】

- ☑ 理解合并财务报表的含义与特点。
- ☑ 理解合并财务报表的种类与编制前的准备工作。
- ☑ 掌握合并财务报表的合并范围。
- ☑ 理解合并财务报表的编制原则。
- ☑ 掌握合并财务报表的编制程序。
- ☑ 理解且掌握合并财务报表抵消分录的编制。
- ☑ 能够利用有关资料编制合并财务报表。

6.1 合并财务报表概述

6.1.1 合并财务报表的含义

合并财务报表是以母公司和其全部子公司组成的企业集团作为会计主体，以母公司和子公司单独编制的个别财务报表为基础，由母公司编制的综合反映企业集团财务状况、经营成果、现金流量变动情况的财务报表。其中，母公司是指有一个或一个以上子公司的企业；子公司是指被母公司控制的企业。由合并财务报表的定义可以看出，合并财务报表是集团公司的产物，集团的产生是合并财务报表产生的前提。随着企业合并、企业集团和跨国公司的日益增多，编制合并财务报表成为企业集团的一项基本会计业务。

企业合并主要有三种方式。一是吸收合并，也称兼并，是指一家公司吸收其他公司而存续。其中吸收企业存续，保留其法人资格，其他被吸收的企业解散，不复存在。通过吸收合并，只有其中一家企业个体继续存在，另外一家或几家企业合并后法人地位消失，经吸收合并后的企业仍然是一个单一的会计主体和法律主体，合并后不存在企业集团，只须编制个别财务报表，不涉及合并财务报表的编制问题。二是创立合并，也称为新设合并，是指两个或两个以上企业依据法律规定合并为一家企业，原来企业的法人资格不复存在，另外再创立一个新的法人企业；合并企业的原有资产全部移交新创立的企业直接控制和管理。新创企业仍然是一个单一的会计主体和法律主体，合并后不存在企业集团，只须编制个别财务报表，不涉及合并财务报表的编制问题。三是控股合并，是指企业通过收购其他企业的股份，或相互交换取得对方股份，或直接进行权益性资本投资取得股份，达到控制其他企业的一种合并方式。与吸收合并和创立合并不同的是，控股合并不涉及被合并企业的清算解散问题，合并与被合并企业的法人资格依然存在，各自依旧从事各自的经营活动。可见，控股合并不是法律意义上的合并，而是经济意义上的合并，合并后各个企业需要分别编制个别财务报表。由于企业间存在控制与被控制的经济关系，控制企业可从自身的经营战略出发，对被控制企业实施控制，双方已经成为事实上的一个整体。因此，为了反映控股合并后企业集团整体的会计信息，需要编制反映企业集团整体情况的财务报表，需要将控制与被控制企业纳入合并范围，在其个别财务报表的基础上，运用特定方法，编制合并财务报表。

综上所述，只有在控股合并的方式下才涉及合并财务报表的编制问题。从严格意义上说，企业集团并不是一种实际存在的实体，企业集团只是因为资本关系，把母公司与子公司联系在一起；为更完整、清晰地反映母、子公司作为一个整体的财务状况、经营成果、现金流量变动情况，而“衍生”出来的一个会计概念，即集团是因为控股关系而将投资者与被投资者联系在一起的会计概念，其本身并不是一个法律主体。但集团的内部组成部分一定是法律主体和税务主体，并且在两个或两个以上，其中一个企业是控股投资者，另一个或几个企业是受控者，它们都有各自独立完整的账簿体系和报表体系。企业集团是合并财务报表的报告主体，有了企业集团就有了合并财务报表存在的必要。

合并财务报表是企业集团控制者控制集团的重要手段，为企业集团的控制者评价经营管理者能力与业绩，进行未来投资决策和选定经理者阶层提供有用的信息。同时，合并财务报表也为其他投资者了解企业集团的整体情况提供了有效的途径。

6.1.2 合并财务报表的主要特点

合并财务报表与个别财务报表相比，有以下几点区别。

1. 反映的对象不同

个别财务报表反映的是单个独立法人的财务状况、经营成果和现金流量状况，反映对象既是经济意义上的会计主体，又是法律意义上的主体；合并财务报表反映的是母公司和子公司所组成的企业集团整体的财务状况、经营成果及现金流量状况，反映对象是由母公司及子公司等若干法人组成的会计主体，是经济意义上的会计主体，而不是法律意义上的主体。

2. 编制的主体不同

个别财务报表是由独立的法人所编制的，所有的企业都必须编制个别财务报表；合并财务报表是由企业集团中对其他企业有控制权的控股公司或母公司编制的，集团中的其他企业，即被控制企业无须编制合并财务报表。

3. 编制的基础不同

个别财务报表的编制是以独立法人的日常会计资料为基础，一般依据企业的会计账簿、记账凭证编制；合并财务报表以纳入合并范围的个别财务报表为基础，结合企业集团内部的交易或事项编制而成。

4. 编制的方法不同

个别财务报表的编制有其自身固定的一套编制方法和程序，合并财务报表编制有其独特的方法。具体来说，合并财务报表是在对纳入合并范围的子公司个别财务报表与母公司个别财务报表的数据进行简单加总的基础上，通过编制抵消分录将企业集团内部的经济业务对个别财务报表的影响予以抵消，运用合并工作底稿等一些特殊的报表编制方法。

当然，同时作为财务报表，个别财务报表与合并财务报表也有许多相同之处，如都应遵循公认的会计原则，都须注册会计师审计，都不许弄虚作假等。

6.1.3 合并财务报表的种类及格式

合并财务报表主要包括合并资产负债表、合并利润表、合并现金流量表和合并所有者权益变动表。这些合并财务报表分别从不同的方面反映企业集团这一会计主体的经营情况。

1. 合并资产负债表

合并资产负债表是反映企业集团某一特定日期财务状况的财务报表。合并资产负债表是以母公司和纳入合并范围的子公司的个别资产负债表为基础，抵消企业集团内部经济业务对个别资产负债表的影响，合并各项目的数额编制而成。

与个别资产负债表相比，合并资产负债表主要增加了两个项目：一是在所有者权益类下加入“少数股东权益”项目，反映在纳入合并范围为非全资子公司的情况下，其他投资者在所有者权益中拥有的份额；二是在“未分配利润”与“所有者权益合计”之间加入“外币报表折算差额”项目，反映纳入合并范围的外币资产负债表折算成母公司记账本位币表示的资产负债表所发生的折算差额。

依据财政部发布的《企业会计准则第 33 号——合并财务报表》，合并资产负债表的格式见表 6－1。该合并资产负债表的格式涵盖了母公司和从事各类经营业务的子公司的情况，适用于一般企业、商业银行、保险公司和证券公司等。

表6-1　合并资产负债表

会合01表

编制单位：宁河集团　　　　2007年12月31日　　　　单位：万元

资　　产	期末余额	年初余额	负债和所有者权益（或股东权益）	期末余额	年初余额
流动资产：		略	流动负债：		略
货币资金	5 000		短期借款	4 000	
结算备付金	0		向中央银行借款	0	
拆出资金	0		吸收存款及同业存放	0	
交易性金融资产	3 000		拆入资金	0	
应收票据	2 300		交易性金融负债	0	
应收账款	2 487.5		应付票据	4 500	
预付账款	1 100		应付账款	5 500	
应收保费	0		预收账款	1 500	
应收分保账款	0		卖出回购金融资产款	0	
应收分保合同准备金	0		应付手续费及佣金	0	
应收利息	0		应付职工薪酬	3 280	
其他应收款	0		应交税费	0	
买入返售金融资产	0		应付利息	0	
存货	11 270		其他应付款	1 000	
一年内到期的非流动资产	0		应付分保账款	0	
其他流动资产	0		保险合同准备金	0	
流动资产合计	25 157.5		代理买卖证券款	0	
非流动资产：			代理承销证券款	0	
发放贷款和垫款	0		一年内到期的非流动负债	0	
可供出售金融资产	0		其他流动负债	0	
持有至到期投资	0		流动负债合计	19 780	
长期应收款	0		非流动负债：		
长期股权投资	0		长期借款	4 000	
投资性房地产	0		应付债券	5 000	
固定资产	15 900		长期应付款	1 000	
在建工程	12 000		专项应付款	0	
工程物资	0		预计负债	0	

续表

资　　产	期末余额	年初余额	负债和所有者权益（或股东权益）	期末余额	年初余额
固定资产清理	0		递延所得税负债	0	
生产性生物资产	0		其他非流动负债	0	
油气资产	0		非流动负债合计	10 000	
无形资产	1 250		负债合计	29 780	
开发支出	0		所有者权益（或股东权益）：		
商誉	1 000		实收资本（或股本）	10 000	
长期待摊费用	1 350		资本公积	5 000	
递延所得税资产	0		减：库存股	0	
其他非流动资产	0		盈余公积	6 000	
非流动资产合计	31 500		一般风险准备	0	
			未分配利润	3 877.5	
			外币报表折算差额	0	
			归属于母公司所有者权益合计	24 877.5	
			少数股东权益	2 000	
			所有者权益合计	26 877.5	
资产总计	56 657.5		负债和所有者权益（或股东权益）合计	56 657.5	

单位负责人：　　　　财会负责人：　　　　复核：　　　　制表：

2. 合并利润表

合并利润表是反映企业集团整体在一定期间内经营成果的财务报表。合并利润表以母公司和纳入合并范围的子公司的个别利润表为基础，抵消内部销售业务对个别利润表的影响，合并各项目的数额编制而成。

与个别利润表相比，合并利润表在“净利润”下增加了“少数股东损益”项目。该项目反映非全资子公司中不属于母公司所有，为少数股东所拥有的损益数额。

依据财政部发布的《企业会计准则第 33 号——合并财务报表》，合并利润表的格式见表6－2。该合并利润表的格式涵盖了母公司和从事各类经营业务的子公司的情况，适用于一般企业、商业银行、保险公司和证券公司等。

表 6－2　合并利润表

会合 02 表

编制单位：宁河集团　　2007 年　　单位：万元

项目	本期金额	上期金额
一、营业总收入	42 100	略
其中：营业收入	42 100	
利息收入	0	
已赚保费	0	
手续费及佣金收入	0	
二、营业总成本	31 322.5	
其中：营业成本	26 630	
利息支出	0	
手续费及佣金支出	0	
退保金	0	
赔付支出净额	0	
提取保险合同准备金净额	0	
保单红利支出	0	
分保费用	0	
营业税金及附加	1 200	
销售费用	2 000	
管理费用	1 165	
财务费用	300	
资产减值损失	27.5	
加：公允价值变动收益（损失以“－”号填列）	0	
投资收益（损失以“－”号填列）	0	
其中：对联营企业和合营企业的投资收益	0	
汇兑收益（损失以“－”号填列）	0	
三、营业利润（亏损以“－”填列）	10 777.5	
加：营业外收入	900	
减：营业外支出	1 100	
其中：非流动资产处置损失	0	
四、利润总额（亏损总额以“－”填列）	10 577.5	
减：所得税费用	4 200	
五、净利润（净亏损以“－”填列）	6 377.5	

续表

项目	本期金额	上期金额
归属于母公司所有者的净利润	5 877.5	
少数股东损益	500	
六、每股收益：	略	
（一）基本每股收益		
（二）稀释每股收益		

单位负责人： 财会负责人： 复核： 制表：

在填列合并利润表中，合并利润表的收入、费用项目按照各类企业利润表的相同口径填列；在同一控制下企业合并的当期，还应单独列示被合并方在合并前实现的净利润。

3. 合并现金流量表

合并现金流量表是反映企业集团在一定会计期间现金流入量、现金流出量及现金增减变动情况的财务报表。合并现金流量表可以用合并资产负债表、合并利润表及其他有关影响企业集团一定会计期间现金流入、现金流出的资料为依据编制；也可以用母公司和纳入合并范围的子公司的个别现金流量表为基础，抵消内部销售业务对个别现金流量表的影响，合并各项目的数额编制而成。

与个别现金流量表相比，当纳入合并范围的子公司为非全资子公司的情况下，涉及子公司与少数股东之间发生的现金流入和现金流出问题，即在筹资活动产生的现金流量中加入相关的项目。一是子公司的少数股东增加在子公司中的权益性资本投资时，在“吸收投资收到的现金”项目之中单列“其中：子公司吸收少数股东投资收到的现金”项目；二是子公司向少数股东支付的现金股利，在“分配股利、利润或偿付利息支付的现金”项目之中单列“其中：子公司支付给少数股东的股利、利润”项目。

依据财政部发布的《企业会计准则第 33 号——合并财务报表》，合并现金流量表的格式见表 6－3。该合并现金流量表的格式涵盖了母公司和从事各类经营业务的子公司的情况，适用于一般企业、商业银行、保险公司和证券公司等。

表 6－3　合并现金流量表

会合 03 表

编制单位：宁河集团　　2007 年　　单位：万元

项　　目	本期金额	上期金额
一、经营活动产生的现金流量		略
销售商品、提供劳务收到的现金	7 787.3	
客户存款和同业存放款项净增加额	0	
向中央银行借款净增加额	0	
向其他金融机构拆入资金净增加额	0	

续表

项　　目	本期金额	上期金额
收到原保险合同保费取得的现金	0	
收到再保业务现金净额	0	
保户储金及投资款净增加额	0	
处置交易性金融资产净增加额	0	
收取利息、手续费及佣金的现金	0	
拆入资金净增加额	0	
回购业务资金净增加额	0	
收到的税费返还	49	
收到的其他与经营活动有关的现金	32	
经营活动现金流入小计	7 868.3	
购买商品、接受劳务支付的现金	5 217.3	
客户贷款及垫款净增加额	0	
存放中央银行和同业款项净增加额	0	
支付原保险合同赔付款项的现金	0	
支付利息、手续费及佣金的现金	0	
支付保单红利的现金	0	
支付给职工以及为职工支付的现金	699	
支付的各项税费	83	
支付的其他与经营活动有关的现金	486	
经营活动现金流出小计	6 485.3	
经营活动产生的现金流量净额	1 383	
二、投资活动产生的现金流量		
收回投资收到的现金	23	
取得投资收益收到的现金	0	
处置固定资产、无形资产和其他长期资产收回的现金净额	182	
处置子公司和其他营业单位收到的现金净额	0	
收到其他与投资活动有关的现金	42	
投资活动现金流入小计	247	
投资支付的现金	280	
购建固定资产、无形资产和其他长期资产支付的现金	274	
质押贷款净增加额	0	
取得子公司和其他营业单位支付的现金净额	0	

续表

项　　目	本期金额	上期金额
支付的其他与投资活动有关的现金	29	
投资活动现金流出小计	583	
投资活动产生的现金流量净额	-336	
三、筹资活动产生的现金流量		
吸收投资收到的现金	30	
其中：子公司吸收少数股东投资收到的现金	30	
取得借款收到的现金	2 175	
发行债券收到的现金	0	
收到其他与筹资活动有关的现金	0	
筹资活动现金流入小计	2 205	
偿还债务支付的现金	1 980	
分配股利、利润或偿付利息所支付的现金	1 382	
其中：子公司支付给少数股东的股利、利润	2	
支付的其他与筹资活动有关的现金		
筹资活动现金流出小计	2 362	
筹资活动产生的现金流量净额	-157	
四、汇率变动对现金及现金等价物的影响	0	
五、现金及现金等价物净增加额	890	
加：期初现金及现金等价物余额	4 110	
六、期末现金及现金等价物余额	5 000	

单位负责人：　　　　财会负责人　　　　复核：　　　　制表：

4. 合并所有者权益（或股东权益，下同）变动表

合并所有者权益变动表是反映母公司和子公司所有者权益变动情况的会计报表。合并所有者权益变动表应当以母公司和子公司的所有者权益变动表为基础，在抵消母公司与子公司、子公司相互之间发生的内部交易对合并所有者权益变动表的影响后，由母公司合并编制而成，也可以根据合并资产负债表和合并利润表进行编制。

有少数股东的，应当在合并所有者权益变动表中增加“少数股东权益”栏目，反映少数股东权益变动的情况。依据财政部颁布的《企业会计准则第 33 号——合并财务报表》，合并所有者权益变动表的具体格式见表 6－4。该报表格式适用于一般企业、商业银行、保险公司和证券公司。

表6－4　合并所有者权益变动表

会合04表

编制单位：　　　　　　　　＿＿＿＿＿年度　　　　　　　　单位：元

项目	本年金额										上年金额									
	归属于母公司所有者权益							少数股东权益	所有者权益合计		归属于母公司所有者权益							少数股东权益	所有者权益合计	
	实收资本（或股本）	资本公积	减：库存股	盈余公积	一般风险基金	未分配利润	其他				实收资本（或股本）	资本公积	减：库存股	盈余公积	一般风险基金	未分配利润	其他			
一、上年年末余额																				
加：会计政策变更																				
前期差错更正																				
二、本年年初余额																				
三、本年增减变动金额（减少以“－”填列）																				
（一）净利润																				
（二）直接计入所有者权益的利得和损失																				
1. 可供出售金融资产公允价值变动净额																				
2. 权益法下被投资单位其他所有者权益变动的影响																				
3. 与计入所有者权益项目相关的所得税影响																				
4. 其他																				
上述（一）和（二）小计																				
（三）所有者投入和减少资本																				
1. 所有者投入资本																				
2. 股份支付计入所有者权益的金额																				
3. 其他																				

续表

项　目	本年金额									上年金额								
	归属于母公司所有者权益							少数股东权益	所有者权益合计	归属于母公司所有者权益							少数股东权益	所有者权益合计
	实收资本（或股本）	资本公积	减：库存股	盈余公积	一般风险基金	未分配利润	其他			实收资本（或股本）	资本公积	减：库存股	盈余公积	一般风险基金	未分配利润	其他		
（四）利润分配																		
1. 提取盈余公积																		
2. 提取一般风险准备																		
3. 对所有者（或股东）的分配																		
4. 其他																		
（五）所有者权益内部结转																		
1. 资本公积转增资本（或股本）																		
2. 盈余公积转增资本（或股本）																		
3. 盈余公积弥补亏损																		
4. 其他																		
四、本年年末余额																		

5. 合并财务报表附注

合并财务报表附注是对企业集团合并财务报表的补充说明，按照财政部颁布的《企业会计准则第 33 号——合并财务报表》及其应用指南的规定，包括以下内容。

（1）企业集团的基本情况。

（2）财务报表的编制基础。

（3）遵循企业会计准则的声明。

（4）重要会计政策和会计估计。

（5）重要会计政策和会计估计变更及差错更正的说明。

（6）报表重要项目的说明。

（7）或有事项。

（8）资产负债表日后事项。

（9）关联方关系及其交易。

（10）风险管理。

以上的 10 项内容应比照《企业会计准则第 30 号——财务报表列报》及其应用指南的相关规定进行披露。合并现金流量表还应遵循《企业会计准则第 31 号——现金流量表》及其应用指南的相关规定进行披露。

（11）母公司和子公司信息。

① 子公司的清单，包括企业名称、注册地、业务性质、母公司的持股比例和表决权比例。

② 母公司直接或通过子公司间接拥有被投资单位表决权不足半数但能对其形成控制的原因。

③ 母公司直接或通过其他子公司间接拥有被投资单位半数以上的表决权但未能对其形成控制的原因。

④ 子公司所采用的与母公司不一致的会计政策，编制合并财务报表的处理方法及其影响。

⑤ 子公司与母公司不一致的会计期间，编制合并财务报表的处理方法及其影响。

⑥ 本期不再纳入合并范围的原子公司，说明原子公司的名称、注册地、业务性质、母公司的持股比例和表决权比例，本期不再成为子公司的原因，其在处置日和上一会计期间资产负债表日资产、负债和所有者权益的金额及本期期初至处置日的收入、费用和利润的金额。

⑦ 子公司向母公司转移资金的能力受到严格限制的情况。

⑧ 需要在附注中说明的其他事项。

6.1.4　合并财务报表编制前的准备工作

由于合并财务报表的编制涉及多个企业法人，以各个法人的个别财务报表为基础，需要抵消企业集团内部成员间的交易或事项。为使编制的合并财务报表全面、准确、真实地反映企业集团的情况，在编制合并财务报表前，必须做好一系列的准备工作。

1. 母公司对子公司的股权投资采用权益法调整

权益法是股权投资的核算方法之一，一般在投资企业对被投资企业具有共同控制或重大影响时采用。若母公司对某子公司有控制权，按照新会计准则的规定，对该子公司日常核算采用成本法。在编制合并财务报表时，母公司对该子公司的投资必须采用权益法重新调整。调整完毕后，才能编制合并财务报表。

2. 统一母子公司的财务报表决算日及会计期间

由于合并财务报表以母公司和子公司的个别财务报表为基础，要求母公司和子公司个别财务报表所反映财务状况、经营成果现金流量的期间必须一致，这样才能进行合并。因此，在编制合并财务报表之前，必须统一母子公司的财务报表决算日及会计期间，以便提供相同日期和相同会计期间的财务报表。对于境外的子公司，由于当地法律限制不能与母公司财务报表决算日和会计期间一致的，可以要求其为编制合并财务报表单独提供与母公司财务报表决算日和会计期间一致的个别财务报表。

3. 统一母子公司的会计政策

会计政策是指企业在会计核算时所遵循的具体原则及企业所采纳的具体会计处理方法。企业会计政策对财务报表反映的项目内容有很大的影响，尤其在编制合并财务报表时更具有重要意义。因为只有在个别财务报表所采用的会计政策一致的前提下，对财务报表相同项目的数字进行加总才更有经济意义。因此，在编制企业的合并财务报表和个别财务报表前，必须统一母子公司的会计政策，它是编制合并财务报表的最基础工作。

4. 对子公司的外币财务报表进行折算

我国的记账本位币是人民币，同时允许以外币收支为主的企业，可以选用一种外币作为记账本位币，但编制财务报表时要折合成人民币。境外的企业一般采用所在国的货币作为记账本位币。母公司在将这些境外子公司纳入合并范围时，必须将外币表示的个别财务报表折合成人民币表示的财务报表，在保证母公司和子公司货币计量单位一致的情况下才能进行合并。按照《企业会计准则第19号——外币折算》的规定，资产负债表中的资产和负债项目采用资产负债表日的即期汇率折算；所有者权益项目除“末分配利润”项目外，其他项目采用发生时的即期汇率折算；利润表中的收入和费用项目采用交易发生日的即期汇率或即期汇率的近似汇率折算。

6.2 合并财务报表的合并范围

明确合并财务报表的合并范围是编制合并财务报表的前提。合并财务报表的合并范围是指纳入合并财务报表编制的子公司的范围，主要明确哪些被投资公司应当包括在合并财务报表的编制范围之内，哪些被投资公司应当排除在合并财务报表编制范围之外。由于合并财务报表是由处于控制地位的母公司编制的，母公司必须纳入合并范围。我国《合并财务报表》准则中指出，凡是能够为母公司所控制的全部子公司都属于合并范围。即只要是母公司控制的子公司，不论其规模大小、向母公司转移资金能力是否受到严格限制，也不论业务性质与母公司或企业集团内其他子公司是否有显著差别，都应当纳入合并财务报表的合并范围。

6.2.1　纳入合并财务报表合并范围的情况

1. 母公司拥有其半数以上权益性资本的被投资企业应纳入合并范围

权益性资本是指对企业有投票权，能够据此参与企业经营管理决策的资本，如股份有限公司中的普通股、有限责任公司中的投资者出资额等。当母公司拥有被投资企业 50% 以上股份时，母公司就成为该被投资企业的最大股东，拥有该被投资企业的控制权，能够操纵股东大会对该被投资企业的生产经营活动实施控制。母公司有三种方式拥有被投资企业半数以上权益性资本。

（1）母公司直接拥有被投资企业半数以上的权益性资本。

例如，A 公司直接拥有 B 公司发行在外的普通股总数的 51%。这种情况下，B 公司就成为 A 公司的子公司，A 公司成为 B 公司的母公司。A 公司编制合并财务报表时，必须将 B 公司纳入其合并范围。

（2）母公司间接拥有被投资企业半数以上的权益性资本。

间接拥有半数以上权益性资本，是指母公司通过子公司而对子公司的子公司拥有半数以上的权益性资本。例如，A 公司拥有 B 公司 80% 的股份，B 公司拥有其子公司 C 公司 60% 的股份，从而，A 公司通过 B 公司间接拥有和控制 C 公司 60% 的股份，A 公司在编制合并财务报表时，应当将 B 公司、C 公司同时纳入合并范围。

（3）母公司以直接和间接方式合计拥有被投资企业半数以上的权益性资本。

此项内容是指母公司以直接方式拥有某被投资企业半数以下的权益性资本，但同时通过间接方式拥有该被投资企业一定数量的权益资本，直接和间接合计能够拥有和控制被投资企业半数以上的权益资本。例如，A 公司拥有 B 公司 80% 的股份，拥有 C 公司 40% 的股份；B 公司拥有 C 公司 30% 的股份。在这种情况下，A 公司以直接方式和间接方式共拥有 C 公司 70%（40% +30%）的股份，从而 C 公司是 A 公司的子公司，A 公司在编制合并财务报表时，应将 B 公司、C 公司同时纳入合并范围。

必须注意的是，A 公司间接拥有和控制 C 公司的股份是以 B 公司是 A 公司的具有控制权的子公司为前提的。上例中，若 A 公司只拥有 B 公司 45% 的股份，则 A 公司不能控制 B 公司，因此不能将 C 公司纳入 A 公司合并财务报表的合并范围。

2. 母公司实质拥有控制权的被投资企业应纳入合并范围

在母公司通过直接和间接方式没有拥有和控制被投资企业的半数以上权益性资本的情况

下，如果母公司通过其他方法对被投资企业的经营活动能够实施控制，这些被投资企业也应纳入合并财务报表的合并范围。

（1）通过与该被投资企业的其他投资者之间的协议，持有该被投资企业半数以上的表决权资本。这种情况是指母公司对被投资企业的权益性资本投资未达到半数以上，但通过与其中某些投资者的协议，受托管理和控制被投资企业，从而在被投资企业的股东大会上拥有被投资企业半数以上的表决权。从而，母公司对被投资企业的经营管理拥有实质上的控制权，应将该被投资企业纳入母公司合并财务报表的合并范围。

（2）根据公司的章程或协议，有权控制企业的财务和经营政策。这种情况是指在被投资企业章程等文件中明确母公司对其财务和经营政策实施实质上的管理和控制。这样，也就相当于控制整个企业的生产和经营活动。因此，应将该公司纳入合并财务报表的合并范围。

（3）有权任免被投资公司董事会或类似权力机构的多数成员。这种情况是指通过任免公司董事会的董事，从而控制被投资企业的生产经营活动。因此，应将该公司纳入合并财务报表的合并范围。

（4）在被投资公司董事会或类似权力机构有多数表决权。这种情况是指母公司能够控制被投资企业董事会等权力机构的会议，从而操纵公司董事会的经营决策，使公司的生产经营活动在母公司的间接控制下进行。因此，应将该公司纳入合并财务报表的合并范围。

6.2.2 不应纳入合并财务报表合并范围的情况

对于以下情况，母公司在编制合并财务报表时，应当将其排除在合并范围之外。

（1）已经宣告被清理整顿的原子公司。企业在清理整顿期间，应按照整顿方案进行整顿，且由企业的上级主管部门负责整顿的实施。在这种情况下，母公司不能再控制被投资单位，不能将该被投资单位继续认定为本企业的子公司。

（2）已宣告破产的原子公司。企业宣告破产后，其财产即由清算组接管，由清算组全面负责处理破产企业的财产。在这种情况下，破产企业不能进行正常的生产经营活动，母公司对宣告破产企业的财产没有控制权，不能将该被投资企业认定为本公司的子公司。

（3）母公司不能控制的其他被投资单位，如联营企业，也不能纳入合并财务报表的合并范围。

6.3 合并财务报表的编制原则与编制程序

6.3.1 合并财务报表的编制原则

合并财务报表作为财务报表，必须符合财务报表编制的一般原则和基本要求。即编制的时间要及时，对外报送报表格式要标准，在质量上保证报表的数字真实，计算准确、内容完整、说明清楚。同时，因合并财务报表是反映若干法人共同形成的企业集团这一会计主体的财务情况，还有其要遵守的特殊原则。

1. 以个别财务报表为基础编制

合并财务报表由于涉及企业多、经济业务量大，很难根据母公司和子公司的会计账簿直接编制。因此，合并财务报表是以母公司和子公司各自编制的反映财务状况和经营成果、现金流量状况的个别财务报表为基础，通过编制抵消分录的方法编制而成的。

2. 一体性原则

合并财务报表反映的是由多个企业法人组成的一个会计主体，即企业集团的情况。在编制合并财务报表时，应当将母公司及所有纳入合并范围的子公司视为同一会计主体，作为一个整体看待。母公司和子公司各自发生的经营活动，都应从企业集团这一整体的角度考虑是否实现。因此，在编制合并财务报表时，对于母公司与子公司之间、子公司相互之间发生的经济业务，应当视为同一会计主体内部业务处理，称为集团内部会计事项。

集团内部会计事项涉及的双方都是企业集团内部的成员，不涉及集团外部的会计主体。这类会计事项影响母、子公司的资产、负债、所有者权益与损益的情况，但并不能反映企业集团的利益。从整个企业集团来看，这类会计事项是财产、物资和资金在集团内部的调拨与转移，母公司编制合并财务报表时必须抵消这些影响个别财务报表但不影响合并财务报表的内部会计事项。例如，母公司向子公司进行长期股权投资这项业务，在母子公司单独核算时，母公司作为“长期股权投资”处理，子公司作为所有者权益的增加处理。这项投资业务从企业集团这一会计主体角度考虑，属于企业内部资金的调拨问题，并未增加企业集团的资金总额。因此，在编制合并财务报表时，需要将母公司的长期股权投资项目与子公司的所有者权益项目抵消。这种做法就是一体性原则的体现。一体性原则是编制合并财务报表抵消分录的指导原则，理解企业集团各项内部交易事项的抵消都离不开一体性原则。

实际上，企业集团内部的会计事项是编制合并财务报表需要抵消的对象。编制抵消分录，正确抵消集团内部的会计事项是保证合并财务报表正确性的重要环节。抵消分录作为会计分录，同样采用借贷记账法，要保证一个抵消分录“有借必有贷，借贷必相等”的平衡规律。作为编制合并财务报表的特殊手段，抵消分录有其自身的特殊性。一是抵消分录的编制依据是个别财务报表及集团内部会计事项的资料，目的是抵消集团内部会计事项对企业集团的影响，提供企业集团的合并财务报表；抵消分录并不是对该内部会计事项的重新记录，也不调整母、子公司的个别财务报表。二是抵消分录运用的会计科目是财务报表中的有关项目名称，有的与会计制度中规定的会计科目相同，有的是一般会计科目的合并或分解，如“存货”项目是若干会计科目的合并，原因在于抵消分录是为调整合并财务报表项目，抵消分录的科目与财务报表的项目要保持一致。

3. 重要性原则

由于编制合并财务报表要涉及多个法人主体，而各个法人主体在经营内容、经营活动上可能存在很大差别。若合并财务报表对所有的内部经济业务都进行抵消处理，既不经济，也无必要。因此，在编制合并财务报表时，必须强调重要性原则的运用，必须对需要抵消的内部会计事项进行取舍。如果一些项目在企业集团的某一企业具有重要性，但对整个企业集团则不一定具有重要性。在这种情况下可以根据重要性原则对财务报表项目进行取舍。另外，母、子公司之间，子公司之间的经济业务，对整个企业集团财务状况和经营成果影响不大时，为简化合并手续，也应根据重要性原则进行取舍，可以不对其进行抵消处理而直接编制合并财务报表。

根据重要性原则，本书中列举的需要抵消的经济业务包括：母公司对子公司权益性资本投资项目与子公司所有者权益项目的抵消；母公司投资收益项目与子公司利润分配各项目的抵消；内部债权债务的抵消；内部利息收入与利息支出的抵消；内部应收账款引起的坏账准备的抵消；内部销售收入、成本及存货中包含的未实现内部销售利润的抵消；内部固定资产交易的抵消。在具体编制抵消分录时，企业可以根据本企业的实际情况调整需要抵消的经济业务的内容。

6.3.2 合并财务报表的编制程序

合并财务报表涉及多个法人企业的个别财务报表，还须编制抵消分录，其编制较为复杂，必须按照一定的编制程序进行。下面以合并资产负债表、合并利润表为例来说明合并财务报表的编制程序。

1. 编制合并工作底稿

合并工作底稿是合并财务报表的草稿，是编制合并财务报表的基础。合并工作底稿的格式见表6－8。

合并工作底稿的内容从纵向上包括利润表项目、资产负债表项目。

合并工作底稿横向上包括母、子公司个别财务报表的数额及合计数，抵消分录调整的借贷方数额，少数股东权益及经过调整的合并数。其中，根据经过调整的“合并数”栏可以直接编制合并利润表及合并资产负债表。

为列示非全资子公司中少数股东的情况，在合并工作底稿中加入“少数股东权益”一列；同时，在利润表中加入“少数股东损益”项目，反映少数股东投资所取得的收益；在资产负债表的所有者权益项目后加入“少数股东权益”项目，反映少数股东的投资。为反映母公司长期股权投资数额与子公司所有者权益总额的差额，在合并工作底稿中加入“商誉”项目。

2. 过入个别财务报表数字

个别资产负债表过入的是本年资产负债表的期末数，个别利润表过入的是本年实际发生数。同时，计算出各财务报表项目的合计数，也就是将母公司及纳入合并范围子公司的个别财务报表的数字简单加总。

3. 编制抵消分录

编制抵消分录是合并财务报表编制的关键内容，其目的在于将财务报表项目合计数中的重复因素予以剔除。抵消分录编制完成后，将核对无误的抵消分录的数字过入合并工作底稿的抵消分录的借方栏与贷方栏。抵消分录的正确与否，直接影响合并财务报表的准确性。本章的以下几节内容主要介绍抵消分录如何理解和编制。

4. 计算合并数

合并数是在母子公司个别财务报表合计数的基础上，考虑抵消分录的借贷方计算得出。

1）资产类项目

某项目合并数＝该项目的合计数＋该项目抵消分录的借方发生额－该项目抵消分录的贷方发生额（累计折旧项目除外）

2）负债类项目

某项目合并数＝该项目的合计数－该项目抵消分录的借方发生额＋该项目抵消分录的贷方发生额

3）所有者权益类项目

某项目的合并数＝该项目合计数－该项目抵消分录的借方发生额＋该项目抵消分录的贷方发生额

4）收入收益类项目

某项目合并数＝该项目合计数－该项目抵消分录的借方发生额＋该项目抵消分录的贷方发生额

5）成本费用项目

某项目合并数＝该项目合计数＋该项目抵消分录的借方发生额－该项目抵消分录的贷方发生额

5. 编制合并财务报表

将合并工作底稿中的“合并数”过入合并财务报表即可。

6.4 与长期股权投资有关的抵消处理

与长期股权投资有关的抵消分录主要有两类：一是母公司对子公司权益性资本投资项目与子公司所有者权益项目的抵消，二是由长期股权投资引起的内部投资收益项目与子公司利润分配各项目的抵消。

6.4.1 母公司对子公司权益性资本投资项目与子公司所有者权益项目的抵消处理

1. 抵消原理

在母公司对子公司的股权投资采用权益法调整的前提下，母公司“长期股权投资”的数额随着被投资企业所有者权益总额的变动而变动。子公司当年盈利或亏损、资本公积增加等事项，母公司均按子公司所有者权益总额的变动额与其持股比例的乘积调整“长期股权投资”的数额，在编制个别资产负债表时，对该业务体现为长期股权投资的增加。被投资方子公司在编制个别资产负债表时，反映为企业各项所有者权益项目的增加。尤其在全资子公司的情况下，若母公司没有从证券市场通过第三者获得子公司的股份，母公司对子公司长期股权投资的数额与子公司所有者权益的总额应当相等。

从企业集团整体来看，母公司对子公司的长期股权投资实际上相当于母公司将资本拨付下属核算单位，并不引起整个企业集团资产、负债和所有者权益的增减变动。因此，编制合并资产负债表时，应当在母公司与子公司财务报表数据简单相加的基础上，将其影响的数额予以抵消，即应抵消母公司的长期股权投资数额与子公司的所有者权益各数额。

2. 全资子公司纳入合并范围的抵消处理

全资子公司是指母公司拥有其100%股份的子公司。当纳入合并范围的子公司为全资子公司的情况时，母公司对子公司权益性资本投资的数额和子公司所有者权益的数额应当全部抵消。

1）*母公司对子公司长期股权投资的数额与子公司所有者权益总额相等*

【例6-1】甲公司是母公司的全资子公司，本期纳入合并范围的子公司只有甲公司一家，母公司、甲公司资产、负债、所有者权益的数据见表6-5。假设该表中的数据是已按权益法调整后的结果。

表6-5 母子公司的资产、负债、所有者权益数额 单位：元

项目	母公司	甲公司	项目	母公司	甲公司
流动资产	450 000	250 000	流动负债	100 000	68 000
长期股权投资	484 000		非流动负债	500 000	120 000
其中：对甲公司投资	400 000		负债合计	600 000	188 000
其他股权投资	84 000		股本	500 000	200 000
固定资产	500 000	300 000	资本公积	120 000	80 000
无形资产	66 000	38 000	盈余公积	200 000	70 000
			未分配利润	80 000	50 000
			所有者权益合计	900 000	400 000
资产合计	1 500 000	588 000	负债及所有者权益合计	1 500 000	588 000

母公司对子公司长期股权投资的数额为400 000元，与子公司的所有者权益总额正好相等，说明子公司的股权投资数额均为母公司所有，通过抵消分录将母公司长期股权投资总额、子公司的所有者权益总额这些编制合并资产负债表时重复计算的因素全部扣除，消除其对企业集团合并财务报表的影响。编制合并财务报表时，编制如下抵消分录：

借：股本	200 000	
资本公积	80 000	
盈余公积	70 000	
未分配利润——年末	50 000	
贷：长期股权投资		400 000

2）母公司对子公司长期股权投资的数额与子公司所有者权益总额不相等

若母公司对子公司长期股权投资的数额与子公司所有者权益总额不一致，将两者的差额作为“商誉”处理。商誉在合并资产负债表中单列项目反映，一般在抵消分录的借方。

【例6－2】甲公司是母公司的全资子公司，母公司对甲公司的长期股权投资的数额为420 000元，甲公司所有者权益的数额与【例6－1】相同。

“商誉”的金额＝母公司对子公司“长期股权投资”的数额－子公司所有者权益合计×母公司持股比例＝420 000－400 000×100%＝20 000（元）

编制的抵消分录如下：

借：股本	200 000	
资本公积	80 000	
盈余公积	70 000	
未分配利润——年末	50 000	
商誉	20 000	
贷：长期股权投资		420 000

3. 非全资子公司纳入合并范围的抵消处理

非全资子公司是指母公司未拥有其100%的股份的子公司。在这种情况下，母公司长期股权投资的数额一般小于子公司所有者权益的总额，将母公司享有子公司所有者权益的份额小于子公司所有者权益总额的差额作为“少数股东权益”处理。“少数股东权益”项目反映除母公司以外的其他投资者在子公司所有者权益中所拥有的份额，数额上等于子公司所有者权益总额与少数股东持股比例的乘积，一般在抵消分录的贷方。

1）母公司对子公司长期股权投资的数额与母公司拥有子公司所有者权益的份额相等

【例6－3】 假设母公司拥有甲公司80%的股份。母公司对甲公司长期股权投资的数额为320 000元，甲公司所有者权益的数额与【例6－1】相同。

母公司拥有子公司所有者权益的份额＝子公司所有者权益总额×母公司的持股比例＝400 000×80%＝320 000（元）

少数股东拥有的权益 = 子公司所有者权益总额 ×(1 − 母公司的持股比例) = 400 000 ×(1 − 80%) = 80 000(元)

编制的抵消分录如下：

借：股本 200 000
　　资本公积 80 000
　　盈余公积 70 000
　　未分配利润——年末 50 000
　贷：长期股权投资 320 000
　　　少数股东权益 80 000

母公司对子公司长期股权投资 320 000 元的金额与子公司所有者权益中母公司拥有的份额（400 000 × 80%）一致，因此，将母公司对子公司长期股权投资的数额与子公司所有者权益中母公司拥有的数额相抵消，将子公司所有者权益中少数股东拥有的数额，在合并资产负债表中作为“少数股东权益”处理。

2）母公司对子公司长期股权投资的数额与母公司拥有子公司所有者权益的份额不相等

若母公司对子公司长期股权投资的数额与母公司拥有子公司所有者权益的份额不相等，其差额仍作为“商誉”处理。“少数股东权益”的数额等于子公司所有者权益总额与少数股东持股比例的乘积。

【例 6 − 4】 母公司拥有甲公司 80% 的股份，母公司对甲公司长期股权投资的数额为 330 000 元。子公司所有者权益各项目的数额与【例 6 − 1】相同。

“商誉”的数额 = 母公司对子公司长期股权投资金额 − 母公司拥有子公司所有者权益的份额 = 330 000 − 400 000 × 80% = 10 000（元）

“少数股东权益”的数额 = 子公司所有者权益总额 ×(1 − 母公司的持股比例) = 400 000 ×(1 − 80%) = 80 000（元）

编制的抵消分录为：

借：股本 200 000
　　资本公积 80 000
　　盈余公积 70 000
　　未分配利润——年末 50 000
　　商誉 10 000
　贷：长期股权投资 330 000
　　　少数股东权益 80 000

4. 应当注意的问题

在抵消母公司对子公司权益性资本投资项目与子公司所有者权益项目时，应当注意以下

4点。

（1）“股本”、“资本公积”、“盈余公积”的金额既包括本年发生的数额，也包括期初余额，其在抵消分录中可按年初数、本年数分列明细进行抵消。

（2）“长期股权投资”的数额是母公司对子公司的股权投资额，是按权益法调整后的对该子公司的长期股权投资的数额，而且各年度金额是变化的。

（3）“少数股东权益”项目只有在纳入合并范围的是非全资子公司时才会存在，一般在抵消分录的贷方。

（4）“商誉”项目反映的是母公司的长期股权投资的数额与母公司享有子公司所有者权益份额的差额，全资和非全资子公司都可能存在。一般在抵消分录的借方。若两者的差额在抵消分录的贷方，记入“营业外收入”项目。

6.4.2　母公司内部投资收益项目与子公司利润分配各项目的抵消处理

1. 抵消原理

内部投资收益是指母公司对子公司权益性资本投资所取得的收益，在金额上等于子公司的税后净利润与母公司持股比例的乘积。在全资子公司的情况下，母公司的投资收益就是子公司本期的净利润；在非全资子公司的情况下，子公司的本期净利润包括母公司的投资收益和少数股东损益两部分，母公司的内部投资收益在金额上等于子公司的净利润与母公司持股比例的乘积。

编制合并利润表，是以母公司和子公司的个别利润表为基础，将母子公司的收入、成本、费用等项目进行合并。母公司确认的内部投资收益是按子公司的净利润计算的。为了避免对子公司净利润的重复计算，必须将母公司取得的内部投资收益予以抵消。

子公司个别财务报表中的期初未分配利润项目，也必须予以抵消。因为期初未分配利润作为子公司以前会计期间净利润的一部分，已全部或部分包括在母公司以前会计期间的投资收益之中，从而包括在母公司的期初未分配利润项目中。为避免子公司期初未分配利润的重复计算，要将子公司的期初未分配利润数额予以抵消。

2. 全资子公司的抵消处理

全资子公司的情况下，母公司的内部收益就是子公司当年实现的全部净利润数额。子公司的期初未分配利润加上本期实现的净利润就是当年利润分配的来源，子公司本期利润分配各项目和期末未分配利润的数额合计是本年利润分配的去向。利润分配的来源和去向数额是相等的，正好相互抵消。

【例6－5】 母公司拥有甲子公司的全部股份，甲公司的年初未分配利润为20 000元，本年实现净利润100 000元。甲公司本年利润分配中，共提取盈余公积15 000元，应付给投资者利润55 000元，本年期末未分配利润50 000元。上述数据可以从子公司的所有者权益变动表中查得。

子公司年初未分配利润＋子公司当年净利润（母公司内部投资收益）＝
子公司当年利润分配＋子公司的期末未分配利润

编制抵消分录如下：

借：投资收益	100 000	
未分配利润——年初	20 000	
贷：提取盈余公积		15 000
对所有者（股东）的分配		55 000
未分配利润——年末		50 000

3. 非全资子公司的抵消处理

非全资子公司的情况下，母公司本期对子公司的内部投资收益与少数股东本期收益之和就是子公司的本期净利润。母公司的内部投资收益、少数股东损益、子公司的期初未分配利润之和与子公司本期利润分配各项目和期末未分配利润之和正好相等，可以相互抵消。

【例6－6】 母公司拥有甲子公司的80%股份，其他会计资料与【例6－5】相同。

子公司年初未分配利润＋子公司当年净利润（母公司内部投资收益＋
少数股东损益）＝子公司当年利润分配＋子公司的期末未分配利润
母公司的内部投资收益＝子公司本年净利润×母公司的持股比例＝
100 000×80%＝80 000（元）
少数股东损益＝子公司本年净利润×(1－母公司的持股比例)＝
100 000×(1－80%)＝20 000(元)

编制抵消分录为：

借：投资收益	80 000	
少数股东损益	20 000	
未分配利润——年初	20 000	
贷：提取盈余公积		15 000
对所有者（股东）的分配		55 000
未分配利润——年末		50 000

4. 应当注意的问题

在抵消母公司内部投资收益项目与子公司利润分配各项目时，应当注意以下2个问题。

（1）“投资收益”的数额是母公司从子公司取得的内部投资收益，数额来自子公司本年净利润与母公司持股比例的乘积，在合并利润表部分抵消。

（2）“少数股东损益”项目反映少数股东在子公司净利润中享有的收益，一般在抵消分录的借方。同时注意区分“少数股东权益”项目，两者是从不同的方面反映少数股东的情况。

6.5　与内部债权债务有关的抵消处理

6.5.1　内部应收账款与应付账款的抵消处理

1. 内部应收账款与应付账款的抵消处理

1）抵消原理

集团内部债权与债务项目是指母公司与子公司之间，子公司与子公司之间的应收款项和应付款项，预收款项和预付款项，应付债券和债券投资等项目。母、子公司在编制个别资产负债表时，一方反映为资产，一方反映为负债，都已增加了企业个别资产负债表中的相应项目的金额。在编制合并财务报表时，从企业集团这一会计主体角度考虑，集团内部的债权债务只是集团内部资金运动，既不增加企业集团的资产，也不增加企业集团的负债。因此，在编制合并资产负债表时，应将这些重复计算的因素，通过编制抵消分录的方式进行扣除。

抵消内部债权债务时，编制的抵消分录应借记负债类项目，贷记资产类项目，从而达到抵消的目的。例如，抵消“应收账款”与“应付账款”，抵消分录为借记“应付账款”，贷记“应收账款”。

2）抵消实务

【例 6－7】 本期母公司的应收账款中有 80 000 元为应收子公司的款项。

编制抵消分录为：

借：应付账款　　80 000

　贷：应收账款　　80 000

应付账款抵消的是子公司的数额，应收账款抵消的是母公司的数额。

2. 内部应收账款计提坏账准备的抵消处理

1）抵消原理

将内部应收账款和应付账款抵消处理时，若内部应收账款已经计提坏账准备，坏账准备已包括在个别财务报表中。在编制合并资产负债表时，随着内部应收账款的抵消，也必须相应地将内部应收账款计提的坏账准备抵消。

2）抵消实务

【例 6－8】 母公司本期抵消内部应收账款的数额为 80 000 元，母公司的应收账款的计提采用应收账款余额百分比法，坏账准备的提取比率为 5‰。

本期应抵消的坏账准备数额＝80 000×5‰＝400（元）

编制抵消分录为：

借：应收账款——坏账准备　　400

　贷：资产减值损失　　400

3. 内部应收账款和坏账准备在连续编制合并财务报表中的抵消处理

1）抵消原理

在连续编制合并财务报表时，上期合并财务报表中的期末未分配利润的数额应与本期合并财务报表的年初未分配利润的数额一致（假定不存在会计政策变更和前期差错更正的情况）。本期合并财务报表的编制是以本期母公司和纳入合并范围的子公司的当期个别财务报表为基础的，上期合并财务报表的抵消分录并未调整个别财务报表。因此，随着上期内部应收账款计提的坏账准备的抵消，本期以个别财务报表为基础加总得出的年初未分配利润的数额必然与上期合并财务报表中期末未分配利润的数额不同。

因此，连续编制合并财务报表时，首先应将本期内部的应收账款与应付账款余额抵消；其次，抵消上期因内部应收账款计提的坏账准备而对本期期初未分配利润的影响，从而保证本期合并财务报表年初未分配利润数额与上期合并财务报表期末未分配利润数额的一致性；最后，对本期应收账款与上期应收账款的增减数额计提的坏账准备抵消。

2）内部应收账款本期余额等于上期余额的抵消处理

内部应收账款本期余额等于上期余额，说明本期个别资产负债表中坏账准备数额中因内部交易应抵消数与上期数相同。因此，首先抵消本期内部应收应付款项余额，调整应付账款与应收账款的数额；其次，抵消上期内部应收账款计提坏账准备对本期期初未分配利润的影响，调整年初未分配利润与坏账准备的数额。内部应收账款本期与上期相同，计提的坏账准备也相同，无须调整差额。

【例 6-9】 本期个别资产负债表中，母公司对子公司的应收账款为 80 000 元。母公司上期应收账款中，有 80 000 元为应收该子公司的款项，母公司的坏账准备提取比例为 5‰。

（1）抵消企业集团内部本期的应收账款与应付账款。

借：应付账款　　80 000

　贷：应收账款　　80 000

（2）抵消上期内部应收账款计提的坏账准备对本期期初未分配利润的影响数。

上期抵消分录的“资产减值损失”在贷方，说明资产减值损失减少，上期的期末未分配利润增加，因此应增加本期的年初未分配利润。

调整期初未分配利润的数额 = 上期内部应收账款的数额 × 坏账准备的提取比例 = 80 000 × 5‰ = 400（元）

借：应收账款——坏账准备　　400

　贷：未分配利润——年初　　400

3）内部应收账款本期余额大于上期余额的抵消处理

若内部应收账款本期余额大于上期余额，说明本期又发生新的内部应收款项。在进行抵消处理时，首先应将本期内部应收账款与应付账款的余额抵消，调整应付账款与应收账款的数额；其次，将上期内部应收账款计提的坏账准备对本期期初未分配利润的影响数全部予以抵消，调整年初未分配利润与坏账准备的数额；最后，将本期内部应收账款大于上期应收账款数额而补提的坏账准备抵消，调整坏账准备与资产减值损失的数额。

【例6-10】 本期个别资产负债表中，母公司对子公司的内部应收账款为100 000元。母公司上期应收账款中，有80 000元为应收该子公司的款项，母公司的坏账准备提取比例为5‰。

（1）抵消本期内部应收账款与应付账款。

借：应付账款　　100 000
　贷：应收账款　　100 000

（2）抵消上期内部应收账款计提的坏账准备对本期期初未分配利润的影响。

调整期初未分配利润的数额＝上期内部应收账款的数额×坏账准备的提取比例＝80 000×5‰＝400（元）

借：应收账款——坏账准备　　400
　贷：未分配利润——年初　　400

（3）抵消本期内部应收账款增加而计提的坏账准备。

本期应收账款数额大于上期应收账款数额，因此冲销多提数。

本期多计提的坏账准备＝（100 000－80 000）×5‰＝100（元）

借：应收账款——坏账准备　　100
　贷：资产减值损失　　100

从坏账准备项目看，本期的调整数与本期内部应收账款计提的坏账准备应抵消数相同。本期冲销的坏账准备总额为500元，实际上是按本期内部应收账款100 000计提的坏账准备数额，只是在调整时考虑到要调整本期的期初未分配利润，因此，400元调整期初未分配利润，保证本期合并财务报表的期初未分配利润与上期合并财务报表的期末未分配利润的数额相等，100元调整资产减值损失，对本期合并财务报表期末未分配利润的影响仍是按本期应收账款计算的坏账准备数额。

4）内部应收账款本期余额小于上期余额的抵消处理

若内部应收账款本期余额小于上期余额，说明本期内部应收账款减少。在进行抵消处理时，首先应将本期内部应收账款与应付账款全部抵消，调整应付账款与应收账款的数额；其次，将上期内部应收账款计提的坏账准备对本期期初未分配利润的影响数全部予以抵消，调整年初未分配利润与坏账准备的数额；最后，将本期内部应收账款小于上期应收账款数额而冲销的坏账准备予以抵消，调整坏账准备与资产减值损失的数额，从而达到按本期计提的坏账准备调整本期期末未分配利润的目的。

【例6-11】 本期个别资产负债表中，母公司对子公司的应收账款为70 000元。母公司上期应收账款中，有80 000元为应收该子公司的款项，母公司的坏账准备提取比例为5‰。

（1）抵消本期的内部应收账款与应付账款。

借：应付账款　　70 000

　贷：应收账款　　70 000

(2) 抵消上期内部应收账款计提的坏账准备对本期期初未分配利润的影响。

借：应收账款——坏账准备　　400

　贷：未分配利润——年初　　400

(3) 抵消本期内部应收账款减少而冲减的坏账准备。

本期内部应收账款计提的坏账准备为350元（70 000×5‰），第二个抵消分录中已冲销400元坏账准备。因此，本抵消分录将本期应收账款减少10 000元而相应减少的坏账准备冲回。

借：资产减值损失　　50

　贷：应收账款——坏账准备　　50

从坏账准备账户看，本期的调整数与本期内部应收账款计提坏账准备应抵消数相同。坏账准备的综合调整数为350（70 000×5‰），不同的是在连续编制合并财务报表时，要区分坏账准备对期初未分配利润的影响及对本期利润的影响抵消。

同样道理，在编制第三期合并财务报表时，除了将本期内部应收账款与应付账款抵消外，必须将第二期内部应收账款期末余额相应的坏账准备对本期期初未分配利润的影响全部予以抵消。然后将本期内部应收账款余额与上期应收账款余额进行比较，从而计算确定本期内部应收账款补提或冲销坏账准备的数额，将其抵消处理。

6.5.2 内部预付账款与预收账款的抵消处理

【例6－12】 母公司的预收账款5 000元中，有2 000元为预收子公司的商品款。

编制抵消分录为：

借：预收账款　　2 000

　贷：预付账款　　2 000

6.5.3 内部应收票据与应付票据的抵消处理

【例6－13】 母公司的应收票据中，有100 000元为应收子公司的销售商品款。

编制抵消分录为：

借：应付票据　　100 000

　贷：应收票据　　100 000

6.5.4 内部持有至到期投资与应付债券的抵消处理

1. 内部持有至到期投资与应付债券的抵消处理

1）抵消原理

内部的债券投资是指企业集团内部成员持有集团内的另一成员发行的债券，购买债券一方可能作为“持有至到期投资”核算，已列入其个别资产负债表中；发行债券一方作为“应付债券”核算，需要支付利息并到期还本，也已列入其个别资产负债表中。但从企业集团这一会计主体角度考虑，内部债券的购买与发行，是资金在企业集团内部各成员之间的调拨，既不会增加企业集团的长期债权投资，也不会增加企业集团的长期负债，因此编制合并财务报表时须抵消内部债券的长期债权投资和应付债券。

2）内部持有至到期投资与应付债券的数额相等

若发行债券方的发行价格和购买债券方的购买价格相等，直接抵消“持有至到期投资”和“应付债券”。

【例6－14】 子公司的应付债券400 000元中，有200 000元为其母公司所持有，母公司的“持有至到期投资”中有该子公司的债券200 000元。

编制抵消分录为；

借：应付债券　200 000

　贷：持有至到期投资　200 000

3）内部持有至到期投资与应付债券的数额不相等

若购买方持有的债券不是直接从发行债券企业购进，而是在证券市场上从第三者手中购进，这时，可能出现购买方的“持有至到期投资”数额与发行企业“应付债券”数额之间的差额。对于这种差额，编制合并财务报表时，可以作为“投资收益”处理。

【例6－15】 子公司的应付债券400 000元中，有200 000元为母公司所持有，母公司的“持有至到期投资”中有该子公司的债券230 000元。

编制抵消分录为：

借：应付债券　200 000

　　投资收益　30 000

　贷：持有至到期投资　230 000

若购买方的长期债权投资数额小于发行方的应付债券数额，则“投资收益”在抵消分录的贷方。

2. 内部利息收入和利息支出的抵消处理

1）抵消原理

企业集团内部可能发生企业之间相互提供内部信贷以及相互持有对方债券的业务。内部债券的买卖，投资企业将获得的债券利息增加了“投资收益”。发行企业将负担的债券利息，资本化部分借记“在建工程”，计入固定资产成本；费用化的部分，借记“财务费用”，计入当期损益。从企业集团这一会计主体来看，实际上相当于同一主体内部的资金调拨，但在个别利润表中，提供信贷或持有债券的一方，已将该种业务所取得的利息收入作为“投资收益”增加；接受信贷或发行债券的一方，已将支付的利息费用作为“财务费用”或“在建工程”增加。因此，在编制合并财务报表时，需要将这些重复计算的利息因素扣除，抵消分录为借记“投资收益”，贷记“在建工程”或“财务费用”。

2）抵消实务

【例6-16】 母公司的长期债权投资中包含持有子公司的债券200 000元，债券的票面利率为6%，期限3年。母公司本年获得的投资收益12 000元，子公司本期负担的利息中，计入在建工程的利息4 000元，计入财务费用的利息8 000元。

编制抵消分录如下：

借：投资收益	12 000	
贷：在建工程		4 000
财务费用		8 000

6.6 与内部购销业务有关的抵消处理

企业集团内部经常发生内部的商品购销行为，如母公司与子公司之间的商品购销、子公司与子公司之间的商品购销，这些内部的销售在编制合并财务报表时都必须做出调整。

6.6.1 内部购销业务在第一期合并财务报表中的抵消处理

从企业集团来看，集团内部企业间的商品购销活动实际上相当于内部物资的调拨，既不会实现利润，也不会增加商品价值。在内部购销活动中，销售企业已经确认收入并且计算利润；购买企业已将支付的价款（销售方的销售成本及毛利之和）作为存货的成本入账。在编制抵消分录时，根据内部购销的商品是否实现向企业集团外部销售，分为三种情况抵消处理。

1. 购买企业内部购入的商品全部实现对外部销售的抵消处理

1）抵消原理

在购买企业内部购入的商品全部实现对企业集团外部销售的情况下，实际上存货的内部交易已经终结。对于企业集团来说，该存货只实现一次销售，即向企业集团外部的销售。

实际上，对于该内部交易的存货，企业集团内部的成员核算了两次销售。第一次销售是企业集团内部的购销业务，销售方确认销售收入，结转了该存货的销售成本；购买方按购进价，即销售方的售价作为存货的入账价值。第二次销售是向企业集团外部的销售，企业集团内部交易的购进企业成为第二次销售的销售企业，其确认了销售收入，按购进价结转该存货的销售成本。

从企业集团这一会计主体来看，内部销售时，其销售并未真正实现，视同商品在企业集团内部的转移，真正实现的销售只有一次，即向企业集团外部的其他企业销售，真正实现的销售收入是向集团外部销售取得的销售收入，真正的销售成本是内部购销业务销售方结转的销售成本。因此，必须编制抵消分录抵消重复计算的内部购销业务的销售收入和对外销售的销售成本，抵消分录为借记“营业收入”项目，贷记“营业成本”项目。

2）抵消实务

【例 6－17】 母公司本期向子公司销售商品，母公司的销售价格为 20 000 元，销售毛利率为 20%。子公司本期从母公司购入的商品全部向企业集团外部实现销售，子公司的销售价格为 25 000 元，销售成本为 20 000 元，子公司的期末存货中不包括内部购入的存货价值。

编制抵消分录时，应抵消的数额为母公司的内部销售收入 20 000 元，子公司对外销售结转的销售成本 20 000 元。因为母公司的售价就是子公司的存货入账价值，两者在数额上一定相等，正好相互抵消。抵消分录如下：

借：营业收入　　20 000

　贷：营业成本　　20 000

2. 购买企业内部购入的商品全部未实现对外销售的抵消处理

1）抵消原理

从企业集团的角度看，购买企业内部购入的商品全部未实现对企业集团外部销售的情况下，商品的销售并未真正实现，只是商品在企业集团内部的转移，存放地点发生了变化。但是，在购销双方各自的会计核算中，销售方已作为销售收入入账，且结转了该商品的销售成本；购买方的存货价值中包括了内部销售中所形成的存货价值，即一部分是真正的存货成本（销售企业的存货成本），一部分是销售企业的销售毛利。从企业集团角度来看，内部的销售业务并未真正实现，存货价值中包含的这部分销售毛利也并未真正实现，将未实现的毛利称为未实现内部销售利润。

因此，在编制合并财务报表时，首先抵消销售企业未实现的内部销售收入、内部销售成本，抵消分录应借记“营业收入”，贷记“营业成本”；其次，抵消购买企业存货价值中包含的未实现内部销售利润，抵消分录借记“营业成本”，贷记“存货”。

2）抵消实务

【例 6－18】 母公司本期向子公司销售商品，销售价格 20 000 元，母公司的销售毛利率为 20%。子公司本期从母公司购入的内部商品在资产负债表日均未向企业集团外部销售，全部形成子公司的期末存货。

（1）按本期内部销售收入金额抵消内部购销业务。

借：营业收入　　20 000

　贷：营业成本　　20 000

抵消分录中，营业成本多抵消 4 000 元，在下一步抵消分录中调整。

（2）抵消本期期末存货中包含的未实现内部销售利润。

子公司期末存货中包含的未实现内部销售利润＝

购买方内部购入的留存存货的期末价值×销售方的销售毛利率＝

20 000×20%＝4 000（元）

借：营业成本　　4 000

　贷：存货　　4 000

上述两个抵消分录也可以合成一个抵消分录：

借：营业收入　　20 000

　贷：营业成本　　16 000

　　　存货　　4 000

存货的数额在合并资产负债表部分抵消，营业收入、营业成本的数额在合并利润表部分抵消。这里的抵消分录不涉及增值税的问题，因为销售企业的增值税销项税额和购货企业的增值税进项税额是相等的；对企业集团来说，应交增值税为零。而且，就税金的缴纳来说，母、子公司应分别纳税。

3. 购买企业内部购进的商品部分实现对外销售的抵消处理

1）抵消原理

对企业内部购进的商品部分实现对外销售，部分形成期末存货的情况进行抵消处理时，首先将内部购销业务的金额全部抵消，借记“营业收入”，贷记“营业成本”；其次，将期末存货包含的未实现利润抵消，借记“营业成本”，贷记“存货”。

2）抵消实务

【例 6－19】 母公司本期向子公司销售商品，销售价格为 20 000 元，母公司的销售毛利率为 20%。子公司本期从母公司购入的内部商品有一部分向企业集团外部销售，销售价格为 11 000 元，销售成本为 8 000 元，其余内部购入的 12 000 商品形成了子公司的期末存货。

（1）按内部销售收入的金额抵消内部销售业务。

借：营业收入　　20 000

　贷：营业成本　　20 000

（2）抵消期末存货价值中包含的未实现内部销售利润。

期末存货价值中包含的未实现内部销售利润＝

　　购买方内部购入的留存存货的期末价值×销售方的销售毛利率＝

　　12 000×20%＝2 400（元）

借：营业成本　　2 400

　贷：存货　　2 400

若该企业就内部购进存货已计提了存货跌价准备，也应一并予以抵消。

6.6.2 内部购销业务在连续编制合并财务报表中的抵消处理

1）抵消原理

在企业连续编制合并财务报表的情况下，若上期内部购进的商品全部实现对外销售，则企业集团的期末存货中不包含未实现的内部销售利润。在连续编制合并财务报表时，该抵消分录对上期合并财务报表的年未分配利润没有影响，因此不涉及对本期合并财务报表年初未分配利润的抵消问题。若上期购入的商品部分或全部形成期末存货，由于存货价值中包含未实现内部销售利润，使得上期合并财务报表中的期末未分配利润减少（冲销的销售收入大于销售成本的差额），而上期合并财务报表的年末未分配利润数额应与本期合并财务报表的年初未分配利润数额一致。但上期合并财务报表的年末未分配利润为经过抵消处理的不包含内部销售利润的期末利润，而本期以个别财务报表为基础计算求得的年初未分配利润是包含内部销售利润的期初利润。所以，本期合并财务报表中的年初未分配利润与上期合并财务报表中的年末未分配利润不一致。

因此，在连续编制合并财务报表时，必须将上期内部购进并全部或部分形成期末存货的情况对本期合并财务报表年初未分配利润的影响抵消。首先将上期未实现内部销售利润对本期期初未分配利润的影响予以抵消，调整本期期初未分配利润的数额，借记“未分配利润”，贷记“营业成本”；其次，对本期内部购进的存货进行抵消处理，抵消分录与第一期编制合并财务报表时相同。

2）抵消实务

【例6－20】 母公司上期向子公司销售商品20 000元，销售毛利率为20%，子公司上期购进的商品全部未实现对外销售。

本期母公司向该子公司销售商品30 000元，销售毛利率为20%。子公司本期内部购入的商品实现对外销售36 000元，销售成本为25 200元，其余内部购入的商品形成了子公司的期末存货。

(1) 将上期抵消的存货价值中包含的未实现内部销售利润对本期期初未分配利润的影响予以抵消。

由于上期购进的商品全部未实现对外销售，上期存货价值中未实现的内部销售利润为4 000（20 000×20%）元，抵消分录为：

借：未分配利润——年初　　4 000

　贷：营业成本　　4 000

“未分配利润”在借方，原因是上年存货中的内部未实现利润使上期的期末未分配利润减少4 000元，因此也相应减少本期的年初未分配利润。抵消分录的贷方是“营业成本”而不是“存货”，一是上期购入的存货在本期可能实现对外销售，不一定形成期末存货；二是假设上期的未实现利润在本期实现，将使本期的期末利润增加，冲减当期的合并销售成本。

(2) 按本期的内部销售收入抵消本期的内部销售收入与成本。

借：营业收入　　30 000

　贷：营业成本　　30 000

(3) 抵消本期期末存货价值中包含的未实现内部销售利润。

本期内部购进商品形成的期末存货价值＝

期初内部购进存货成本＋本期内部购进存货成本－本期对外销售存货成本＝

20 000＋30 000－25 200＝24 800 元

本期期末存货价值中包含的未实现内部销售利润＝

本期内部购进期末存货价值×销售方的销售毛利率＝

24 800×20%＝4 960 元

编制抵消分录为：

借：营业成本　4 960

　贷：存货　4 960

企业集团内部除商品购销业务外，包装物、低值易耗品等存货的购销采用类似的方法进行抵消处理。

6.7 与内部固定资产交易有关的抵消处理

对于企业集团内部固定资产交易，根据销售企业销售的是产品还是固定资产，分为三种类型：第一种类型是企业集团内部企业将自身的固定资产销售给其他企业作为固定资产使用；第二种类型是企业集团内部企业将自身的产品销售给其他企业作为固定资产使用；第三种类型是企业集团内部企业将自身的固定资产销售给其他企业作为产品使用。上述的第三种类型交易在实际工作中发生较少，按照编制抵消分录的重要性原则，不予考虑。编制抵消分录时只考虑第一种和第二种情况的抵消处理。

6.7.1 内部固定资产交易发生当期的抵消处理

1. 集团内部企业将自身的固定资产销售给其他企业作为固定资产使用的抵消处理

1）抵消原理

集团内部企业将固定资产销售给集团内的其他企业作为固定资产使用时，销售方处置固定资产时通过“固定资产清理”核算，且将清理固定资产的收益转入“营业外收入”，清理固定资产的损失转入“营业外支出”，销售企业已经将内部固定资产的清理净损益计入个别利润表；购入方按买价，即销售方的售价增加了“固定资产”价值，并且将其包括在个别资产负债表中的“固定资产”项目内。

从企业集团的角度考虑，这种固定资产的内部交易，只是固定资产在企业集团内部的转移，不能增加企业集团的利润，也不能增加企业集团的固定资产价值。因此，在编制合并财务报表时，要将销售方确认的未实现的内部销售利润与购买方确认的固定资产原价中包含的未实现的利润进行抵消处理，予以扣除，借记“营业外收入”，贷记“固定资产”。固定资产还涉及折旧问题，必须抵消固定资产原价中包含的未实现内部利润引起的多计提折旧的数额，借记“固定资产——累计折旧”，贷记“管理费用”等费用项目。

2）固定资产原价中包含的未实现内部销售利润的抵消处理

在这种情况下，必须抵消固定资产原价中包含的未实现内部销售利润，调整“固定资产”和“营业外收入”项目。对于双方固定资产原价上的差额，不予抵消，如买方购进固定资产当中有可能支付运费给运输部门，运费会增加买方的固定资产价值，抵消时不予考虑，只抵消固定资产原价中包括的内部未实现利润。

【例6-21】 母公司将净值为20 000元的固定资产以24 800元的售价卖给其子公司作为固定资产使用，子公司规定该固定资产的使用年限为4年，直线法折旧，预计净残值为零。当年1月份购入，当月投入管理部门使用。

该内部固定资产交易形成的未实现内部销售利润为4 800元，编制抵消分录如下：

借：营业外收入　　4 800

　贷：固定资产——原价　　4 800

3）购入当期多计提折旧数额的抵消处理

管理部门固定资产的折旧计提时，曾借记“管理费用”，贷记“累计折旧”。因此，抵消当期多计提折旧时，应借记“累计折旧”，贷记“管理费用”。

当期多计提折旧数＝固定资产的内部未实现利润/使用总月份×本年使用月份＝

4 800/48×11＝1 100（元）

编制抵消分录为：

借：固定资产——累计折旧　　1 100

　贷：管理费用　　1 100

2. 集团内部企业将自身的产品销售给其他企业作为固定资产使用的抵消处理

1）抵消原理

集团内部企业将自身的产品销售给其他企业作为固定资产使用，销售方销售产品时，按售价已经计入主营业务收入项目，且按产品成本结转了主营业务成本，并且反映在个别财务报表的相应项目中；购买方已经按购入的价格增加了“固定资产”，固定资产的增加额中包含卖方的销售利润，内部购入固定资产的价值已包括在个别资产负债表的“固定资产”项目内。

从企业集团的角度考虑，这种固定资产的内部交易，只是固定资产在企业集团内部的转移。这种固定资产内部的转移，不能增加企业集团的利润总额，也不能增加企业集团的固定资产价值总额。因此，在编制合并财务报表时，需要将销售方已确认的未实现内部销售利润与购买方确认的固定资产原价中包含的未实现销售利润进行抵消处理，予以扣除，借记“营业收入”，贷记“营业成本”与“固定资产”；固定资产还涉及折旧问题，必须抵消固定资产原价中包含的未实现利润引起的多计提折旧数额，借记“固定资产——累计折旧”，贷记“管理费用”等费用项目。

2）固定资产原价中包含的未实现内部销售利润的抵消

【例6-22】 母公司将其生产的产品销售给子公司作为固定资产使用，销售价格为60 000元，销售成本为30 000元。子公司对该固定资产按原价60 000元入账，按4年计提固定资产折旧，预计净残值为零，该固定资产于本年的1月1日投入管理部门使用。为简化折旧的计算，假设购入固定资产的第一年按12个月计提固定资产折旧。

将内部交易固定资产的内部销售收入、销售成本及固定资产原价中包含的未实现内部销售利润抵消，抵消分录为：

借：营业收入	60 000	
贷：营业成本		30 000
固定资产——原价		30 000

抵消分录中，“营业收入”、“营业成本”抵消的是销售方的收入和成本，“固定资产——原价”抵消的是购买方的固定资产中包含的未实现内部销售利润。

3）当期多计提折旧的抵消处理

编制合并财务报表时，必须将当期多计提的折旧数额予以抵消，调整累计折旧和有关的费用项目。这是因为购买企业本期是以包含未实现内部销售利润的固定资产原价作为计提折旧的依据，在相同的使用年限下，其各期计提折旧的数额必然大于不包含未实现内部销售利润时计提折旧的数额，因此要抵消处理。

当期多计提的折旧数额＝未实现的内部销售利润30 000÷4＝7 500（元）

编制抵消分录为：

借：固定资产——累计折旧	7 500	
贷：管理费用		7 500

6.7.2 内部固定资产交易使用期间的抵消处理

在企业连续编制合并财务报表时，内部交易的固定资产不仅影响本期合并财务报表编制，还会影响以后期间的合并财务报表的编制。

1. 抵消原理

首先，必须将内部交易固定资产原价中包含的未实现内部销售利润对期初未分配利润的影响数额予以抵消，调整固定资产原价与年初未分配利润的数额。这是因为以前会计期间内部交易固定资产的未实现利润已包括在销售企业的个别利润分配表中，并且作为当期期末未分配利润的一部分结转到下期个别财务报表的期初未分配利润项目，使得本期以个别财务报表为基础编制的合并财务报表的年初未分配利润项目与上期合并财务报表的年未分配利润项目不等。因此，编制本期合并财务报表时，必须将年初未分配利润中包含的未实现内部销售利润的数额抵消。同时，本期个别资产负债表的固定资产原价项目中仍然包含内部交易购进固定资产的未实现内部销售利润，也必须抵消。只要固定资产仍在正常使用，每年都要编制调整年初未分配利润的抵消分录。

其次，将以前年度会计期间累计多计提的折旧数额对期初未分配利润的影响予以抵消，调整累计折旧和年初未分配利润的数额。由于内部未实现利润的存在，一方面该固定资产在以前年度多计提折旧，增加了本期个别财务报表期初累计折旧数额；另一方面由于企业折旧费用的增加，使企业期末未分配利润减少，使得个别财务报表的期初未分配利润减少。因此，在以后年度要将这种影响抵消，调减累计折旧，调增年初未分配利润。抵消后，该内部交易固定资产以前会计期间的累计折旧恢复到以不包含未实现销售利润的原价为基础计提的累计折旧数额，本期合并财务报表的期初未分配利润与上年合并财务报表的期末未分配利润相等。只要固定资产仍在正常使用，每年都要编制借记“固定资产——累计折旧”，贷记“未分配利润”的抵消分录，金额为以前年度多计提折旧的累计数。

最后，将内部交易固定资产在本期使用并多计提的折旧费用予以抵消，调整累计折旧和有关费用科目的数额。由于本期固定资产仍在正常使用，个别财务报表中也是以包含内部未实现利润的固定资产原价为基础计提的折旧，因此必须抵消本期多计提的折旧费用。

2. 抵消实务

假设例6－22中的固定资产在第二年、第三年仍在正常使用，编制企业集团第二年、第三年的合并财务报表时，需要编制如下和内部交易固定资产有关的抵消分录。

1）企业第二年的抵消分录

（1）抵消固定资产原价中包含的未实现内部销售利润对期初未分配利润的影响。

将内部交易固定资产原价中含有的未实现内部销售利润30 000元抵消，并相应调减期初未分配利润。

借：未分配利润——年初　　30 000
　贷：固定资产——原价　　30 000

（2）抵消以前年度累计多计提折旧数额对期初未分配利润的影响。

将第一年内部交易固定资产多计提的折旧7 500元抵消，相应调增期初未分配利润。

借：固定资产——累计折旧　　7 500
　贷：未分配利润——年初　　7 500

（3）抵消本期多计提的固定资产折旧数额。

本期多计提折旧的计算方法与第一年相同，仍为7 500元。

借：固定资产——累计折旧　　7 500
　贷：管理费用　　7 500

2）企业第三年的抵消分录

同样道理，第三年编制合并财务报表时，需要编制如下抵消分录。

（1）抵消固定资产原价中包含的未实现内部销售利润对期初未分配利润的影响。

借：未分配利润——年初　30 000
　贷：固定资产——原价　30 000

（2）抵消以前年度累计多计提折旧数额对期初未分配利润的影响。

企业第一年与第二年的累计多计提折旧之和为 15 000 元。

借：固定资产——累计折旧　15 000
　贷：未分配利润——年初　15 000

（3）抵消本期多计提的固定资产折旧数额。

借：固定资产——累计折旧　7 500
　贷：管理费用　7 500

6.7.3 内部固定资产交易清理期间的抵消处理

固定资产清理可能出现三种情况：一是期满清理，二是超期清理，三是提前清理。编制合并财务报表时，应当根据具体情况进行抵消处理。

1. 内部固定资产交易期满清理的抵消处理

1）抵消原理

随着内部交易固定资产使用期满，对购买企业来说，本期固定资产转入清理，本期内部交易的“固定资产”和“累计折旧”数额已经冲销，通过“固定资产清理”科目核算，且将清理损益转入“营业外收入”或“营业外支出”，固定资产原价中包含的未实现内部销售利润也转化为本期的已实现利润。由于本期个别财务报表的期初未分配利润中仍然含有内部固定资产交易的未实现利润与以前年度累计多计提折旧的影响数额，因此也必须抵消其对期初未分配利润的影响数。

首先，将固定资产交易未实现内部销售利润对期初未分配利润的影响调整，抵消分录为借记“未分配利润”，贷记“营业外收入”。因为该内部交易的“固定资产”项目在进行会计核算时已经冲销，并且随着“固定资产清理”项目转入营业外收支项目。

其次，将以前年度累计多计提折旧对期初未分配利润的影响调整，抵消分录为借记“营业外收入”，贷记“未分配利润”。因为该内部交易的“累计折旧”项目在进行会计核算时已经冲销，并且随着“固定资产清理”项目转入营业外收支项目。

最后，在固定资产清理的会计期间，对于当期使用固定资产多计提的折旧费用应予抵消，调整“营业外收入”与“管理费用”等有关费用项目。

2）抵消实务

假设例 6 - 22 中的固定资产，企业在第四年固定资产使用期满后清理报废，清理时实现清理净收益 5 000 元，在其个别利润表中以“营业外收入”列示净收益。

编制合并财务报表时，第四年应编制如下抵消分录。

（1）抵消未实现内部销售利润对期初未分配利润的影响。

借：未分配利润——年初　　30 000

　贷：营业外收入　　30 000

（2）抵消以前年度累计多计提折旧对期初未分配利润的影响。

企业第一年至第三年累计多计提折旧 = 7 500 × 3 = 22 500 元

借：营业外收入　　22 500

　贷：未分配利润——年初　　22 500

（3）抵消当期使用固定资产多计提的折旧费用。

借：营业外收入　　7 500

　贷：管理费用　　7 500

由于固定资产的内部未实现利润与累计多计提折旧的总额相等，以上三笔抵消分录也可以合并成一笔抵消分录：

借：未分配利润——年初　　7 500

　贷：管理费用　　7 500

其中，“营业外收入”项目借、贷方相抵为零。实际上，四年累计多计提折旧的和就是固定资产内部交易的内部未实现利润数额。

2. 内部固定资产交易超期清理的抵消处理

1）抵消原理

对于超期使用的内部交易的固定资产，其抵消分为两种情况。

一是内部交易的固定资产超期使用，但未进行清理前会计期间的合并财务报表，由于该固定资产仍处于使用中，且在购买企业的财务报表中列示，需要进行有关的抵消处理。抵消时，先将固定资产原价中包含的未实现内部销售利润予以抵消，调整期初未分配利润；其次，由于期初累计折旧仍然包括内部交易以前年度累计多计提的折旧数，必须将多计提的累计折旧调整期初未分配利润的数额。由于超期使用的固定资产不计提折旧，超期使用期间，自然不涉及抵消多计提折旧的问题。

二是对于清理当期的合并财务报表，由于内部交易固定资产已经清理，实物已不存在，固定资产与累计折旧已经随着固定资产的清理而核销，超期使用的固定资产也不计提折旧。因此，对于该内部交易的固定资产不需要进行抵消处理。

2）抵消实务

假设例 6－22 中的固定资产，由于使用状态良好，企业在第五年仍继续使用，尚未报废。

企业在编制第五年的合并财务报表时，需要做如下抵消处理。

（1）抵消内部交易固定资产原价中包含的未实现内部销售利润 30 000 元，并且相应调减期初未分配利润。

借：未分配利润——年初　　30 000

贷：固定资产——原价 30 000

（2）抵消以前会计期间内部交易固定资产累计多计提的折旧 30 000 元，并且相应调增期初未分配利润。

借：固定资产——累计折旧 30 000

贷：未分配利润——年初 30 000

假设上述固定资产在第六年报废，在编制第六年的合并财务报表时，不需要进行抵消处理。

3. 内部固定资产交易期限未满提前清理的抵消处理

1）抵消原理

在这种情况下的抵消分录，与内部交易固定资产期满清理的抵消分录基本相同。由于固定资产的实体已不复存在，抵消分录中不涉及固定资产及累计折旧，仍然用“营业外收入”处理。

进行抵消处理时，一是抵消内部交易固定资产原价中包含的未实现内部销售利润对期初未分配利润影响；二是抵消以前会计期间累计多计提的折旧金额对期初未分配利润的影响；三是抵消本期多计提的折旧数额。

2）抵消实务

假设例 6 - 22 中的固定资产，由于不能继续使用，在第三年末对该固定资产进行清理，清理净收益 10 000 元。

在编制第三年的合并财务报表时，需要做如下抵消处理。

（1）抵消内部交易固定资产原价中包含的未实现内部销售利润。

借：未分配利润——年初 30 000

贷：营业外收入 30 000

（2）抵消以前会计期间累计多计提的折旧金额。

企业第一年至第二年累计多计提折旧 = 7 500 × 2 = 15 000 元。

借：营业外收入 15 000

贷：未分配利润——年初 15 000

（3）抵消当期使用固定资产多计提的折旧费用。

借：营业外收入 7 500

贷：管理费用 7 500

内部无形资产交易的抵消，与内部固定资产交易的抵消类似。无形资产的抵消也包括无形资产的入账价值中包含的内部未实现利润的抵消，同样涉及在无形资产使用期间多摊销数额的抵消。无形资产的抵消方法可以比照固定资产的抵消进行，涉及的具体抵消项目应结合企业集团内部成员会计核算时的会计科目。

6.8 合并资产负债表、合并利润表编制的实务

在实际操作中，编制合并财务报表的抵消分录时，很难将合并资产负债表、合并利润表及合并所有者权益变动表的抵消分录严格分开编制，一般可按照6.4、6.5、6.6、6.7节的内容进行编制。本节涉及的合并财务报表编制实例，主要说明同时编制合并资产负债表、合并利润表的编制实务。

6.8.1 编制合并财务报表的会计资料

【例6－23】宁河集团由母公司和一家子公司组成，主要从事产品的生产和销售。乙公司为其所属的唯一非全资子公司，母公司拥有该子公司80%的权益性资本投资。

1. 母公司与子公司的个别财务报表

母、子公司个别财务报表只列示编制财务报表当年的期末数，在同一张报表中列示。个别资产负债表见表6－6，个别利润表见表6－7。假设母公司对子公司的投资已按权益法进行调整。

表6－6 资产负债表

编制单位： 2007年12月31日 单位：万元

资　　产	母公司	子公司	负债和所有者权益（或股东权益）	母公司	子公司
流动资产：			流动负债：		
货币资金	3 000	2 000	短期借款	2 500	1 500
交易性金融资产	1 800	1 200	交易性金融负债	0	0
应收票据	2 000	1 300	应付票据	3 000	2 500
应收账款	2 985	995	应付账款	5 000	2 000
预付账款	1 100	1 000	预收账款	2 000	500
应收利息	0	0	应付职工薪酬	2 185	1 095
应收股利	0	0	应交税费	0	0
其他应收款	0	0	应付利息	0	0
存货	5 200	6 100	应付股利	0	0
一年内到期的非流动资产	0	0	其他应付款	1 000	0
其他流动资产	0	0	一年内到期的非流动负债	0	0
流动资产合计	16 085	12 595	其他流动负债	0	0
非流动资产：			流动负债合计	15 685	7 595
可供出售金融资产	0	0	非流动负债：		

续表

资　产	母公司	子公司	负债和所有者权益（或股东权益）	母公司	子公司
持有至到期投资	2 000	0	长期借款	3 000	1 000
长期应收款	0	0	应付债券	4 000	3 000
长期股权投资	9 000	0	长期应付款	1 000	0
投资性房地产	0	0	专项应付款	0	0
固定资产	12 000	4 000	预计负债	0	0
在建工程	7 000	5 000	递延所得税负债	0	0
工程物资	0	0	其他非流动负债	0	0
固定资产清理	0	0	非流动负债合计	8 000	4 000
生产性生物资产	0	0	负债合计	23 685	11 595
油气资产	0	0	所得有权益（或股东权益）：		
无形资产	1 250	0	股本	10 000	6 000
开发支出	0	0	资本公积	5 000	1 200
商誉	0	0	减：库存股	0	0
长期待摊费用	1 350	0	盈余公积	6 000	1 500
递延所得税资产	0	0	未分配利润	4 000	1 300
其他非流动资产	0	0	所有者权益（或股东权益）合计	25 000	10 000
非流动资产合计	32 600	9 000			
资产总计	48 685	21 595	负债和所有者权益（或股东权益）合计	48 685	21 595

表 6－7　利润表

编制单位：　　2007 年　　单位：万元

项　目	母公司	子公司
一、营业收入	26 000	16 500
减：营业成本	16 000	11 000
营业税金及附加	800	400
销售费用	1 200	800
管理费用	780	385
财务费用	300	200
资产减值损失	20	15
加：公允价值变动收益（损失以“－”号填列）	0	0
投资收益（损失以“－”号填列）	2 200	0
其中：对联营企业和合营企业的投资收益	0	0

续表

项　　目	母公司	子公司
二、营业利润（亏损以“－”填列）	9 100	3700
加：营业外收入	400	600
减：营业外支出	500	600
其中：非流动资产处置损失	0	0
三、利润总额（亏损总额以“－”填列）	9 000	3 700
减：所得税费用	3 000	1 200
四、净利润（净亏损以“－”填列）	6 000	2 500
五、每股收益		
（一）基本每股收益	略	略
（二）稀释每股收益		

2. 母公司与子公司有关交易情况

（1）母公司对子公司按权益法调整后的权益性资本投资的数额为 9 000 万元。

（2）母公司本期从子公司取得内部投资收益 2 000 万元。子公司本期年初未分配利润 800 万元，本期提取盈余公积 500 万元，向投资者分配现金股利 1 500 万元，年末未分配利润 1 300 万元。

（3）母公司将其固定资产销售给子公司作固定资产使用，销售价格为 500 万元，固定资产的账面价值为 400 万元（假设本期未计提固定资产折旧）。

（4）母公司应收账款 3 000 万元中，有 1 500 万元为应收子公司的款项。母公司的坏账损失采用应收账款余额百分比法计提，提取比例为 5‰。

（5）母公司的预收账款 2 000 万元中，有 1 000 万元为子公司的预付账款。

（6）母公司的应收票据 2 000 万元中，有 1 000 万元为子公司的应付票据。

（7）子公司的应付债券 3 000 万元中，有 2 000 万元为母公司所持有，作为“持有至到期投资”核算。

（8）母公司因持有子公司 2 000 万元的债券投资，当期从子公司取得利息收入为 200 万元，子公司计提的利息计入财务费用科目。

（9）母公司本期向子公司销售产品 400 万元，母公司的销售毛利率为 10%，对于该批内部购入的存货，子公司已售出企业集团外部 100 万元，销售价格为 120 万元，其余内部购入的 300 万元形成子公司的期末存货。

6.8.2　编制合并财务报表的具体操作

按照编制合并财务报表的步骤，设计合并财务报表工作底稿，将个别资产负债表、个别利润表的数字过入合并工作底稿，并计算出各报表项目的合计数。

1. 编制抵消分录

根据企业集团内部的经济业务，同时依据母公司、子公司的个别财务报表，编制抵消分录抵消企业集团内部的经济业务。抵消分录的金额单位为万元，抵消分录的编号与企业集团内部经济业务的编号相同。

（1）抵消母公司对子公司的权益性资本投资项目与子公司的所有者权益各项目。

母公司拥有的子公司所有者权益的份额 =10 000×80% =8 000（万元）

“商誉”数额 =9 000 -8 000 =1 000（万元）

少数股东权益 =10 000×20% =2 000（万元）

借：股本	6 000	
资本公积	1 200	
盈余公积	1 500	
未分配利润——年末	1 300	
商誉	1 000	
贷：长期股权投资		9 000
少数股东权益		2 000

（2）抵消母公司的内部投资收益项目与子公司的利润分配各项目。

少数股东损益 =2 500×20% =500（万元）

借：投资收益	2 000	
少数股东损益	500	
未分配利润——年初	800	
贷：提取盈余公积		500
对所有者（股东）的分配		1 500
未分配利润——年末		1 300

（3）抵消固定资产原价中包含的内部未实现销售利润

借：营业外收入	100	
贷：固定资产——原价		100

（4）抵消内部应收账款与应付账款及其影响的坏账准备数额

借：应付账款	1 500	
贷：应收账款		1 500

同时，因内部应收账款减少而应减少的坏账准备数额为7.5万元（1 500万元×5‰）。

借：应收账款——坏账准备	7.5	
贷：资产减值损失		7.5

（5）抵消内部预收账款与预付账款

借：预收账款　　　　1 000
　贷：预付账款　　　　1 000

（6）抵消内部应收票据与应付票据

借：应付票据　　　　1 000
　贷：应收票据　　　　1 000

（7）抵消内部应付债券与持有至到期投资

借：应付债券　　　　2 000
　贷：持有至到期投资　　　　2 000

（8）抵消内部利息收入与利息支出

借：投资收益　　　　200
　贷：财务费用　　　　200

（9）抵消内部销售收入及子公司期末存货中包含的内部未实现销售利润

借：营业收入　　　　400
　贷：营业成本　　　　400
借：营业成本　　　　30
　贷：存货　　　　30

2. 填列合并工作底稿

将抵消分录中的数字过入合并工作底稿的抵消分录的借方、贷方栏，并计算各财务报表项目的“合并数”。合并工作底稿中，抵消分录栏的数字序号与抵消分录的序号一致。合并工作底稿见表 6－8。

表 6－8　合并工作底稿

单位：万元

项　目	母公司	子公司	合计数	抵消分录		少数股东权益	合并数
				借方	贷方		
（利润表）							
营业收入	26 000	16 500	42 500	（9）400			42 100
营业成本	16 000	11 000	27 000	（9）30	（9）400		26 630
营业税金及附加	800	400	1 200				1 200
销售费用	1 200	800	2 000				2 000
管理费用	780	385	1 165				1 165
财务费用	300	200	500		（8）200		300
资产减值损失	20	15	35		（4）7.5		27.5
投资收益	2 200	0	2 200	（8）200 （2）2 000			0
营业利润	9 100	3 700	12 800	2 630	607.5		10 777.5

续表

项　　目	母公司	子公司	合计数	抵消分录		少数股东权益	合并数
				借方	贷方		
营业外收入	400	600	1 000	(3) 100			900
营业外支出	500	600	1 100				1 100
利润总额	9 000	3 700	12 700	2 730	607.5		10 577.5
所得税费用	3 000	1 200	4 200				4 200
净利润	6 000	2 500	8 500	2 730	607.5		6 377.50
少数股东损益						(2) 500	500
归属于母公司所有的净利润							5 877.50
（资产负债表项目）							
流动资产							
货币资金	3 000	2 000	5 000				5 000
交易性金融资产	1 800	1 200	3 000				3 000
应收票据	2 000	1 300	3 300		(6) 1 000		2 300
应收账款	2 985	995	3 980	(4) 7.5	(4) 1 500		2 487.5
预付账款	1 100	1 000	2 100		(5) 1 000		1 100
存货	5 200	6 100	11 300		(9) 30		11 270
长期股权投资	9 000	0	9 000		(1) 9 000		0
持有至到期投资	2 000	0	2 000		(7) 2 000		0
商誉				(1) 1 000			1 000
固定资产	12 000	4 000	16 000		(3) 100		15 900
在建工程	7 000	5 000	12 000				12 000
无形资产	1 250	0	1 250				1 250
长期待摊费用	1 350	0	1 350				1 350
资产合计	48 685	21 595	70 280	1 007.5	14 630		56 657.5
流动负债：							
短期借款	2 500	1 500	4 000				4 000
应付票据	3 000	2 500	5 500	(6) 1 000			4 500
应付账款	5 000	2 000	7 000	(4) 1 500			5 500
预收账款	2 000	500	2 500	(5) 1 000			1 500
其他应付款	1 000	0	1 000				1 000
应付职工薪酬	2 185	1 095	3 280				3 280
非流动负债：							
长期借款	3 000	1 000	4 000				4 000
应付债券	4 000	3 000	7 000	(7) 2 000			5 000
长期应付款	1 000	0	1 000				1 000
负债合计	23 685	11 595	35 280	5 500			29 780

续表

项　　目	母公司	子公司	合计数	抵消分录		少数股东权益	合并数
				借方	贷方		
所有者权益：							
股本	10 000	6 000	16 000	(1) 6 000			10 000
资本公积	5 000	1 200	6 200	(1) 1 200			5 000
盈余公积	6 000	1 500	7 500	(1) 1 500			6 000
未分配利润*	4 000	1 300	5 300	(1) 1 300 (2) 800 2 730*	(2) 1 300 (2) 500 (2) 1 500 607.5*	500	3 877.5
所有者权益合计	25 000	10 000	35 000	13 530	3 907.5	500	24 877.5
少数股东权益						(1) 2 000	2 000
负债和所有者权益合计	48 685	21 595	70 280	19 030	3 907.5	1 500	56 657.5

*“未分配利润”的抵消分录栏，实际工作中来自合并所有者权益变动表。本栏中的 2 730、607.5 均来自本合并工作底稿利润表部分“净利润”项目的抵消数。

*本例的抵消分录中涉及合并所有者权益变动表的项目，在合并所有者权益变动表的工作底稿中抵消。

3. 编制合并财务报表

根据合并工作底稿中计算得出的合并数，填列合并资产负债表、合并利润表。

编制完成的合并资产负债表见表 6－1，合并利润表见表 6－2。

合并所有者权益变动表的编制方法有两种。第一种方法与合并资产负债表、合并利润表的编制步骤相同，即以母公司和子公司的所有者权益变动表为基础，在抵消母公司与子公司、子公司相互之间发生的内部交易对合并所有者权益变动表的影响后，由母公司合并编制。抵消的内容包括母公司对子公司的长期股权投资与母公司在子公司所有者权益中所享有的份额相互抵消；各子公司之间的长期股权投资及子公司对母公司的长期股权投资，应将长期股权投资与其对应的子公司或母公司所有者权益中所享有的份额相互抵消；母公司对子公司、子公司相互之间持有对方长期股权投资的投资收益应当抵消；母公司与子公司、子公司相互之间发生的其他内部交易对所有者权益变动的影响应当抵消，抵消分录基本是本章前面几节中的抵消分录，不用单独处理。第二种方法是合并所有者权益变动表也可以根据合并资产负债表和合并利润表所列示的有关数据进行编制。

6.9　合并现金流量表编制的原理与实务

合并现金流量表是综合反映母公司及其子公司形成的企业集团，在一定会计期间现金流入数量、现金流出数量及其增减变动情况的财务报表。我国要求各企业按期编制本企业的现金流量表；对于企业集团，则要编制合并现金流量表。

合并现金流量表也是从经营活动产生的现金流量，投资活动产生的现金流量，筹资活动产生的现金流量三方面反映企业集团的现金情况。与个别现金流量表相比，当纳入合并范围的子公司为非全资子公司的情况下，涉及子公司与少数股东之间发生的现金流入和现金流出问题。为了便于母公司的股东、债权人等投资者了解掌握其现金流量的情况，有必要将其与子公司少数股东之间发生的现金流入和现金流出的情况单独予以反映，即在筹资活动产生的现金流量中加入相关的项目。

6.9.1 合并现金流量表的编制方法

从理论上讲，合并现金流量表的编制方法有两种：一种是以合并资产负债表和合并利润表为基础，采用与编制个别现金流量表相同的方法编制合并现金流量表；另一种方法是以母公司和纳入合并范围的子公司的个别现金流量表为基础，通过编制抵消分录，将母公司和纳入合并范围的子公司及子公司相互之间发生的经济业务对个别现金流量表中现金流量的影响予以抵消，从而编制企业集团的合并现金流量表。

以合并资产负债表和合并利润表为基础编制合并现金流量表的方法，合并现金流量表的编制受到合并资产负债表、合并利润表编制进度的影响，且要调整母、子公司内部及相互之间复杂的经济业务，工作量大，对合并现金流量表的准确性影响很大，一般很少采用。

以个别现金流量表为基础编制合并现金流量表的方法，只需编制抵消分录，按合并后的数额编制合并现金流量表即可，现在被广泛采用。在采用此种方法时，其编制原理、编制方法、编制程序与合并资产负债表、合并利润表的编制原理、编制方法、编制程序基本相同。首先编制合并现金流量表工作底稿，将母公司和子公司个别现金流量表各项目的数据全部过入工作底稿；然后根据当期母公司与子公司以及子公司相互之间发生的影响其现金流量增减变动的经济业务，编制相应的抵消分录，通过抵消分录将个别现金流量表中重复反映的现金流入数量和现金流出数量予以抵消；最后，计算出合并现金流量表各项目的合并数，并填列合并现金流量表。

6.9.2 编制合并现金流量表的会计资料

【例 6－24】 宁河集团由母公司及一家非全资子公司组成，母公司拥有该子公司 80% 的权益性资本。

1. 个别现金流量表

母、子公司的个别现金流量表的资料见表 6－9。

表 6－9　现金流量表

编制单位：　　　　2007 年　　　　单位：万元

项　目	母 公 司	子 公 司
一、经营活动产生的现金流量		
销售商品、提供劳务收到的现金	7 057	742
收到的税费返还	49	0
收到的其他与经营活动有关的现金	28	4
经营活动现金流入小计	7 134	746
购买商品、接受劳务支付的现金	4 710	519
支付给职工以及为职工支付的现金	599	100
支付的各项税费	78	5
支付的其他与经营活动有关的现金	438	48
经营活动现金流出小计	5 825	672
经营活动产生的现金流量净额	1 309	74
二、投资活动产生的现金流量		
收回投资收到的现金	21	2
取得投资收益收到的现金	12	0
处置固定资产、无形资产和其他长期资产收回的现金净额	176	6
处置子公司和其他营业单位收到的现金净额	0	0
收到的其他与投资活动有关的现金	42	0
投资活动现金流入小计	251	8
购建固定资产、无形资产和其他长期资产支付的现金	239	35
投资支付的现金	380	0
取得子公司和其他营业单位支付的现金净额	0	0
支付的其他与投资活动有关的现金	29	0
投资活动现金流出小计	648	35
投资活动产生的现金流量净额	－397	－27
三、筹资活动产生的现金流量		
吸收投资所收到的现金	0	130
取得借款收到的现金	1 855	320
收到其他与筹资活动有关的现金	0	0
筹资活动现金流入小计	1 855	450
偿还债务支付的现金	1 700	280
分配股利、利润或偿付利息所支付的现金	369	25
支付的其他与筹资活动有关的现金	0	0
筹资活动现金流出小计	2 069	305
筹资活动产生的现金流量净额	－214	145
四、汇率变动对现金及现金等价物的影响额	0	0
五、现金及现金等价物净增加额	698	192
加：期初现金及现金等价物余额	2 302	1 808
六、期末现金及现金等价物余额	3 000	2 000

2. 母公司和子公司的内部交易事项

（1）母公司本期对子公司进行权益性投资的数额为200万元，其中以固定资产投资100万元，以现金投资100万元。

（2）母公司本期从子公司分得现金股利12万元。

（3）母公司销售给子公司产品，共以现金收取价款10万元及增值税1.7万元。该产品子公司均未售出，形成期末存货。

3. 少数股东权益的内容

（1）子公司本年度内吸收少数股东以现金投入的权益性投资30万元。

（2）子公司本年度内向少数股东支付现金股利2万元。

6.9.3 编制合并现金流量表的具体步骤

1. 设计合并工作底稿

合并现金流量表工作底稿的格式与编制合并资产负债表、合并利润表的工作底稿格式基本相同，只是这里的项目是现金流量表的各项目。同时，将子公司与少数股东之间发生的现金流入和现金流出的情况在筹资活动中单独予以反映。现金流量表工作底稿设计完成后，将母公司、子公司的个别现金流量表的数字过入合并工作底稿的相应栏目，算出合计数。

合并现金流量表工作底稿见表6－10。

表6－10 合并现金流量表工作底稿

单位：万元

项　目	母公司	子公司	合计数	抵消分录		合并数
				借方	贷方	
一、经营活动产生的现金流量：						
销售商品、提供劳务收到的现金	7 057	742	7 799		（3）11.7	7 787.3
收到的税费返还	49	0	49			49
收到的其他与经营活动有关的现金	28	4	32			32
现金流入合计	7 134	746	7 880		11.7	7 868.3
购买商品、接受劳务支付的现金	4 710	519	5 229	（3）11.7		5 217.3
支付给职工以及为职工支付的现金	599	100	699			699
支付的各项税费	78	5	83			83
支付的其他与经营活动有关的现金	438	48	486			486
经营活动现金流出小计	5 825	672	6 497	11.7		6 485.3
经营活动产生的现金流量净额	1 309	74	1 383	11.7	11.7	1 383
二、投资活动产生的现金流量			0			0
收回投资收到的现金	21	2	23			23
取得投资收益收到的现金	12	0	12		（2）12	0

续表

项　　目	母公司	子公司	合计数	抵消分录		合并数
				借方	贷方	
处置固定资产、无形资产和其他长期资产收回的现金净额	176	6	182			182
处置子公司和其他营业单位收到的现金净额	0	0	0			0
收到的其他与投资活动有关的现金	42	0	42			42
投资活动现金流入小计	251	8	259		12	247
购建固定资产、无形资产和其他长期资产支付的现金	239	35	274			274
投资支付的现金	380	0	380	（1）100		280
取得子公司和其他营业单位支付的现金净额	0	0	0			0
支付的其他与投资活动有关的现金	29	0	29			29
投资活动现金流出小计	648	35	683	100		583
投资活动产生的现金流量净额	−397	−27	−424	100	12	−336
三、筹资活动产生的现金流量			0			0
吸收投资收到的现金	0	130	130		（1）100	30
其中：子公司吸收少数股东权益性投资收到的现金						30
借款收到的现金	1 855	320	2 175			2 175
收到其他与筹资活动有关的现金	0	0	0			0
筹资活动现金流入小计	1 855	450	2 305		100	2 205
偿还债务支付的现金	1 700	280	1 980			1 980
分配股利、利润或偿付利息支付的现金	369	25	394	（2）12		382
其中：子公司支付少数股东的现金股利						2
支付的其他与筹资活动有关的现金	0	0	0			0
筹资活动现金流出小计	2 069	305	2 374	12		2 362
筹资活动产生的现金流量净额	−214	145	−69	12	100	−157
四、汇率变动对现金及现金等价物的影响额	0	0	0			0
五、现金及现金等价物净增加额	698	192	890	123.7	123.7	890
加：期初现金及现金等价物余额	2 302	1 808	4 110			4 110
六、期末现金及现金等价物余额	3 000	2 000	5 000			5 000

2. 处理公司内部交易事项

公司内部交易中的现金流入和现金流出，都包括在个别现金流量表的有关的现金项目。在编制合并现金流量表时，要把母公司和纳入合并范围的子公司作为一个整体看待，企业集团内部交易中的现金流量，只是现金的存放位置发生了变化；对企业集团来讲，没有引起现金流量的变化，并非实质意义上的现金流转。因此，在编制现金流量表时，应对涉及现金的内部交易事项进行相应调整。在编制内部交易的抵消分录时，可用个别现金流量表中的项目直接进行调整。其中，现金流入各项目借方表示增加，贷方表示减少；现金流出各项目借方表示减少，贷方表示增加。下列抵消分录中的数字以万元为单位。

1）母公司以现金对子公司权益性投资的抵消

在个别现金流量表中，母公司以现金对子公司权益性投资业务，母公司已经增加现金流出中的“投资支付的现金”项目100万元，子公司已经增加现金流入中的“吸收投资收到的现金”100万元。因此，在编制合并现金流量表时应予抵消，抵消分录为：

借：投资支付的现金　　100

　贷：吸收投资收到的现金　　100

2）母公司从子公司分得现金股利的抵消

在个别现金流量表中，母公司从子公司分得现金股利业务，母公司已经增加现金流入中的“取得投资收益收到的现金”项目12万元，子公司已经增加现金流出中的“分配股利、利润或偿付利息支付的现金”项目12万元。因此，在编制合并现金流量表时应予抵消，抵消分录为：

借：分配股利、利润或偿付利息支付的现金　　12

　贷：取得投资收益收到的现金　　12

3）母公司与子公司以现金收付的内部交易业务的抵消

在个别现金流量表中，母公司销售给子公司产品收取现金11.7万元的业务，母公司已增加现金流入中的“销售商品、提供劳务收到的现金”项目11.7万元，子公司已增加现金流出中的“购买商品、接受劳务支付的现金”项目11.7万元。因此，在编制合并现金流量表时应予以抵消，抵消分录为：

借：购买商品、接受劳务支付的现金　　11.7

　贷：销售商品、提供劳务收到的现金　　11.7

若企业发生其他需调整的内部交易事项，其处理方法相同。

4）处理少数股东权益

对于少数股东权益的处理方法是在合并现金流量表的“筹资活动中产生的现金流量”下增设的相应项目中单独反映，无需编制抵消分录，只需列入合并工作底稿中调整后的合并数项目下即可。

3. 计算合并现金流量表各项目的合并数

将编制完成的抵消分录过入表6-10，并计算出各项目的合并数。

现金流入各项目的合并数 = 该项目的合计数 + 该项目抵消分录的借方 - 该项目抵消分录的贷方

现金流出各项目的合并数 = 该项目的合计数 - 该项目抵消分录的借方 + 该项目抵消分录的贷方

4. 编制合并现金流量表

根据表6-10中的合并数填列合并现金流量表，编制完成的合并现金流量表见表6-3。

思考与练习

1. 与个别财务报表相比，合并财务报表有哪些特点？

2. 合并财务报表的合并范围如何确定？

3. 如何理解合并财务报表的编制原则？

4. 合并工作底稿中的合并数栏的数字如何计算？

5. 在连续编制合并财务报表时，有哪些项目需要调整本年合并财务报表的年初未分配利润？

6. 母公司需要编制2007年度的合并财务报表，其纳入合并范围的子公司有A公司。母公司拥有A公司60%的权益性资本，母公司、A公司2007年的有关数据见表6－11。

表6－11 个别财务报表数据 单位：元

项目	母公司	A公司
净利润	400 000	200 000
年初未分配利润	20 000	30 000
提取盈余公积	60 000	30 000
应付股利	180 000	150 000
长期股权投资：	580 000	0
其中：对A公司的股权投资	400 000	0
实收资本	500 000	300 000
资本公积	120 000	80 000
盈余公积	200 000	70 000
未分配利润	180 000	50 000

要求：

母公司编制2007年度的合并财务报表时，编制与长期股权投资有关的抵消分录。

7. 母公司和子公司均采用应收账款余额百分比法计提坏账准备，坏账准备的计提比例为5‰，母子公司内部交易的经济业务如下。

（1）2006年母公司的应收账款中，有应收子公司的款项240 000元。

（2）2007年母公司的应收账款中，有应收子公司的款项280 000元。

（3）母公司的长期债权投资中，有购买子公司发行的债券，子公司的发行价格为300 000元，母公司从证券市场购入的价格为320 000元。

（4）子公司本期确认计入损益的内部应付债券利息18 000元。

要求：

母公司编制 2007 年度的合并财务报表时，编制与上述内部债权债务有关的抵消分录。

8. 企业集团发生下列内部购销业务。

（1）2006 年子公司从母公司购入货物，母公司的销售价格为 100 000 元，销售商品的毛利率为 30%；该内部购入的商品，子公司向企业集团外部销售 60%，售价为 80 000 元，其余形成子公司的期末存货。

（2）2007 年该子公司又从母公司购入货物 20 000 元，母公司的销售毛利率为 30%，该货物均形成子公司的期末存货。

要求：

母公司编制 2006 年度、2007 年度的合并财务报表时，应编制哪些与内部购销业务有关的抵消分录。

9. 母公司 2004 年 2 月 2 日从其拥有 60% 股份的子公司购进其生产的设备一台。子公司销售该产品的价款为 120 000 元，销售毛利率为 30%，母公司共支付价款及增值税、各项税费 150 000 元，该设备于 2004 年 5 月 20 日交付管理部门使用。母公司采用直线法计提该固定资产折旧，该设备使用期限为 3 年，不考虑净残值。

要求：

（1）假定该设备在使用期满时进行清理，编制 2004 年、2005 年、2006 年、2007 年合并财务报表中有关购买、使用、设备期满的抵消分录；

（2）假设该设备于 2006 年 5 月 10 日提前进行清理，在清理中发生清理费 50 000 元，设备变价收入 74 000 元，编制 2006 年合并财务报表中设备提前清理的抵消分录。

第7章 财务报表附注及说明

【学习目标】

☑ 掌握会计政策变更对财务报表的影响。
☑ 掌握关联方交易对财务报表的影响。
☑ 掌握或有负债对财务报表的影响。

附注是财务报表的重要组成部分。企业应当按照规定披露附注信息，主要包括下列内容。

（1）企业的基本情况。

① 企业注册地、组织形式和总部地址。

② 企业的业务性质和主要经营活动。

③ 母公司及集团最终的名称。

④ 财务报告的批准报出者和财务报告批准报出日。

（2）财务报表的编制基础。

（3）遵循企业会计准则的声明。

企业应当声明编制的财务报表符合企业会计准则的要求，真实、完整地反映了企业的财务状况、经营成果和现金流量等有关信息。

（4）重要会计政策和会计估计。

企业应当披露采用的重要会计政策和会计估计，不重要的会计政策和会计估计可以不披露。在披露重要会计政策和会计估计时，应当披露重要会计政策的确定依据和财务报表项目的计量基础，以及会计估计中所采用的关键假设和不确定因素。

（5）会计政策和会计估计变更及差错更正的说明。

企业应当按照《企业会计准则第28号——会计政策、会计估计变更和差错更正》及其应用指南的规定，披露会计政策和会计估计变更及差错更正的有关情况。

（6）报表重要项目的说明。

企业对报表重要项目的说明应当按照资产负债表、利润表、现金流量表、所有者权益变动表及其项目列示的顺序，采用文字和数字描述相结合的方式进行披露。报表重要项目的明细金额合计应当与报表项目金额相衔接。

7.1 会计政策、会计估计和前期差错

7.1.1 会计政策及其变更

1. 会计政策的概念

会计政策是指企业在会计确认、计量和报告中所采用的原则、基础和会计处理方法。企业采用的会计计量基础（也称会计计量属性）也属于会计政策。

2. 会计政策具有的特点

企业会计政策的选择和运用具有如下特点。

（1）企业应在国家统一的会计制度规定的会计政策范围内选择适用的会计政策。随着市场经济的发展，企业的经济业务日趋复杂和多样化，某些经济业务可以有多种会计处理方法。例如，《企业会计准则第1号——存货》规定，企业应当采用先进先出法、加权平均法或个别计价法确定发出存货的实际成本。企业在发生某项经济业务时，必须从允许选用的会计原则、基础和会计处理方法中选择适合本企业实际情况的会计政策。

在国家统一的会计制度规定的会计政策范围内，企业具体选用会计政策时，一般应结合自身情况，选择最恰当的会计政策来反映其财务状况和经营成果。会计政策的选择应考虑谨慎、实质重于形式和重要性三个方面，并且不能超出国家统一的会计制度所允许选用的会计政策范围。

（2）会计政策涉及会计原则、会计基础和具体的会计处理方法。会计原则有一般原则和特定原则。会计政策所指的会计原则是指某一类会计业务的核算所应遵循的特定原则，而不是笼统地指所有的会计原则。例如，借款费用是费用化还是资本化，即属于特定会计原则。在我国，企业发生的借款费用可直接归属于符合资本化条件资产的，应当予以资本化，计入相关资产成本；其他借款费用应当在发生时根据其发生额确认为费用，计入当期损益。客观性、及时性、实质重于形式等属于会计信息质量的要求，是为了满足会计信息质量要求而制定的原则，是统一的、不可选择的，不属于特定原则。

会计基础主要是指会计确认基础和会计计量基础。从会计实务的角度看，可供选择的会

计确认基础有权责发生制和收付实现制。在我国，企业应当采用权责发生制作为会计确认基础。会计计量基础主要包括历史成本、重置成本、可变现净值、现值和公允价值等。企业在进行会计核算时，应当按照国家统一的会计制度选择和使用会计基础。

具体的会计处理方法是指企业根据国家统一的会计制度允许选择的、对某一类会计业务的具体处理方法做出的具体选择。例如，《企业会计准则第 4 号——固定资产》允许企业在年限平均法、工作量法、双倍余额递减法和年数总和法之间进行固定资产折旧方法的选择，这些方法就是具体的会计处理方法。

（3）企业所采用的会计政策是企业进行会计核算的基础。企业在国家统一的会计制度允许选择的会计政策中选择适用的具体会计原则、会计基础和会计处理方法是企业进行会计核算的基础。例如，采用实际成本核算存货的领用和发出的企业，对于发出或销售的存货如果选择采用先进先出法确定其实际成本，则应按照先进先出法确定销售成本进行会计核算。

（4）会计政策应当保持前后各期的一致性。会计信息使用者需要比较前期的会计信息，以判断企业的财务状况、经营成果和现金流量的趋势，因此企业通常应在每期采用相同的会计政策，即企业在进行会计核算时，应当以会计信息质量特征为指导，根据选择的具体会计原则、会计基础和会计处理方法进行确认、计量和报告。企业选用的会计政策一般情况下不能也不应当随意变更，以保持会计信息的可比性。

（5）实务中某项交易或者事项的会计处理。具体准则或《企业会计准则——应用指南》未做规范的，应当根据《企业会计准则——基本准则》规定的原则、基础和方法进行处理，待做出具体规定时，从其规定。企业在会计核算中所采用的会计政策，通常应在报表附注中加以披露，需要披露的会计政策项目主要有以下几项。

① 财务报表的编制基础、计量基础和会计政策的确定依据等。

② 合并政策，即编制合并财务报表所采纳的原则。例如，母公司与子公司的会计年度不一致的处理原则、合并范围的确定原则、母公司和子公司所采用会计政策不一致时的处理原则等。

③ 外币折算，即外币折算所采用的方法及汇兑损益的处理。例如，外币报表折算是采用现行汇率法，还是采用时态法或其他方法；发生的外币业务汇兑损益是计入发生当期的费用，还是资本化计入所购建固定资产的成本。

④ 收入的确认，即收入确认的原则。例如，建造合同是按完成合同法确认收入，还是按完工百分比法或其他方法确认收入。

⑤ 存货的计价，即企业存货的计价方法。例如，企业发出和领用的存货是采用先进先出法，还是采用国家统一的会计制度所允许的其他计价方法；存货的期末计价是采用历史成本法，还是采用成本与可变现净值孰低法。

⑥ 长期股权投资的核算，即长期股权投资的具体会计处理方法。例如，企业对被投资单位的长期股权投资是采用成本法，还是采用权益法核算。

⑦坏账损失的核算，即坏账损失的具体会计处理方法。例如，企业的坏账损失是采用直

接转销法，还是采用备抵法进行核算。

⑧ 借款费用的处理，即借款费用的处理方法，是采用资本化，还是采用费用化。

3. 会计政策变更的概念

会计政策变更是指企业对相同的交易或者事项由原来采用的会计政策改用另一会计政策的行为。为保证会计信息的可比性，使财务报告使用者在比较企业两个以上期间的财务报表时能够正确判断企业的财务状况、经营成果和现金流量的趋势，一般情况下，企业在不同的会计期间应采用相同的会计政策，不应也不能随意变更会计政策；否则，势必削弱会计信息的可比性，使财务报告使用者在比较企业的经营成果时发生困难。

企业不能随意变更会计政策并不意味着企业的会计政策在任何情况下均不能变更。《企业会计准则——基本准则》规定，企业提供的会计信息应当具有可比性。同一企业不同时期发生的相同或者相似的交易或者事项，应当采用一致的会计政策，不得随意变更。确需变更的，应当在附注中说明。不同企业发生的相同或相似的交易或者事项，应当采用规定的会计政策，确保会计信息口径一致，相互可比。

4. 会计政策变更的条件

会计政策变更并不意味着以前期间的会计政策是错误的，只是由于情况发生了变化，或者掌握了新的信息、积累了更多的经验，使得变更会计政策能够更好地反映企业的财务状况、经营成果和现金流量。如果前期会计政策的选择和运用是错误的，则属于前期差错，应按前期差错更正的会计处理方法进行处理。

符合下列条件之一，企业可以变更会计政策。

（1）法律、行政法规或国家统一的会计制度等要求变更。这种情况是指，按照法律、行政法规及国家统一的会计制度的规定，要求企业采用新的会计政策。在这种情况下，企业应按规定改变原会计政策，采用新的会计政策。例如，《企业会计准则第16号——政府补助》发布实施以后，对政府补助的确认、计量和相关信息的披露应采用新的会计政策；再如，实施《企业会计准则第8号——资产减值》的企业，对固定资产、无形资产等计提的资产减值准备不得转回。

（2）会计政策的变更能够提供更可靠、更相关的会计信息。由于经济环境、客观情况的改变，使企业原来采用的会计政策所提供的会计信息已不能恰当地反映、企业的财务状况、经营成果和现金流量等情况。在这种情况下，应改变原有会计政策，按新的会计政策进行核算，以对外提供更可靠、更相关的会计信息。

需要注意的是，除法律、行政法规或者国家统一的会计制度等要求变更会计政策应当按照规定执行和披露外，企业因满足上述条件变更会计政策时，必须有充分、合理的证据表明其变更的合理性，并说明变更会计政策后能够提供关于企业财务状况、经营成果和现金流量等更可靠、更相关会计信息的理由。

下列情况不属于会计政策变更。

（1）本期发生的交易或事项与以前相比具有本质差别而采用新的会计政策。例如，某企业以往租入的设备均为临时需要而租入的，企业按经营租赁会计处理方法核算，但自本年度起租入的设备均采用融资租赁方式，则该企业自本年度起对新租赁的设备采用融资租赁会计处理方法核算。由于经营租赁和融资租赁有着本质差别，因而改变会计政策不属于会计政策的变更。

（2）对初次发生的或不重要的交易或事项采用新的会计政策。例如，某企业原在生产经营过程中使用少量的低值易耗品，并且价值较低，故企业于领用低值易耗品时一次计入费用；该企业于近期转产，生产新的产品，所需低值易耗品比较多，且价值较大，企业对领用的低值易耗品处理方法改为分期摊销的方法，分摊计入费用。该企业改变低值易耗品处理方法后，对损益的影响并不大，并且低值易耗品通常在企业生产经营中所占的费用比例并不大，属于不重要的事项，因而这项会计政策改变不属于会计政策的变更。

5. 会计政策变更的会计处理

（1）企业依据法律、行政法规或者国家统一的会计制度等的要求变更会计政策的，应当按照国家相关规定执行。

（2）会计政策变更能够提供更可靠、更相关的会计信息的，应当采用追溯调整法处理，将会计政策变更累积影响数调整至前期最早的留存收益，其他相关项目的期初余额和前期披露的其他比较数据也应当一并调整。

追溯调整法是指对某项交易或事项变更会计政策，视同该项交易或事项初次发生时即采用变更后的会计政策，并以此对财务报表相关项目进行调整的方法。

（3）确定会计政策变更对列报前期影响数不切实可行的，应当从可追溯调整的最早期间期初开始应用变更后的会计政策。在当期期初确定会计政策变更对以前各期累积影响数不切实可行的，应当采用未来适用法处理。

未来适用法是指将变更后的会计政策应用于变更日及以后发生的交易或事项，或者在会计估计变更当期和未来期间确认会计估计变更影响数的方法。

6. 会计政策变更在会计报表附注中的披露

企业应当在附注中披露与会计政策变更有关的下列信息。

（1）会计政策变更的性质、内容和原因。

（2）当期和各个列报前期财务报表中受影响的项目名称和调整余额。

（3）无法进行追溯调整的，说明该事实和原因及开始应用变更后的会计政策的时点、具体应用情况。

7.1.2 会计估计及其变更

1. 会计估计的概念

会计估计是指企业对其结果不确定的交易或事项以最近可利用的信息为基础所作的判

断。会计估计具有以下特点。

（1）会计估计的存在是由于经济活动中内在的不确定性因素的影响。在会计核算中，企业总是力求保持会计核算的准确性，但有些交易或事项本身具有不确定性，因而需要根据经验做出估计；同时，采用权责发生制原则编制财务报表这一事项本身也使得有必要充分估计未来交易或事项的影响。可以说，在会计核算和信息披露过程中，会计估计是不可避免的。例如，估计固定资产折旧年限和净残值需要根据固定资产消耗方式、性能、技术发展等情况进行估计。会计估计的存在是由于经济活动中内在的不确定性因素的影响所造成的。

（2）会计估计应当以最近可利用的信息或资料为基础。由于经营活动内在的不确定性，企业在会计核算中不得不经常进行估计。某些估计主要用于确定资产或负债的账面价值，例如经济诉讼可能引起的赔偿等；另一些估计主要用于确定将在某一期间记录的收益或费用的金额，例如某一期间的折旧、摊销费用的金额、在某一期间内采用完工百分比法核算长期建造合同已获取收益的金额，等等。企业在进行会计估计时，通常应根据当时的情况和经验，以最近可利用的信息或资料为基础进行。但是，随着时间的推移、环境的变化，进行会计估计的基础可能会发生变化，因此进行会计估计所依据的信息或资料不得不经常发生变化。由于最新的信息是最接近目标的信息，所以以其为基础所做的估计最接近实际。

（3）进行会计估计并不会削弱会计核算的可靠性。进行合理的会计估计是会计核算中必不可少的部分，它不会削弱会计核算的可靠性。企业为了定期、及时地提供有用的会计信息，将延续不断的经营活动人为划分为一定的期间，并在权责发生制的基础上对企业的财务状况和经营成果进行定期确认和计量。例如，在会计分期的情况下，许多企业的交易跨越若干会计年度，以至于需要在一定程度上做出决定：哪些费用可以在利润表中作为当期费用处理，哪些费用应当递延至以后各期等。由于存在会计分期和货币计量的前提，在确认和计量过程中，不得不对许多尚在延续中、其结果不确定的交易或事项予以估计入账。但是，估计是建立在具有确凿证据的前提下，而不是随意的。例如，企业在估计固定资产预计使用年限的，应当考虑该项固定资产的技术性能、历史资料、同行业同类固定资产的预计使用年限、本企业经营性质等诸多因素，并掌握确凿证据后确定。企业根据当时所掌握的可靠证据做出的最佳估计不会削弱会计核算的可靠性。

下列各项属于常见的需要进行估计的项目：① 坏账；② 存货遭受毁损、全部或部分陈旧过时；③ 固定资产的耐用年限与净残值；④ 无形资产的受益期；⑤ 或有事项中的估计；⑥ 收入确认中的估计；等等。

2. 会计估计变更的概念

会计估计变更是指由于资产和负债的当前状况及预期经济利益和义务发生了变化，从而对资产或负债的账面价值或者资产的定期消耗金额进行调整。

通常情况下，企业可能由于以下原因而发生会计估计变更。

（1）赖以进行估计的基础发生了变化。企业进行会计估计时，总是依赖于一定的基础，如果其所依赖的基础发生了变化，则会计估计也应相应做出改变。

【例7-1】 企业某项无形资产的摊销年限原定为10年，以后发生的情况表明，该资产的受益年限已不足10年，则应相应调减摊销年限。

（2）取得了新的信息，积累了更多的经验。企业进行会计估计是就现有资料对未来所做的判断，随着时间的推移，企业有可能取得新的信息、积累更多的经验，在这种情况下，也需要对会计估计进行修订。

【例7-2】 企业原对固定资产采用年限平均法按15年计提折旧，后来根据新得到的信息——固定资产经济使用寿命不足15年，只有10年，企业改按10年采用年限平均法计提固定资产折旧。

3. 会计估计变更的会计处理

会计估计变更应采用未来适用法处理，即在会计估计变更当期及以后期间，采用新的会计估计，不改变以前期间的会计估计，也不调整以前期间的报告结果。

（1）如果会计估计的变更仅影响变更当期，有关估计变更的影响应于当期确认。

【例7-3】 企业原按应收账款余额的5%提取坏账准备，由于本年度企业不能收回应收账款的比例已达10%，则企业本年末改按应收账款余额的10%提取坏账准备。这类会计估计的变更，只影响变更当期，因此应于变更当期确认。

（2）如果会计估计的变更既影响变更当期又影响未来期间，有关估计变更的影响在当期及以后各期确认。

【例7-4】 一项固定资产原值10万，预计有效使用年限10年，现发现该资产有效使用年限为8年，所以应变更当期及资产以后使用年限内各个期间的折旧费用。这类会计估计的变更应于变更当期及以后各期确认。

会计估计变更的影响数应计入变更当期与前期相同的项目中。为了保证不同期间的财务报表具有可比性，会计估计变更的影响如果以前包括在企业日常活动的损益中，则以后也应包括在相应的损益类项目中；如果会计估计变更的影响数以前包括在特殊项目中，则以后也应作为特殊项目反应。

（3）企业难以对某项变更区分为会计政策变更或会计估计变更的，应当将其作为会计估计变更处理。

【例7-5】 某企业固定资产采用直线法计提折旧，预计使用年限为15年，从某年年初起改用按双倍余额递减法计提折旧，预计使用年限为10年。

对于这一事项如果从会计政策变更角度考虑，固定资产折旧方法由直线法改为双倍余额递减法，属于会计政策变更；但从预计使用年限的变更看，属于会计估计变更。在这种情况下，如果不易区别是会计政策变更，还是会计估计变更，按企业会计准则规定视为会计估计变更，按会计估计变更的会计处理方法进行处理。

4. 会计估计变更在财务报表附注中的披露

对于会计估计变更，企业除按前文所述进行处理外，还应在财务报表附注中披露如下与会计估计变更有关的事项。

(1) 会计估计变更的内容和理由，包括变更的内容、变更日期及为什么要变更会计估计。

(2) 会计估计变更的影响数，包括会计估计变更对当期损益的影响金额及对其他各项目的影响金额。如果会计估计变更的影响数不易确定，则需要说明理由。

(3) 会计估计变更的影响数不能确定的，披露这一事实和原因。

7.1.3 前期差错更正

1. 前期差错的概念

前期差错是指由于没有运用或错误运用下列两种信息而对前期财务报表造成省略或错报。

(1) 编报前期财务报表时预期能够取得并加以考虑的可靠信息。

(2) 前期财务报告批准报出时能够取得的可靠信息。

前期差错通常包括以下几个方面。

(1) 计算错误。例如企业本期应计提折旧5 000元，但由于计算出现差错，得出错误数据为4 500元。

(2) 应用会计政策错误。

【例7-6】企业向银行借款50万元，期限为3年，用于建在仓库一座，仓库建造期为1年。

按照企业会计准则规定，为购建固定资产而发生的借款费用，在固定资产达到预定可使用状态前发生的，应予资本化，计入所购建固定资产的成本，即第一年的借款利息计入仓库建造成本；在固定资产达到预定可使用状态后发生的，计入当期损益，第二、三年的借款利息计入财务费用。如果企业仓库完工后发生的借款利息也计入该项固定资产的价值，予以资本化，则属于采用法律、行政法规或者国家统一的会计制度等所不允许的会计政策。

(3) 疏忽或曲解事实及舞弊产生的影响。例如，企业对某项建造合同应按建造合同规定的方法确认营业收入，但该企业按确认商品销售收入的原则确认收入。又如，企业销售一批商品，商品已经发出，开出增值税专用发票，商品销售收入确认条件均已满足，但企业在期末时未将已实现的销售收入入账。

(4) 存货、固定资产盘盈等。例如，企业本期期末对财产进行清查盘点时，出现存货盘盈3 000万元、固定资产盘盈5 000万元，分别占企业当年末存货和固定资产余额的10%以上。

2. 前期差错更正的会计处理

为了保证经营活动的正常进行，企业应当建立健全内部稽核制度，保证会计资料的真实、合法和完整。但是，在日常会计核算中也可能因各种原因造成前期差错，如抄写差错、对事实的疏忽和误解及对会计政策的误用。企业发现前期差错时，应当根据差错的性质及时纠正。

（1）企业应当采用追溯重述法更正重要的前期差错，但确定前期差错累积影响数不切实可行的除外。

追溯重述法是指在发现前期差错时，视同该项前期差错从未发生过，从而对财务报表的相关项目进行更正的方法。追溯重述法的会计处理与追溯调整法相同。对于不重要的前期差错，可以采用未来适用法更正。前期差错的重要程度应根据差错的性质和金额加以具体判断。

（2）确定前期差错影响数不切实可行的，可以从可追溯重述的最早期间开始调整留存收益的期初余额，财务报表其他相关项目的期初余额也应当一并调整，也可以采用未来适用法。

（3）企业应当在重要的前期差错发现当期的财务报表中调整前期比较数据。

3. 前期差错更正在财务报表附注中的披露

企业应当在附注中披露与前期差错更正有关的下列信息：

（1）前期差错的性质；

（2）各个列报前期财务报表中受影响的项目名称和更正金额；

（3）无法进行追溯重述的，说明该事实和原因及对前期差错开始进行更正的时点、具体更正情况。

7.2　关联方关系及交易

7.2.1　关联方关系及其披露

1. 关联方关系的认定

一方控制、共同控制另一方或对另一方施加重大影响，以及两方或两方以上同受一方控制、共同控制或重大影响的，构成关联方。关联方关系则指有关联的各方之间的关系。其中，控制是指有权决定一个企业的财务和经营政策，并能据以从该企业的经营活动中获取利益。

关联方关系的存在是以控制、共同控制或重大影响为前提条件的。在判断是否存在关联方关系时，应当遵循实质重于形式的原则。从一个企业的角度出发，与其存在关联方关系的各方如下。

（1）该企业的母公司，不仅包括直接或间接地控制该企业的其他企业，也包括能够对该企业实施直接或间接控制的部门、单位等。

① 某一个企业直接控制一个或多个企业。例如，母公司控制一个或若干个子公司，则母公司与子公司之间存在关联方关系。

② 某一个企业通过一个或若干中间企业间接控制一个或多个企业。例如，母公司通过其子公司，间接控制子公司的子公司，表明母公司与其子公司的子公司存在关联方关系。

③ 一个企业直接地和通过一个或若干中间企业间接地控制一个或多个企业。例如，母公司对某一企业的投资虽然没有达到控股的程度，但由于其子公司也拥有该企业的股份或权益，如果母公司与其子公司对该企业的投资之和达到拥有该企业一半以上表决权资本的控制权，则母公司直接和间接地控制该企业，表明母公司与该企业之间存在关联方关系。

（2）该企业的子公司，包括直接或间接地被该企业控制的其他企业，也包括直接或间接地被该企业控制的部门、单位等。因为两个或多个企业有相同的母公司，对它们都具有控制能力，即如果两个或多个企业有相同的母公司，它们的财务和经营政策都由相同的母公司决定，各个被投资企业之间由于同受相同母公司的控制，可能为自身利益而进行的交易受到某种限制。因此，与该企业受同一母公司控制的两个或多个企业之间构成关联方关系。

（3）与该企业受同一个企业共同控制的其他企业。由于有同一共同控制企业的存在，导致两个或多个企业的财务和经营政策受该企业共同控制，因此与该企业受同一个企业共同控制的两个或多个企业之间构成关联方关系。

【例7-7】A公司和B公司共同控制C公司，同时A公司和D公司共同控制E公司，由于C公司和E公司同时受A公司的共同控制，因此C公司和E公司之间构成关联方关系。

（4）与该企业受同一个企业重大影响的其他企业。

【例7-8】A公司对B公司有重大影响，同时A公司对C公司也有重大影响，因此B公司和C公司之间构成关联方关系。

（5）对该企业实施共同控制的投资方。对企业实施直接或间接共同控制的投资方与该企业之间是关联方关系，但这些投资方之间并不能仅仅因为共同控制了同一家企业而视为存在关联方关系。

【例7-9】A、B、C三个企业共同控制D企业，从而A和D、B和D及C和D成为关联方关系。如果不存在其他关联方关系，A和B、A和C及B和C之间不构成关联方关系。

（6）对该企业施加重大影响的投资方。

（7）该企业的合营企业。合营企业是以共同控制为前提的，两方或多方共同控制某一企业时，该企业则为投资者的合营企业。

【例7-10】A、B、C、D企业各占E企业有表决权资本的25%，按照合同规定，投资各方按照出资比例控制E企业。由于出资比例相同，E企业由A、B、C、D企业共同控制。在这种情况下，A和E、B和E、C和E及D和E之间构成关联方关系。

（8）该企业的联营企业。联营企业和重大影响是相联系的，如果投资者能对被投资企业施加重大影响，则该被投资企业视为投资者的联营企业。

（9）该企业的主要投资者个人及与其关系密切的家庭成员。主要投资者个人是指能够控制、共同控制一个企业或者对一个企业施加重大影响的个人投资者。

① 某一企业与其主要投资者个人之间的关系。

【例7-11】张三是A企业的主要投资者，则A企业与张三构成关联方关系。

② 某一企业与其主要投资者个人关系密切的家庭成员之间的关系。

【例7-12】A企业的主要投资者张三的儿子与A企业构成关联方关系。

（10）该企业或其母公司的关键管理人员及与其关系密切的家庭成员。关键管理人员是指有权力并负责计划、指挥和控制企业活动的人员。通常情况下，企业关键管理人员负责管理企业的日常经营活动，并且负责制定经营计划、战略目标、指挥调度生产经营活动等，主要包括董事长、董事、总经理、总会计师、财务总监、主管各项事务的副总经理及行使类似政策职能的人员等。与主要投资者个人或关键管理人员关系密切的家庭成员是指在处理与企业的交易时可能影响该个人或受该个人影响的家庭成员，例如父母、配偶、兄弟、姐妹和子女等。

① 某一企业与其关键管理人员之间的关系。

【例7-13】A企业的总经理与A企业构成关联方关系。

② 某一企业与其关键管理人员关系密切的家庭成员之间的关系。

【例7-14】A企业的总经理张三的儿子与A企业构成关联方关系。

（11）该企业主要投资者个人、关键管理人员或与其关系密切的家庭成员控制、共同控制或施加重大影响的其他企业。对于这类关联方，应当根据主要投资者个人、关键管理人员或与其关系密切的家庭成员对两家企业的实际影响力具体分析判断。

① 某一企业与受该企业主要投资者个人直接控制的其他企业之间的关系。

【例7-15】A企业的主要投资者H拥有B企业60%的表决权资本，则A和B存在关联方关系。

② 某一企业与受该企业主要投资者个人关系密切的家庭成员直接控制的其他企业之间的关系。

【例7-16】A企业的主要投资者H的妻子拥有B企业60%的表决权资本，则A和B存在关联方关系。

③ 某一企业与受该企业关键管理人员直接控制的其他企业之间的关系。

【例7-17】A企业的关键管理人员H控制了B企业，则A和B存在关联方关系。

④ 某一企业与受该企业关键管理人员关系密切的家庭成员直接控制的其他企业之间的关系。

【例7-18】A企业的财务总监H的妻子是B企业的董事长，则A和B存在关联方关系。

2. 不构成关联方关系的情况

（1）与该企业发生日常往来的资金提供者、公用事业部门、政府部门和机构，以及与该企业发生大量交易而存在经济依存关系的单个客户、供应商、特许商、经销商和代理商之间，不构成关联方关系。

(2) 与该企业共同控制合营企业的合营者之间，通常不构成关联方关系。因为，如果两个企业按照合同分享一个合营企业的控制权，某个企业单方面无法做出合营企业的经营和财务的决策，而合营企业是一个独立的法人，合营方各自对合营企业有重大影响，但双方无法影响对方。在没有其他关联关系的情况下，仅因为共同投资不能认定两方是关联方。

(3) 仅仅同受国家控制而不存在其他关联方关系的企业，不构成关联方关系。

3. 与关联方相关的几个概念

1) 控制

控制是指有权决定一个企业的财务和经营政策，并能从该企业的经营活动中获取利益。

(1) 控制具有以下特点。

① 决定一个企业的财务和经营政策是控制的主要标志。在一个企业的日常经营活动中，确定经营方针、谋划经营策略、掌握资金调度和财务政策是至关重要的。当一个企业或个人能够决定某个企业的财务和经营政策，则可认为该企业或个人能够控制这个企业。

② 获取经济利益是控制的主要目的。一个企业或个人控制另一企业的主要目的是为了获取一定的经济利益。比如，通过使用被控制方的专有技术，获得超额收益。又如，通过一方控制另一方或多方，形成产供销一体化等。

(2) 控制可以采取不同的途径，主要有以下 3 个途径。

① 以所有权方式达到控制的目的，是指一方拥有另一方半数以上表决权资本，包括直接控制、间接控制、直接和间接控制。

② 以所有权和其他方式达到控制的目的，是指一方拥有另一方表决权资本的比例虽然不超过半数，但通过其拥有的表决权资本和其他方式达到控制，主要包括：通过与其他投资者的协议，拥有另一方半数以上表决权资本的控制权；根据章程或协议，有权控制另一方的财务和经营政策；有权任免董事会等类似权力机构的多数成员；在董事会或类似权力机构会议上有半数以上投票权。

③ 以法律或协议形式达到控制的目的，是指一方虽然不拥有另一方表决权资本的控制权，但通过法律或协议形式实质上能够控制另一方的财务和经营政策，即不具有投资关系，但通过法律或协议形式达到控制目的。如企业承包一家无投资关系，也无其他关联方关系的企业，则承包企业通过协议（承包合同）达到实际上能够控制被承包企业的目的。

2) 共同控制

共同控制是指按合同约定对某项经济活动所共有的控制。

共同控制的基本特征如下。

(1) 两方或多方共同决定某项经济活动的财务和经营政策，合营中的任何一方都不能单方面做出决定。

(2) 共同控制的基本方式是：合营各方存在投资关系，合营各方所持表决权资本的比例相同，并按合同约定共同控制；或者合营各方存在投资关系，合营各方虽然所持表决权资本的比例不同，但按合同约定共同控制。

(3) 共同控制是以合营合同来约束的。

3) 重大影响

重大影响是指对一个企业的财务和经营政策有参与决策的权力，但并不决定这些政策。参与决策的途径主要包括：在董事会或类似的权力机构中派有代表；参与政策的制定过程；互相交换管理人员；使其他企业依赖于本企业的技术资料等。当一方拥有另一方 20% 或以上至 50% 表决权资本，或者一方虽然只拥有另一方 20% 以下表决权资本，但实际上具有参与财务和经营决策的能力，一般认为对另一方具有重大影响。

4. 关联方关系的披露要求

关联方关系披露的原则如下。

(1) 当关联方之间存在控制和被控制关系时，无论关联方之间有无交易，均应在财务报表附注中披露如下资料。

① 企业经济性质或类型、名称、法定代表人、注册地、注册资本及其变化。这里的“注册资本”应当披露年初数、本年增加数、本年减少数和年末数。

② 企业的主营业务。这里的“企业的主营业务”主要是指按照营业执照上注明的主营业务内容披露。

③ 所持股份或权益及其变化。这里的“所持股份或权益及其变化”应当披露金额和所持股份或权益的比例，并要求披露年初数、本年增加数、本年减少数和年末数。

(2) 当存在共同控制、重大影响时，在没有发生交易的情况下，可以不披露关联方关系；在发生交易时，应当披露关联方关系的性质。这里的“关联方关系的性质”是指关联方与本企业的关系，即关联方为本企业的子公司、合营企业、联营企业、主要投资者个人、关键管理人员、主要投资者个人或关键管理人员关系密切的家庭成员等。

7.2.2　关联方交易及其披露

1. 关联方交易

关联方交易是指在关联方之间转移资源或义务的事项，而不论是否收取价款。这一定义的要求有以下 3 个方面。

(1) 按照关联方定义，构成关联方关系的企业之间、企业与个人之间的交易，即通常是在关联方关系已经存在的情况下，关联各方之间的交易。

(2) 资源或义务的转移是关联方交易的主要特征，通常情况下，在资源或义务转移的同时，风险和报酬也相应转移。

(3) 关联方之间资源或义务的转移价格是了解关联方交易的关键。关联方交易通常来说能在一般商业条款中使参与双方受益。一般商业条款是指那些交易双方合理受益的商业条款。但在某些情况下，关联方交易是为了使交易的一方受益而进行的，例如，某一公司的董事可能影响销售给他本人的一项资产的价格，使之低于市价；或一项关联方交易是为减少企业由于另一国家税收或关联而引起的财务负担而设计的。

会计上确认资源或义务的转移通常是以风险和报酬的转移为依据，并以各方同意的价格为计量单位。关联方在确定价格时可能有一定程度的弹性，而在非关联方之间的交易中则没有这种弹性，非关联方之间的价格往往是公平价格。国家会计准则提供了关联方交易价格确定的一些例子，如可比不可控价格、转售价格、成本加利润法等。但在有些情况下，如果不存在关联方之间的关系，交易就不会发生，如子公司销售给母公司的产品按照成本计价，因为如果母公司不买这些产品，子公司的产品可能就没有买主。在这种情况下，关联方之间的交易采取按成本计价的方法。在另外一些情况下，关联方之间的交易采取不计价的方法，例如免费提供管理服务等。

在企业日常商业活动中，交易价格通常由交易各方协商确定（除国家对部分商品有特殊定价政策外），企业应当在财务报表附注中披露交易时的定价政策和定价方法，如关联交易定价按出厂价、批发价、合同价确定等。

2. 关联方交易的类型

在存在关联方关系的情况下，关联方之间发生的交易为关联方交易，关联方的交易类型主要有以下几种。

（1）购买或销售商品。购买或销售商品是关联方交易较常见的交易事项。例如，企业集团成员企业之间互相购买或销售商品，便形成关联方交易。

（2）购买或销售除商品以外的其他资产，例如母公司出售给其子公司设备或建筑物等。

（3）提供或接受劳务。

【例7－19】A企业是B企业的联营企业，A企业专门从事设备维修服务，B企业的所有设备均由A企业负责维修，B企业每年支付设备维修费用300万元，该维修服务构成A企业与B企业之间的关联方交易。

（4）担保。担保包括在借贷、买卖、货物运输、加工承揽等经济活动中，为了保障其债权实现而实行的担保等。当存在关联方关系时，一方往往为另一方提供为取得借款、买卖等经济活动所需要的担保。

（5）提供资金（贷款或股权投资）。例如企业从其关联方取得资金，或权益性资金在关联方之间的增减变动等。

（6）租赁。租赁通常包括经营租赁和融资租赁等，关联方之间进行的租赁也是主要的交易事项。

（7）代理。代理主要是依据合同条款，一方可为另一方代理某些事务，如代理销售货物或代理签订合同等。

（8）研究与开发项目的转移。在存在关联方关系时，有时某一企业所研究与开发的项目会由于一方的要求而放弃或转移给其他企业。

【例7－20】B公司是A公司的子公司，A公司要求B公司停止对某一新产品的研究和试制，并将B公司研究的现有成果转给A公司最近购买的、研究和开发能力超过B公司的

C公司继续研制，从而B公司与C公司形成关联方交易。

(9) 许可协议。当存在关联方关系时，关联方之间可能达成某项协议，允许一方使用另一方商标等，从而形成了关联方交易。

(10) 代表企业或由企业代表另一方进行债务结算。

(11) 关键管理人员薪酬。企业支付给关键管理人员的报酬也是一项主要的关联方交易。

3. 关联方交易的披露

(1) 企业无论是否发生关联方交易，均应当在附注中披露与该企业之间存在直接控制关系的母公司和子公司的有关信息。

① 母公司和子公司的名称。母公司不是该企业最终控制方的，还应当披露最终控制方的名称。母公司和最终控制方均不对外提供财务报表的，还应当披露母公司之上与其最相近的对外提供财务报表的母公司的名称。

② 母公司和子公司的业务性质、注册地、注册资本（或实收资本、股本）及其变化。

③ 母公司对该企业或者该企业对子公司的持股比例和表决权比例。

(2) 企业与关联方发生关联方交易的，应当在附注中披露该关联方关系的性质、交易类型及交易要素。

关联方关系的性质是指关联方与该企业的关系，即关联方是该企业的子公司、合营企业、联营企业等；交易类型通常包括购买或销售商品、购买或销售商品以外的其他资产、提供或接受劳务、担保、提供资金（贷款或股权投资）、租赁、代理、研究与开发项目的转移、许可协议、代表企业或由企业代表另一方进行债务结算等；交易要素至少应当包括：交易的金额；未结算项目的金额、条款和条件，以及有关提供或取得担保的信息；未结算应收项目坏账准备金额；定价政策。

在不影响财务报表阅读者正确理解关联方交易对财务报表影响的情况下，类型相似的关联方交易可以合并披露。

(3) 企业只有在提供确凿证据的前提下，才能披露关联方交易是公平交易。

在实务工作中，关联方关系及其交易的披露，还需注意以下几个问题。

① 充分披露关联方关系及其交易，增加会计信息的真实性和完整性。从国际、国内情况看，一些企业，特别是上市公司，为了向投资者提供好的业绩，或出于其他目的，往往利用财务会计报告提供虚假信息，其中，利用关联方交易就是重要手段之一。因此，对关联方交易的充分、真实披露，有助于财务会计报告使用者了解关联方交易的实质、企业对关联方交易的依赖程度，可以在一定程度上杜绝虚假关联方交易，为进一步提高会计信息质量提供保证。

② 遵循关联方关系的判断标准，正确确认和计量关联方交易。正确判断关联方关系是否存在是正确实施企业会计准则的关键。在运用这项判断标准时，控制、共同控制和重大影响应当视关系的实质，而不仅仅是持股比例。在运用关联方关系是否存在的判断标准时，应当遵循实质重于形式原则，结合各项因素加以综合考虑。在某些情况下，表面上看似乎不存

在关联方交易，但实质上却是一种关联方交易，只是这种交易以其他形式出现。在确定存在关联方关系后，对于关联方交易还应当审视其是否符合会计的确认和计量标准。关联方交易是以资源或义务的转移为主要特征的，并随着资源或义务的转移，相关的风险和报酬也相应转移。另外，在判断各方是否存在关联方关系时，不能简单地理解关联方的判断标准，而应当遵循实质重于形式和重要性原则，对涉及的各方关系应当透过现象看本质。同时，对于关联方交易的实质及结果还应当运用会计核算原则，加以正确的确认和计量。

③ 充分披露关联方交易的定价政策，增强关联方交易价格的透明度。关联方之间资源或义务的转移价格是了解关联方交易的关键。充分披露关联方之间的定价政策或者交易价格，有助于财务会计报告使用者充分了解关联方交易对企业财务状况、经营成果和现金流量的影响程度，以及关联各方受益的具体情况。此外，在某些情况下，关联方之间的交易采取不计价的方法，例如免费提供管理服务、劳务运输等。由于关联方关系的存在，关联方交易价格的公允性往往成为人们关注的焦点。交易价格的公允性通常是在“公平交易”基础上形成的，即在交易各方互相了解、自由的、不受各方之间任何关系影响的基础上商定条款而形成的交易，公平交易为其确定的价值的公允性提供了前提条件。同时，交易价格的公允性体现为交易各方均为维护自身利益所确定的价值，双方所商定的价值通常是从各自的利益出发协商的结果，一般不会轻易接受不利于自身利益的交易条款。另外，公允价值的公允性还体现为交易双方的自愿性，即交易双方自愿接受的价值。而在关联方交易中，其价格的公允性受到一定程度的影响，特别是在我国，上市公司与大股东之间的关联方交易占有较大份额，即使交易价格是公允的，充分披露关联方交易价格将有助于财务会计报告使用者了解其价格的公允性，以及对关联各方财务状况、经营成果等的影响。

7.3 或有事项

7.3.1 或有事项的概述

或有事项是指过去的交易或事项形成的一种状况，其结果需通过未来不确定事项的发生或不发生予以证实。常见的或有事项有：未决诉讼、未决仲裁、债务担保、产品质量保证、环境污染整治、承诺、亏损合同、重组义务等。

1. 或有事项的基本特征

（1）或有事项是过去的交易或事项形成的。或有事项作为一种状况，是企业过去的交易或事项而引起的。比如，产品质量保证是企业对已售出商品或已提供劳务的质量提供的保证，不是为尚未出售商品或尚未提供劳务的质量提供的保证。未决诉讼虽是正在进行当中的诉讼，但它是企业因过去的经济行为起诉其他单位或被其他单位起诉，是现存的一种状况，不是将要出现的某种状况。或有事项是现存的状况，说明或有事项在资产负债表日是客观存在的。它的结果对企业是产生有利影响还是不利影响，或虽已知是有利影响或不利影响，但影响有多大，现在尚不能完全肯定。

由于或有事项是由过去的交易或事项而形成的状况，基于这一特征，未来可能发生的自然灾害、未来可能发生的交通事故、未来可能发生的经营亏损等事项不属于或有事项。

（2）或有事项具有不确定性。或有事项的不确定性指的是或有事项的结果具有不确定性。首先，或有事项的结果是否发生具有不确定性。比如为其他单位提供债务担保，如果被担保方到期无力还款，那么担保方将负连带责任。对于担保方而言，担保事项构成其或有事项，但最后它是否应履行连带责任，在担保协议达成时是不能确定的。再比如有些未决诉讼，被起诉的一方是否会败诉，有时是难以确定的。其次，或有事项的结果即使预料会发生，但具体发生的时间或发生的金额也具有不确定性。比如，某企业因生产经营形成的排污治理不力给周围环境造成污染而被起诉，如无特殊情况，该企业很可能败诉。但是，在诉讼成立时，该企业因败诉将支出多少金额，或支出发生在何时，是难以确知的。或有事项的这种不确定性，是其区别其他不确定性会计事项的重要特征。

（3）或有事项的结果只能由未来发生的事项确定。或有事项的结果是难以证实的，这种不确定性的消失需要由未来不确定事项的发生或不发生来证实。比如未决诉讼，其最终结果只能随案情的发展，由判决结果来确定。又比如企业为其他单位提供债务担保，如果被担保单位不能在债务到期时偿还债务，则企业需要履行偿还债务的连带责任。但该担保事项是否真的会要求企业履行偿还债务的连带责任，一般只能看被担保单位的未来经营情况和偿债能力。如果被担保单位经营情况和财务状况良好，且有较好的信用，那么企业将不需要履行该连带责任。或有事项的结果只能由未来发生的事项证实的特征说明或有事项具有时效性。也就是说，随着影响或有事项结果的因素发生变化，或有事项最终会转化为确定事项。

2. 或有负债的概念及其特点

或有负债是指过去的交易或事项形成的潜在义务，其存在需通过未来不确定事项的发生或不发生予以证实；或过去的交易或事项形成的现时义务，履行该义务不是很可能导致经济利益流出企业或该义务的金额不能可靠地计量。或有负债具有以下特点。

（1）或有负债由过去的交易或事项产生。

【例7-21】 2006年12月25日，甲企业状告乙企业侵犯了其专利权。至2006年12月31日，法院还没有对诉讼案进行公开审理，乙企业是否败诉尚难判断。

对于乙企业而言，一项或有负债已经形成。它是由过去事项（乙企业“可能侵犯”甲企业的专利权并受到起诉）形成的。而企业计划在三个月后购入一批原材料可能需承担支付货款的义务则不属于或有负债。

（2）或有负债的结果具有不确定性。或有负债包括两类义务：一类是潜在义务，另一类是特殊的现时义务。或有负债作为一项潜在义务，其结果如何只能由未来不确定事项的发生或不发生来证实。比如，甲企业生产某种产品会造成对环境的污染，但污染程度尚不可知，况且国家尚未对此要求企业予以治理或赔偿。甲企业因生产该种产品导致对环境的影响而需要承担的义务就属于潜在义务。

或有负债作为特殊的现时义务，其特殊之处在于：该现时义务的履行不是很可能导致经济利益流出企业，或者该现时义务的金额不能可靠地计量。其中，“不是很可能导致经济利益流出企业”指的是，该现时义务导致经济利益流出企业的可能性不超过50%（含50%）。

【例7-22】2006年12月20日，甲企业与乙企业签订担保合同，承诺为乙企业的三年期某项目贷款提供担保。由于担保合同的签订，甲企业承担了一项现时义务。

但是，承担现时义务并不意味着经济利益将很可能因此而流出甲企业。如果2006年度乙企业的财务状况良好，则说明甲企业履行连带责任的可能性不大。也就是说，从2006年看，甲企业不是很可能被要求流出经济利益以履行该义务。为此，甲企业应将该项现时义务作为或有负债披露。

“金额不能可靠地计量”指的是，该现时义务导致经济利益流出企业的“金额”难于预计。这一特殊性表明，作为现时义务的或有负债，其结果是不确定的。

【例7-23】2006年12月24日，某单位全体员工发生食物中毒，而甲公司恰是食物提供者。中毒事件发生后，甲公司得知此事，并承诺负担一切赔偿费用。直到12月31日，事态还在发展中，赔偿费用难以预计。

此时，甲公司承担了现时义务，但义务的金额不能可靠地计量。

3. 或有资产的概念及其特点

或有资产是指过去的交易或事项形成的潜在资产，其存在需通过未来不确定事项的发生或不发生予以证实。或有资产具有以下特点。

（1）或有资产由过去的交易或事项产生。或有资产是过去的交易或事项形成的。例如【例7-21】，2006年12月25日，甲企业状告乙企业侵犯了其专利权。至2006年12月31日，法院还没有对诉讼案进行公开审理，甲企业是否胜诉尚难判断。对于甲企业而言，将来可能胜诉而获得的资产属于一项潜在资产，它是由过去事项（乙企业“可能侵犯”甲企业的专利权并受到起诉）形成的。但是，如果某企业计划在三个月后购入一批原材料，那么因此可能获得的资产并不是或有资产，因为企业的计划并不是过去的“交易或事项”。

（2）或有资产的结果具有不确定性。或有资产是一种潜在资产，随着经济情况的变化，其是否会形成企业真正的资产，必须通过不完全由企业控制的未来不确定事项的发生或不发生才能证实。沿用【例7-21】，甲企业的或有资产，是否真的会转化成其真正的资产，要由诉讼案件的调解或判决结果确定。如果终审判决结果是甲企业胜诉，那么或有资产便转化为一项基本可以肯定收到的资产。如果终审判决结果是甲企业败诉，那么或有资产便“消失”了；相反，还应承担一项支付诉讼费的义务。

7.3.2 或有事项的确认和计量

1. 或有事项的确认

或有事项的确认所涉及的问题是，与或有事项相关的义务应在符合什么条件时确认为负债。根据企业会计准则的规定，如果与或有事项相关的义务同时符合以下3个条件，企业应将其确认为负债：① 该义务是企业承担的现时义务；② 该义务的履行很可能导致经济利益流出企业；③ 该义务的金额能够可靠地计量。

（1）该义务是企业承担的现时义务。“该义务是企业承担的现时义务”指与或有事项有关的义务为企业承担的现时义务而非潜在义务。比如，甲公司的一名司机因违反交通规则造成严重交通事故，为此，甲公司将要承担赔偿义务。在这个例子中，违规事项发生后，甲公司随即承担的是一项现时义务。

（2）该义务的履行很可能导致经济利益流出企业。“该义务的履行很可能导致经济利益流出企业”指的是，履行因或有事项产生的现时义务时，导致经济利益流出企业的可能性超过50%但尚未达到基本确定的程度。企业因或有事项承担现时义务，并不说该现时义务很可能导致经济利益流出企业。企业通常可以结合表7－1中所列的情况判断经济利益流出的可能性。

表7－1 或有事项

结果的可能性	对应的概率区间
基本确定	大于95%小于100%
很可能	大于50%小于或等于95%
可能	大于5%小于或等于50%
极小可能	大于0但小于或等于5%

【例7－24】2006年5月1日，丙企业与丁企业签订协议，承诺为丁企业的二年期银行借款提供全额担保。

对丙企业而言，由于担保事项而承担了一项现时义务。这项义务的履行是否很可能导致经济利益流出企业，需依据丁企业的经营情况和财务状况等因素来定。假定2006年末，丁企业财务状况良好，此时，如果没有其他特殊情况，一般可以认定丁企业不会违约，丙企业履行承担的现时义务不是很可能导致经济利益流出；假定2006年末，丁企业的财务状况恶化，且没有迹象表明可能发生好转，此种情况的出现表明丁企业很可能违约，丙企业履行承担的现时义务将很可能导致经济利益流出企业。

（3）该义务的金额能够可靠地计量。“该义务的金额能够可靠地计量”指的是，因或有事项产生的现时义务的金额能够合理地估计。由于或有事项具有不确定性，因此或有事项产生的现时义务的金额也具有不确定性，需要估计。要将或有事项确认为一项负债，相关现时义务的金额应能够可靠估计。

比如，甲企业（被告）涉及一桩诉讼案。根据以往的审判案例推断，甲企业很可能要败诉，相关的赔偿金额也可以估算出一个范围。这种情况下，可以认为甲企业因未决诉讼承担的现时义务的金额能够可靠地估计，从而应将未决诉讼所形成的义务确认为一项负债。但是，如果没有以往的案例可与甲企业涉及的诉讼案作比照，而相关的法律条文又没有明确解释，那么即使甲企业可能败诉，在判决以前通常也不能推断现时义务的金额能够可靠地估计，因此甲企业不将对未决诉讼确认为一项负债。

2. 或有事项的计量

或有事项的计量所涉及的问题是，当与或有事项有关的义务符合确认为负债的条件时，应以多少金额确认。根据企业会计准则规定，因或有事项而确认的负债的金额应是清偿该负债所需支出的最佳估计数。此外，企业因履行或有事项所形成的义务，还可能从第三方或其他方获得补偿。因此，或有事项的计量主要涉及两个问题：一是最佳估计数的确定；二是预期可获得的补偿的处理。

（1）最佳估计数的确定。

最佳估计数的确定，分以下两种情况考虑。

① 当清偿或有事项而确认的负债所需支出存在一个金额范围时，则最佳估计数应按该范围的上、下限金额的平均数确定。

【例7－25】2006年12月27日，甲企业因合同违约而涉及一桩诉讼案。根据企业的法律顾问判断，最终的判决很可能对甲企业不利。2006年12月31日，甲企业尚未接到法院的判决，因诉讼需承担的赔偿金额也无法准确地确定。不过，据专业人士估计，赔偿金额可能是80万元至100万元之间的某一金额。根据企业会计准则的规定，甲企业应在2006年12月31日的资产负债表中确认一项金额为90（$\frac{80+100}{2}$）万元的负债。

② 当清偿或有事项而确认的负债所需支出不存在一个金额范围时，则最佳估计数应按如下方法确定。

- 或有事项涉及单个项目时，最佳估计数按最可能发生金额确定。

“涉及单个项目”是指或有事项涉及的项目只有一个，比如一项未决诉讼、一项未决仲裁或一项债务担保等。比如，甲公司涉及一起诉讼。根据类似案件的经验及公司所聘律师的意见判断，甲公司在该起诉讼中胜诉的可能性有40%，败诉的可能性有60%。如果败诉，将要赔偿100万元。在这种情况下，甲公司应确认的负债金额（最佳估计数）应为最可能发生金额100万元。

- 或有事项涉及多个项目时，最佳估计数按各种可能发生额及其发生概率计算确定。

“涉及多个项目”是指或有事项涉及的项目不止一个，比如产品质量保证。在产品质量保证中，提出产品保修要求的可能有许多客户。相应地，企业对这些客户负有保修义务。

【例7－26】2007年，乙企业销售产品3万件，销售额为1.2亿元。乙企业的产品质量保证条款规定：产品售出后一年内，如发生正常质量问题，乙企业将免费负责修理。

根据以往的经验，如果出现较小的质量问题，则需发生的修理费为销售额的 1%；而如果出现较大的质量问题，则需发生的修理费为销售额的 2%。据预测，本年度已售产品中，有 80% 不会发生质量问题，有 15% 将发生较小质量问题，有 5% 将发生较大质量问题。据此，2007 年年末乙企业应确认的负债金额（最佳估计数）为：

$$(1.2\times 1\%)\times 15\% + (1.2\times 2\%)\times 5\% = 0.003(\text{亿元})$$

（2）预期可获得的补偿的处理。

如果清偿因或有事项而确认的负债所需支出全部或部分预期由第三方或其他方补偿，则补偿金额只能在基本确定能收到时，作为资产单独确认，且确认的补偿金额不应超过所确认负债的账面价值。

可能获得补偿的情况通常有：① 发生交通事故等情况时，企业通常可以从保险公司获得合理的赔偿；② 在某些索赔诉讼中，企业可以通过反诉的方式对索赔人或第三方另行提出赔偿要求；③ 在债务担保业务中，企业在履行担保义务的同时，通常可以向被担保企业提出额外追偿要求。

补偿金额的确认涉及两个问题：一是确认时间，二是确认金额。根据企业会计准则的规定，补偿金额只有在“基本确定”能收到时才予以确认，确认的金额是基本确定能收到的金额。这里有两点需要注意。第一，补偿金额应单独确认为资产。比如，甲企业因或有事项确认了一项负债 50 万元；同时，因该或有事项，甲企业还可从乙企业获得 35 万元的赔偿，且这项金额基本确定能收到。在这种情况下，甲企业应分别确认一项负债 50 万元和一项资产 35 万元，而不能只确认一项金额为 15 万元的负债。第二，确认的补偿金额不应超过所确认的负债的账面价值。沿用以上例子，甲企业所确认的补偿不能超过所确认的负债的账面价值 50 万元。

3. 预计负债计量需要考虑的其他因素

1）风险和不确定性

企业在确定最佳估计数时，应当综合考虑与或有事项有关的风险、不确定性和货币时间价值等因素。风险是对交易或事项结果的变化可能性的一种描述。风险的变动可能增加负债计量的金额。企业在不确定的情况下进行判断需要谨慎，使得收益或资产不会被高估，费用或负债不会被低估。但是，不确定性并不说明应当确认过多的预计负债和故意夸大负债。

企业需要谨慎从事，充分考虑与或有事项有关的风险和不确定性，既不能忽略风险和不确定性对或有事项计量的影响，也要避免对风险和不确定性进行重复调整，从而在低估和高估预计负债金额之间寻找平衡点。

2）货币时间价值

相关现时义务的金额通常应当等于未来应支付的金额。但是，因货币时间价值的影响，资产负债表日后不久发生的现金流出，要比一段时间之后发生的同样金额的现金流出负有更大的义务。所以，如果预计负债的确认时点距离实际清偿有较长的时间跨度，货币时间价值的影响重大，那么在确定预计负债的金额时，有必要考虑采用现值计量，即通过对相关未来现金流出进行折现后确认最佳估计数。例如，油气井或核电站的弃置费用等应当按照未来应支付金额的现值确定。确定预计负债的金额不应考虑预期处置相关资产形成的利得。

3）未来事项

企业应当考虑可能影响履行现时义务所需金额的相关未来事项。也就是说，对于这些未来事项，如果有足够的客观证据表明它们将会发生，则应当在预计负债计量中予以反映。

预期的未来事项可能对预计负债的计量较为重要。例如，某核电企业预计在生产结束时清理核废料的费用将因未来技术水平的提高而显著降低。那么，该企业因此确认的预计负债金额应当反映有关专家对技术发展及清理费用减少做出的合理预测。但是，这种预计需要得到相当客观的证据予以支持。

4）资产负债表日对预计负债账面价值的复核

企业应当在资产负债表日对预计负债的账面价值进行复核。有确凿证据表明该账面价值不能真实反映当前最佳估计数时，应当按照当前最佳估计数对该账面价值进行调整。

【例7－27】某化工企业对环境造成了污染，按照法律规定，需要对污染进行清理。随着国家对环境保护越来越重视，按照现行的法律规定，该企业不但需要对污染进行清理，还很可能要对企业附近的居民进行赔偿。这种法律要求的变化，会对企业预计负债的计量产生影响。企业应当在资产负债表日对此项确认的预计负债金额进行复核，相关因素发生变化表明预计负债金额不再能反映真实情况时，需要按照当前情况下企业清理和赔偿支出的最佳估计数对此项预计负债的账面价值进行相应的调整。

仍以未决诉讼为例。企业当期实际发生的担保诉讼损失金额与已计提的相关预计负债之间的差额，应分别按以下情况处理。

（1）企业在前期资产负债表日依据当时实际情况和所掌握的证据合理估计了预计负债，应当将当期实际发生的诉讼损失金额与已计提的相关预计负债之间的差额直接计入或冲减当期营业外支出。

（2）企业在前期资产负债表日依据当时实际情况和所掌握的证据合理估计了诉讼损失，但企业所做的估计与当时的事实严重不符（如未合理预计损失或不恰当地多计或少计损失），应当按照重大前期差错更正的方法进行处理。

（3）企业在前期资产负债表日依据当时实际情况和所掌握的证据，确实无法合理预计诉讼损失，因而未确认预计负债，则在该项损失实际发生的当期直接计入当期营业外支出。

（4）资产负债表日后至财务报告批准报出日之间发生的需要调整或说明的未决诉讼，按照《企业会计准则第29号——资产负债表日后事项》的有关规定进行处理。

7.3.3 或有事项的披露

1. 预计负债

根据企业会计准则的规定，因或有事项确认的负债应在资产负债表中单列项目反映，并在会计报表附注中做相应披露。

（1）预计负债的种类、形成原因及经济利益流出不确定的说明。

（2）各类预计负债的期初、期末余额和本期变动情况。

（3）与预计负债有关的预期补偿金额和本期已确认的预期补偿金额。

也就是说，在资产负债表中，对或有事项确认的负债（“预计负债”）应与其他负债项目区别开来，单独反映；同时，还应在会计报表附注中对各项负债形成的原因及金额做相应披露，以使会计报表使用者获得充分、详细的有关或有事项的信息。需要说明的是，如果企业因多项或有事项确认了预计负债，在资产负债表上一般只需通过“预计负债”项目进行总括反映。

2. 或有负债的披露

1）应披露的或有负债

或有负债无论作为潜在义务，还是现时义务，均不符合负债的确认条件，因而不予确认。但是，如果或有负债符合某些条件，则应予以披露。或有负债披露的基本原则是：极小可能导致经济利益流出企业的或有负债一般不予披露。但是，对某些经常发生或对企业的财务状况和经营成果有较大影响的或有负债，即使其导致经济利益流出企业的可能性极小，也应予以披露，以确保会计信息使用者获得足够充分和详细的信息。这些或有负债主要包括：已贴现商业承兑汇票所形成的或有负债、未决诉讼、仲裁所形成的或有负债及为其他单位提供债务担保所形成的或有负债。

2）对或有负债应披露的内容

（1）或有负债的种类及其形成原因，包括已贴现商业承兑汇票、未决诉讼、未决仲裁、对外提供担保等形成的或有负债。

（2）经济利益流出不确定的说明。

（3）或有负债预计产生的财务影响，以及获得补偿的可能性；无法预计的，应当说明原因。

3）例外情况

有时，充分披露未决诉讼、仲裁形成的或有负债信息可能会对企业的生产经营造成重大不利影响。为此，在涉及未决诉讼、仲裁的情况下，如果按上述要求披露全部或部分信息预期会对企业造成重大不利影响，则企业无需披露这些信息。但是，这并不表明企业可以不披露任何相关的信息。在这种情况下，企业至少应披露未决诉讼、仲裁的形成原因。

3. 或有资产的披露

1）应披露的或有资产

或有资产作为一种潜在资产，不符合资产确认的条件，因而不予确认。但是，如果或有资产符合某些条件，则应予披露。企业会计准则规定，或有资产一般不应在财务报表附注中披露，但或有资产很可能会给企业带来经济利益时，则应在财务报表附注中披露。

2）对或有资产应披露的内容

对或有资产，通常只需披露或有资产的形成原因、预期对企业产生的财务影响等。在进行或有资产披露时，企业应特别谨慎，不能让会计信息使用者误以为所披露的或有资产肯定会实现。

7.4 资产负债表日后事项

7.4.1 资产负债表日后事项概述

1. 资产负债表日后事项的定义

资产负债表日后事项是指自年度资产负债表日至财务会计报告批准报出日之间发生的需要调整或说明的事项。

资产负债表日通常指会计年度末和会计中期期末，即每年的 12 月 31 日和月末、季末及半年末。资产负债表日后事项限定在一个特定的期间内，即资产负债表日后至财务会计报告批准报出日之间发生的事项，它是对资产负债表日存在状况的一种补充或说明。这里的财务会计报告是指对外提供的财务会计报告，不包括为企业内部管理部门提供的内部财务报表。

在理解这个定义时，还需要明确以下几个问题。

（1）我国年度资产负债表日为 12 月 31 日，但如果母公司在国外，或子公司在国外，无论国外母公司或子公司如何确定会计年度，在向国内提供财务报表时均应按照我国对会计年度的规定，提供相应期间的会计报表，而不能以国外母公司或子公司确定的会计年度作为依据。

（2）财务会计报告批准报出日是指董事会、经理（厂长）会议或类似机构批准财务会计报告报出的日期。通常是指对财务会计报告的内容负有法律责任的单位或个人批准财务会计报告向企业外部公布的日期。因此，对于上市公司而言，财务会计报告批准报出日是指董事会批准财务会计报告报出的日期。对于其他企业而言，财务会计报告批准报出日是指经理（厂长）会议或类似机构批准财务会计报告报出的日期。

（3）资产负债表日后事项包括所有有利和不利的事项，即对于资产负债表日后有利或不利事项在会计核算中应采取同一原则进行处理。

（4）不是在这个特定期间内发生的全部事项，而是与资产负债表日存在状况有关的事项，或虽然与资产负债表日存在状况无关，但对企业财务状况具有重大影响的事项。

2. 资产负债表日后事项涵盖的期间

资产负债表日后事项所涵盖的期间是资产负债表日后至财务会计报告批准报出日之间。对上市公司而言，在这个期间内涉及几个日期，包括完成财务会计报告编制日、注册会计师出具审计报告日、董事会批准财务会计报告可以对外公布日、实际对外公布日等。

资产负债表日后事项涵盖的期间应当包括以下两个方面。

（1）报告年度次年的1月1日或报告期下期的第一天至董事会、经理（厂长）会议或类似机构批准财务会计报告可以对外公布的日期，即以董事会、经理（厂长）会议或类似机构批准财务会计报告对外公布的日期为截止日期。

（2）董事会、经理（厂长）会议或类似机构批准财务会计报告可以对外公布日与实际对外公布日之间发生的与资产负债表日后事项有关的事项。由此影响财务会计报告对外公布日期的，应以董事会、经理（厂长）会议或类似机构再次批准财务会计报告对外公布的日期为截止日期。如果由此影响审计报告的内容的，按照独立审计准则的规定，注册会计师可以签署双重报告日期，即保留原定审计报告日，并就该期后事项注明新的审计报告日；或更改审计报告日期，即将原定审计报告日推迟至完成追加审计程序时的审计报告日。

【例7－28】某上市公司2006年的年度财务会计报告于2007年2月15日编制完成，注册会计师完成整个年度审计工作并签署审计报告的日期为2007年4月22日，经董事会批准财务会计报告可以对外公布的日期为2007年4月23日，财务会计报告实际对外公布日期为2007年4月25日，股东大会召开日期为2007年5月6日。

根据资产负债表日后事项涵盖期间的规定，财务会计报告批准报出日为2007年4月23日，资产负债表日后事项的时间区间为2007年1月1日至2007年4月23日。假如该公司在4月23日至25日之间发生了重大事项，按照资产负债表日后事项处理规定需要调整财务报表相关项目的数字或需要在财务报表附注中披露的，经调整或说明后的财务会计报告再经董事会批准的报出日期为2007年4月28日，实际对外公布的日期为2007年4月30日，则资产负债表日后事项涵盖的期间为2007年1月1日至2007年4月28日。

3. 资产负债表日后事项的内容

资产负债表日后事项包括两类：一类是对资产负债表日存在的情况提供进一步证据的事项；一类是资产负债表日后才发生的事项。前者称为调整事项，后者称为非调整事项。

（1）所谓调整事项，是指由于资产负债表日后获得新的或进一步的证据，表明依据资产负债表日存在状况编制的会计报表已不再具有实用性，应依据新发生的情况对资产负债表日所反映的收入、费用、资产、负债及所有者权益进行调整。资产负债表日后调整事项的判断标准为："资产负债表日后获得新的或进一步的证据，应对资产负债表日存在状况的有关金额做出重新估计，应当作为调整事项"，企业应当根据调整事项的判断标准进行判断，以确定是否属于调整事项。

调整事项的特点是：

① 在资产负债表日或以前已经存在，在资产负债表日后得以证实的事项；

② 对按资产负债表日存在状况编制的财务报表产生重大影响的事项。

【例7－29】A企业应收B企业账款6 000 000元，按合同约定应在2006年11月10日前偿还。在2006年12月31日结账时，A企业尚未收到这笔应收账款，并已知乙企业财务状况不佳，近期内难以偿还债务，甲企业对该项应收账款提取5%的坏账准备。2007年2月10日，在A企业报出财务会计报告之前收到B企业通知，B企业已宣告破产，无法偿付部分欠款。

从这一例子可见，A企业于2006年12月31日结账时已经知道B企业财务状况不佳，即在2006年12月31日资产负债表日B企业财务状况不佳的事实已经存在，但未得到B企业破产的确切证据。2007年2月10日A企业正式收到B企业通知，得知B企业已破产，并且无法偿付部分货款，即2007年2月10日对2006年12月31日存在的情况提供了新的证据，表明2006年12月31日的资产负债表所反映的应收B企业账款中已有部分成为坏账的信息已不能真实反映企业的实际情况，因此应据此对财务报表相关项目的数字进行调整。

（2）所谓非调整事项，是指在资产负债表日该状况并不存在，而是期后才发生的事项。资产负债表日后才发生的事项不涉及资产负债表日存在状况，但为了对外提供更有用的会计信息，必须以适当的方式披露这类事项，这类事项应当作为非调整事项。资产负债表日后非调整事项的判断标准为："资产负债表日以后才发生或存在的事项，不影响资产负债表日存在状况，但如不加以说明，将会影响财务会计报告使用者做出正确估计和决策，这类事项应当作为非调整事项"。

非调整事项的特点如下。

① 资产负债表日并未发生或存在，完全是期后发生的事项。

【例7－30】A企业应收B企业一笔贷款，在2006年12月31日结账时，B企业经营状况良好，并无显示财务困难的迹象。但在2007年1月25日，B企业发生火灾，烧毁了全部厂房、设备和存货，无法偿还A企业的贷款。

对于这一事项，完全是在资产负债表日后才发生的，与资产负债表日存在状况无关。

② 对理解和分析财务会计报告有重大影响的事项。

这两类事项的区别在于：调整事项是存在于资产负债表日或以前，资产负债表日后提供了证据对以前已存在的事项做出进一步说明；而非调整事项是在资产负债表日尚未存在，但在财务会计报告批准报出日之前才发生。这两类事项的共同点在于：调整事项和非调整事项都是在资产负债表日后至财务会计报告批准报出日之间存在或发生的，对报告年度的财务会计报告所反映的财务状况、经营成果都将产生重大影响。

在判断调整事项和非调整事项时，还需要明确以下问题。

（1）如何确定资产负债表日后的某一事项是调整事项还是非调整事项，是对资产负债表日后事项进行会计处理的关键。调整和非调整事项是一个广泛的概念，就事项本身来说，可以有各种各样的性质，只要符合这两类事项的判断原则即可；同一性质的事项可能是调整事项，也可能是非调整事项，这取决于有关状况是在资产负债表日或以前已经存在，还是在资产负债表日后才发生的。

【例7－31】企业因债务人破产而使应收账款发生损失。如果债权人在12月31日或之前根据所掌握的资料判断债务人有破产清算的可能，或债务人正处于破产清算的过程中，在资产负债表日债权人已经按该应收账款5%计提了坏账准备。

如果在资产负债表日后至财务会计报告批准报出日之间，接到债务人的通知表明其已宣告破产清算，债权人无法收回全部应收账款。由于应收账款可能受到损失的状况在资产负债表日已经存在，只是在资产负债表日后提供了受损的进一步证据，表明原估计的坏账准备不足，应重新调整。因此，这一事项应当作为调整事项。

如果在12月31日债务人财务状况良好，没有任何财务状况恶化的信息，债权人按照当时所掌握的资料按应收账款的5%计提了坏账准备，但在债权人财务会计报告批准报出前，有资料证明债务人由于火灾发生重大损失，债权人的应收账款有可能收不回来，由于这一情况在资产负债表日并不存在，是资产负债表日后才发生的事项，因此应作为非调整事项在财务报表附注中进行披露。

（2）企业会计准则对资产负债表日后事项以列举的方式说明了哪些属于调整事项，哪些属于非调整事项，但并没有包括所有调整和非调整事项。会计人员应当按照企业会计准则中给出的判断标准，确定资产负债表日后事项中哪些属于调整事项，哪些属于非调整事项。需要说明的是，资产负债表日后事项已经作为调整事项调整会计报表有关项目数字的，除法律、法规及会计制度另有规定外，不需要在会计报表附表中进行披露。

7.4.2 调整事项的处理原则

资产负债表日后发生的调整事项应当如同资产负债表所属期间发生的事项一样，做出相关账务处理，并对资产负债表日已编制的财务报表做相应的调整。这里的财务报表包括资产负债表、利润表及其相关附表和现金流量表的补充资料内容，但不包括现金流量表正表。

1. 调整事项的处理原则

（1）涉及损益的事项，通过“以前年度损益调整”科目核算。调整增加以前年度收益或调整减少以前年度亏损的事项，记入“以前年度损益调整”科目的贷方；调整减少以前年度收益或调整增加以前年度亏损的事项，以及调整增加的所得税，记入“以前年度损益调整”科目的借方。调整后“以前年度损益调整”科目的贷方或借方余额转入“利润分配——未分配利润”科目。

（2）涉及利润分配调整的事项，直接在“利润分配——未分配利润”科目核算（除根据董事会批准的利润分配方案分配利润外）。

（3）不涉及损益及利润分配的事项，调整相关科目。

（4）通过上述账务处理后，还应同时调整财务报表相关项目的数字，包括：

① 资产负债表日编制的财务报表相关项目的数字；

② 当期编制的财务报表相关项目的年初数；

③ 提供比较财务报表时，还应调整相关财务报表的上年数；

④ 经过上述调整后，如果涉及财务报表附注内容的，还应当调整财务报表附注相关项目的数字。

2. 调整事项的内容

（1）资产负债表日后诉讼案件结案，法院判决证实了企业在资产负债表日已经存在现时义务，需要调整原先确认的与该诉讼案件相关的预计负债，或确认一项新负债。

这一事项是指在资产负债表日已经存在的现时义务尚未确认，资产负债表日后至财务报告批准报出日之间获得了新的或进一步的证据，表明符合负债的确认条件，应在财务报告中予以确认，从而需要对财务报表相关项目进行调整；或者资产负债表日已确认的某项负债，在资产负债表日至财务报告批准日之间获得新的或进一步的证据，表明需要对已经确认的金额进行调整。

（2）资产负债表日后取得确凿证据，表明某项资产在资产负债表日发生了减值或者需要调整该项资产原先确认的减值金额。

这一事项是指在资产负债表日根据当时的资料判断某项资产可能发生了损失或减值，但没有最后确定是否会发生，因而按照当时的最佳估计金额反映在财务报表中；但在资产负债表日至财务报告批准报出日之间，所取得的确凿证据能证明该事实成立，即某项资产已经发生了损失或减值，则应对资产负债表日所做的估计予以修正。

企业在年度资产负债表日至财务报告批准报出日之间发生的涉及资产减值准备的调整事项，如发生在报告年度所得税汇算清缴之前，应相应调整报告年度的所得税；如果发生在报告年度汇算清缴之后，应将与资产减值准备有关的事项产生的纳税调整金额作为本年度的纳税调整事项，相应调整本年度应交所得税。

（3）资产负债表日后进一步确定了资产负债表日前购入资产的成本或售出资产的收入。

这类调整事项包括两方面的内容。

① 若资产负债表日前购入的资产已经按暂估金额等入账，资产负债表日后获得证据，可以进一步确定该资产的成本，则应该对已入账的资产成本进行调整。例如，购建固定资产已经达到预定可使用状态，但尚未办理竣工决算，企业已办理暂估入账；资产负债表日后办理决算，此时应根据竣工决算的金额调整暂估入账的固定资产成本等。

② 企业符合收入确认条件确认资产销售收入，但资产负债表日后获得关于资产收入的进一步证据，如发生销售退回等，此时也应调整财务报表相关项目的金额。需要说明的是，资产负债表日后发生的销售退回，既包括报告年度或报告中期销售的商品在资产负债表日后发生的销售退回，也包括以前期间销售的商品在资产负债表日后发生的销售退回。

（4）资产负债表日后发现了财务报表舞弊或差错。

这一事项是指资产负债表日至财务报告批准日之间发生的属于资产负债表期间或以前期间存在的财务报表舞弊或差错，这种舞弊或差错应当作为资产负债表日后调整事项，调整报告年度的年度财务报告或中期财务报告相关项目的数字。

7.4.3　非调整事项的处理原则

资产负债表日后发生的非调整事项是指资产负债表日后发生的情况，不影响资产负债表日存在状况，不应当调整资产负债表日的财务报表。但由于事项重大，如不加以说明，将会影响财务报告使用者做出正确估计和决策，因此应在附注中加以披露，说明事项的内容，估计对财务状况、经营成果的影响。如无法做出估计，应当说明无法估计的理由。企业发生在资产负债表日后的非调整事项通常包括下列各项。

（1）资产负债表日后发生重大诉讼、仲裁、承诺。

【例 7－32】甲企业是房地产的销售代理商，在买卖双方同意房地产的销售条款时确认佣金收入，佣金由卖方支付。2006 年，甲企业同意替乙企业的房地产寻找买主。在 2006 年后期，甲企业找到一位有意的买主丁企业，丁企业以其获得银行融资的能力与乙企业签订购买该房地产的合同。2007 年 1 月，丁企业通知甲企业，其在获得银行贷款方面有困难，但仍然能够履行合同。之后不久，甲企业找到另一位以现金购买该房地产的买主。2007 年 2 月，丁企业通过法律手段起诉甲企业违背受托责任。2007 年 3 月，甲企业同意付给丁企业 500 000元的现金以使其撤回法律诉讼。

由于资产负债表日后发生的重大诉讼、仲裁、承诺等事项影响较大，为防止误导投资者及其他财务报告使用者，应当在报表附注中进行相关披露，即甲企业和丁企业均应在 2006 年度报表附注中披露诉讼事项的信息。

（2）资产负债表日后资产价格、税收政策、外汇汇率发生重大变化。

【例 7－33】丁企业有一笔长期美元贷款，在编制 2006 年 12 月 31 日的财务报表时已按 2006 年末的汇率进行折算（假设 2006 年年末的汇率为 1 美元兑换 7.9 元人民币）。假设国家规定从 2007 年 1 月 1 日起进行外汇管理体制改革，外汇管理体制改革后人民币对美元的汇率发生重大变化。

丁企业在资产负债表日已经按照当天的资产计量方式进行处理，或按规定的汇率对有关账户进行调整，因此，无论资产负债表日后的资产价格和汇率如何变化，均不应影响资产负债表日的财务状况和经营成果。但是，如果资产负债表日后资产价格、外汇汇率发生重大变化，应对由此产生的影响在报表附注中进行披露。同样，国家税收政策发生重大改变将会影响企业的财务状况和经营成果，也应当在报表附注中及时披露该信息，即丁企业应在报表附注中披露汇率的变化。

（3）资产负债表日后因自然灾害导致资产发生重大损失。

【例 7－34】甲企业拥有某外国企业（乙企业）15% 的股权，无重大影响，投资成本

2 000 000元。乙企业的股票在国外的某家股票交易所上市交易。在编制 2006 年 12 月 31 日的资产负债表时，甲企业对乙企业投资的账面价值按初始投资成本反映。2007 年 1 月，该国发生海啸，造成乙企业的股票市场价值大幅下跌，甲企业对乙企业的股权投资遭受重大损失。

自然灾害导致资产重大损失对企业资产负债表日后财务状况的影响较大，如果不加以披露，有可能使财务报告使用者做出错误的决策，因此应作为非调整事项在报表附注中进行披露。本例中海啸发生在 2007 年 1 月，是资产负债表日后才发生或存在的事项，应当作为非调整事项在 2006 年度报表附注中进行披露。

（4）资产负债表日后发行股票和债券及其他巨额举债。

【例 7－35】甲企业于 2007 年 1 月 15 日经批准发行三年期债券500 000万元，面值 100 元，年利率 10%，企业按 110 元的价格发行，并于 2007 年 3 月 15 日结束发行。

企业发行股票、债券及向银行或非银行金融机构举借巨额债务都是比较重大的事项，虽然这一事项与企业资产负债表日的存在状况无关，但这一事项的披露能使财务报告使用者了解与此有关的情况及可能带来的影响，故应披露。

（5）资产负债表日后资本公积转增资本。

【例 7－36】甲企业于 2007 年 2 月经批准将5 600万元资本公积转增资本。

企业以资本公积转增资本将会改变企业的资本（或股本）结构，影响较大，需要在报表附注中进行披露。

（6）资产负债表日后发生巨额亏损。

【例 7－37】甲企业 2007 年 1 月出现巨额亏损，净利润由 2006 年 12 月的 18 000 万元变为亏损 300 万元。

企业资产负债表日后发生巨额亏损将会对企业报告期以后的财务状况和经营成果产生重大影响，应当在报表附注中及时披露该事项，以便为投资者或其他财务报告使用者做出正确决策提供信息。

（7）资产负债表日后发生企业合并或处置子公司。

【例 7－38】甲企业 2007 年 1 月 20 日将其全资子公司丙企业出售给乙企业。

企业合并或者处置子公司的行为可以影响股权结构、经营范围等方面，对企业未来生产经营活动会产生重大影响，因此甲企业应在 2006 年报表附注中披露处置子公司的信息。

7.4.3 资产负债表日后事项的披露

企业应当在附注中披露与资产负债表日后事项有关的下列信息。

（1）财务报告的批准报出者和财务报告批准报出日。按照有关法律、行政法规等规定，企业所有者或其他方面有权对报出的财务报告进行修改的，应当披露这一情况。

（2）每项重要的资产负债表日后非调整事项的性质、内容，以及其对财务状况和经营成果的影响。无法做出估计的，应当说明原因。

（3）企业在资产负债表日后取得了影响资产负债表日存在情况的新的或进一步的证据，

应当调整与之相关的披露信息。

7.5 财务报表重要项目的说明

企业对报表重要项目的说明，应当按照资产负债表、利润表、现金流量表、所有者权益变动表及其项目列示的顺序，采用文字和数字描述相结合的方式进行披露。报表重要项目的明细金额合计，应当与报表项目金额相衔接。按照《企业会计准则》的要求，重要报表项目说明有42项。在此选取14项常用的格式给予列示说明，其他的列示说明及格式参见《企业会计准则》应用指南。

1. 交易性金融资产

交易性金融资产的披露格式如表7－2所示。

表7－2 交易性金融资产

项 目	期末公允价值	年初公允价值
1. 交易性债券投资		
2. 交易性权益工具投资		
3. 指定为以公允价值计量且其变动计入当期损益的金融资产		
4. 衍生金融资产		
5. 其他		
合 计		

2. 应收款项

(1) 应收款项按账龄结构披露的格式如表7－3所示。

表7－3 应收款项（账龄结构）

账龄结构	期末账面余额	年初账面余额
1年以内（含1年）		
1年至2年（含2年）		
2年至3年（含3年）		
3年以上		

注：有应收票据、预付账款、长期应收款、其他应收款的，比照应收账款进行披露。

(2) 应收账款按客户类别披露的格式如7－4所示。

表7－4 应收款项（客户类别）

客户类别	期末账面余额	年初账面余额
客户1		
……		
其他客户		
合　计		

注：有应收票据、预付账款、长期应收款、其他应收款的，比照应收账款进行披露。

3. 存货

（1）存货的披露格式如表7－5所示。

表7－5 存货

存货种类	年初账面余额	本期增加额	本期减少额	期末账面余额
1. 原材料				
2. 在产品				
3. 库存商品				
4. 周转材料				
5. 消耗性生物资产				
……				
合　计				

（2）说明消耗性生物资产的期末实物数量。

（3）存货跌价准备的披露格式如表7－6所示。

表7－6 存货跌价准备

<table>
<tr><th rowspan="2">存货种类</th><th rowspan="2">年初账面余额</th><th rowspan="2">本期计提额</th><th colspan="2">本期减少额</th><th rowspan="2">期末账面余额</th></tr>
<tr><th>转回</th><th>转销</th></tr>
<tr><td>1. 原材料</td><td></td><td></td><td></td><td></td><td></td></tr>
<tr><td>2. 在产品</td><td></td><td></td><td></td><td></td><td></td></tr>
<tr><td>3. 库存商品</td><td></td><td></td><td></td><td></td><td></td></tr>
<tr><td>4. 周转材料</td><td></td><td></td><td></td><td></td><td></td></tr>
<tr><td>5. 消耗性生物资产</td><td></td><td></td><td></td><td></td><td></td></tr>
<tr><td>6. 建造合同形成的资产</td><td></td><td></td><td></td><td></td><td></td></tr>
<tr><td>……</td><td></td><td></td><td></td><td></td><td></td></tr>
<tr><td>合　计</td><td></td><td></td><td></td><td></td><td></td></tr>
</table>

4. 其他流动资产

其他流动资产的披露格式如表7－7所示。

表 7－7　其他流动资产

项　　目	期末账面余额	年初账面余额
1. 长期待摊费用		
……		
合　　计		

注：有长期待摊费用、其他非流动资产的，比照其他流动资产进行披露。

5. 可供出售金融资产

可供出售金融资产的披露格式如表 7－8 所示。

表 7－8　可供出售金融资产

项　　目	期末公允价值	年初公允价值
1. 可供出售债券		
2. 可供出售权益工具		
3. 其他		
合　　计		

6. 持有至到期投资

持有至到期投资的披露格式略。

7. 长期股权投资

（1）长期股权投资的披露格式如表 7－9 所示。

表 7－9　长期股权投资

被投资单位	期末账面余额	年初账面余额
1. ××公司		
……		
合　　计		

（2）被投资单位由于所在国家或地区及其他方面的影响，其向投资企业转移资金的能力受到限制的，应当披露受限制的具体情况。

（3）当期及累计未确认的投资损失金额。

8. 投资性房地产

（1）企业采用成本模式进行后续计量的，应当披露原价、累计折旧、减值准备、账面价值等信息。

（2）企业采用公允价值模式进行后续计量的，应当披露投资性房地产公允价值的确定依据及公允价值金额的增减变动情况。

（3）如有房地产转换的，应当说明房地产转换的原因及其影响。

9. 固定资产

（1）固定资产的披露格式如表 7－10 所示。

表 7－10　固定资产

项　　目	年初账面余额	本期增加额	本期减少额	期末账面余额
一、原价合计				
其中：房屋、建筑物				
机器设备				
运输工具				
……				
二、累计折旧合计				
其中：房屋、建筑物				
机器设备				
运输工具				
……				
三、固定资产减值准备累计金额合计				
其中：房屋、建筑物				
机器设备				
运输工具				
……				
四、固定资产账面价值合计				
其中：房屋、建筑物				
机器设备				
运输工具				
……				

（2）企业确有准备处置固定资产的，应当说明准备处置的固定资产名称、账面价值、公允价值、预计处置费用和预计处置时间等。

10. 生产性生物资产和公益性生物资产

（1）说明各类生物资产的期末实物数量，并按种植业、畜牧业、林业等行业披露金额信息。如有天然起源的生物资产，还应披露该资产的类别、取得方式和数量等。

（2）各类生产性生物资产的预计使用寿命、预计净残值、折旧方法、累计折旧和减值准备累计金额。

（3）与生物资产相关的风险情况与管理措施。

11. 油气资产

（1）当期在国内和国外发生的取得矿区权益、油气勘探和油气开发各项支出的总额。

（2）油气资产的披露内容包括油气资产的原价、累计折耗、减值准备及账面价值等信息。

12. 无形资产

（1）各类无形资产的原价、累计摊销额、减值准备及账面价值等信息需要披露。

（2）计入当期损益和确认为无形资产的研究开发支出金额。

13. 商誉的形成来源、账面价值的增减变动情况

14. 递延所得税资产和递延所得税负债

（1）已确认递延所得税资产和递延所得税负债的详细项目需披露。

（2）未确认递延所得税资产的可抵扣暂时性差异、可抵扣亏损等的金额（存在到期日的，还应披露到期日）。

15. 资产减值准备

资产减值准备的披露格式如表7－11所示。

表7－11 资产减值准备

项　目	年初账面余额	本期计提额	本期减少额		期末账面余额
			转回	转销	
一、坏账准备					
二、存货跌价准备					
三、可供出售金融资产减值准备					
四、持有至到期投资减值准备					
五、长期股权投资减值准备					
六、投资性房地产减值准备					
七、固定资产减值准备					
八、工程物资减值准备					
九、在建工程减值准备					
十、生产性生物资产减值准备					
其中：成熟生产性生物资产减值准备					
十一、油气资产减值准备					
十二、无形资产减值准备					
十三、商誉减值准备					
十四、其他					
合　计					

16. 所有权受到限制的资产

（1）资产所有权受到限制的原因。

（2）所有权受到限制的资产金额及原因需详细披露。其格式如表7－12所示。

表 7－12 所有权受到限制的资产

所有权受到限制的资产类别	年初账面余额	本期增加额	本期减少额	期末账面余额
一、用于担保的资产				
1.				
……				
二、其他原因造成所有权受到限制的资产				
1.				
……				
合　计				

17. 交易性金融负债

交易性金融负债的披露格式如表 7－13 所示。

表 7－13 交易性金融负债

项　目	期末公允价值	年初公允价值
1. 发行的交易性债券		
2. 指定为以公允价值计量且其变动计入当期损益的金融负债		
3. 衍生金融负债		
4. 其他		
合　计		

18. 职工薪酬

（1）应付职工薪酬的披露格式如表 7－14 所示。

表 7－14 应付职工薪酬

项　目	年初账面余额	本期增加额	本期支付额	期末账面余额
一、工资、奖金、津贴和补贴				
二、职工福利费				
三、社会保险费				
其中：1. 医疗保险费				
2. 基本养老保险费				
3. 年金缴费				
4. 失业保险费				
5. 工伤保险费				
6. 生育保险费				
四、住房公积金				
五、工会经费和职工教育经费				
六、非货币性福利				

续表

项　　目	年初账面余额	本期增加额	本期支付额	期末账面余额
七、因解除劳动关系给予的补偿				
八、其他				
其中：以现金结算的股份支付				
合　　计				

（2）企业本期为职工提供的各项非货币性福利形式、金额及其计算依据。

19. 应交税费

应交税费按具体的税费项目进行披露。

20. 其他流动资产

其他流动资产按具体项目进行披露。

21. 短期借款和长期借款

（1）借款按借款方式进行披露。

（2）对于期末逾期借款，应分别贷款单位、借款金额、逾期时间、年利率、逾期未偿还原因和预期还款期等进行披露。

22. 应付债券

应付债券按具体项目进行披露。

23. 长期应付款

长期应付款按具体项目进行披露。

24. 营业收入

（1）营业收入的披露格式如表 7－15 所示。

表 7－15　营业收入

项　　目	本期发生额	上期发生额
1. 主营业务收入		
2. 其他业务收入		
合　　计		

（2）披露建造合同当期预计损失的原因和金额。

25. 公允价值变动收益

公允价值变动收益按产生公允价值变动收益的来源项目进行披露。

26. 投资收益

（1）投资收益按产生投资收益的来源项目进行披露。

按照收益法核算的长期股权投资，直接以被投资单位的账面净损益计算确认投资损益的事实及原因。

27. 资产减值损失

资产减值损失的披露格式如表7－16所示。

表7－16　资产减值损失

项　　目	本期发生额	上期发生额
一、坏账准备		
二、存货跌价准备		
三、可供出售金融资产减值准备		
四、持有至到期投资减值准备		
五、长期股权投资减值准备		
六、投资性房地产减值准备		
七、固定资产减值准备		
八、工程物资减值准备		
九、在建工程减值准备		
十、生产性生物资产减值准备		
十一、油气资产减值准备		
十二、无形资产减值准备		
十三、商誉减值准备		
十四、其他		
合　　计		

28. 营业外收入

营业外收入按产生营业外收入的项目进行披露。

29. 营业外支出

营业外支出按产生营业外支出的项目进行披露。

30. 所得税费用

（1）所得税费用（收益）的组成，包括当期所得税、递延所得税。

（2）所得税费用（收益）与会计利润的关系。

31. 政府补助

企业应当披露取得政府补助的种类及金额。

32. 每股收益

（1）基本每股收益和稀释每股收益分子、分母的计算过程。

（2）列报期间不具有稀释性但以后期间很可能具有稀释性的潜在普通股。

（3）在资产负债表日至财务报告批准报出日之间，企业发行在外普通股或潜在普通股股数发生重大变化的情况，如股份发行、股份回购、潜在普通股发行、潜在普通股转换或股权等。

33. 利润表

企业可以按照费用的性质分类披露利润表。

34. 非货币性资产交换

（1）换入资产、换出资产的类别。

（2）换入资产成本的确定方式。

（3）换入资产、换出资产的公允价值及换出资产的账面价值。

35. 股份支付

（1）当期授予、股权和失效的各项权益工具总额。

（2）期末发行在外股份期权或其他权益工具行权价的范围和合同剩余期限。

（3）当期行权的股份期权或其他权益工具以其行权日价格计算的加权平均价格。

（4）股份支付交易对当期财务状况和经营成果的影响。

36. 债务重组

按照《企业会计准则第12号——债务重组》第十四条或第十五条的相关规定进行披露。

37. 借款费用

（1）当期资本化的借款费用金额。

（2）当期用于计算确定借款费用资本化金额的资本化率。

38. 外币折算

（1）计入当期损益的汇兑差额。

（2）处置境外经营对外币财务报表折算差额的影响。

39. 企业合并

企业合并发生当期的期末，合并方或购买方应当按照《企业会计准则第20号——企业合并》第十八条或第十九条的相关规定进行披露。

40. 租赁

（1）融资租赁出租人应当说明未实现融资收益的余额，并披露与融资租赁有关的期限。

（2）经营租赁按出租人各类租出资产的项目披露。

（3）融资租赁承租人应当说明未确认融资费用的余额，并披露与融资租赁有关的下列信息。

① 各类租入固定资产的年初和期末原价、累计折旧额、减值准备累计金额。

② 以后年度将支付的最低租赁付款额按年度进行披露。

(4) 对于重大的经营租赁，经营租赁承租人应当披露剩余租赁期及最低租赁付款额的信息。

(5) 披露各售后租回交易及售后租回合同中的总要条款。

41. 终止经营

终止经营的披露格式如表7-17所示。

表7-17 终止经营

项目	本期发生额	上期发生额
一、终止经营收入		
减：终止经营费用		
二、终止经营利润总额		
减：终止经营所得税费用		
三、终止经营净利润		

42. 分部报告

(1) 主要报告形式是按业务分部的内容披露。

(2) 在主要报告形式的基础上，对于次要报告形式，企业还应披露对外交易收入、分部资产总额。

思考与练习

1. 在财务报表附注中需要披露的会计政策有哪些？
2. 会计政策变更的条件是什么？
3. 什么是会计估计变更？其常见的估计项目有哪些？
4. 前期差错产生的原因是什么？如何处理前期差错？
5. 判断关联方关系的标准有哪些？
6. 如何确定关联方交易？
7. 如何确认和计量或有事项？
8. 如何理解资产负债表日后事项？
9. 财务报表重要项目的说明有哪些？

第8章

财务报表分析概述

【学习目标】

- ☑ 了解财务报表分析的目的。
- ☑ 掌握财务报表分析的程序。
- ☑ 掌握进行财务报表分析的比较法、趋势分析法。

企业财务报表分析作为一门新兴的学科起源于20世纪初期的美国，率先采用财务报表分析技术的是美国的银行家。当时的银行家为了确保自己的贷款安全、及时地收回本息，十分关注企业的财务状况及偿债能力。为了审查贷款者所具有的偿债能力，需要对企业的资产与负债状况进行分析研究。对财务报表审查与分析的主要内容是企业的资产负债率指标，以此对贷款者的偿债能力做出衡量与评价。于是，就形成了最早的财务报表分析。第二次世界大战以后，由于经济的快速发展和市场竞争日趋激烈，企业为了立于不败之地，追求企业价值的最大化，就需要讲求管理的有效性。为了实现有效的企业管理，必须借助于财务报表分析所提供的“资讯导向”。另外，银行业务的蓬勃发展，也使得财务报表分析逐渐受到各方面的重视。

伴随着商品经济的发展，财务报表分析技术又逐渐被应用于一般工商企业的信用调查。卖方在赊销商品给买方之前往往要求买方提供企业的财务报表，力图通过财务报表的分析揭示被授予信用者偿还货款等能力，这是财务报表分析的进一步发展。后来，由于企业经营管理的客观需要，企业一改被动地接受信用调查的方式而变为主动分析企业的财务状况与经营成果，分析的对象也由原来的资产负债表扩大为各种定期性的财务报表、查账报告书、会计政策和经营管理的其他有关数据与资料。

8.1 财务报表分析的意义及目的

现代市场经济的迅猛发展，不仅现代企业的组织方式发生了深刻的变革，而且现代企业的经营向着国际化、多元化和分权化的方向发展。企业的管理者面对这样的外部环境，为了对企业的经营做出正确的决策，使企业能够在激烈的竞争中生存与发展下去，使企业保持良好的运作状态，企业的管理者必须及时掌握完整、可靠和正确的经营资讯。

8.1.1 财务报表分析的意义

财务报表是有关企业财务状况和经营成果的单项原始数据按规定的项目和排列顺序所作的集合，其目的是向他人提供决策的财务信息和经济信息。然而，这些单项的原始数据，不经过比较分析，就其本身来说并无多大意义。俗话说“外行看热闹，内行看门道”。对一个不了解财务报表分析的人来说，看到财务报表中一排排原始数字，只是看热闹而已；对一个熟悉财务报表分析的人来说，只有通过各个单项原始数据的比较分析，才能看出门道。例如，某企业2007年度实现主营业务收入1 000万元。很显然，光有这样一个数据并不能说明多少问题。假如还了解到该企业2006年度的主营业务利润有120万元，那么通过这两个数据的比较就能获得有用的经济信息。通过这两个数字的比：120/1 000 = 12%，表明2006年度企业的主营业务利润率为12%，或者说每100元的主营业务收入就有12元的主营业务利润。如果还有该企业近两年的主营业务收入和主营业务利润，或者还有税后利润这些数据，且将它们通过某种形式联系起来加以分析比较，就可能揭示出更多的隐含在财务报表中的重要信息。另外，对于不同企业的财务报表数据，如果不进行比较分析，也难以对这些企业的财务状况和经营成果做出全面的评价。

为了充分发挥财务报表上原始数据的作用，以便进行正确的判断和有效的决策，还需要对报表数据做进一步加工，通过分析、比较，求出新的数据。这些新的数据能够说明企业财务某些方面的具体问题。例如，说明企业偿还即将到期的债务能力，或者说明存货周转效率，等等。这样就可以用简单的文字进行解释和评价，对企业财务状况是否健全，企业经营管理是否妥善，存在哪些问题，还有哪些潜力可以进一步挖掘，以及企业业务前景如何等，做出有事实根据的判断和总结。

财务报表分析的目的与具体的分析者有着紧密的联系。分析者不同分析目的必然有一定的区别，所以财务报表分析的目的一般可以分为两个方面：一是报表分析的基本目的，二是不同分析者的分析目的。

8.1.2 财务报表分析的一般目的

财务报表分析的结果是重要的经营资讯。这些经营资讯是经营过程各个环节运行状况的重要“信号”，透过这些财务信息，企业的投资人、债权人、管理者就可以捕捉到具有参考价值的资讯，通过这些信息对自身的经营行为做出必要的反映与调整，使其达成正确的经营决策。

1. 评价一个企业的经营业绩

一个企业经营业绩的好与坏，必须通过财务指标的分析才能加以评价。因为，企业的经营业绩是由一系列财务指标所组成的，诸如营业净利的多少、投资报酬率的高低、销售量的大小、负债与所有者权益比率和营运资金流量等财务指标。企业的管理者可以借助于对这些指标的分析、研究，评价企业过去所取得的经营业绩。

2. 衡量一个企业的财务状况

企业的财务状况也是通过财务报表的分析加以衡量的。因为一个企业的财务状况隐含于资产负债表之中，这就需要通过财务分析加以揭示。诸如企业的资产、负债和所有者权益的结构、资产价值的估价、举债的多少、存货周转速度的快慢、应收账款周转率的快慢等财务指标，都要通过财务报表分析加以解释。企业的管理者可以透过这些分析结果对企业的财务状况做出比较客观的衡量，以便了解企业真实的财务状况，对一个企业未来的潜在发展能力做出判断。

3. 预测一个企业的发展趋势

企业管理者的经营决策是在分析了解企业现在财务状况和经营成果的基础上，对企业未来的发展趋势做出推断与预测的前提下进行的。企业管理者做出任何一项决策都需要谨慎对待，这就需要通过分析研究之后才能做出正确的决策。财务报表分析具有预测未来发展走势的功能，财务报表的分析者将对可供选择的若干发展方案在财务上的可行性进行比较研究，权衡各方案的利弊得失，分析企业财务状况与经营成果的未来发展的可能趋势，协助企业管理者达成有效的决策。

8.1.3　财务报表分析的特定目的

财务报表分析的服务对象并不是单一的，它的服务对象包括企业的债权人、投资者、经营管理者、注册会计师与审计人员及政府机构，等等。不同的需要者分析研究财务报表的目的是有一定区别的，因为不同的需要者所处的角度和考虑的利害关系是有区别的。财务报表分析的具体目的依据资讯需要者的不同分别说明如下。

1. 债权人分析财务报表的目的

债权人又称为信用授予者，是指那些将资金借贷给企业的人。债权人向企业提供资金的方式尽管有所不同，但这些债权因为契约签订而具有固定的性质。从法律上来讲，债权人已经拥有收回债权本金与利息的权利。因此，债权人在决定是否授予企业信用之前，必须通过债务人的财务报表，分析、判断与评价企业的长期偿债能力与短期偿债能力。由于债权人所授予的信用期限、信用条件、抵押品等方面的情况有所不同，债权人往往采用不同的分析方法、分析内容和评价标准。

短期债务的债权人分析财务报表的着眼点主要在于短期财务状况、短期偿债能力、存货周转率和获利能力等；长期债务的债权人分析财务报表的着眼点主要集中于长期偿债能力、资本结构、经营能力、获利能力和经营现金流量等。此外，不论长期债权人还是短期债权人都要对借款企业的固定资产和其他资产的变现价值重点进行分析，因为借款企业一旦由于经营或者财务上的原因发生倒闭清算，在一般情况之下，资产的可变现净值均低于其账面价值，所以资产变现净值的高低也影响债权人的权益。

2. 投资人分析财务报表的目的

投资人又称权益投资人，是指提供资金给企业且为企业承担最终风险的企业所有者，股份企业的投资人就是企业的股东。投资人与债权人不同。与企业的债权人比较，投资者不仅要承担一切可能发生的风险，而且投资人投入的资本也是偿还长短期债务和优先股股本的保障。所以，投资人对财务报表分析的重视程度超过其他任何资讯需要者。

投资人分析财务报表的着眼点主要在于投资人在企业所占的权益大小。就一般企业而言，投资人分析的重点在于企业财务状况、资本结构、资产运用效率和获利能力等。对上市股份公司来说，投资人分析财务报表的核心在于股票的价值，股东对于股权并没有固定的求偿权，其权益只有透过股票的价值加以反映。股东进行财务报表分析首先是评价影响股票价值的因素，诸如公司资产的运行效率、获利能力、财务状况和资本结构；其次是分析影响股权的直接因素，包括股东持有股份数量、当期股利多少，以及资本报酬率水平等。

3. 经营管理者分析财务报表的目的

经营管理者是指企业的厂长或经理。作为一个企业的直接经营者，他们负有达到企业经营目标的责任，直接掌握企业的实际运作。因此，企业管理者需要通过财务报表的分析，迅速获得决策有用的财务资讯，以便根据这些信息对经营行为做出必要的调整，针对企业的具体财务状况和经营成果采用必要的措施和管理方法。

对经营管理者来说，分析财务报表的目的除了评价企业短期偿债能力、资本结构、长期偿债能力、每股账面价值与盈余、投资报酬率和资产运用效率之外，更重要的是进行内部分析，包括企业损益与本量利分析、部门业绩与投资报酬率分析、资金流量分析、财务预测分析、经营杠杆分析等。企业的经营者将运用这些财务报表分析的结果进行企业内部的管理与控制，或者运用这些资讯进行经营决策。

4. 注册会计师分析财务报表的目的

注册会计师是指经政府批准、登记注册的具有执业资格的会计师。注册会计师在经济社会的主要功能就是进行经济公证，其主要的工作领域包括验证资本和财务报表签证。没有经过注册会计师签证的财务报表不能对外陈报。中国企业会计准则规定企业的财务报表也实行签证制度。

企业的财务报表经查核验证后才能对外陈报。注册会计师对企业的年终决策报告经查核验证之后提出查账报告书。在查账报告书之中，注册会计师将对企业会计处理是否符合会计准则，是否能够客观而公正地表达某一特定期间的财务状况和经营成果表示专家意见。注册会计师对企业财务状况与成果的查核与判断是以财务报表分析作为主要手段的，且在查账验证终了时，将分析的结果作为全面评价企业财务报表是否合理的结论。

5. 政府机构分析报表的目的

政府机构是指政府的税务机关、工商行政管理机关、国有资产管理机构和其他政府机构。这些政府机构分析财务报表的目的取决于各政府机构的职能，例如国家税务机关通过分析财务报表，主要对企业的纳税进行确认与鉴定，也就是通过财务报表分析作为查验纳税人报税流转额、增值额和所得额是否准确的依据。工商行政管理部门将通过财务报表分析了解企业的经营范围和注册资本投入的情况，作为核发工商营业执照和工商登记的依据。国有资产管理部门将通过企业财务报表的分析，掌握国有资产的运用效率与投资报酬率，从投资者的角度研究分析企业的财务状况与经营成果。

8.2　财务报表分析的内容与程序

8.2.1　财务报表分析的内容

财务报表分析的内容，概括地说就是企业的财务状况和经营成果。财务报表使用者与企业的利害关系不同，故他们的分析各有不同的侧重点。

1. 资本结构分析

企业在生产经营过程中周转使用的资金，其来源必须稳定可靠，这是企业得以长期生存和发展的根本保证。企业从不同的来源取得所需资金，这些来源从资产负债表上概括起来不外有三大组成部分：短期负债、长期负债和股东权益。所谓资本结构是指它们各自所占比例为多少，这个比例涉及企业的重大决策问题，如企业的融资决策和营运资本融资政策等。从资本结构的理论上说，每个企业都有自身的最佳的负债和股东权益的比例结构。在这一最佳结构下企业的加权平均总资本成本最小，企业的价值最大。因此，资本结构的健全和合理与否，直接关系到企业经济实力的充实和经济基础的稳定与否。如果资本结构健全、合理，企业的经济基础就比较牢固，能承担各种风险；反之，如果资本结构不合理，就难以承担各种风险。

2. 资产运用效率分析

企业取得的资金，是以不同的形态分配投放到各类资产上。这些资金的投放必须适当。也就是说，各类资产之间必须保持一个恰当的比例关系，且在同类资产中的各种资产之间也应当有一个合理的资金分配，只有这样企业才能稳步发展，提高资金的使用效益。另外，企业资金所投资的各种资产能否充分有效地使用，其周转速度的快慢，以及为企业带来收入的能力大小，直接关系到企业盈利能力及资金需要量。

3. 盈利能力分析

盈利能力即企业赚取利润的能力。获取利润是企业生产经营的根本目的，又是衡量企业经营成功与否的重要标志。它不仅是企业所有者（股东）关心的重点，同时又是企业经营管理者和债权人极其关注的问题。这里所说的盈利能力分析不仅包含一个时期的盈利能力大小，而且包括企业在较长一段时期内稳定地获取利润能力的大小。盈利能力分析是财务报表分析的重点，包含着非常丰富的内容。

4. 偿债能力分析

企业在生产经营过程中，为了弥补自身资金不足就要对外举债。举债经营的前提必须是按时偿还本金和利息，否则就会使企业陷入困境甚至危及企业的生存。导致企业破产的最根本、最直接的原因是企业不能偿还到期债务。因此，通过偿债能力分析，使债权人（如银行）和债务人（如企业管理者）双方都认识到风险的存在和风险的大小，债权人可做出贷款决策，而经营者可了解自己的财务状况和偿债能力的大小。

5. 资金流转分析

资金流转分析主要通过对企业资金的流入、流出及净流量的分析，可以清楚地了解企业在一定时期内从哪些方面取得资金，又将资金运用到哪里，并且预测企业未来资金的变动情况，以此衡量企业未来时期的偿债能力，防范和化解由负债所产生的财务风险。

8.2.2 财务报表分析的程序

财务报表分析的程序是指报表分析者对财务报表进行分析的基本步骤。财务报表分析的基本功能在于收集与企业经营决策有关的各项财务资讯，分析、研究和解释这些财务资讯之间的相互关系，借以揭示与评价企业的财务状况和经营成果。所以，财务报表分析的基本步骤包括确定分析目标，提出所需解决的问题，收集与决策有关的财务资讯，确定采用的分析工具和方法，分析财务资料、研究财务资讯的相互联系且对财务状况和经营成果做出解释。

1. 确定财务报表分析的目标

在进行财务报表分析之前，财务报表的分析者先应确定分析的目标。因为，只有确定明确的分析目标，才能设计具体的财务报表分析程序、拟定具体的分析内容；只有在明确的分析目标之下才能决定采用何种分析工具与分析方法。确定明确的财务报表分析目标，有助于提高财务报表分析的工作效率。

财务报表分析的目标根据不同需要有以下几种选择：

（1）同行业的先进水平或竞争对象水平；

（2）同行业的平均水平；

（3）本企业多年来的先进水平；

（4）本企业多年来的平均水平；

（5）本企业的财务计划。

2. 提出所需解决的问题

这个分析步骤实际上是财务报表分析目标的具体化。财务报表分析目标一旦确定，必须提出达成预期分析目标所需解决的问题。例如，企业拟发行两年期的企业债券筹措长期资本，那么，发行债券的可行性就是财务报表分析的目标。为了实现这个分析目标，就需要提出具体的问题，如企业的资本结构怎样？企业的长期偿债能力怎样？企业筹集资金的具体用途和资本报酬率的高低等，这些都是财务报表分析目标所需具体解决的问题。

3. 收集与决策有关的各项财务资讯

财务报表分析者取得财务资讯的主要来源包括企业对外报送的各种财务报表与企业内部的管理报表，注册会计师的查账报告书，企业的会计政策和其他有关资料。

财务报表分析的资料来源主要是对外财务报表，即资产负债表、利润表和现金流量表及其有关附表。为了便于正确理解和分析报表，还需财务报表附注和财务状况说明书。财务报表附注主要说明企业所采用的主要会计处理方法，会计处理方法的变更情况、变更原因及对财务状况和经营成果的影响，非经常性项目的说明，财务报表中有关重要项目的明细资料，或有项目，以及其他有助于理解和分析报表需要说明的事项。财务状况说明书主要说明企业的生产经营状况，利润实现和分配状况，资金增减和周转情况，税金缴纳情况，财产物资变动情况。财务状况说明书还包括对企业财务状况发生重大影响的信息披露及需要说明的其他事项。

上述这些资料至少应覆盖若干期，期限越长，越有利于趋势分析。另外，还应搜集比较目标的资料，例如，同行业的先进水平，同行业的平均水平，竞争对手的水平等。

4. 确定采用何种分析工具与方法

财务报表分析者在分析中将采用一定的分析技术与方法，对企业的各种财务资讯进行分析研究。通过财务报表分析，显示各项财务资料所包含的重要关系；采用的分析技术与方法包括比较分析法、趋势分析法、结构分析法、比率分析法和特定分析法，等等。在运用这些分析技术与方法时需要加以选择，因为这些方法各有优缺点，适用于不同的分析对象。在这些分析方法中没有一种方法是绝对好的。所以，在进行财务报表分析之前必须了解被分析企业的具体情况，在了解分析对象之后，财务分析者才能决定采用何种分析方法进行分析。在财务报表分析的实务操作中往往分别采用不同分析方法对同一个分析对象进行分析，再将各种分析方法的结果相互比较，综合之后再对企业的经营成果与财务状况做出合理的解释。

5. 分析财务资料、研究财务指标的重要关系，对企业的财务状况与经营成果做出解释

采用一定的分析技术与方法进行分析并不是财务报表分析的最终目的。财务报表分析的功能在于对企业的财务状况与经营成果做出符合实际情况的解释与说明，运用财务报表分析的结果，使企业的债权人、投资人、经营管理者、注册会计师和政府机构能够据此做出正确的判断与决策。

财务报表分析的一般程序可以用表 8－1 说明如下。

表 8－1 财务报表分析的一般程序

分析步骤	释例
① 确定财务报表分析的目标	企业发行两年期企业债券筹措资金的财务可行性
② 提出所需解决的问题	企业的资本结构怎样 企业的长期偿债能力怎样 企业所筹资金的具体用途怎样 企业所筹资金的报酬率怎样 企业的预期现金流量怎样
③ 收集与决策有关的财务资讯	企业定期的财务报表，注册会计师的查账报告书，企业的会计政策和其他有关资料
④ 采用何种分析工具和分析方法	企业资本结构分析包括财务杠杆分析，比率分析，利息保障倍数分析；资本报酬率分析；现金流量预测分析等
⑤ 分析财务资料、研究财务指标的重要关系且对财务状况和经营成果做出解释	通过财务杠杆指数，负债对总资产比率，负债对所有者权益比率，流动资产对总资产比率，长期负债对总资产比率，利息保障倍数，投资报酬率等对问题做出判断

8.2.3 财务报表分析的资料来源

财务报表分析是依据一定的财务资讯进行的。这些财务资讯的主要资料来源有企业定期的财务报表，注册会计师的查账报告书，企业的会计政策和其他数据资料。

1. 企业定期的财务报表

定期财务报表一般是指会计人员定期编制的各种对外财务报表。依据我国的企业会计准则与企业财务通则，企业财务报表由对外报送的财务报表及附表，财务报表的附注和财务报表情况说明书所组成。

对外报送的财务报表包括资产负债表、利润表、现金流量表，这些财务报表依据国际惯例应先经中国注册会计师查核验证，且经企业的董事会、监事会认可之后向主管机构出报并且进行公告。财务报表附表包括资产减值准备明细表，所有者权益（股东权益）增减变动表，应交增值税明细表，利润分配表分部报表。财务报表的附注一般包括对某些重要项目所采用的会计处理方法的说明，某些会计方法的变动情况、变动原因及其会计方法变动后对本期财务状况的影响；资产负债表日至报出会计报告前发生的对财务状况有重大影响的事项；其他为便于正确理解财务报表做出合理解释与需要说明的事项。财务情况说明书是对企业财务状况和经营成果的说明。

2. 注册会计师的查账报告书

查账报告书是中国注册会计师对企业年终决算报表审查验收后提出的一种法律公证文件。由于财务报表的编制者与其使用者之间客观上存在着利害关系的冲突，这就要求财务报表必须通过签证，使其能够客观地反映企业真实的财务状况和经营成果，以便得到财务报表使用者的充分信任，通过它达成正确的判断与决策。为使财务报表公正、客观、真实地表达企业的财务状况和经营成果，世界上许多国家的法律都规定企业对外报送的财务报表必须经过国家承认的执业会计师进行查核与签证。

中国的会计法、企业会计准则和注册会计师法也对此做出了规定。中国注册会计师法规定：中国注册会计师应依据中国注册会计师协会公布的《注册会计师检查验证财务报表规则》及一般公认查账准则，采用必要的查账程序对企业的财务报表实施检查后提出查账报告书，且对检查后的财务报表表示意见。财务报表分析者、企业的投资者、银行和其他债权人，以及政府机构对于注册会计师所提出的查账报告书都应给予极大的信任，因为查账报告书有公证的意义与效果。查账报告是中国注册会计师对企业财务状况与经营成果进行详尽检查核实后所提出的，在查账报告书中注册会计师要对企业财务报表是否能够客观与公正地反映财务状况与经营成果表示可以信赖的专家意见，借以揭示财务报表所隐含的有关重要问题。

3. 企业的会计政策

企业的会计政策是指一个企业在编制财务报表时所依据的各项会计原理、原则与方法，以及对这些会计原理、原则和方法的特殊应用，目的是适应企业在经营管理中的特定需要。一个企业的会计政策通常包括固定资产折旧方法，低值易耗品摊销方法，材料计价方法与在产品计算方法，固定资产大修理费的处理方法，记账本位币的选择，坏账准备的提取方法，汇率的确定方法，税后利润的分配方法和其他会计政策等。

企业在会计处理中，会计人员应当采用各种不同的处理方法评估其资产和分摊其成本。例如，企业的存货计价可以采用先进先出法，后进先出法，移动加权平均法，一次加权平均法等；固定资产的折旧可以采用直线法，也可以采用加速折旧法；企业的长期股权投资在核算中可以采用成本法或者采用权益法。这些会计政策对于财务报表的使用者来说都具有非常重要的意义。所以，美国会计原则委员会发表的第 22 号意见书中指出："一个企业所采用的会计政策对于报表的使用者具有重要性，所以一个企业对外发表财务报表的目的在于遵照一般公认会计原则，以公正地表达其财务状况的变动和成果时，有关该企业所采用的各项重要会计政策必须包括在财务报表之内，并且成为该项财务报表整体的一部分。"中国的会计准则对此也做出了具体规定。

8.2.4 财务报表分析的要求

财务报表分析必须做到针对性强，能够全面反映企业的经营成果和财务状况，及时发现企业经营中存在的问题且对问题进行分析，研究产生问题的原因和解决问题的办法，还要从财务报表分析中发现可能存在的问题和风险，及时加以处置和防范。通过财务报表的分析还可以进一步挖掘潜力，充分发挥企业的潜在有利因素，有效地改善企业财务状况和提高经营成果。

在分析过程中还应注意以下 5 个问题。

1. 经营成果分析和财务状况分析相结合

经营成果分析是一种收益性分析，指观察企业具有多大程度的可获利润的能力，即企业的获利能力。财务状况分析是一种流动性分析，通过分析企业资金的来源和占用情况来观察企业的经营活动是否顺利，即进行资金方面的分析。良好的财务状况是企业获取利润、继续生存、发展的根本保证，而较强的获利能力，又会使企业的财务状况得以改善。因此，不能将经营成果分析与财务状况分析孤立开来，而应将两者有机地结合在一起。

2. 绝对数额分析和相对数额分析相结合

绝对数额分析和相对数额分析都是非常重要的。例如，某企业利润表中税后净利润为 100 万元，资产负债表中股东权益为 1 000 万元，这两个数字都是绝对数额，它表明企业的税后净利润和股东权益各为多少。净资产收益率为税后净利润/股东权益 = 100/1 000 = 10%，是一个相对的比值，它表明股东用其权益资金每投资 100 元获取的税后利润为 10 元。这两种分析都是必不可少的，净资产收益率表明净资产投资的收益率，税后利润表示利润总额的多少。因此，在财务报表的分析中，既要重视绝对数额分析，也要重视相对数额分析，将两者很好地结合起来。

3. 静态分析（同一时点比较）和动态分析（不同时点比较）相结合

企业的经营状况和经营成果是随着时间的变化而变化的。作为财务报表又不得不将其固定下来，或者按某个时点或者按某个年度将其固定。例如，某年 12 月 31 日的资产负债表只反映了该年 12 月 31 日的状态。为了对企业的财务变化有一个较全面、较完整的了解，必须考察不同时期的报表，分析其变化特征，且从变化中寻找当时存在的问题和产生问题的原因，从本企业历史的变化中研究当前所处的位置。

4. 本企业财务分析与相关企业财务分析相结合

任何企业的生产经营都与相关企业的生产经营密切关联的，这些相关企业包括同行业及合作伙伴和竞争对手。因此，做财务分析时不仅需要了解与掌握企业自身的财务状况和经营成果，还须了解和掌握相关企业情况，分析研究本行业各项指标的先进水平和平均水平，分析研究合作伙伴和竞争对手的有关指标和财务状况，把本企业放在周围相关环境中进行考察，知己知彼，认清本企业所处的位置，明确进一步发展的方向。

5. 分析过去和预测将来相结合

对过去的财务报表进行分析比较和研究，目的在于预测未来，规划现在。例如，选取已有的历史资料，运用科学方法对将来尚未发生的不确定的事件做出预测，才能更好地规划现在，制定适合企业发展的最佳的决策和企业政策。

8.3　财务报表的分析方法

8.3.1　财务报表分析方法的种类

财务报表分析的主要目的在于研究一个企业长短期财力的大小，而研究企业综合财力的手段就是财务报表的分析方法。财务报表分析通常包括定性分析和定量分析。定性分析是指分析者根据自己的知识、经验以及对企业内部情况的了解程度所做出的非量化的分析和评价；而定量分析则是指分析者运用一定的数学方法和分析技巧对有关指标所做的量化分析。分析者应当根据分析的具体目的和要求，在定量分析基础上结合定性分析，以便正确评价企业的财务状况和经营成果。本章主要介绍定量分析中常用的几种方法。这些常用方法对每一个分析者来说，不论其自身经历如何都是共同采用的。从这个意义上说，定量分析方法是客观性方法。定性分析方法则与分析者自身的经验、知识、风格等因素有关，是带有主观成分的分析方法。定量分析与定性分析并不矛盾，而是相辅相成的。

财务报表分析的方法有很多种。一般常用的财务报表分析方法包括比较分析法、趋势分析法、结构分析法、比率分析法和特定分析法等。

1. 比较分析法

比较分析就是将两个会计期间以上的资产负债表、利润表和现金流量表加以并列与比较，以便发现财务会计指标存在的问题。比较分析的方式主要有下列四种：绝对数字比较、绝对数字增减变动比较、百分比增减变动比较、比率增减变动比较。

2. 趋势分析法

趋势分析法是以连续数年的财务会计资料，选择第一年或某一年的资料为基期数据，计算每一个期间各个项目的趋势百分比，借以显示其在各期间上升或者下降的变动趋势。趋势分析包括财务状况趋势分析、经营成果趋势分析和财务状况变动趋势分析等。

3. 结构分析法

结构分析也叫共同比分析。这种分析是在财务报表中，列示各组成项目占总金额的百分比，以便反映这些项目在总体中的比重。所以，这种分析也称共同比财务报表。结构分析包括资产负债表、利润表和现金流量表内各项目的结构分析。

4. 比率分析法

比率分析是财务报表分析中应用最广泛的一项分析工具。比率是指某一特定日期或者某一期间各有关项目的相关性，且以百分率或者分数加以表示。比率分析在于通过指标的比较，研究各项目的内在联系与规律性。比率分析包括资产负债、所有者权益和损益各项目的比率分析。

5. 特定分析法

特定分析法一般包括资金流量与财务预测分析、财务状况变动分析、销售毛利变动分析和成本－数量－利润分析等。

8.3.2 比较分析法

比较分析又称比较性财务报表。这种分析对于报表的使用者具有重大意义，因为不同年度的财务报表相互比较之后，不但可以显示一个企业财务状况的变化情况与潜在获利能力的高低，而且还可评估企业的经营管理绩效。美国会计师协会在第43号会计研究公报中极力强调比较财务报表的重要性。中国的会计准则也指出：“财务报表可以根据需要，采用前后期对比方式编列”。

比较分析的意义是通过观察若干年度的财务报告，比较有关项目的消长变化，借以了解企业经营的演变过程。通过比较性财务报表还可以说明企业当期财务变化对企业影响的性质及发展趋势。但是，比较分析法在实际应用中也受到一定的限制。如果比较两个以上的财务报告，必须考虑企业的种类、经营性质，以及所采用的会计方法等方面都应该具有可比性，否则，进行比较分析很难得到较为合理的结论。

1. 比较分析的目的

1）将同一期间的项目与项目比较，以便比较研究它们之间的关系，分析这些项目的得失

（1）同一报表的科目相互比较，例如将销售退回与销售收入进行比较，以便观察企业的销售退回率。

（2）同一报表的类与类相互比较，例如将流动资产与流动负债进行比较，以便观察企业的短期偿债能力。

（3）同一报表的项目与大类相互比较，例如将现金与流动资产比较，以便观察企业的现金是否充足。

（4）不同报表的项目相互比较，例如销售净额与应收账款比较，以便观察应收账款的周转。

（5）不同报表的类与类之间的比较，例如销售成本加营业费用与流动资产进行比较，以便观察流动资产的周转率。

（6）不同报表科目与大类的比较，例如销售成本与存货的比较可以观察存货的周转率。

2）将不同期间同一科目、同一类或者同一比率比较，以便比较研究不同的时期的联系，分析未来的发展趋势

（1）前后期报表同一科目、同一大类或者同一比率的比较，以观察它们的增加或减少。

（2）连续数年报表同一科目、同一大类或者同一比率的比较，以推测其未来的趋势。

3）同一期间与某一标准或者某一水准的比较，以便分析企业的生存能力、竞争能力和计划的完成程度

（1）与同业平均水准或者竞争者的水准比较，以便观察企业在同行业内的生存能力与竞争能力。

（2）与预算或者标准进行比较，以便观察是否符合企业的目标，能否达成企业的计划或预算。

2. 比较分析方法的比较方式

1）绝对数字比较

绝对数字比较分析就是将财务报表中所列报的绝对数字直接加以比较，通过观察了解企业财务状况与经营成果的变化情况。比较性财务报表可以分为绝对数字比较资产负债表、绝对数字比较利润表和绝对数字比较现金流量表。所谓绝对数字比较资产负债表，是将两期以上的资产负债表中的绝对数字予以并列，借以直接观察资产、负债及所有者权益每个项目的增减变化情况。比较性利润表则是将两期以上的利润表中的绝对数字予以并列，借以直接观察收入、费用和利润每个项目的增减变化情况。绝对数字比较现金流量表是将两期以上的现金流量表中的绝对数字予以并列，借以直接观察各项现金流入、流出的增减变化情况。下面以东方股份有限公司比较性资产负债表为例，说明绝对数字比较方法的运用。

【例8－1】东方股份有限公司2006年度与2007年度部分项目比较性资产负债表见表8－2。

表8－2 东方股份有限公司比较性资产负债表（绝对数字比较）

单位：元

资　　产	2006年	2007年
流动资产：		
货币资金	50 500	42 000
应收票据	110 000	88 000
应收账款	230 000	280 000
存货	96 000	107 000
其他流动资产	2 500	1 500
流动资产合计	489 000	518 500
非流动资产		
长期股权投资	50 000	50 500
固定资产	618 000	723 000
无形资产	1 300	3 100
非流动资产合计	669 300	776 100
资产总额	1 158 300	1 294 600

2）绝对数字增减变动比较

绝对数字增减变动比较是在绝对数字比较的基础上，分别算出一个项目在不同年度之间的增减变动数字，以便财务报表的使用者获得更为明确的财务状况与经营成果的增减变动资讯。绝对数字增减变动比较也是通过比较财务报表进行的。这种比较性财务报表又可以分为绝对数字增减变动比较资产负债表，绝对数字增减变动比较利润表和绝对数字增减变动比较现金流量表。下面以东方股份有限公司比较性资产负债表为例，说明对数字增减变动比较法的运用。

【例 8-2】东方股份有限公司 2006 年度与 2007 年度部分项目比较性资产负债表见表 8-3。

表 8-3 东方股份有限公司比较性资产负债表（绝对数字增减变动比较）

单位：元

资　　产	2006 年	2007 年	增减金额
流动资产：			
货币资金	50 500	42 000	-8 500
应收票据	110 000	88 000	-22 000
应收账款	230 000	280 000	50 000
存货	96 000	107 000	11 000
其他流动资产	2 500	1 500	-1 000
流动资产合计	489 000	518 500	29 500
非流动资产：			
长期股权投资	50 000	50 000	0
固定资产	618 000	723 000	105 000
无形资产	1 300	3 100	1 800
非流动资产合计	669 300	776 100	106 800
资产总额	1 158 300	1 294 600	136 300

3）百分比增减变动比较

百分比增减变动比较是在绝对数字增减变动额的基础上算出增减变动百分比，以便显示不同年度各项目的增减变动幅度，使财务报表的阅读者更加清楚每个项目的具体增减变化程度。这种分析也是通过比较财务报表的形式进行的。这种比较性财务报表可以分为百分比增减变动比较性资产负债表，百分比增减变动比较性利润表和百分比增减变动比较性现金流量表。下面以东方股份有限公司比较性资产负债表为例说明百分比增减变动比较分析法的运用。

【例 8-3】东方股份有限公司 2006 年度与 2007 年度部分项目比较性资产负债表见表 8-4。

表 8-4 东方股份有限公司比较性资产负债表（百分比增减变动比较）

单位：元

资　　产	2006 年	2007 年	增减金额	增减百分比
流动资产：				
货币资金	50 500	42 000	-8 500	-16.83%
应收票据	110 000	88 000	-22 000	-20.00%
应收账款	230 000	280 000	50 000	21.74%
存货	96 000	107 000	11 000	11.46%
其他流动资产	2 500	1 500	-1 000	-40.00%
流动资产合计	489 000	518 500	29 500	6.03%
非流动资产：				
长期股权投资	50 000	50 000	0	0
固定资产	618 000	723 000	105 000	16.99%

续表

资　　产	2006 年	2007 年	增 减 金 额	增减百分比
无形资产	1 300	3 100	1 800	138.46%
非流动资产合计	669 300	776 100	106 800	15.96%
资产总额	1 158 300	1 294 600	136 300	11.77%

注：各项目增减百分比的计算公式如下：

$$某个项目增减百分比 = \frac{某个项目增减数额}{基期数额} \times 100\%$$

4）比率增减变动比较

比率是两个不同时期的绝对数字比较之后算出的百分比，用以说明资产负债表、利润表和现金流量表各项目的整体变化情况及项目数量的发展变动趋势。通过分析，可使财务报表的阅读者了解企业不同年度财务状况与经营成果各项目变动的相关性。这种分析也是通过比较性财务报表来进行的。这种比较性财务报表一般还可分为比较性资产负债表、比较性利润表和比较性现金流量表。下面以东方股份有限公司比较性资产负债表为例，说明比率增减变动比较分析法的运用。

【例 8－4】东方股份有限公司 2006 年度与 2007 年度部分项目比较性资产负债表见表 8－5。

表 8－5　东方股份有限公司比较性资产负债表（比率增减变动比较）

单位：元

资　　产	2006 年	2007 年	增减金额	增减百分比	增减比率
流动资产：					
货币资金	50 500	42 000	－8 500	－16.83%	0.83
应收票据	110 000	88 000	－22 000	－20.00%	0.80
应收账款	230 000	280 000	50 000	21.74%	1.22
存货	96 000	107 000	11 000	11.00%	1.11
其他流动资产	2 500	1 500	－1 000	－40.00%	0.60
流动资产合计	489 000	518 500	29 500	6.03%	1.06
非流动资产：					
长期股权投资	50 000	50 000	0	0	1.00
固定资产	618 000	723 000	105 000	16.99%	1.17
无形资产	1 300	3 100	1 800	138.46%	2.38
非流动资产合计	669 300	776 100	106 800	15.96%	1.16
资产总额	1 158 300	1 294 600	136 300	11.77%	1.12

注：各项目的增减比率计算公式如下：

$$某个项目的比率 = \frac{分析期数额}{基期数额}$$

8.3.3　趋势分析法

趋势分析是在连续数年度的财务报表中，以第一年或者选择某一年为基期，计算每个期间各项目金额对基期同一项目金额的趋势百分比，趋势百分比也称趋势比率或者指数。趋势分析的目的是形成一系列具有比较性的百分比，借以显示财务报表各项目在各期间上升或者下降的变动趋势。这种分析方法不但能够为财务报表阅读者提供财务报表各项目的明显变动趋势，而且还可以通过对过去财务报表各项目的发展变动规律的研究，揭示未来财务状况与经营成果的发展趋势。

趋势分析法的意义在于依据各期间的财务资料，观察财务报表各项目对于基期相同项目的百分比关系，借以显示各项目的升降变动趋势及变化的过程。趋势分析实质上是对比较分析法与比率分析法的综合。趋势百分比是判断企业经营状况是否良好的重要指标。趋势分析法在实际工作中也受到一定的限制。一般来说，在分析中如果只对某个项目进行趋势分析是没有意义的，只有结合其相关项目同时进行分析才能取得理想的分析结论。在计算与分析趋势百分比时，如果前后期的会计原则、会计政策、物价水平不一致，比较分析变动趋势将失去意义或者影响趋势分析的结论。趋势百分比表示财务报表内各项目在不同时期的关系，但是，在财务分析时还应该注意任何一项百分比的增加与减少并不能表示有利或者不利，仅仅从趋势百分比本身还无法提供充分的信息。趋势百分比只有与其他相关项目比较后才能显示有意义的财务会计信息。

1. 趋势分析的基期选择

在计算各期间的趋势百分比时，首先应该选择基期。基期各项目均以 100% 加以表示，在趋势分析中各期间的趋势百分比均以基期为计算基准，所以，对基期的选择必须非常谨慎。基期选择应该妥善，期间应该适当，否则趋势分析将失去意义。从理论上讲，趋势分析所选择的基期必须符合两个条件，即代表性与正常性。而从财务分析实务的处理上一般均选择第一年为基期，因为选择第一年为基期在计算与分析上都比较方便。如果第一年的数据不符合要求，也可选择其他适当的年份作为计算趋势百分比的基期。

趋势分析法在基期的选择上一般有 3 种方法。

（1）固定基期。所谓固定基期就是在计算趋势百分比时以某一期间的金额固定为基期金额，即为 100%，再将同一项目其他各期的金额分别与固定基期的金额相比较，计算出各期有关项目的趋势百分比。

（2）变动基期。所谓变动基期是在计算趋势百分比时所运用的基期是不固定的，同一项目的前一期的金额为后一期的基期金额，也就是用同一项目后一期的金额与前一期的金额比较，分别计算出该项目各期的趋势百分比。

（3）平均基期。所谓平均基期是在计算趋势百分比时以某个项目在一定期间内的平均值作为基期金额，先计算出每个项目在一定期间内的平均金额作为基期金额，然后将各期同一项目的金额与平均金额分别比较，算出该项目各期的趋势百分比。

2. 趋势百分比的计算

由于在计算趋势百分比时可有不同的基期选择，在计算趋势百分比时会有一定的区别。就一般的计算过程而言，计算方法仍然是相同的。趋势百分比的一般计算公式如下：

$$某期趋势百分比=\frac{当期金额（或余额）}{基期金额（或余额）}\times 100\%$$

下面以东方股份有限公司现金数据为例，说明在不同基期下的趋势百分比的计算方法。

【例8－5】东方股份有限公司连续三年的现金余额和按照各种基期计算的趋势百分比见表8－6。

表8－6 东方股份有限公司趋势百分比计算表

	第一年	第二年	第三年
现金余额	100 000	150 000	75 000
以第一年为固定基期	100%	150%	75%
以前一年为变动基期	100%	150%	50%
以三年平均数108 333为基数	92.31%	138.46%	69.23%

表8－6中分别以三种不同的基期计算了趋势百分比。用三种基期算出的趋势百分比可从不同的角度说明东方股份有限公司在三年内现金的基本变动趋势。在表格中的趋势百分比的计算结果均是用百分比的形式来表示的，在实际工作中也可以用比率加以表示，例如在固定基期的条件下，趋势百分比如果用比率表示，第二年的趋势比率为1.50，第三年的趋势比率为0.75。

3. 采用趋势分析法进行计算与分析中应该注意的问题

（1）当基期的某个项目为零或者为负数时，不应该计算趋势百分比，否则会造成错误的计算结果与分析结论。例如某企业第一年没有长期股权投资，第二年的长期股权投资为1 000 000元，这种情况下则不应计算趋势百分比；再例如某企业2006年发生亏损100 000元，而2007年获得利润50 000元，如果计算趋势百分比应该以负数作为计算的基础，这也是一种错误的计算方法，在此情况下不应计算趋势百分比。

（2）在分析中应该研究各相关项目趋势增减的程度。例如，企业的流动资产如果逐年减少，一般为不利的趋势，但是，流动负债的减少较流动资产的减少更多可能就是有利的趋势。

（3）在分析中如果前后期企业的会计政策不一致，趋势分析将失去意义。例如在计算分析存货项目的趋势百分比时，企业的会计政策有否变化对分析结论有着重大影响。如果在上个期间存货采用加权平均法对存货进行计价，而本期改用后进先出法进行计价，那么，这两期的存货由于会计政策不一致，计算趋势百分比加以比较就失去了意义。

（4）在分析中物价水准的变动将直接影响趋势分析，物价水平的波动有损于比较的意义。在进行趋势分析中，如果不同时期的物价水平发生了变动，对于企业存货、收入与费用等方面将产生重大影响，这将使得不同时期的财务资料失去可比性。

（5）在进行趋势分析时还应该与绝对数字一起进行观察，因为仅仅观察相对数字还是不够的。基期金额过高或者过低将被认为趋势非常理想或者非常不理想，但事实并非如此。例如，企业的某个资产项目由10元增加到20元与500 000元增加到1 000 000元，虽然从相对数来看同样增加 100%，但是，对于分析者而言，这两个数据的重要性显然是有所不同的。

8.3.4 结构分析法

1. 结构分析的概述与计算

结构分析也叫共同比财务报表分析。所谓结构是指财务报表中某个项目的金额或某个类别的金额与总金额之间的比例关系，也就是财务报表中局部与整体之间的关系。结构分析可为企业的管理者提供各个项目或类别的基本结构的数据资料。结构分析一般用于不同时期的资产、负债、所有者权益与企业损益的分析，也可用于分析同业竞争者结构的比较，或者用于分析企业实际与标准结构的比较。

1）结构分析的一般目的

（1）分析一个企业的资产结构、资本结构和盈利结构，通过对项目结构分配的研究，了解每一个项目的消长与变动。例如，通过分析所有者权益占总权益的比重反映企业资本结构的基本状况，以便发现企业资本结构存在的问题。

（2）将一个企业的资产结构、资本结构或者盈利结构与同行业、同行业平均或者标准结构进行比较分析更具意义。通过这种对比分析可以发现企业的哪些项目与同行业或者标准结构差距最大，并且对此进行深入的研究与分析，通过采取有力措施加以改善。结构分析的百分比还可兼做比率分析用，所以，进行了结构分析的财务报表可以节省很多比率分析工作。

2）结构分析法的特点

结构分析是对财务状况或经营成果整体内部结构所做的分析研究。结构分析法的特点在于将无法直接比较的绝对数，转换为共同的比率基础，以便进行比较与分析。尤其是在不同企业之间进行财务数据比较时，因为绝对数字没有共同的可比基础，直接进行比较是没有意义的。例如，一家企业的利润总额为 80 万元，而另一家企业的利润总额为 12 万元；在进行财务分析时，如果认为前一家企业的经营业绩好于后一家企业是不正确的。因为这两家企业的经营规模不同、营业额不同、所投入的资本不同、所投入的人力与物力也不同，因而这两家企业的利润总额是不能进行比较的。为了比较这两家企业的获利水平，只能通过利润率指标加以比较。也就是说，只能将绝对数字转化为同一可比的基础才能进比较。

结构分析是通过计算结构指标来进行的。结构指标的计算方法为：先将资产总额、负债总额、所有者权益总额、或者销售净额作为 100%；再以各项目的绝对数逐一与所属总额或净额比较，算出各项目的结构百分比。结构指标的基本计算公式如下：

$$结构指标=\frac{某项目的金额}{总额或净额}\times 100\%$$

结构分析也是通过比较性财务报表进行的。比较性财务报表包括比较性共同比资产负债表和比较性共同比利润表等，编制比较性财务报表时可将一个企业不同时期的财务报表进行比较，也可以将同一时期不同企业的财务报表进行比较。下面以北方股份有限公司与华强股份有限公司的利润表为例说明结构分析法的具体应用。

【例 8-6】北方股份有限公司与华强股份有限公司是同一行业的两家企业，在行业竞争中也属于主要竞争对手。北方股份有限公司财务部收集了华强股份有限公司对外公布的财务报表，编制了表 8-7 所示的比较性利润表。

表 8-7　北方股份有限公司与华强股份有限公司比较利润表

项目名称	北方股份有限公司		华强股份有限公司	
	绝对金额	比重	绝对金额	比重
营业收入	1 408	100.00	1 530	100.00
营业成本	1 054	74.86	1 001	65.42
营业税金及附加	70	4.97	77	5.03
销售费用	203	14.42	198	12.94
管理费用	46	3.27	98	6.41
财务费用	19	1.35	96	6.27
投资收益	20	1.42	198	12.94
营业利润	36	2.56	258	16.86

2. 在运用结构分析法进行分析时应该注意的问题

（1）如果在财务报表分析中仅列示结构百分比，在分析中就有可能导致财务报表的阅读者产生一些误解。因为缺乏对绝对数字的观察与比较，仅观察百分比往往会产生错觉。例如，在进行共同比利润表比较分析时，不同时期或者不同企业的销售净额均为 100%，销售净额的比较分析反而没有意义。

（2）在进行财务报表分析中注意造成结构百分比变动的原因，因为造成某个项目结构百分比提高的原因可能有两种：一种是由于这一项目的绝对数字增加所导致的，二是作为计算共同比基础的绝对数字的减少所造成的。在比较分析时，如果不参照绝对数字就容易导致误解。

8.3.5　比率分析法

1. 比率的意义与运算

比率是某个特定时日或某一时期财务报表中一个项目与另一个项目的比值，它是财务报表分析中应用最广泛的分析工具。比率分析是对财务报表中有关项目之间的关系所做的分析研究，通过分析揭示经营结果或财务管理的优缺点，并使之改善。比率的一般计算公式如下：

$$比率 = \frac{某一个项目金额}{另一个项目金额} \times 100\%$$

计算财务比率并不是分析的最终目的，比率仅仅是一种分析的手段与工具。在进行财务比率分析时，为了深刻了解各项比率所隐含的种种信息与意义，还需要在分析中配合其他的有关分析资料并且进行其他方面的分析研究。为使财务比率具有更广泛的用途，在进行财务分析时还应该进行各种比较。财务比率可与企业过去的比率进行比较，也可以与预定的标准财务比率进行比较，还可以与同行业的财务比率进行比较。

【例8－7】东方股份有限公司2007年末的流动资产为200 000元，流动负债为100 000元，则流动比率的计算方法如下：

$$流动比率=\frac{（流动资产）200\,000}{（流动负债）100\,000}\times 100\% =200\%$$

比率还可以用其他的方式表述，例如用比的形式表示为流动资产与流动负债之比为2∶1，还可以用分数表示为流动负债是流动资产的1/2。

2. 中国财务通则所规定的财务比率

中国的企业财务通则规定："企业总结、评价本企业财务状况和经营成果的财务指标包括流动比率，速动比率，应收账款周转率，存货周转率，资产负债率，资本金利润率，营业收入利税率与成本费用利润率等"。中国财政部规定的工业企业财务制度与企业财务通则所规定的财务比率是一致的（见表8－8），而其他行业由于各行业的经营特点有所不同，因此其财务评价指标与企业财务通则有一定的区别。

表8－8 我国工业企业财务制度规定的财务评价指标

指标类别	基本指标	修正指标
一、财务效益状况	净资产收益率 总资产报酬率	资本保值增值率 主营业务利润率 成本费用利润率 盈余现金保障倍数
二、资产运营状况	总资产周转率 流动资产周转率	存货周转率 应收账款周转率 不良资产比率
三、偿债能力状况	资产负债率 流动资产周转率	速动比率 现金流动负债比率
四、发展能力状况	销售（营业）增长率 资本积累率	三年资本平均增长率 三年销售平均增长率 技术投入比率

3. 国际上的一般财务比率

分析企业的财务报表仅靠我国企业财务通则所规定的财务评价分析指标是远远不够的，国际上一般通行的财务分析比率指标大约有30个，这些财务比率可以分为如下6大类。

1）短期偿债能力财务比率

国际上的短期偿债能力一般包括表 8－9 所示的 8 个基本财务比率。

表 8－9　国际短期偿债的基本财务比率

财务比率名称	计算公式	财务比率名称	计算公式
流动比率	$\frac{流动资产}{流动负债}$	应收账款周转率	$\frac{赊销净额}{平均应收款项}$
速动比率	$\frac{速动资产}{流动负债}$	账款收回平均日数	$\frac{360}{应收账款周转率}$
现金比率	$\frac{现金+等值现金}{流动资产}$	存货周转率	$\frac{销售成本}{平均存货余额}$
现金对流动负债比率	$\frac{现金+等值现金}{流动负债}$	存货平均周转日数	$\frac{360}{存货周转率}$

2）资本结构与长期偿债能力财务比率

国际上衡量资本结构与长期偿债能力的财务比率一般包括表 8－10 所示的负债对总资产比率，股东权益对总资产比率，负债对股东权益比率，股东权益对固定资产比率，长期资金对固定资产比率和纯益为利息倍数等 6 个基本财务比率。

表 8－10　国际资本结构与长期偿债能力的财务比率

财务比率名称	计算公式	财务比率名称	计算公式
负债对总资产比率	$\frac{负债总额}{资产总额}$	股东权益对固定资产比率	$\frac{股东权益总额}{固定资产}$
股东权益对总资产比率	$\frac{股东权益总额}{资产总额}$	长期资金对固定资产比率	$\frac{长期资金}{固定资产}$
负债对股东权益比率	$\frac{负债总额}{股东权益总额}$	纯益为利息倍数	$\frac{税前净利+利息}{利息费用}$

3）投资报酬率财务比率

我国的这个指标与国际上的指标相差很大，国际上的投资报酬率是依据不同观念加以计算的。在计算投资报酬率时，一般有表 8－11 中的 3 种观念。

表 8－11　国际投资报酬率的财务比率

不同观念的投资报酬率	计算公式
总资产观念	$\frac{税后净利+利息费用(1-税率)}{平均总资产}$
长期负债加股东权益观念	$\frac{税后净利+长期负债利息费用(1-税率)}{平均长期负债+平均股东权益}$
股东权益观念	$\frac{税后净利}{平均股东权益}$

4）资产运用效率财务比率

国际上衡量资产运用效率的财务比率一般有表 8－12 所示的 7 个财务比率。

表 8－12 国际资产运用效率的财务比率

财务比率名称	计 算 公 式	财务比率名称	计 算 公 式
销货对现金比率	$\frac{销货}{现金}$	销货对固定资产比率	$\frac{销货}{固定资产}$
销货对应收款项比率	$\frac{销货}{应收款项}$	销货对其他资产比率	$\frac{销货}{其他资产}$
销货对存货比率	$\frac{销货}{存货}$	销货对总资产比率	$\frac{销货}{资产总额}$
销货对营运资金比率	$\frac{销货}{营运资金}$		

5）获利能力财务比率

国际上的获利能力比率主要包括表 8－13 所示的 4 种。

表 8－13 国际获利能力的财务比率

财务比率名称	计算公式	财务比率名称	计算公式
毛利率	$\frac{销货毛利}{销货}$	营业净利对销货比率	$\frac{营业净利}{销货}$
税前净利对销货比率	$\frac{税前净利}{销货}$	税后净利对销货比率	$\frac{税后净利}{销货}$

6）资金流量财务比率

中国的企业财务通则没有规定资金流量财务比率，国际上的资金流量比率一般包括表 8－14所示的 2 种。

表 8－14 国际资金流量的财务比率

财务比率名称	计 算 公 式
资金流量比率	$\frac{营运资金来源总额}{资本支出+存货增加额+现金股利}$
资金再投资比率	$\frac{来自营业的资金-股利}{固定资产原价+投资+其他资产+营运资金}$

4. 标准比率在分析中的意义

财务比率指标的计算并不是最终目的，提高财务比率指标有用性的办法是进行比率指标的比较。比率指标的比较一般可从三个方面进行：其一，将目前的财务比率与过去的该项财务比率相互比较；其二，将目前的财务比率与预定的标准比率相互比较；其三，将目前的财务比率与同行业的该项比率相互比较。为了进行比较就必须确定比较的标准，所谓财务标准比率是指那些具有代表性与目标性的财务比率。

1）标准财务比率应具有代表水平

在做财务会计分析时，为了对目前的财务比率做出判断，必须确定一个一般的业务水平和财务水准，以便测定企业的业绩或财务状况是在一般水平之上，还是在一般水平之下，标准财务比率应该是根据企业以往的平均业绩计算的比率，或者是根据同行业的平均水平计算的比率。

2）标准财务比率应该是企业的经营目标

从财务的角度分析，标准财务比率就是企业经营所确立的目标。企业的经营目标可以是企业的预算，也可以是最具成就、经营良好企业的财务状况和经营成果。企业可以根据企业预算算出标准财务比率，通过实际财务比率与标准财务比率的比较，借以考核在财务管理上是否达成企业的经营目标；企业可以根据经营优秀企业的财务资料算出标准财务比率，通过实际财务比率与标准财务比率的比较，借以研究与优秀企业之间的差距。

在标准比率中，对于取自外部的标准比率必须注意资料的可比性；如果这些分析资料不具有可比性，就会影响财务分析的结论。在计算标准财务比率时，如果所取得资料发生以下情况，就意味着比率指标不具备可比性：① 所取资料的时间不同；② 所取资料的物价水平不一致；③ 企业的规模不同；④ 企业经营的所在地不同；⑤ 企业固定资产的新旧程度不同，固定资产的折旧方法不同；⑥ 企业所运用的资本来源不同；⑦ 企业的生产方法，产品数量生产能力和品质不同；⑧ 企业存货的计价方法不同；⑨ 企业的推销政策不同；⑩ 企业所确定的会计科目在核算内容上不同。

思考与练习

1. 财务报表分析的一般目的是什么？
2. 不同的报表分析者其分析报表的目的有什么不同？
3. 如何理解财务报表分析的内容？
4. 财务报表分析的程序有哪些？
5. 简述财务报表的不足。
6. 简述进行比较分析的目的。
7. 在进行趋势分析时应注意哪些问题？
8. 中外财务比率指标的差异有哪些？

第9章 短期偿债能力分析

【学习目标】

- ☑ 掌握短期偿债能力分析的目的。
- ☑ 掌握短期偿债能力分析的指标。
- ☑ 掌握短期偿债能力的分析评价方法。

最早的企业一般规模都比较小，而且多为家族式的企业，企业的所有者与经营者是融为一体的，作为企业的管理者对于企业的财务状况与经营成果非常了解。对于财务报表的依赖并不强，真正需要使用或分析企业财务报表的是企业的债权人。企业的债权人最关心的是企业的偿债能力，也就是到期支付债务的能力，一般称为信用。后来企业的规模不断扩大，由于偿债能力对企业的财务状况与经营成果有重大影响，企业偿债能力的分析不仅没有被削弱，分析的需要反而从债权人扩大到企业的投资人、经营者和政府机构。现代企业是否经营良好的重要标志之一就是偿债能力的强弱。

企业的偿债能力是指在一定期间内清偿各种到期债务的能力。对于多数企业来说，资金来源除了股东权益外，还有相当一部分来自对外负债。由于任何一笔债务都负有支付利息和到期偿还本金的责任，因此企业支付利息和到期偿还本金的能力就是其偿债能力。偿债能力强弱是衡量经营绩效的重要指标，不仅关系到企业本身的生存和发展，同时也与债权人、投资者的利益密切相关。对企业内部而言，通过测定自身的偿债能力，有利于科学合理地进行筹资决策和投资决策；从企业外部来看，债权人将根据企业偿债能力的强弱确定贷款决策。

企业的偿债能力按其债务到期时间的长短分为短期偿债能力和长期偿债能力。

9.1 短期偿债能力的基本概念

9.1.1 短期偿债能力的概念及意义

1. 短期偿债能力的概念

所谓短期偿债能力是指一个企业以其流动资产支付流动负债的能力，所以企业短期偿债能力又称企业的支付能力。决定一个企业短期偿债能力强弱的指标主要有两个。一是企业营运资金的多少，如果企业的营运资金较多，企业的短期偿债能力就必然较高；如果企业的营运资金较少，企业的短期偿债能力也就会减弱。二是企业流动资产变现速度的快慢，企业流动资产的变现速度快，其短期偿债能力就好；如果企业流动资产的变现速度较慢，其短期偿债能力就会减弱。因此，企业的短期偿债能力分析又被称为营运资金分析。

一般来说，企业的短期债务是以流动资产偿付的；除非企业中止经营，否则是不会出售固定资产来偿还到期债务的。另外，在一般情形下企业也不会通过举借长期债务的方式来偿付短期债务，这也有悖于基本理财准则的。所以，对短期偿债能力的分析主要侧重于流动资产与流动负债的对比关系上，以及分析流动资产中各项资产的变现速度快慢，因为在大多数情况下，短期债务需要用现金偿还，而各种资产的变现速度将直接影响企业的短期偿债能力。

2. 短期偿债能力的意义

有无偿还短期债务的能力对于企业的经营、发展以至生存至关重要。一个企业如果短期偿债能力较弱，从经营上分析企业将无法利用各项有利的机会去增加盈利，无法获得有利的进货折扣而加大进货成本，限制或束缚管理者对企业资金的灵活调配，而且由于无力支付短期债务而被迫出售长期股权投资或拍卖固定资产；倘若情况恶化，企业甚至会因无力偿还债务而步入重整、破产、清算的悲惨境地。因此，企业的债权人、投资者、员工、供应商及企业的客户都非常关心企业的短期偿债能力。

对于债权人来说，只具有按时得到以既定利率计算的利息和到期收回本金的权利，而无权与所有者分享企业利润。因此，债权人在准备向某企业贷款前必须评估其偿债能力，看其能否按期归还借款、支付利息，并且考虑其资信大小，以决定是否向其贷款及贷款额度，并制定贷款条件。

企业职工、供应商及顾客等也都关心企业的短期偿债能力。若企业缺乏短期偿债能力，则无法按期支付员工薪金，调动不起员工的积极性，甚至还会导致员工流出或失业的风险；对于供应商，则无法按期收回其账款，企业的信用受损，资金筹措将越发困难；对于企业的顾客，也将丧失进货的来源。

企业的投资人也关心企业的短期偿债能力，因为一个企业的流动资产如果不足以抵偿其流动负债，企业的信誉将受到损害，作为上市的企业就可能导致其股票在股市上价格下跌。或者由于企业的信用有限，企业为了筹集资金必须提高资金的使用代价，使企业资金成本提高，影响企业投资机会，导致企业获利能力下降。

只有当企业有较强的短期偿债能力时，才可能有良好的理财环境，从而减少不必要的费用开支，增加企业盈利。但要指出的是，并非说短期偿债能力越强越好，应该有一个合理的界限。如果短期偿债能力过强，势必造成部分资金闲置，影响资金的使用效率，提高了资金成本，最终使盈利水平下降。

依据国际上的一般做法，短期偿债能力的分析应包括以下指标：（1）流动比率，（2）速动比率，（3）现金比率，（4）现金流量比率，（5）应收账款周转率，（6）存货周转率，（7）营业周期。且在应收账款周转率与存货周转率的基础上，还可派生出平均应收账款周转日数和平均存货周转日数两个财务分析指标。

9.1.2 影响短期偿债能力的要素

由于短期偿债能力是企业动用流动资产去偿还流动负债的能力，所以影响企业短期偿债能力的要素是企业的流动资产与流动负债。由于短期偿债能力涉及流动资产与流动负债，因此它们所包含的内容与范围将对短期偿债能力的分析产生重要的影响。企业的资产如何划分为流动资产与非流动资产，企业的负债如何划分为流动负债与非流动负债，在国际上大致经历了两个阶段。第一阶段，依据传统会计的做法都是以一年作为划分的标准，也就是以一年作为标准将资产与负债划分为流动资产与流动负债、非流动资产与非流动负债。第二阶段，规定应以一年或者一个营业周期孰长的期间作为划分的标准，以便适应不同行业的实际情况。这一标准之下，如果一个企业的营业周期短于一年仍以一年作为标准；如果一个企业营业周期长于一年，则以实际的营业周期作为标准。中国的会计准则也采用这个划分标准。

1. 分析流动资产应有的认识

流动资产的流动性较大，可以用来偿还到期的债务，所以，流动资产便成为短期债权人衡量企业短期偿债能力的重要资料。各种流动资产的具体情况将直接影响到企业的实际短期偿债能力，因此，在进行财务报表分析时还应注意各种流动资产的具体情况。

1）流动资产构成

这里主要指流动资产中各项目占流动资产的份额。在资产负债表所列示的流动资产中的各项资产是按各自流动性的强弱顺序排列的，从上到下其流动性逐渐递减，其中现金流动性最强，而存货的流动性最弱。即使两企业拥有同样的流动资产与流动负债总额，但它们的短期偿债能力也会有很大的不同，这就是需要就流动资产中几个主要项目进行具体分析的原因。

下面列出各主要项目占流动资产的比率。

流动资产构成：

1. 货币资金占流动资产的比率 $= \frac{货币资金}{流动资产}$
2. 交易性金融资产占流动资产的比率 $= \frac{交易性金融资产}{流动资产}$
3. 应收账款占流动资产的比率 $= \frac{应收账款}{流动资产}$
4. 存货占流动资产的比率 $= \frac{存货}{流动资产}$

对于每个比率究竟多高比较合适，没有统一的标准，这要结合企业的具体生产经营情况而定。引进这组比率的目的，其重点并非研究每个比率应取多少才合适，而在于了解各项目所占的份额，结合短期偿债能力的主要衡量指标，判断企业短期偿债能力的强弱。

2）流动资产项目分析

（1）货币资金的分析

财务报表的分析者在分析短期偿债能力时，对于企业现金余额的具体情况应特别注意，这里所指的现金包括库存现金与各种银行存款。现金余额在企业的财务报表中有可能存在现金余额的窗饰作用。所谓现金余额的窗饰作用是指虚饰歪曲资产负债表现金余额的做法。有的企业为了修饰资产负债表中的现金余额，达到虚增现金余额并且改善短期偿债能力比率的目的，在会计期间终了不将账簿结清，而将会计终了之后取得的收入列入本期现金余额之内，借以高估流动性极强的现金，人为地改善企业资产的流动性。这种歪曲现金余额的做法就被称为现金余额的窗饰作用。

（2）交易性金融资产

中国企业会计准则规定：交易性金融资产是指企业为了近期内出售而持有的金融资产，如企业以赚取差价为目的从二级市场购入的股票、债券、基金等。企业取得交易性金融资产时，应当按照该交易性金融资产取得使得公允价值作为其初始确认金额。在国际上的一些国家，因为资本市场比较发达，交易性金融资产的变现在金融市场中非常容易，故而交易性金融资产一般都被视为等值现金。

（3）应收款项的分析

财务报表分析者应该了解各种应收款项在会计实务的处理中由于受会计惯例的影响，也会因为不同会计政策的存在、不同的行业特征与不同的经营特点产生较大的区别。仅仅通过阅读企业的财务报表了解应收款项的状况是远远不够的，还必须了解每一个往来客户的具体情况、应收款项的分布、应收款项的收回可行性与企业给予客户的信用状况。

（4）存货的分析

财务报表的分析者应该了解，企业采用不同的存货计价方法对企业的资产负债表、利润表将产生重大影响，使企业产生不同的财务状况与经营成果，而且在资产负债表中的账面存货价值与存货目前的市场价值也会对企业的实际短期偿债能力产生重大影响。因此财务报表分析者对企业各种存货的计价方法及其对企业可能发生的影响必须有较为深刻的认识，而且还应该对各种存货的市价有较为深刻的认识，只有这样才能提高财务报表分析的实质效果。

（5）预付费用的分析

财务报表分析者应该了解这部分预付费用尽管也属于企业的流动资产，但是，在用于偿付流动负债时却没有实际意义，因为这部分费用已经支付，并不能用于偿还企业的债务。例如企业的待摊费用是已经支付而尚未被摊销计入成本的各种预付费用，之所以未被摊销计入成本是为了遵循会计核算的权责发生制原则，但是，这部分待摊费用并不能像企业的现金、银行存款一样用于归还企业的各种负债。

2. 分析流动负债应有的认识

流动负债数额也是衡量企业短期偿债能力的重要资料。在分析企业短期偿债能力时，财务报表的分析者应该认识到流动负债是非常重要的参考资料，各种流动负债的具体情况将直接影响企业的实际短期偿债能力，因此在进行财务报表分析时还应对各种流动负债的具体情况加以注意。

（1）财务报表分析者应该注意流动负债与长期负债是可以相互转换的。这种转换出于两个原因，一是时间转换，即流动负债转换为长期负债或者反之；另一个是管理上的转换，即由于管理上的原因造成流动负债与长期负债的互换。如果存在流动负债转换为长期负债的情况，在财务分析时应将这部分短期债务在流动资产中予以剔除。

（2）财务报表分析者还应了解债权人对一个企业债务的求偿权随其附加条件的不同会有很大的差异。这些附带条件对债权的内容与范围有重大影响，而这些附带条件是不能通过财务报表的资料直接取得的，因此财务报表分析者在分析企业短期偿债能力时应了解企业债务的各种详尽资料。例如债务总金额、债务的到期日、付款的具体条件、债务的抵押品等。

（3）财务报表的分析者还应了解债务发生变动后对企业财务状况的影响。如果一个企业的一项负债虚减，即表明一个企业的净资产必然虚增，或者使企业的损失费用虚减，并使企业当期净利虚增，最终会使企业所有者权益虚增。

9.2 企业短期偿债能力的分析

流动资产和流动负债是短期偿债能力分析的两要素。将流动资产和流动负债进行对比，可以看出企业的短期偿债能力。在对比分析中采用的指标主要有营运资本、流动比率、速动比率、现金比率和现金流量比率。

9.2.1　营运资本

1. 营运资本的概念

营运资本是企业流动资产减去流动负债的差额，有时亦称净营运资本，它是反映企业短期偿债能力的绝对数指标。其计算公式为：

$$营运资本 = 流动资产 - 流动负债$$

从上式知道，营运资本是表示流动资产超过流动负债的部分。当营运资本为正值时，表明企业有能力偿还短期债务；当营运资本为零或负值时，表明企业无力偿还短期债务，资金周转不灵。但并不是说营运资本越多越好。营运资本过多，说明企业有部分资产闲置，没有充分发挥其效益，影响了获利能力。因此，流动资产与流动负债的差额应保持适当的数值。

2. 营运资本的分析

对于营运资本指标，单看一个时期的数据是难以发现问题的。比较好的方法是进行趋势分析，通过连续几期的数据对比，揭示其增减变化和发展趋向，据以对企业的短期偿债能力做出正确的评价。

在运用营运资本衡量企业短期偿债能力时应当注意，流动资产和流动负债的数据皆取自财务报表，代表的是某一时日的账面价值。账面值与现时价值总会有差异，因而往往容易低估或高估营运资本，在分析时必须重视。

营运资本是流动资产与流动负债差额的绝对数值。因此，该指标很难用于不同规模、不同时期、不同企业之间的比较，在分析时必须结合其他指标，才能正确评价企业的短期偿债能力。

9.2.2　流动比率

1. 流动比率的意义与计算

流动比率是指企业的流动资产与流动负债的比例关系，表示一个企业每百元的流动负债能够有多少流动资产来抵偿。流动比率这个分析指标首先被应用于金融业作为衡量贷款安全的基本依据。20 世纪初期，美国的一般银行家均以流动比率作为核定贷款的根据。因此可以说，流动比率指标的基本功能在于显示短期债权人安全程度的大小。流动比率的计算公式如下：

$$流动比率 = \frac{流动资产}{流动负债} \times 100\%$$

流动比率也称营运资金比率。由于营运资金可在短期内供营业上流通使用，所以又称流动资本。流动比率是用相对数对营运资金进行解释的。企业的流动资产在清偿流动负债以后，还应该有一定的余力，以应付日常经营活动中的其他资金需要，维持企业继续经营。因此，流动比率一般应该大于100%。国际上一般认为流动比率保持在200%左右才能显示财务状况稳固。但是，这个标准并不绝对，常常会受到经营性质和经营周期的影响。若企业营业周期短，则材料、产品等存货库存较少，应收账款周转速度也快，流动比率相对较低；相反，对营业周期较长的企业，其存货必然大，应收账款的周转速度也较慢，因而流动比率也必然较高。即使同一企业在不同时期，例如销售旺季与淡季时，流动比率也会有较大的差别。因此，对流动比率进行分析要根据企业的性质和实际情况来评价，不能一概而论。同时，还应结合其他指标进行综合分析。

【例9－1】东方股份有限公司最近两年的营运资金表资料（见表9－1）和流动比率的计算如下。

表9－1 比较性营运资金表 单位：元

项目	2006年	2007年
流动资产		
货币资金	152 155	101 733
应收账款	251 255	350 245
存货	150 033	152 648
预付费用	31 225	54 971
流动资产合计（a）	584 668	659 597
流动负债		
短期借款	276 457	261 168
应付账款	181 587	290 538
其他流动负债	17 378	21 961
流动负债合计（b）	475 422	573 667
营运资金（a－b）	109 246	85 930
流动比率（a/b）	122.98%	114.98%

一般来说，一个企业的流动比率越高，意味着短期偿债能力越强；如果流动比率低，则意味着短期偿债能力较低。例如东方股份企业经过计算2007年的流动比率较之2006年的流动比率下降了8%，这就意味着该企业的短期偿债能力在减弱。就债权人而言，流动比率越高则表示流动资产越过流动负债的营运资金就越多，如果企业面临清算则具有较多的营运资金作为缓冲，这部分资产可以抵消资产变现所发生的损失，从而确保其债权不受损失。

从企业的短期债权人角度来看，流动比率越高表明其偿还债务的保证越大，偿债能力越强；同时也表明流动资产超过流动负债的营运资本越多，应付各种不确定风险冲击的能力亦越强。因此，高流动比率对短期债权人有利，但从企业的角度来看，过高的流动比率也意味着流动资产过多，形成积压、闲置、浪费，资金不能合理有效地利用，影响获利能力。相反，过低的流动比率，则意味着偿债能力不强，周转资金缺乏，甚至无法应付正常经营的需要。

2. 流动比率的优缺点

与营运资本相比，流动比率更能反映企业的短期偿债能力。营运资本是流动资产与流动负债之差，是个绝对数指标，其数额的大小受许多客观因素影响；流动比率则是流动资产与流动负债之间的相对数，故不受流动资产与流动负债规模的影响，因而更适用于不同企业之间，以及同一企业不同历史时期的比较。

流动比率指标是国际上公认的衡量企业短期偿债能力的重要指标之一。该指标之所以能够被普遍用来衡量一个企业短期偿债能力的大小，是因为流动比率指标具有下列优点。

（1）流动比率可以显示一个企业以流动资产抵偿其流动负债的程度。例如东方股份有限公司 2006 年的流动比率为 122.98%，说明该企业用于偿还年百元流动负债的流动资产有 122.98 元，流动资产抵偿其流动负债是没有问题的。

（2）流动比率中，流动资产超过 100% 的部分可以在清偿债务中起到一个缓冲的作用。企业用其流动资产偿还流动负债的过程中有可能发生各种变现损失，因为在偿债过程中除了现金以外，其他的流动资产都很难在变现时按照 100% 的账面价值收回现金，这就要求流动资产的数额应大于流动负债数额，以便防止企业变现发生损失后的流动资产不足以偿还企业的流动负债。例如东方股份有限公司 2006 年的流动比率为 122.98%，意味着企业偿还流动负债之后还有 22.98% 的流动资产可以用于弥补流动资产变现损失，流动资产超过流动负债 109 246 元，偿债的缓冲区较大。就一般情况而言，如果企业的流动比率越过 100% 的部分越大，对债权人的保障程度就越高。

（3）流动比率还可揭示一个企业所拥有的营运资金与短期债务的比率关系，借以说明企业应付不确定因素冲击的能力。例如，2006 年东方股份有限公司的营运资金为 109 246 元，而流动负债为 475 422 元，两者的比例为 22.98%，企业可以运用这部分资金，缓解不确定因素的冲击。营运资金与流动负债的比率愈高，企业抵御不确定因素冲击的能力就愈强。例如，东方股份有限公司 2006 年的比率为 22.98%，而 2007 年仅为 14.98%，这表明该企业抵抗不确定因素冲击的能力有所下降。

财务报表分析者在分析流动比率时，还应了解流动比率指标的不足。

（1）计算流动比率指标的数据资料取自时点，所以流动比率仅能表示一个企业在特定时点的短期偿债能力。例如，东方股份有限公司 2006 年的流动比率为 122.98%，这一比率仅仅反映 2006 年 12 月 31 日流动资产与流动负债比例关系，这种静止状态的比率与未来的资金流动量之间并没有必然的因果联系。

（2）流动比率仅仅反映流动资产与流动负债在数量上的比例关系，没有考虑两者之间在时间上的配合问题。尽管企业的流动资产有很多种，立即可以用于偿还企业流动负债的资产并不多。如东方股份有限公司尽管 2006 年的流动资产为 584 668 元，但其中仅有现金和银行存款 152 155 元可以立即用于偿还流动负债，其余的流动资产都需要变现后才能用于偿还企业的债务。

（3）在一个重视财务管理的企业中，企业持有现金的目的在于防范现金流入量不足以支付现金流出量所引起的现金短缺现象。如，由于企业销售量下降必然使来自于销售收入的现金流入量减少，但是企业用于支付进货及各种费用的现金流出量并不见得减少，如果现金流入量少于现金流出量必须依赖于持有的现金加以应付。所以很多企业现金短缺就必然转向金融机构借款，但未来资金的融通数额并未包括在流动比率的计算范围之内。

（4）企业的应收账款来自商品销售，而应收账款的多少往往取决于销货条件及企业信用政策。一般情况下，除了在企业办理清算时，否则旧的应收账款收回新的应收账款又会发生，所以，在计算流动比率指标时将应收账款的多少视为未来现金流入量的指标是不确切的。

（5）存货是短期内现金流入量的重要来源，在计算流动比率指标时，存货是按历史成本计价的，然而存货在短期内变现所获得的现金流入量除了存货成本之外，还应包括销货毛利在内。

在分析流动比率时，首先应注意流动比率高，有时并不表示企业有足够的现金或存款可用来还债。因为流动资产中还有变现能力相对不强的应收账款、预付款和存货等。流动比率高，也许是存货积压、应收账款或预付款增多，而现金和存款可能并不充足，因此，还应进一步对流动资产的构成项目和变现能力进行分析。其次，还应注意流动比率也只代表某一时日的数值，并不能完全代表未来的短期偿债能力。有些企业可能会在会计期末编制报表时故意掩饰流动资产和流动负债状况，如推迟购货、允许存货跌价、抓紧收回应收账款，尽可能偿还债务及以后再商借等。所以，除了观察流动比率和现金流量的变化之外，还应对不同会计期间流动资产和流动负债状况的变化进行对比分析。

3. 分析流动比率应考虑的其他问题

尽管流动比率指标本身存在着这样或那样的问题，但是流动比率指标的概念清晰、计算过程简便和数据资料比较容易取得，所以流动比率是财务报表分析的主要指标之一。流动比率在进行分析时，为了不至于造成错误的判断，财务报表分析者还应注意以下 3 个问题。

（1）为了正确解释流动比率指标，在分析时还需要研究各项流动资产的分布情况，以便对短期偿债能力做出可靠的说明。分析研究各项流动资产的分布情况是通过计算流动资产结构百分比进行的。通过流动资产的结构百分比可以说明一个企业用于偿还流动负债的各项流动资产的结构与变动情况，揭示一个企业实际的短期偿债能力。下面仍然以东方股份有限公司的实例，说明如何分析研究各项流动资产的分布情况。

【例 9 -2】根据东方股份有限公司 2006 年和 2007 年的流动资产资料，编制流动资产结构百分比分析表如表 9 -2 所示。

表 9 -2　流动资产结构百分比分析表　　单位：元

项　　目	2006 年		2007 年	
	金额	百分比	金额	百分比
货币资金	152 155	26.03%	101 733	15.42%
应收账款	251 255	42.97%	350 245	53.10%
存货	150 033	25.66%	152 648	23.14%
预付费用	31 225	5.34%	54 971	8.34%
流动资产合计	584 668	100%	659 597	100%

从以上的流动资产结构分析计算表可以发现：该企业的流动资产结构在 2006 年至 2007 年之间发生了较大的变化，变化幅度较大的项目是现金与应收账款两个流动资产项目，现金在流动资产中所占的比重从 2006 年的 26.03% 下降到 2007 年的 15.42%，下降了 10.61%，而应收账款在流动资产中所占的比重从 2006 年的 42.97% 提高到 2007 年的 53.10%，提高了 10.13%。该企业的流动资产结构变化告诉分析者，该企业流动资产在这两个年度内流动资产从流动性较高的现金向流动性较差的应收账款发生了流动，而这种流动将影响企业实际的偿债能力。

（2）为了正确地解释企业的流动比率，在分析时还应比较分析三年至十年各项流动资产与流动负债的数据资料，通过趋势百分比研究流动资产与流动负债的变动情况，进而对企业的短期偿债能力做出合理的判断。计算趋势百分比时可以采用固定基期、变动基期和平均基期三种方法。下面仍然以东方股份有限公司三年的流动资产与流动负债资料计算趋势百分比，且对企业的偿债能力做出解释。

【例 9-3】 东方股份有限公司最近三年流动资产与流动负债的资料和计算的趋势百分比如表 9-3 所示。

表 9-3 流动资产与流动负债趋势百分比分析表　　单位：元

	2005 年	2006 年	2007 年
流动资产	492 000	584 668	659 597
流动负债	368 420	475 422	573 667
流动资产趋势百分比	100	118.83	134.06
流动负债趋势百分比	100	129.04	155.71

注：2004 年为 100%。

从东方股份有限公司流动资产与流动负债趋势百分比分析表中可以发现：东方股份有限公司在 2005 年至 2007 年期间，其流动资产与流动负债都呈增长趋势；在流动资产与流动负债之中，流动负债的增长速度快于流动资产，2006 年流动负债的增长速度较流动资产的增长速度快 10.21%，而 2007 年流动负债的增长速度较流动资产的增长速度快 21.65%，这种趋势变动揭示了企业的偿债能力的变化，流动资产与流动负债趋势百分比分析表中的数据显示中国东方股份有限公司的偿债能力在减弱。从发展趋势上分析，企业偿债能力下降的主要原因是流动负债的增长速度过快所造成的。

（3）在进行财务分析时还应该注意一些其他问题。

① 进行流动比率分析时应深入研究债权人与债务人的信用条件，还应分析应收账款与企业销售数量的关系，汇总所有已经过期的应收账款，以便对应收账款的具体状况加以解释。

② 进行流动比率分析时应收集各项流动资产的现值、可收回价值及重置成本等有关资料，以便能够对企业流动资产的变现价值和变现过程中可能发生的损失做出客观的判断并分析各项流动资产价值有无改变的可能性。

③ 进行流动比率分析时，如果对不同时期的流动比率进行分析，应当考虑流动比率是

否受季节性因素的影响，因为季节性的干扰，流动比率会出现较大幅度的波动。

④ 进行流动比率分析时，为使流动比率更为可靠，财务分析者还应审查企业向银行融通资金的能力和分析研究资产负债表日或有负债存在的数额。

⑤ 进行流动比率分析时还应该了解企业的经营性质，例如企业属于制造业、商品流通业、服务业或者是公用事业，因为企业的行业不同、经营特点不同，流动比率也会存在较大的差异。

9.2.3 速动比率

1. 速动比率的概念与计算

速动比率是指一个企业速动资产与流动负债的比例关系。速动比率又称酸性试验比率，它也是衡量企业短期偿债能力的一个重要财务指标。速动比率与流动比率比较，在衡量企业短期偿债能力方面，速动比率较流动比率更为严密可靠。速动比率所表述的企业短期偿债能力更为接近企业的实际偿债能力。

速动资产是指那些可以迅速用于支付流动负债的流动资产。速动资产一般包括库存现金、银行存款、交易性金融资产和应收款项。对于速动资产所包括的范围较为一致的意见就是在计算速动比率时把存货从流动资产中剔除。另一种意见认为在计算速动比率时除了剔除存货之外，还应剔除预付费用。不包括预付费用的速动资产，称为保守的速动资产。

在计算企业速动比率时，之所以将企业的存货剔除，其原因主要包括如下两点。

(1) 尽管存货属于企业的流动资产，但存货的变现速度可能非常慢，存货也有可能已经陈旧过时，变现损失过大，其中部分存货还有可能已经抵押给了债权人，因此在计算分析偿债能力时应该将其剔除。

(2) 存货计价是按历史成本进行的，存货的账面价值与变现的市场价值之间存在着巨大的差异，存货的市场价值可能较账面值有所提升，也有可能贬值。如果从偿债的角度分析发生变现损失的可能性非常大，而且任何一家企业都不期望用变卖存货办法来还债，所以在计算速动比率时应将存货予以剔除。其速动比率的计算公式如下：

$$速动比率=\frac{速动资产}{流动负债}\times 100\%=\frac{流动资产-存货}{流动负债}\times 100\%$$

在计算速动比率时，之所以将企业的预付费用予以剔除其原因是预付费用已经不再具有市场价值。尽管在资产负债表中这些预付费用被列入流动资产项目，但实际上它们是已经被消耗了，只是依据权责发生制的原则在以后各期加以分摊。例如，企业的待摊费用是先支付后摊销的各种预付费用，它们已经不具有市场价值，用待摊费用去偿还企业的债务是不可能的。所以，预付费用一般不包括在速动资产之中，依据这种观念，在计算速动比率时应该将存货与预付费用在流动资产中扣除，扣除后的流动资产净额作为保守速动资产。其计算保守速动比率的计算公式如下：

$$保守速动比率 = \frac{流动资产 - 存货 - 预付费用}{流动负债} \times 100\%$$

下面仍以东方股份有限公司为例说明不同观念的速动比率的计算与分析。

【例9－4】东方股份有限公司2006年和2007年流动资产与流动负债和计算的流动比率与速动比率如表9－4所示。

表9－4 流动比率与速动比率计算分析表 单位：元

	2006年	2007年
货币资金	152 155	101 733
应收账款	251 255	350 245
存货	150 033	152 648
预付费用	31 225	54 971
流动资产合计	584 668	659 597
短期借款	276 457	261 168
应付账款	181 587	290 538
其他流动负债	17 378	21 961
流动负债合计	475 422	573 667
流动比率	122.98%	114.98%
一般速动资产	434 635	506 949
一般速动比率	91.42%	88.37%
保守速动资产	403 410	451 978
保守速动比率	84.85%	78.79%

以上计算表明：该企业2006年流动比率超过了100%，以流动比率分析，用流动资产偿还流动负债是不成问题的。如果从速动比率分析，则该企业的流动资产不足以偿还流动负债，一般速动比率为91.42%，意味着每百元负债仅有91.42元的资产可以偿付。如果再保守一些分析只有84.85元的流动资产可以用于偿还流动负债。企业2007年的流动比率为114.98%，以流动比率分析，偿还流动负债也是不成问题的，但从速动比率分析则该企业的流动资产不足以偿还流动负债，一般速动比率为88.37%，意味每百元负债仅有88.37元的资产可以偿付；如果再保守一些分析只有78.79%的流动资产可以用于偿还流动负债。从两个年度分析2006年的短期偿债能力较2007年的短期偿债能力好，2006年的一般速动比率较2007年的一般速动比率要高3.05%、保守的速动比率要高6.06%。

2. 速动比率的分析

速动比率是反映企业偿债能力的重要指标之一，速动比率应该维持在何种水平为最好呢？财务报表分析者依据实际经验认为：速动比率一般应维持在100%以上才是比较理想的，只有这样企业才具有良好的财务状况和短期偿债能力。但是，由于企业所在的行业不同，以及企业的经营特点不同，速动比率会有较大差异，进行会计报表分析时应该注意速动比率与不同行业之间的关系。此外，在一般情况下，企业各项债务不可能集中在一个时期偿还，因而速动比率低于1并不意味着不安全，只要速动资产大于近期将要偿还的债务，就能说明偿债安全性有保障。

速动比率高表示流动负债的偿付能力强，但过高的速动比率也会造成资金的闲置和不合理使用，影响企业的获利能力。相反，速动比率低又表明缺乏速动资产，支付能力不强，投资者和债权人的风险大。

在分析速动比率时首先应当注意，速动比率虽然剔除了变现能力较弱的存货和预付费用，但速动资产中的应收账款本身也可能存在一些潜在的问题，如可能隐藏着未冲销的坏账、逾期待催收的账款所占比重过大等，这些都会影响速动比率的真实性。因此，还应当对应收账款的“质量”做进一步分析。还应注意，速动比率是假设一个企业面临财务危机或者办理清算时，在存货及预付费用全无市场价值的情况下，一个企业以速动资产支付流动负债的短期偿债能力，特别是在衡量企业应付紧急情况下的应变能力，速动比率具有较高的价值。分析时应该对速动资产的结构与速动资产的变动趋势进行必要的分析，同时注意与本企业历史年份的资料进行比较以及与同行业的平均水平进行比较。

9.2.4 现金比率

1. 现金比率概念与计算

现金比率是指一定时期内企业现金类资产与流动负债的比值。现金类资产指库存现金、银行存款和现金等价物。现金等价物一般为交易性金融资产和应收票据。其计算公式为：

$$现金比率=\frac{现金+银行存款+现金等价物}{流动负债}$$

在企业的流动资产中，现金类资产的流动性最强，可以直接用于偿还流动负债。因此，现金比率表明企业随时支付流动负债能力的程度，也就是随时即刻偿债能力。

现金比率是对速动比率的进一步分析。速动比率已将存货、待摊费用等变现能力较差的流动资产剔除，但速动资产中的应收账款等有时也会因为客户倒闭、抵押等情况变现能力受影响，甚至出现坏账，最终减弱企业的短期偿债能力。尤其是在企业面临财务危机时，即使有较高的流动比率和速动比率，也无法满足债权人要求。因此，最稳健或者说保守的方法是采用现金比率来衡量企业的短期偿债能力。现金比率的高低更为准确地反映出直接偿债能力的大小。现金比率越高，表明企业的直接偿付能力越强，信用也就越可靠。同样，现金比率并非越高越好，现金是企业收益率最低的资产，该比率过高将影响企业的盈利能力。

在多数情况下，不可能要求企业立即用现金和交易性金融资产来偿付流动负债，企业也没有必要总是保持足够的用来还债的现金和交易性金融资产。现金比率的主要作用是对企业在财务状况极坏时的短期偿债能力进行评价；当存货及应收账款的周转速度极慢时，也用现金比率来评价企业的短期偿债能力。下面仍然以东方股份有限公司为例说明现金比率的计算与分析。

【例 9-5】东方股份有限公司 2006 年和 2007 年的有关资料和计算的该企业现金比率如表 9-5 所示。

表9-5 现金比率计算分析表

单位：元

	2006年	2007年
货币资金	152 155	101 733
应收账款	251 255	350 245
存货	150 033	152 648
预付费用	31 255	54 971
流动资产合计	584 668	659 597
流动负债合计	475 422	573 667
现金与等值现金	152 155	101 733
现金比率	32%	17.73%
现金占流动资产比重	26.02%	15.42%

以上的计算表明：东方股份有限公司2006年流动比率122.98%，用流动资产偿还流动负债不成问题；一般速动比率为对91.42%，意味着每百元负债仅有91.42元资产可以偿付；如果再保守一些每百元负债只有84.85元的流动资产可以偿付；如果再从现金占流动资产比重的角度分析，该公司如果立即偿还流动负债，只有32%的流动负债能够得以偿付，在财务上可以实际调用的现金类资产仅仅是全部资产的26.02%。公司在2007年的流动比率为114.98%，从流动比率分析偿还流动负债是不成问题的；一般速动比率为88.37%，意味着百元负债仅有88.37元的资产可以偿付；再保守一些分析百元负债只有78.79元的流动资产可以用于偿还流动负债；如果再从现金比率上进行分析，该公司在2007年可在财务上立即用现金来偿还的流动负债仅为17.73%，可以立即支用现金的也仅仅占全部流动资产的15.42%。公司偿债能力不断下降，应做更详细的分析。

2. 现金比率分析中应当注意的问题

在进行财务报表分析时，财务报表分析者对于企业交易性金融资产的处理需要注意。企业投资于享有表决权的权益性股票，若采用权益法进行核算，在计算现金比率时不应作为等值现金处理。长期股权投资一旦由长期的证券投资转化为短期的证券投资时，国际上一般认为应该以其市场价值对这部分证券进行估价，作为现金类资产进行处理，计算现金比率时应考虑。

在对现金比率分析时必须考虑现金方面的限制。例如，银行对其客户要求一定的补偿性现金余额，即规定其客户在其开户账户必须保留一定数额的现金余额。如果存在这种情况，这部分现金余额是不能用于偿还企业短期债务的。在计算现金比率与现金对流动负债比率时应该予以剔除。现金比率与流动比率和速动比率比较，在衡量短期偿债能力方面更为严格，因为现金是清偿债务的最后手段。如果企业缺少现金，可能处于无立即清偿能力的状态，因而现金比率在企业的实际运作中具有很重要的现实意义。

营运资本、流动比率、速动比率和现金比率是从流动资产与流动负债数量对比关系上评估企业短期偿债能力的四个主要指标；分析时，不能孤立地看某个指标，应该综合考察，才能全面和客观地判断企业短期偿债能力的大小。

9.2.5 现金流量比率

现金流量比率是指经营活动现金流量净额与流动负债的比率，用来衡量企业的流动负债用经营活动所产生的现金来支付的程度。其计算公式是：

$$现金流动比率 = \frac{经营活动现金流量净额}{流动负债}$$

经营活动现金流量净额的大小反映企业某个会计期间生产经营活动产生现金的能力，是偿还企业短期债务的基本资金来源，也可用来衡量企业偿还全部债务的能力。当现金流量比率指标等于或大于1时，表示企业有足够的能力以生产经营活动产生的现金偿还其短期债务；如果该指标小于1，表示企业生产经营活动产生的现金不足以偿还其到期的即期债务，必须采取对外筹资或出售资产才能偿还债务。下面仍然以东方股份有限公司为例说明现金流量比率的计算与分析。

【例9－6】东方股份企业2006年和2007年的有关资料和计算的该企业现金流量比率如表9－6所示。

表9－6 现金流量比率计算表 单位：元

项　　目	2006年	2007年
经营活动净现金流量	156 890	186 500
流动负债合计	475 422	573 667
经营活动净现金比率	0.33	0.325

计算结果表明，东方股份有限公司2006年现金流量比率为0.33；2007年现金流量比率仅为0.325呈下降趋势。说明企业依靠生产经营活动产生的现金满足不了偿债的需要，企业必须以其他的方式取得现金，才能保证债务的及时偿清。进行现金流量比率分析还须根据具体环境，结合其他相关指标做比较，才能做出正确判断。

在流动资产中，现金和银行存款及交易性金融资产的变现能力最强，应收账款和存货的变现能力较弱，是影响流动资产变现能力的主要项目，因此有必要具体考察应收账款与存货的变现能力。

9.2.6 应收款项周转率和账款平均收回日数的分析

1. 应收款项周转率

应收款项周转率是指赊销净额与平均应收款项的比例关系，该指标在于评价与衡量一个企业在特定期间内收回赊销账款的能力。我国一般称为“应收账款周转率”。应收款项周转中的一般计算公式如下：

$$应收账款周转率=\frac{赊销净额}{应收款项平均余额}$$

赊销净额=销售收入-现金销售收入-销售退回、折扣与折让

应收款项=应收账款+应收票据

$$应收款项平均余额=\frac{期初应收款项+期末应收款项}{2}$$

以上的计算公式中值得注意的是赊销净额指标和应收款项指标的确定问题。在市场经济高度发达的状况下，一家企业的销售收入是由两部分所构成的：一部分是取得现金的销售收入，这里的现金是包括现金和银行存款，是个广义的现金概念；另一部分是赊销收入。赊销期限的变化反映了应收款项的可靠性及短期偿债能力的高低，如果在计算中将现金销售包括在内将夸大应收款项的变现能力。应收款项的确定还涉及坏账准备的提取问题，依据国际上的一般做法，在计算应收款项周转率和账款平均收回日数的时候，一般不将提取的坏账准备予以扣除；也就是运用应收款项的余额去计算应收款项周转率指标。从流动性角度来看，应收账款周转率越高，表明收款迅速，从而企业的资金流动性高、偿付能力强，而且可以节约资金，减少收账费用和坏账损失。相反，如果应收账款周转率很低，表明应收账款变现很慢；如果应收账款占流动资产比重很大，那么流动比率和速动比率指标即使很好，例如分别超过200%和100%，但其短期偿债能力仍值得怀疑，还要进一步分析原因，及时采取改进措施。

2. 账款收回平均日数

账款收回平均日数是指收回应收款所需要的具体时间，用以衡量应收款的周转速度。该指标可以进一步说明应收款项周转率指标，账款收回平均日数的计算方法一般是用360天与应收款项周转率比较后确定。其一般计算公式如下：

$$账款收回平均日数=\frac{360}{应收款项周转率}$$

【例9-7】下面以东方股份有限公司2006年至2007年的资料为例，说明应收款项周转率和账款收回平均日数的计算方法和分析，见表9-7。

表9-7 应收账款周转率和账款收回日数计算分析表 单位：元

项 目	2005年	2006年	2007年
赊销净额		872 434	601 500
应收款项	184 962	251 255	350 245
平均应收款项余额		218 108.50	300 750
应收款项周转率		4次	2次
平均周转日数		90天	180天

计算表明：该企业2005年的应收款项在一年内周转了4次，每次周转所需时间为90天；2007年应收账款周转了2次，每次周转所需时间为180天。两个年度比较，2007年应收款项周转速度较2006年有所减慢，应收款项的可靠性降低。其原因从表中数据分析主要是企业赊销净额的减少和应收款项平均余额的增长，赊销净额2007年比2006年下降了270 934元，下降幅度为31.05%；而应收款项余额2007年较2006年提高了98 990元、提高幅度为39.4%。分析表明该企业在应收款项方面的管理存在着比较严重的问题，需要在应收款项方面进行重大改善。

计算与分析应收款项周转率与账款收回平均日数的目的是反映应收款项的变现能力，应收款项的变现能力是通过赊销期的长短加以表示的。一般来说，赊销期限愈长，应收款项变现能力就愈差；反之赊销期限愈短，应收款项变现能力就愈强。应收款项周转次数越多，账款收回平均日数越少，说明应收款项的变现能力越强、账款赊销期限越短，收回账款的可靠性越强，企业的短期偿债能力也就越强。应收账款平均收账究竟要多少天才合理呢？并没有统一的标准，可根据企业所属的行业不同、销售和信用方针不同而异，有时还视宏观经济形势和金融情况而定。但在实际工作中，可将应收账款平均收账期与企业所规定的赊销天数相比较，用以反映企业催收账款的能力和客户的信用情况。如果应收账款平均收账期超过企业所规定的收款期限，导致应收账款资金过多占用，则说明催收工作不力，或客户信用不佳，当然也有可能是企业制订的销售政策和信用政策不当。

3. 在计算与分析应收款项周转率和账款平均收回日数时应注意的问题

（1）计算应收款项周转率与账款平均收回日数时，平均应收款项余额是以年度数作为计算基础的，这种计算基础并不非常准确；若要获得更加准确的计算结果，还可以按季度或月份计算应收款项平均余额。

（2）在计算与分析应收款项周转率和账款平均收回日数时，凡是已经向银行或者其他金融机构办理了贴现手续的应收票据，或者已经不在外流通的应收票据应该剔除。在进行财务分析时还应注意应收票据的数额。依据国际上的商务习惯，债务人往往可以在普通的应收款项到期时，经债权人的同意用应收票据代替已到期的应收账款，使应收票据成为延期付款的一种方法。所以在分析时应该对应收票据的具体情况与数额进行必要的分析研究。

（3）在计算应收款项周转速度时应该以赊销净额为限度，销售收入中不应包括现金销售收入在内。因为应收款项是由于赊销所引起的，而计算的应收款项周转速度正是为了反映企业的赊销期限。然而，一般的财务报表很少将赊销收入与现金销售收入的数字加以显示，这给分析造成了一定的困难，在进行分析时应进一步收集有关资料，以便计算赊销收入净额。

（4）用流动比率或者营运资金的多少，衡量一个企业短期偿债能力的大小，仅仅为财务报表分析者提供了偿债能力的静止状态，这种分析偏重于短期偿债能力的数量方面。分析中还应该考虑偿债能力的品质，以应收款项周转率、账款平均收回日数指标可以有效地衡量应收款项的有效性和周转性，弥补流动比率指标的缺陷。

（5）在进行应收款项周转速度分析时，还应该分析研究坏账准备数额与应收款项数额之间的比例关系。在国外坏账准备与应收款项之间的比例关系，可以用于研究应收款项的管理政策。如果坏账准备率连续下降，表示企业对应收款项比较放心，收账过程问题不大；如果坏账准备率上升，表示企业对应收款项的收回比较担忧，在账款收回过程中可能存在一定问题。坏账准备与应收款项之间的比例关系，可以依据以下公式进行计算：

$$坏账准备率=\frac{坏账准备额}{应收款项}\times 100\%$$

9.2.7 存货周转率与存货平均周转日数的分析

1. 存货周转率

存货周转率是某一特定期间的存货余额同销货成本的比例关系，用以衡量一个企业存货周转的速度，可以测定其推销商品的能力及存货的变现速度。在一般情况下，存货的周转率越高，表示企业存货的周转速度越快。在企业用于偿付流动负债的资产中，存货是一项起重要作用的流动资产；尽管存货不能直接用于偿还流动负债，但是如果企业的存货变现速度较快，意味着资产的流动性良好，也意味着会有较大的现金流入量在未来注入企业。企业投资于存货的目的，在于通过存货销售过程而获得利润。一般的制造企业为了配合销售的需要，都要维持相当数量的存货。存货对企业经营活动的变化非常敏感，这就要求企业将存货控制在一定水平上，使其与经营活动基本上保持一致。存货周转率用以衡量一个企业各种存货变现速度指标，其计算公式如下：

$$存货周转率=\frac{销货成本}{平均存货}$$

其中：

$$平均存货=\frac{年初存货+年末存货}{2}$$

从资产流动性角度来看，存货周转率越高，说明存货一年周转的次数越多，企业库存的风险越低，存货销售速度快，存货资金流动性强，偿付能力也强，资本应用效率必然也就越高；存货周转率低，表明存货一年周转的次数少，企业库存的风险越高，存货销售速度慢，占用资金时间长，流动性弱，偿付能力不强。如果存货占流动资产比重大，则速动比率较之流动比率更能说明企业的短期偿债能力。

2. 存货平均周转日数

存货周转指标除了用一年周转几次来表示之外，也可以用每周转一次所需的天数加以表述，所谓存货平均周转日数是指各种存货每循环周转一次所需要的时间，其计算公式如下：

$$存货平均周转日数 = \frac{360}{存货周转率}$$

【例 9－8】 下面仍以东方股份有限公司 2006 年和 2007 年的资料为例，说明存货周转率和存货平均周转日数的计算和分析，见表 9－8。

表 9－8　存货周转率和存货平均周转日数计算分析表　　单位：元

项　　目	2005 年	2006 年	2007 年
销货成本		567 082	390 975
存货	148 094	150 033	152 648
平均存货余额		149 063.50	151 340.50
存货周转率		3.8 次	2.58 次
存货平均周转日数		94.74 天	139.53 天

计算表明：该企业 2006 年存货在一年内周转了 3.8 次，每次周转所需时间为 94.74 天；2007 年的存货周转了 2.58 次，每次周转所需的时间为 139.53 天。两个年度比较，2007 年的存货周转速度较 2006 年有所减慢，2007 年存货周转减慢了 1.22 次，存货的变现时间延长了 44.79 天，存货变现速度下降，存货风险提高。从表中数据分析，其原因主要是企业销货成本的减少和存货平均余额的增长，销货成本 2007 年比 2006 年下降了 176 107 元、下降幅度为 31.05%；而平均存货余额 2007 年较 2006 年提高了 2 651 元，提高幅度为 1.74%。分析表明，东方股份有限公司在销售环节与存货方面的管理存在着比较严重的问题，需要进行重大的改善。

3. 存货周转速度分析应注意的问题

分析企业短期偿债能力需要对流动资产进行估价并且计算其变现能力。这两个方面的问题对存货来说都是非常复杂的。所以在计算存货周转速度指标时，财务分析者应该注意下列 3 个问题。

（1）在分析中对于存货的计价方法要求每年必须一致。如果在计算中存货的计价方法有不一致的情况应做出必要的调整。

（2）如果期初与期末存货的变动幅度不大，可用期末存货余额作为计算标准，否则应以期初与期末的平均数为标准；如果每月的存货变动较大，为了获得准确的分析效果，还应以 12 个月的存货余额作为计算平均数的标准。

（3）在制造企业中存货一般分为三种，即用于生产投入的原材料存货，生产过程中的在产品存货和完工产品的产成品存货。为了分析各种存货的周转情况，必须分析计算各种存货的周转速度，见表 9－9。

表9-9 各种存货周转率计算表

存货名称	存货平均余额	周转额	计算公式
材料	材料平均余额	材料耗用成本	$\frac{\text{材料耗用成本}}{\text{材料平均余额}}$
在产品	在产品平均余额	产品生产成本	$\frac{\text{产品生产成本}}{\text{在产品平均余额}}$
产成品	产成品平均余额	产品销货成本	$\frac{\text{产品销货成本}}{\text{产成品平均余额}}$

存货周转率和存货平均周转日数的分析，除了揭示企业存货转换为现金的速度之外，还能表明在变现转换过程中可能出现的一些其他问题。如果一个企业的存货周转速度偏低，企业在经营中可能存在以下问题：营业不景气，预期存货短缺，存货计价错误或者计价方法变动，销售政策或销售方法改变。如果一个企业的存货周转速度偏高可能在经营中会存在下列问题：营业净利可能不高，发生与存货偏低情况相反的其他情况。

9.2.8 营业周期

存货周转速度的主要功能在于衡量企业存货转换为现金的速度。为了反映这个问题，还应计算存货转换为货币的时间指标，即营业周期。所谓存货转换为货币时间是指从取得存货开始到销售存货并且收到现金为止所需要的全部时间，确定的方法是用存货平均周转日数与账款平均收回日数相加后确定。其计算公式如下：

$$\text{营业周期}=\text{存货平均周转日数}+\text{账款平均收回日数}$$

显然，营业周期长，应收账款、存货转变为现金的速度慢，流动性差，表明应收账款和存货占用资金过多，有坏账损失和产品滞销的可能，因此短期偿债能力不强。相反，营业周期短，则资金周转快，短期偿债能力相对强，还要结合短期偿债能力的主要衡量指标，才能得出较为可靠的结论。

【例9-9】下面仍以东方股份有限公司的资料为例，说明存货转换货币时间指标的计算方法和分析，见表9-10。

表9-10 营业周期计算分析表

项目名称	2006年	2007年
存货平均周转日数	94.74	139.53
账款平均收回日数	90.00	180.00
营业周期	184.74	319.53

计算与分析表明：该公司2006年的存货变现的实际时间184.74天，即从存货到销售所需时间约为94.74天，从销售至收回账款的时间需要90天。2007年的存货变现的实际时间为319.53天，即从存货到销售所需时间为139.53天，而从销售至回收账款时间为180天。

两个年度比较，2007 年存货转换为货币所需要的时间较 2006 年有所减慢，延缓了 134.79 天，存货变现速度下降，存货的风险提高。在进行分析时，值得注意的是这种计算的结果与实际营业周期可能有一定出入，因为存货从销售到收回货款的过程中有一部分销售属于现金销售，这部分销售的货款是能够立即收回的。为了稳健起见，仍以全部销售作为赊销收入，而且在市场比较发达的情况下，赊销也占全部销售的绝大比重。

9.3 企业流动资本常规问题的分析

短期偿债能力分析的另一个主要目标是对流动资本存在的问题进行较深层次的研究与分析，以便通过这些短期偿债能力的指标数据对企业流动资本的实际状况做出分析与判断。流动资本对于企业的经营犹如人体的血液，人体的血液循环出现问题，轻者将导致人体机能失调，重者危及人的生命；企业的流动资本如果在循环中出现问题，轻者造成企业经营不善，重者将影响企业的生存与发展。财务管理者如何保持充分的流动资本，使之灵活地加以应用是一个重要的理财问题。如果一个企业销售数量较少，采购、生产、销售所需要的时间较短，赊销数量较少且信用政策较为严格，企业管理的效率较高，这家企业所需的流动资本数量必然较少；如果一个企业销售数量较大，采购、生产、销售所需要的时间较长，赊销数量较大且信用政策较为宽松，企业管理的效率低下，这家企业所需的流动资本数量必然较大。

9.3.1 决定企业流动资本需要量的主要因素

一个企业流动资本的需要量受如下 4 个因素的影响，决定着一个企业所需流动资本的数量的多少。

1. 销售数量因素

一个企业销售数量的多少直接影响流动资本的需要量。在一般情况下，销售量越大，企业所需的采购量、生产量与存货的储存量也就必然越大，而且所发生的应收账款也就必然越多。在这种情况下，企业所需的流动资本就必然增加；反之，所需的流动资本的数量就会减少。销售过程还受销售季节性的影响、市场变动的影响和商品运输等因素的影响，这些方面的变动也会使销售量发生较大的波动。

2. 采购、制造和销售所需时间

一个企业采购、制造和销售所需的时间也直接影响流动资本的需要量。在一般情况下，采购、制造和销售所需的时间越长，意味着资本周转速度越慢。资本周转速度慢，所需原材料存货必然增加，制造过程所需时间越长在产品存货必然增加，销售过程越长产成品存货必然增加，存货越多所需要的流动资本数量也就会加大；如果企业在采购、生产与销售环节所需的时间越短，则所需的流动资本数量必然下降。

3. 赊销数量与信用政策因素

一个企业赊销数量的多少与信用政策的状况也直接影响流动资本的需要量。在一般情况下，赊销数量越多，企业信用政策越宽松，则所需流动资本的数量也就必然越多。因为商品赊销收入在会计处理上将形成应收账款，应收账款如果增加将使企业所需的流动资本数量增加；如果一个企业的信用政策非常宽松，就意味着赊销期长，赊销期越长收回应收账款的期限也就越长，必然导致企业所需流动资本的数量增加。反之，如果一个企业赊销数量较少，而且信用政策较严，其所需流动资本数量必然下降。

4. 企业管理的效率因素

企业的管理效率对以上三个方面都将产生影响。如果一个企业的效率较高，企业采购、生产与销售的效率就会增加，收账效率也会提高，存货的控制也将良好，企业的信誉也会增强，这样生产与销售同样数量的商品所需流动资本数量就会下降。由于采购、生产与销售的效率提高，所需要的生产周期将缩短，这就意味着流动资本的周转速度加快，不仅导致企业的成本下降，而且还会使企业的流动资本数量降低；由于收账效率的提高，一方面将使企业的坏账损失减少，另一方面也使企业流动资本周转速度加快，降低所需流动资本数量；企业存货管理得当，可使存货保持在一个合理的水平上，既能保证生产经营需要，又可减少流动资本需要量；企业信誉良好，需要融资时银行必然给予支持，流动资本也就更为充足。

9.3.2 企业流动资本不足的表现与原因分析

企业经营与财务失败，大多由于企业流动资本周转困难，存货与应收账款过多，以至于流动资本被完全冻结，而不得不"以债养债"，负担过多的利息费用，使企业的经济效益日趋下降。这是一般流动资本方面存在的常规问题，即资本的动脉硬化现象。

1. 企业流动资本不足的具体表现

一家企业流动资本不足将通过以下4个方面的特征表现出来，财务分析者应该通过这些特征揭示企业流动资本存在的问题，并通过采取有力的举措设法改善。

1）企业利息负担过高

所谓利息负担是指在本期需要以现金支付的各种利息。企业利息负担过高的结果将是流动资本在周转上发生问题，甚至会造成企业在经营上与财务上的失败。企业利息负担是否过高应该通过定量的指标加以衡量，一般可将本期流动负债中的利息同本期销售额的比率与销售利润率进行比较。如果利息与销售收入比率低于销售利润率，企业利息负担就不高，流动资本必然健全，流动资本不会出现不足的问题，在资本周转中也不会遇到困难；如果利息与销售收入比率高于销售利润率，流动资本周转就会发生困难，流动资本在数量上就会感到不足，如果在短期内没有新的资本注入企业，企业必然面临财务危机。其原因是利息与销售收入的比率超过销售利润率时，意味着资金的流入量低于资金的流出量，加之利润是依据权责发生制原则计算的，企业实际形成的资金流入量还要比利润数额小，这将使得运营的资本数量减少，致使企业流动资本感到匮乏。

2）企业的负债比重大

现代企业往往采取负债经营的策略，以通过财务杠杆的作用提高自有资金利润率。也就是在资本利润率高于利息率时获得较为可观的经济利益。负债经营取决于两个外部条件。一是经营者必须把握“商机”。如果商机把握得好，经营者才能以一元资本创造出百元以上的收入，获得较为理想的回报，这样还贷与流动资本周转都不会面临问题。二是外部经济环境良好，经济环境良好一方面会使销售与收账不至于出现太大问题，即使面临资本短缺，也会获得金融支持；这样即使负债比重较大，也不会出现流动资本不足的问题，或者不至于出现流动资本周转困难。如果商机把握不好，又碰到经济不景气，由于负债比重过大，当借入资本用于偿付债务之后，日常周转的流动资本就会被抽走，如果没有金融机构援手向企业注入新的资本，企业将无力经营，发生财务危机，甚至使企业发生倒闭。

3）企业短期偿债能力不足

企业短期偿债能力不足主要表现在各项短期偿债指标上，一般的表现是企业的流动负债超过了企业的流动资产。如果企业的流动负债超过了流动资产，反映在流动比率、速动比率和应收款项周转率等指标上，这些短期偿债能力指标的数值就较低，企业的短期偿债能力必然较弱。在这种情况下，企业在短期内将动用流动资产支付流动负债，特别是将变现的流动资产用于偿债，使营运中的资金流出企业，企业就会感到流动资本不足，必然出现流动资本周转困难的情况。

4）企业的闲置资本过量

企业资本周转不灵的主要特征还表现在流动资本的闲置量过大上。由于这部分资本处于闲置状态，没有在经营中发挥作用，却占用大量流动资本，使企业所需流动资本数量增加，如果这部分闲置资本不能活化，为维持企业正常生产经营，必须向企业注入新的流动资本，以确保企业流动资本的正常流动；否则，企业就会出现流动资本不足，流动资本周转发生困难。企业的闲置资本过量一般表现在总资本周转率、应收款项周转率和账款平均收回日数、存货周转率与存货平均周转日数等指标上，当总资本周转率、应收款项周转率、存货周转率较低时，意味着企业的闲置资本过量，也就意味着企业将出现流动资本不足。

2. 流动资本不足原因分析

报表分析者应认真研究、判断企业流动资本出现不足的真正原因，以便采取各种强有力的举措加以改善，使企业摆脱流动资本不足的状况。企业资本之所以出现不足的原因有以下几个方面。

1）企业资本投入的先天不足

企业的最初营运资本来自投资者投入的资本，如果在企业成立时虚构资本投入或采用低资本注册方式，企业的流动资本必然会出现先天不足。在我国实际经济生活中，由于种种原因一些企业在成立时虚收资本、办理工商登记，在注册之后再将资本退出企业，尽管中国的企业财务通则与企业法都严格禁止这种行为的发生，但这种情况仍然是一种较为普遍的问题。如果企业存在这种情况，在日后的经营中发生流动资本困难的状况也就不足为奇了。另外一种情况是企业在工商注册时往往采取低注册资本方式，因为绝大部分企业都采取有限责任公司的组织方式，投资人是以投入的资本金为限度负有限责任的，因此许多投资人为回避投资风险，在工商登记时采取低资本注册的办法，而其余资本以负债方式投入企业，将使企业流动负债超过流动资产。

2）营业过程的资金流入量与流出量比例失调

企业有没有利润是决定流动资本是否充裕的基本保证。就一般情况来说，如果企业的获利能力较强，资金就充裕。对流动资本影响更大的是企业资金流动状况。如果一家企业在一定期间内资金的流入量大于资金的流出量，在正常经营的条件下，流动资本的数量能够满足经营的需要，企业也就不会发生流动资本周转的困难；如果一家企业在一定时期内的资金流入量低于资金流出量，企业如果不能通过融资或其他方式获得流动资本的补充，企业流动资本的周转必然发生困难。

3）社会存在通货膨胀

社会存在通货膨胀也是导致企业流动资本不足的主要原因之一。通货膨胀的直接表现就是物价上涨，企业面临这种情况的结果就是原有的流动资本出现贬值，企业流动资产的重置成本增加，原有的营运资本数量严重不足，在这种情况之下企业就需要通过增资或者融资增加营运中的流动资本。

4）企业利润分配方式不当

企业的利润分配不当将导致一部分流动资本退出企业的运营。如果企业在流动资本不足的情形下仍然采取不当的利润分配方法，必然使流动资本出现不足。在股份制公司，股利的发放一般有两种方式：一种是发放现金股利，这种办法将使一部分流动资本流出企业；另一种是通过配股发放股利，这种方法不会使流动资本流出企业，因此企业在确定利润分配方案时应当考虑利润分配政策对流动资本周转额的影响。

5）产业与设备急剧扩充

在社会经济高速发展的今天，企业面临着一个高度竞争的环境。企业为了生存与发展必然采取多元化的经营策略，这就要求企业不断地向各种产业扩散。如果企业急剧扩充，必然有大量资本流出企业被投资于各个领域，资本出现了分散的趋势，这种状况导致企业在流动资本上出现困难。有时企业为了实现自身的扩张，以取得规模经营的效果，这就需要大量进行基本建设与购置设备。这样的结果使大量流动资本被固化在长期资产之上，企业的资产变现能力下降，用于日常经营周转的流动资本就会发生一定的困难。

6）偿还贷款及赎回股本

企业的各种贷款都需要偿还。企业归还贷款时就需要向债权人支付现金，这将导致一部分资金流出企业，使企业在偿还贷款之后出现资本不足的现象。特别是大额的长期贷款到期对企业的流动资本影响更大，如果在短期内没有大量资金流入作为补充，或者没有能力通过再融资使资金回流，企业的流动资本周转与调度会非常困难。企业为了保持其控股的地位或反控制，往往要对已发行的股份进行收购，这就是赎回股本。赎回股本一般要动用大量现金，现金的流出必然会对企业日常流动资本产生重大影响，如果存在这种状况也会使企业流动资本周转在一定期间内发生困难。

7）企业虚盈实亏

企业虚盈实亏是指在企业的账面上存在利润，而实际没有资金流入支持利润，或者只是在权责发生制核算方式下账面收入大于账面支出。企业虚盈实亏，其流动资本将从两个方面被侵蚀，一是亏损部分将导致企业所有者权益减少，其结果使得周转中的流动资本数量下降；二是由于账面上存在利润，企业必须依法交纳所得税，然而，企业并没有获得利润使资金增加，只能动用企业的流动资本纳税；这必然使企业运作中的流动资本减少，进一步加剧企业流动资本不足的状况。

思考与练习

1. 为什么要进行短期偿债能力分析？
2. 如何进行流动比率分析？流动比率的局限性有哪些？
3. 如何理解流动比率、速动比率和现金比率的相互关系？
4. 决定企业流动资本需要量的因素有哪些？
5. 企业流动资本不足的原因有哪些？
6. 利用流动资产与流动负债之间的关系分析企业短期偿债能力的指标有哪些？
7. 利用企业流动资产变现速度分析企业短期偿债能力的指标有哪些？
8. 在分析存货周转率时应注意哪些问题？
9. 某企业2007年12月31日资产负债表资料如表9-11所示。

表9-11 某企业2007年12月31日资产负债表

项目	金额	项目	金额
货币资金	236 341	流动负债	2 685 000
交易性金融资产	8 000	长期借款	850 000
应收账款	2 036 175	其他负债	150 000
存货	1 734 599	所有者权益	4 300 000
其他流动资产	57 235		
固定资产	3 513 400		
无形资产	399 250		
合计	7 985 000	合计	7 985 000

其他资料：

期初应收账款余额　　2 572 940

期初存货余额　　1 800 538

2007年利润表赊销收入净额　　8 943 200

2007年经营活动现金流量　　2 282 250

该企业交易性金融资产变现力极强

根据以上资料计算并且分析企业短期偿债能力指标。

10. 某企业年末流动负债60万元，速动比率2.5，流动比率3.0，销货成本81万元。已知年初和年末的存货相同，求存货周转率。

11. 某企业流动负债200万元，流动资产400万元，其中：应收票据50万元，存货90万元，待摊费用2万元，预付账款7万元，应收账款200万元（坏账损失率5%）。求该企业的流动比率和速动比率。

12. 某企业年末资产负债表简略形式如表9-12所示。

表9-12　某企业年末资产负债表

资　产	期末数	权　益	期末数
货币资金	25 000	应付账款	
应收账款		应交税金	25 000
存货		长期借款	
固定资产	294 000	实收资本	300 000
		未分配利润	
总　计	432 000	总计	

已知：

（1）期末流动比率=1.5

（2）期末资产负债率=50%

（3）本期存货周转次数=4.5次

（4）本期销售成本=315 000元

（5）期末存货=60 000元（且=期初存货）

要求：

根据上述资料，计算并且填列资产负债表空项。

第 10 章

资本结构与长期偿债能力分析

【学习目标】

- ☑ 了解影响资本结构的因素。
- ☑ 理解财务杠杆在企业中的作用。
- ☑ 掌握分析企业长期偿债能力的指标。

资产负债表的右方是负债与股东权益，而负债与股东权益是企业资金的全部来源。所谓资本结构，是指企业资金来源中负债与股东权益两者之间的比例关系。企业资本结构的分析在于揭示一个企业资金来源的结构，即投资者投入的资本、长期负债等各种资本来源之间的比例关系。透过这种比例关系可以显示企业长期负债本金与利息偿还能力，了解企业资本结构是否合理，衡量企业承担风险的能力。分析企业资本结构就是通过各项财务比率关系，作为诊断资本结构是否健全的根据，进而衡量其长期偿债能力的强弱。资本结构理论表明，任何企业都有其自身的最佳资本结构，在此结构下企业的加权平均资本成本最小，企业的价值最大。

企业的流动比率、速动比率、现金比率、现金流量比率都是为了衡量一个企业短期偿债能力而设计的，这种短期偿债能力一般又被称为企业的短期财务状况。作为短期偿债能力分析，主要研究流动资产与流动负债之间的数量关系与流动资产变现能力。短期偿债能力仅将重点放在债务本金的偿还方面，而债务的利息没有进一步的研究。所谓长期偿债能力是指一个企业偿还长期债务本金与长期债务利息的能力。企业长期偿债能力的分析一般有两种不同的角度：一是通过利润表分析长期债务的偿还能力，二是通过资产负债表分析长期债务的偿还能力。企业资本结构的分析在于揭示各种资本来源之间的比例关系。透过这种比例关系可以显示企业长期负债本金与利息的偿还能力。因此，长期偿债能力一般又被称为长期财务状况。

10.1　资本结构的含义及其重要性

10.1.1　资本结构的含义

资本结构是一个较为抽象的观念。企业资产负债表的右方包括企业的各种资本来源，如短期负债、长期负债和所有者的自有资本，这些都是资本结构的重要组成。因此，资本结构是指一个企业资金来源的分布情况。资本结构有广义和狭义两种解释。广义的资本结构是指企业短期负债、长期负债和自有资本之间的比例关系；狭义的资本结构是指长期负债与自有资本之间的比例关系。

1. 流动负债

流动负债除一年内到期的长期负债外都具有以下 4 个特点。

（1）利率低。流动负债利率较低，有些应付款项甚至无须支付利息，因而筹资成本低。

（2）期限短。流动负债的期限一般都在一年以内，有时为半年、三个月、一个月甚至更短。

（3）金额小。流动负债的金额一般不会太大。

（4）到期必须偿还。企业所举借的流动负债，到期一般必须偿还，否则将会影响企业的信用，以后再借款将会发生困难，有时甚至导致企业破产。

流动负债一般只适合企业流转经营中的短期的、临时性的营运资金需要，不适合固定资产等非流动资产所需资金的筹措。在企业经营中的存货能在流转中很快地变现，用于偿付流动负债；固定资产等非流动资产则不同，一旦投入则需要在较长时期后才能一次性或分期收回，短期内无法变现。如果用流动负债来筹措固定资产投资所需资金将无法按期偿还，还会产生巨大风险。退一步说，即使用企业流动资产偿还债务，也会减少营运资金，从而使企业的日常流转经营资金发生困难。流动负债如果运用得当，可以节约自有资金，使自有资金用于更有利且有把握的投资机会，有助于扩大经营规模，加速经营流转，取得更多的经营利润。由于流动负债期限短，必须按期偿还，因此如果流动负债总额过大，比重过高，一旦经营流转发生困难，就会发生债务危机，影响企业信用，甚至危及企业生存。

2. 长期负债

与流动负债相比，长期负债具有如下 4 个特点。

（1）利率高。一般来说，长期负债的利率都比较高。

（2）期限长。长期负债的期限都在1年以上，有时为3年、5年、8年，还有时可长达10年、20年。

（3）金额大。一般来讲，长期负债每次筹集的资金数额都较大。

（4）与短期负债一样，到期必须偿还。

长期负债的利率高、期限长，一般适用于购建固定资产，进行长期股权投资。虽然短期负债的利率较低，但由于短期债务在短期内必须偿还，而固定资产的投资无法在短期内获得足够的收益，也不易变现，面临短期债务的偿还压力将会产生严重的财务危机，使企业面临巨大风险。因此，固定资产的投资总是通过长期负债和股东权益来筹措所需资金。虽然后者（长期负债和股东权益）的资金成本率大于短期负债的成本率，但企业面临的风险却大大减少。

利用长期负债购置固定资产，可以扩大企业的生产能力，提高产品质量，降低资金成本（相对于股东权益融资而言），提高企业的市场竞争能力，从而为企业带来更多的利润。在总资产报酬率高于长期贷款利率的前提下，适当增加长期负债可以增加企业的获利能力，提高股东的投资报酬率。同时，举债具有节税作用，从而使投资者能得到更多的回报。但是，长期负债利率较高，过多的长期负债会增加企业还本付息的负担。如果企业的总资产报酬率下降，那么企业用来还本付息的费用就会吞噬企业的盈利，以致发生亏损，引发债务危机。

企业流动资产所需资金（即营运资本）的筹措，往往也有一部分来源于长期资金（长期负债与股东权益）。在营运资本的筹措中究竟有多少比例来源于长期资金，这是企业的营运资本政策，必须从企业的收益与风险两个方面权衡考虑。

3. 实收资本

实收资本是企业的股东实际投入企业的投资额，它是企业筹集的原始资金。对于企业来说，实收资本是企业的基本的长期资金来源。与其他资金来源相比，实收资本具有如下2个特点。

（1）没有固定的利率。投资者投入企业的资本，只有盈利时才能分配利润，没有盈利或盈利较少时可以不分配利润。

（2）期限为无限。投资者投入资本对于企业来说是永久性的资本，可以长期占用，无须还本。

在股份企业中，实收资本表现为股本，包括优先股股本和普通股股本。

4. 资本公积和盈余公积

资本公积属于企业资本范畴，有特定来源形成，由全体投资者（股东）共同享有。

盈余公积是企业从税后利润中提取的公积金，是企业净利润的转化形式。

与企业的其他资金来源相比，公积金具有以下特点：

（1）公积金不是负债，无须支付利息，没有资金成本；

（2）期限长，如果不用做弥补亏损或转增资本，则可永久性使用，无须还本。

对于企业来说，在所有的资金来源中，公积金最为稳定，既无期限又无利息支付，因此在取得盈利后除分配利润外，应适当多提取盈余公积，但应正确处理好应付普通股股利和提取盈余公积金之间的关系。

除此之外，企业的未分配利润同样是企业资金来源的组成部分，在参加下一年度利润分配之前，同样可以作为资金的一部分使用。

实收资本（优先股股本和普通股股本）、资本公积、盈余公积和未分配利润都是自有资本，是股东权益，作为股东权益融资仍旧有其资金成本。由于股东承担的风险大于债权人的风险，同时利息费用是在税前列支，而给予股东的红利是在税后利润中支出，因此一般而言股东权益的税后成本率将大于负债的税后成本率。

10.1.2 资本结构分析的意义

资本结构分析无论对于企业经营者、股东还是债权人来说都十分重要。因为资本结构分析最重要的作用在于明确划分资金的不同来源，从而揭示资金的不同性质。由于负债融资和股东权益融资是两种不同性质的资金来源，因此它们对企业的收益与风险所起的作用也不相同。企业适当负债将会降低企业的加权平均资金成本；但随着负债的增加，负债的成本亦将增加，同时风险也增加得更快。这些根本特性确定了企业资本结构分析的意义。

（1）对于企业经营者来说，股东权益对于企业的偿债能力具有极大的稳定作用，而负债与股东权益完全不同，有偿还期限。偿还期限越短，企业还债的压力就越大；偿还期限越长，对企业所提供的服务期限也就越长，企业的还债压力也就越轻。一般来说，如果企业到期无法清偿债务的本金和利息，就会造成股东权益的部分甚至全部损失；如果股东权益总额不足抵偿损失，则会导致企业破产，债权人也将蒙受损失。因此，负债在资本结构中的比例越大，企业偿还本金及支付固定利息的负担就越重，出现债务到期无法清偿的机会也就越大。企业经营者可以通过资本结构的分析，评价企业偿债能力的高低和承担风险能力的大小，从收益与风险两个方面发现企业财务管理中存在的问题，采取措施调整资本结构，实现资本结构的最优化。

（2）就股东而言，负债的存在使其负有承担损失的风险，然而，由于利息费用是应纳所得税额的抵减项，加之财务杠杆作用的存在，可使这种风险得到一定的补偿。适当的负债对股东财富的增加是有利的，但过多的负债会得不偿失。股东可以通过资本结构分析，了解企业负债在全部资金来源中所占的比重，评价企业的偿债能力，判断其投资所承担的财务风险的大小，以及负债对投资报酬的影响，从而更好地做出投资决策。

（3）就债权人而言，股东权益在资本结构中所占的比例越大，其债权的保障程度就越高；如果股东权益在资本结构中所占的比例越小，则其债权的保障程度就越低。债权人可以通过资本结构分析，了解负债和所有者权益在企业全部资金来源中所占的比重，判断企业债权的保障程度，评价企业的偿债能力，从而做出正确的信贷决策。

10.1.3 长期偿债能力分析

长期偿债能力是指一个企业偿还长期债务与长期债务利息的能力。一个企业长期偿债能力的大小主要取决于如下两个指标。

1. 企业的获利能力

从长远的观点分析，企业的盈利高低与长期偿债能力之间有着紧密的联系。分析长期偿债能力与分析短期偿债能力不同，长期偿债能力分析主要是评价企业偿还本金和支付利息的能力。短期偿债能力分析只侧重于流动资产与流动负债的对比关系上，这是因为短期债务期限短，随时可能到期，到期必须有足够的现金支付。这个现金量只与目前所拥有的可随时变现的资产即流动资产有关，与企业的盈利无关。与短期债务不同，长期债务至少在一年后或更多年以后用现金偿还，未来是否有足够的现金来偿还债务与现在拥有多少随时变现的流动资产无关；关键在于未来的现金流量，而未来的现金流量关键取决于企业的盈利能力。盈利能力强，表明企业今后能从经营中获取足够的现金或从其他的债权人及投资者处筹集到新的资金，这样也就不用担心今后本金和利息的偿付能力了。

2. 企业的资本结构

长期偿债能力除了与盈利能力有关，还与资本结构有关。如果负债比率过大，说明大部分经营风险转移到了债权人身上，企业无力偿还负债的可能性就越大，应付各种意外事件的能力就弱，企业的财务风险就越大。

一般情况下的资本结构是指一个企业各种资本来源之间的比例关系。在财务分析中还应该考虑各种资产的形态，因为各种资产的形态将直接影响企业的偿债能力。如果将企业的资产因素也考虑在内，资本结构可以概括为企业所拥有的资产与自有资本和负债组成因素之间的比例关系，也就是一个企业的资产与其投资者、债权人所提供的资本之间的比例关系。根据资产等于负债加所有者权益的会计基本方程式对资本结构的表达，企业的资本结构可由所有者权益与负债两者之间的比例关系所决定，也可以由资产与负债之间的比例，或者资产与所有者权益之间的比例加以确定。

10.1.4 影响资本结构的因素

一个企业财力的大小与长期偿债能力的强弱主要取决于企业的资本来源、资产形态，以及它们两者之间的比例关系。企业的资本来源主要包括短期债权人投入的流动负债，长期债权人投入的长期负债和企业所有者投入的资本及其积累。资产的形态是各项资产的分配情况，企业的资产主要用于流动资产、长期股权投资、固定资产、无形资产和递延资产。影响企业资本结构的主要要素包括长期负债与所有者权益两个方面。

1. 分析长期负债应有的认识

财务报表分析者在分析长期负债中应注意以下 3 个问题。

（1）由于长期负债具有各种不同的形态，在进行财务分析时，必须深入了解企业长期负债的具体情况，特别要了解各种长期负债的借款合同及其契约的附带条件，如长期负债的利率高低、债务本金与利息的偿还方式、有无提取偿债基金的要求、抵押品的种类与抵押方式，等等。报表分析者只有了解了长期负债的具体情况，才能对企业的长期偿债能力做出客观的评价。

（2）进行财务分析时应注意长期负债利息的处理方法。一般情况下，利息支出属于期间费用，应计入发生期财务费用，但在特殊的情况下利息费用应该予以资本化，作为财务报表分析者，应当注意利息费用在何时、何种情况下应被资本化。国际会计准则委员会在第 23 号国际会计准则中对借款费用的资本化进行了规范，规定“对需要经过较长时间准备才能按预定用途使用或出售的资产，应根据其购置、建造或生产上的支出额和按本期借款费用与本期账面借款余额之比确定资本化比率，将其借款费用作为资产购置、建造或生产成本的一部分而资本化。”中国的企业财务通则采取了类似的做法。

（3）在没有盈利的情况下，偿还长期负债有可能要依靠出售各种资产，因此在进行财务分析时还应该考虑资产变现价值问题。企业对外公开的财务报表中，没有详尽反映资产的市价或变现价值，这对于与报表分析者分析长期偿债能力情况是非常不利的。从国外情况来看，美国财务会计准则委员会曾在第 33 号公告中要求一些较大规模的股份有限公司，必须在其财务报告中提供按不变价格和现值计算的财务成本数据。按照规定采用不变价格和现值对资产进行估价并不一定能够反映企业在清算情况下资产的可变现净值，这方面的财产数据对于分析最后的偿债能力是非常重要的。

2. 分析所有者权益应有的认识

所有者权益是投资者对企业净资产的要求权。企业的所有者权益与企业的负债不同，投资者投入企业的资本没有特定的偿还期限，也没有特定的担保品来保障投资人的所有权，一旦企业发生清算，投资人的求偿权在法律上属于最后顺序，也就是在清偿全部负债之后才能得以偿还。因此财务报表分析者在进行所有者权益分析时，应注意以下 3 个问题。

（1）在进行财务分析时，应对所有者权益的组成内容进行必要分析，了解其构成比例。中国会计准则规定：“所有者权益包括企业投资人对企业投入的资本以及形成的资本公积金、盈余公积金和未分配利润。”中国的企业法规定：盈余公积金又被划分为法定公积金、法定公益金与任意公积金。这种划分方法与国际上的一般做法存在着一定的差距。在国际上一般不使用“资本公积金”和“盈余公积金”的名称，而改用超面值投入资本和保留盈余的名称。

（2）严格区分所有者权益中的各种投入资本，借以显示企业的资本来源，说明投资者的不同权益及其优先顺序，揭示不同所有者在企业最后清算时的权益地位。在股份有限公司，股本依据其性质不同可以分为普通股与优先股两种，股东作为企业的投资人拥有管理表决权、盈余分配权、优先认股权和剩余财产分配权，但企业一般都对优先股的表决权进行一定的限制，而在利润的分配与剩余财产的分配方面给予优先于普通股的权利。

（3）财务报表分析者应区分投入资本、资本公积、盈余公积金与未分配利润的性质。

这种划分的主要原因是基于法律上的考虑。对于财务报表分析者来说，所有者权益分析最重要的问题在于揭示各种不同资本的构成因素，发行条款的内容，盈余分配的各种限制条件等。通过分析了解投资人的各种权利，以及对投资者可能产生的影响。

10.2 企业对外举债的原因与分析

10.2.1 企业对外举债的原因

现代企业的经营一般有两种思想，一种经营思想是零负债经营，即企业所需的资本全部通过投资人投入，用自有资本进行企业的经营；另一种经营思想是负债经营，即企业所需资本中只有少量资本由投资人投入，其余资本通过举债的方式进行筹措。随着市场经济的高速发展，企业负债经营已被广泛接受。企业对外举债的原因很多，除了为弥补资本不足，为财务调度需要和获得规模经济效果外，从财务上考虑最重要的原因主要有如下 3 个。

1. 举债可以发挥财务杠杆作用，实现“借鸡下蛋”的经营目标

借钱赚钱的前提就是所赚的钱必须比所借的钱多，否则经营者就会赔本。财务杠杆正是由于企业对外债务的利息费用一般是固定的，即由借贷双方事先约定的，企业运用这部分债务资本获得一定数量的报酬，支付固定利息后还有一定的剩余，剩余的报酬将归属于投资者。这样，企业就是用别人的钱为自己赚了钱。例如，某企业以 8% 的利息率借入 100 万元人民币，通过经营取得了 10% 的报酬，这样企业支付 8% 利息后，还剩 2% 即 2 万元人民币的报酬归企业所有。这 2 万元报酬并没有使用投资者的任何资本，是通过负债经营为企业多获取的利润，这部分多获取的报酬将使企业的自有资本报酬率有所提高。

2. 利息费用可以抵减所得税

利息费用可以抵减企业的所得额，进而减少企业交纳的所得税，较之运用自有资本更为合算。从企业的角度分析，交纳的所得税越少对企业的发展越有利，因为企业在纳税之后，不仅使一部分流动资本退出企业，不再参加企业的资本运营与周转，减少了企业流动资本的数量，而且是一种没有回报的支出，因而企业不得不考虑所得税的多少问题。依据中国财务通则，企业负债支付的利息与投资支付的报酬在财务处理上是不一样的，企业负债的利息除个别情况被资本化外一般情况是被计入财务费用的，并且作为期间费用计入当期经营损益。企业当期利息支出越多，财务费用也就越高，本期会计利润也就随之越少，依法计算的所得税额也就必然越少，利息费用在经营中具有了“税盾”的效果。企业分配给投资人的报酬属于盈余分配的性质，要用所得税后的利润进行分配，这就不会对交纳所得税过程产生任何影响。同样运用资本由于筹集渠道不同，对企业交纳所得税的影响也就不同。如果基于纳税的考虑，很明显，使用借入资本进行经营更为合算。

3. 可以在不增加投资的情况下保持投资人的控股比例

对外举债扩大经营规模，所筹集的资金属于债务资本。它一方面增加了企业的资金总额，另一方面对所有者权益不产生任何影响。因而股东不需增加任何投资，依然保持其在企业的投资份额。所以举债经营对投资人来说，既可增加经营所需资金，又不会削弱原有股东对企业的所有权和控制权。

10.2.2 企业财务杠杆作用的分析

1. 财务杠杆作用的概念

财务杠杆作用是指在企业的资本结构中，由于所运用的借入资本的利息为双方事先约定，一旦企业运用这部分借入资本所获得的投资报酬率高于借款约定的利息率，其支付利息费用后剩余的部分将被企业的投资人所拥有，致使企业自有资本的投资报酬率有所提高。这种获利能力与债务利息费用之间的关系就是财务杠杆的作用。财务分析者应该注意，并不是所有的对外举债都能获得财务杠杆作用的。如果企业不能很好地运用借入资本，使借入资本所取得的报酬率低于借款利息率，这样就会对企业产生不利的影响。这叫做财务杠杆的反作用。

2. 财务杠杆作用的分析

财务杠杆的作用是通过自有资本投资报酬率的高低加以反映的。在企业总资产一定的情况下，如果财务杠杆运用得当，自有资本报酬率就会有所提高；如果财务杠杆运用不好，会使自有资本投资报酬率下降。所有者权益投资报酬率就体现了自有资本报酬率，它是企业税后利润与所有者权益的比例关系，反映投资者投入资本所获得的税后利润额；总资产报酬率则是企业运用全部资金总额所获得的报酬总额与投资总额之间的比例关系。下面具体分析在什么情况下可以提高股东的实际报酬率。

股东权益报酬率（通常称净资产收益率）的计算公式为：

$$股东权益报酬率=\frac{(税息前利润-负债利息)\times(1-所得税率)}{股东权益}$$

其中：

$$负债利息=负债总额\times负债平均利率$$

为了更容易地说明问题，引入下列符号：

A——总资产；

B——负债总额；

S——股东权益；

i——负债平均利率；

t——所得税税率；

OP——税息前利润；

Y——股东权益报酬率；

则：

$$Y=\frac{(\mathrm{OP}-B\times i)\times(1-t)}{S}$$

再设：

d——负债比率，

$d=\frac{B}{A}$；

则：

$$Y=\frac{(\mathrm{OP}-d\times A\times i)\times(1-t)}{(1-d)\times A}=\frac{1-t}{1-d}\left(\frac{\mathrm{OP}}{A}-d\times i\right)$$

其中：

$$\frac{\mathrm{OP}}{A}=\frac{\text{税息前利润}}{\text{总资产}}$$

即为总资产报酬率。

设总资产报酬率为 x，则：

$$Y=\frac{1-t}{1-d}(x-d\times i)$$

如果所得税税率 t 不变，负债平均利率 i 不变，则股东权益报酬率的大小取决于负债比率 d 和总资产报酬率 x。那么，股东权益报酬率与负债比率之间有什么关系呢？只要运用高等数学中偏导数的概念，两者之间的关系也就明确了，即有：

$$\frac{\partial Y}{\partial d}=\frac{1-t}{(1-d)^2}(x-i)$$

如果 $\frac{\partial Y}{\partial d}>0$，则当 t，i，x 不变时，Y 随着 d 增加而增加；如果 $\frac{\partial Y}{\partial d}<0$，则当 t，i，x 不变时，Y 随着 d 增加而减少。若要 $\frac{\partial Y}{\partial d}>0$，即要求 $x>i$，否则，当 $x<i$ 时 $\frac{\partial Y}{\partial d}<0$。

上面的含义是说，当企业的总资产报酬率大于负债平均利率时，股东权益报酬率随着负债比率增加而增加。也就是说，负债越多股东的实际报酬率越高。相反，如果总资产报酬率小于负债平均利率时，股东权益报酬率随着负债比率增加而减少。也就是说，负债越多股东的实际报酬率越低。这就是财务杠杆作用和财务杠杆反作用。

因此，对于那些经营状况良好，其总资产报酬率能够高于负债平均利率的企业，对外举债是能够为其带来颇大收益的，但负债越多风险亦越大。

【例 10－1】甲、乙、丙三家企业 2007 年 12 月 31 目资产负债表与本年度利润表有关资料如表10－1和表10－2所示。

表10－1　甲、乙、丙三家企业资产负债主要数据　　单位：万元

项　目	甲公司	乙公司	丙公司
资产总额	1 000	1 000	1 000
负债总额	0	200	500
所有者权益总额	1 000	800	500

表10－2　甲、乙、丙三家企业利润表主要数据　　单位：万元

项　目	甲公司	乙公司	丙公司
利息及所得税前净利	150	150	150
利息费用	0	20	80
税前净利	150	130	70
应交所得税	60	52	28
税后净利	90	78	42

注：① 乙企业的借款利息率为10%，丙企业的借款利息率为16%
② 设各企业所得税率均为40%

根据以上的资料与投资报酬率的计算公式，计算与分析财务杠杆作用在甲、乙、丙三家企业的情况见表10－3。

表10－3　甲、乙、丙三家企业投资报酬率计算表　　单位：万元

项　目	甲公司	乙公司	丙公司
所有者的报酬（税后利润）	90	78	42
利息费用	0	20	80
债权人的报酬（扣除所得税后的利息费用）	0	12	48
报酬总额	90	90	90
所有者投资（所有者权益）	1 000	800	500
债权人投资（负债）	0	200	500
投资总额（资产总额）	1 000	1 000	1 000
所有者权益投资报酬率	9%	9.75%	8.4%
总资产投资报酬率	9%	9%	9%

通过上表计算，甲、乙、丙三家企业财务杠杆作用的情况分析如下：三家企业的资产总额相同，但资本结构不同，其负债分别为0、200和500万元；三家企业税息前利润同为150万元。甲企业由于没有借入资本，因此，其所有者投资报酬率与总资产投资报酬率是相同的，两者均为9%，该企业不存在财务杠杆的作用。乙企业运用了200万元的借入资本，虽然承担了10%的借款利息，但可以取得借入资本利息费用40%以抵减所得税，负债的实际成本仅为6%（10%－10%×40%），小于总资产报酬率9%，使所有者投资报酬率提高到9.75%，该企业的财务杠杆作用使该企业取得了较好的经济效益。丙企业也运用了借入资本，借入资本高达500万元，但借款利息率达16%，扣除所得税后的实际资金成本为9.6%（16%－16×40%），负债的实际成本超过了总资产报酬率9%，使所有者权益报酬率下降到8.4%，该企业出现了负财务杠杆作用，使自有资本利润率下降了0.6%，没有取得

好的经济效益。

3. 财务杠杆指数分析

通过以上的分析可以看出，财务杠杆的作用可以透过所有者权益报酬率与总资产报酬率的比较加以反映。如果所有者权益报酬率与总资产报酬率相等，企业不存在财务杠杆作用；如果所有者权益报酬率大于总资产报酬率，企业有正财务杠杆作用；如果所有者权益报酬率小于总资产报酬率，企业有负财务杠杆作用。对于财务杠杆作用的大小，可用财务杠杆指数和报酬差额加以衡量。其计算公式如下：

财务杠杆指数 = 所有者权益报酬率/总资产投资报酬率

报酬率差额 = 所有者权益报酬率 - 总资产投资报酬率

【**例 10 - 2**】甲、乙、丙三家企业的财务杠杆指数与报酬率差额计算分析见表 10 - 4。

表 10 - 4　甲、乙、丙三家企业财务杠杆指数与报酬率差额计算表

项　　目	甲 公 司	乙 公 司	丙 公 司
所有者权益投资报酬率	9%	9.75%	8.4%
总资产投资报酬率	9%	9%	9%
财务杠杆指数	1	1.08	0.93
报酬率差额	0	0.75%	0.6%

以上的计算表明，如果企业对外举债的借款利率扣除所得税率后的实际成本率低于总资产投资报酬率时，所有者权益投资报酬率将提高，所有者权益投资报酬率大于总资产投资报酬率，财务杠杆指数大于 1，即有正财务杠杆作用；如果企业对外举债的借款利率扣除所得税率后的实际成本等于总资产投资报酬率时，所有者权益投资报酬率将不变，所有者权益投资报酬率等于总资产投资报酬率，财务杠杆指数等于 1，即没有财务杠杆作用；如果企业对外举债的借款利率扣除所得税后的实际成本大于总资产投资报酬率时，所有者权益投资报酬率将下降，所有者收益投资报酬率小于总资产投资报酬率，财务杠杆指数小于 1，即有负财务杠杆作用。

10.2.3　企业利息费用抵减纳税所得分析

1. 利息的处理方法

企业对外举债除了财务杠杆的作用以外，另一个原因就是支付借款利息费用可以抵减企业纳税所得，从而减少企业交纳的所得税。企业的利息有两种处理方法：一种方法是将本期的应计利息费用计入企业当期损益，这种方法使当期费用总额增加，从而减少了当期的计税所得额，使交纳的所得税减少；另一种方法是将利息费用予以资本化记入资产的价值，这种处理方法对当期损益不发生影响，也就不影响当期的计税所得，但是，当资产采取折旧方法或摊销方式分摊费用时，这部分已经资本化的利息费用也将被分摊于那个期间的费用之中，从而抵减分摊期的所得额，并使其所得税减少。所以企业举债经营可以抵减纳税所得。

2. 减免所得税的分析

如果仅从交纳所得税的角度进行决策，运用借入的资本比运用自有资本在纳税环节上是有利的。运用投资者投入的资本由于受法律的限制不允许在缴纳所得税之前向投资者分配利润，投资者必须在纳税后才能取得报酬，故而没有抵税的效果；运用借入资本在法律上允许在缴纳所得税之前列支利息费用，作为债务人将享受到税收抵减的效果。

【例 10－3】 甲、乙、丙三家企业的利息费用抵减纳税所得的效果分析见表 10－5。

表 10－5　甲、乙、丙三企业利息费用抵减所得税分析表　　单位：万元

	甲公司	乙公司	丙公司
利息及所得税前净利	150	150	150
所得税率	40%	40%	40%
不扣除利息费用应纳税	60	60	60
利息费用	0	20	80
实际纳税所得额	150	130	70
实际应纳所得税	60	52	28
利息费用抵减所得额	0	20	70
利息费用抵减所得税	0	8	32

以上的计算表明：甲企业因为没有负债利息费用，因而从纳税角度没有享受到所得税减免，实际交纳所得税为 60 万元；而乙企业借入资本为 200 万元，按利率 10% 将支付利息费用 20 万元，支付的利息费用将抵减所得额，所以企业交纳的所得税减少 8 万元，实际交纳 52 万元；丙企业负债为 500 万元，依据利息率 16% 应支付利息费用 80 万元，这将抵减企业的所得额，使企业交纳的所得税减少了 32 万元，实际交纳 28 万元。从以上的分析可以发现，企业运用借入资本对纳税是有巨大影响的。但是，仅仅取得抵减所得税的效果并不表明企业的经济效益就能有所提高，要使经济效益提高企业应该从提高借入资本的运用效果入手。例如，丙企业尽管在抵税上取得了一定效果，但其所有者权益投资报酬率不仅没有提高，反而有所下降，其原因是该企业的扣税后利息率比总资产投资报酬率还高，丙企业利息率 16%；扣税后资本负债率为 9.6%；总资产投资报酬率仅为 9%，如果该企业能够使其所借入资本运作之后的报酬率提高到 9.6% 以上，举债经营就会取得良好的经济效益。

10.3　运用利润表项目分析企业长期偿债能力

从长远的观点分析，企业的长期偿债能力最终取决于企业的获利能力。也就是说，依据权责发生制原则所形成的利润表中的会计利润与长期偿债能力之间有着密切的联系。尽管利

润表中所报告的利润并不等于企业现实的偿债能力，但是，一个企业现金流量的变动最终将取决于企业所能获得的收入和必须付出的成本，以及收入与成本之间差额的比例关系，即企业获利能力的大小。就一般情况而言，如果一家企业具有良好的获利能力，其长期偿债能力必然较好；如果企业不具有良好的获利能力，其长期偿债能力一定非常弱。因此，在分析一个企业长期偿债能力时，应该从利润表项目出发，强调获利能力对长期偿债能力的影响。

10.3.1 利息保障倍数指标

1. 利息保障倍数概念

所谓利息保障倍数是指一个企业每期获得的收益与所支付的固定利息费用之间的倍数关系，即从所借债务中获得的收益是所需支付债务利息费用的倍数，收益是利息的倍数越大，企业偿还债务利息的能力必然越强，通常也就有能力偿还到期的债务本金。所以，利息保障倍数指标可以用来衡量企业所获得的收益承担应支付利息费用的能力，也用以分析企业的长期偿债能力。

2. 意义

企业只要利息保障倍数较大，企业无力偿还债务的可能性就较小。在金融市场高度发达的状况下，企业由于负债经营，导致对银行的依赖性越来越大。企业能否在经营中顺利地融资成为企业经营成败的关键，商业银行对于企业偿债能力的判断很大程度上取决于企业利息保障倍数。如果企业在支付债务利息方面没有困难，通常也就可以再借款用于偿还到期的债务本金；通过举借新债来偿还旧债，这样就可以无需去偿还债务本金。在这种情况下，企业筹资就比较容易，筹资成本就会降低，企业就会有能力在资本结构中保持一个较高的债务比例。

当企业的负债比率愈高，支付固定利息及到期偿还本金的负担也就愈重，这就必须有足够的收益作为偿还债务的正常来源。如果企业的收益一旦减少或者发生亏损，则企业也就无力偿还利息费用，不能偿还利息费用也就不能在银行借新债还旧债，企业无法取得金融的支持，那么企业资本周转必然发生困难。

企业对外举债的基本目的是取得必要的经营资本。通过企业财务杠杆分析已知，企业负债经营可行性的基本要点是债务所付出的利息费用必须低于使用这笔资本所获得的利润，否则企业就不该进行负债经营。在企业负债经营中，利息率的高低对经营风险有直接影响。一般来说，负债的利率越高，借入资本所获得收益少于利息费用的风险也就越大，这种经营风险的程度可以用利息保障倍数指标加以衡量。利息保障倍数指标在计算中取决于两个基本因素，一是企业所得税前利润，二是企业的利息费用。利息保障倍数的计算公式如下：

$$利息保障倍数=\frac{税前净利润+利息费用}{利息费用}$$

公式中的分子是运用资本所获得的收益，也就是没有扣除利息费用的税前利润，包括税前净利与利息费用。在计算中不能够用税后净利，因为，企业的利息费用是在所得税前列支的，而所得税是在减去利息费用后的利润中支付的，所得税的多少对利息费用的支付不会产生影响。另外，指标的分子必须包括利息费用，因为利息费用也是经营资本所获取的收益，这部分收益只是付给企业债权人。

利息保障倍数反映企业的营业收益能够偿付利息的倍数，是衡量长期偿债能力的一个重要指标。这是因为长期债务在到期前只需定期支付利息，不需支付本金。况且，对于一般企业来说，只要其资本结构基本上是稳定的，并且经营状况良好，就能够举借新的债务来偿还到期债务的本金。

利息保障倍数越高，说明税息前利润相对于利息越多，则债权人的利息收入就越有保障。相反，利息保障倍数越低，说明企业负债太多或盈利能力不强，对债权人权益保障越小，从而影响长期偿债能力和重新借债能力。

当利息保障倍数等于 1 时，说明税息前利润正好抵偿利息，税前利润为零，这时债权人虽不受损失，但所有者毫无收益；如果倍数大于 1，说明在偿付债务利息后，还有一定的盈余可供所有者支配；如果倍数小于 1，说明税息前利润甚至不能抵付应付利息，企业偿债能力极低。因此，企业的利息保障倍数至少要大于 1，否则就不能举债。短期指标低于 1 的情况下仍有可能支付利息，这是因为有些费用不需要当期支付现金，如折旧、待摊费用及递延折旧损耗等。

正确评价企业的长期偿债能力，分析该指标的高与低，应将本年度利息保障倍数同该企业以往年度，以及同一行业的其他企业和该行业平均指标进行对比。此外，每个企业经营的好坏，信用的高低对利息保障倍数的要求也就不同。

3. 计算利息保障倍数指标应当注意的问题

1）关于可供支付企业利息费用的收益

为使利息保障倍数指标能够正确地反映企业支付利息的能力，首先需要界定税前利润的范围，其界定的困难在于特殊损益项目的问题。国际会计准则委员会在第 8 号国际会计准则中将特殊损益项目概括为非常项目、前期项目和会计政策的变更、会计估计的变更等方面，这些特殊损益在会计处理上的不同将对企业的税前净利产生重大影响。因此，在进行财务报表分析时对于有关的特殊损益项目必须加以规范，否则，由于特殊损益的问题将会构成对利息保障倍数指标的重大影响，且对企业长期偿债能力的判断发生影响。

（1）关于非常项目的处理

非常项目是指企业正常活动以外的事项或交易所产生的盈利或损失。作为非常项目单独反映的收益和损失，不完全取决于事项或经济业务本身的性质，而是取决于事项或经济业务与企业正常活动的关系。国际会计准则规定“企业非常项目（正常业务以外的事项与交易）的损益，也应计入企业的利润总额，但在利润表中应将每个非常项目的性质与金额分别列示”。依据这一准则的要求分析，非常项目与我国的营业外收支项目极为类似。财务报表分析者应该注意：在计算利息保障倍数指标时，如果企业存在某些非常项目，应该作为可供支付利息费用收益的一部分。

（2）关于前期项目的处理

前期项目是指由于前一期或数期，在编制财务报表时发生错误或遗漏使本期发生的调整事项。国际会计准则规定：对于前期项目应该“调整本期财务报表期初留存收益和修订本期财务报表中比较资料前期金额”。中国的会计制度也采取了类似的做法。我国企业制度规定：企业年度结账后发现的以前年度会计事项，如果涉及以前年度损益的，应该通过“未分配利润”进行调整。这部分前期项目尽管对本期损益不产生影响，但对于可供支付利息的收益是有影响的，所以在计算与分析利息保障倍数指标时，应在本期税前利润的基础上加减前期对利润的调整数额后进行计算。

（3）关于会计政策的变更

如果会计政策变更，对本期或以后各期有重大影响，应申述变更理由，并列举数字说明。因为会计政策变更对本期损益是有影响的，但这部分损益已经在本期损益中体现，所以，在计算与分析利息保障倍数指标时，由于会计政策的变更对损益的影响是不能不加以考虑的。

（4）关于优先股股利

优先股与普通股、债务在性质上不同。它属于资本与债务之间的一种资本来源，它有固定的股利率。这部分股利不是从税前列支的，而是属于税后利润的分配。企业董事会如果做出决定也可能不予支付，而且，各国的公司法对于应否支付优先股股利并无强制性规定。所以在计算与分析利息保障倍数指标时，优先股股利不必在税前净利中加以扣除。但是，当一个企业投资于附属公司并且取得控制权，期末又将附属公司的净利列入其合并财务报表时，则所列入合并报表内属于附属公司的净利部分应扣除附属公司的优先股股利，作为可供支付利息费用的收益，原因是这部分优先股股东对于股利的分配具有优先于母公司的权利。

（5）关于少数股权

凡是附属公司的盈余被列于母公司的合并财务报表时，其属于少数股权部分，应从合并报表的盈余项目下扣除。当母公司并非百分之百地拥有子公司，子公司必然有一部分股权属于其他股东所有。在此情况下，母公司需要合并子公司的财务报表就说明母公司已经取得了控制权，但子公司所获取的利润中属于少数股东的部分，母公司是无权支配的，这部分属于少数股东的利润是不能用于支付利息费用的。所以，在计算与分析利息保障倍数指标时，应将属于少数股东的利润在税前利润中扣除。

2）关于企业运用资本所支付的利息费用

为使利息保障倍数指标正确反映企业支付利息的能力，需要界定利息费用的范围。当计算利息保障倍数指标时，利息费用通常应该包括下列 3 个项目。

（1）流动负债与长期负债利息费用

在该指标的计算中不仅包含长期负债的利息费用，而且还应包括流动负债的利息费用，应是企业各种负债的全部利息费用。如果仅仅为了分析研究长期债务利息的偿还问题，也可单独计算长期债务利息保障倍数指标。

（2）已资本化的利息

在某些情况下利息费用将被资本化，计入购置的资产价值之中。依据我国财务通则，长期负债的利息在下列情况下被资本化：筹建期发生的长期负债利息计入开办费，作为企业的递延资产处理，利息费用被固化于递延资产的价值之中；与购建固定资产或者无形资产有关的长期负债利息，在资产未交付使用或者尚未办理竣工决算以前发生的利息，计入购建资产的价值，利息费用被固化在资产成本之中。在计算利息保障倍数指标时，对于利息费用不仅包括列于当期利润表的利息费用部分，同时还应该包括当期已资本化于资产项目中的那部分利息费用。

（3）未资本化租赁费用中所隐含的利息

企业的租赁被划分为融资性租赁与经营性租赁两种。依据具体会计准则，对于融资性租赁应做资本化处理。但是，经营性租赁的费用而是要直接计入当期费用，在支付这部分租赁费用中实际包含了利息费用，对于这部分租赁费用中所隐含的利息费用应该在计算利息保障倍数指标时计入。在实际工作中具体计算该指标的操作非常困难，因为这部分隐含的利息费用在财务报表与账面资料中很难确认。

4. 利息保障倍数指标的评价与分析

从长远角度分析，一家企业的利息保障倍数至少要大于1，否则企业就不能举债经营。利息保障倍数大于1，表明可供支付利息费用的收益大于需要支付的利息费用；如果该指标小于1，则表明可供支付利息费用的收益不足以支付利息费用，也就没有能力支付所发生的利息费用。从短期内分析，一家企业的利息保障倍数指标有可能低于1，但企业支付利息费用可能不存在问题。这是因为企业的一些费用项目在当期是不需要支付现金的，例如企业的折旧费用、低值易耗品摊销等，由于这些不需要支付现金的费用存在，使得企业在短期内尽管利息保障倍数低于1，但支付利息仍然不存在问题。

【**例10－4**】以新华公司的实例说明利息保障倍数指标的计算与分析如表10－6所示。

表10－6 新华公司利息保障倍数计算 单位：万元

项　目	2005年	2006年	2007年
利息费用	3 200	1 700	1 300
税前利润	33 000	18 000	5 600
利息保障倍数	11.31	11.59	5.31

通过连续三年的该项指标可以看出公司的利润情况，2005年和2006年利润与利息费用变动趋势是一致的，因此利息保障倍数较稳定，说明企业有能力偿付利息；但2007年企业的利息保障倍数降低幅度较大，主要是由于利润下降造成的。

运用该指标进行分析评价时，还应注意如下3个问题。

（1）利息费用的内容。计算中的利息费用一般取自企业当期利润表中的财务费用，但其并不准确。因为借款利息费用应当包括计入当期损益（财务费用）和予以资本化两部分，且当期财务费用项目不仅仅有利息费用，还包括汇兑损益、利息收入等内容。因此，对于利息费用应当尽量通过有关账簿获取更准确数据。

（2）利息费用的实际支付能力。由于到期债务是用现金支付的，而企业的当期利润是依据“权责发生制”原则计算出来的，这意味着企业当期可能利润很高，但不一定具有支付能力。所以，使用这一指标进行分析时，还应注意企业的现金流量与利息费用的数量关系。

（3）如果利润表上的利息费用为负数，表明它实质是企业的利息收入，意味着该企业银行存款大于银行借款。此时，利息保障倍数就无意义了。

10.3.2 债务本息偿付比率

债务本息偿付比率是企业的税息前利润加上折旧额之和与应付债权人利息、本金之比。债务本息偿付比率比利息保障倍数更能精确地表达企业偿债能力的保证程度。对债权人来说，如果连本金都不能收回，也就不敢奢求利息了。债权人借款给企业，目的虽然是为了获取利息收入，但基本前提是能够按期收回本金。企业的偿债义务是按期支付利息和到期归还本金，所以其偿债能力的高低不能仅看偿付利息的能力，更重要的是看其偿还本金的能力。在企业正常经营条件下，本金的偿还必须以企业经营所赚取的利润来支付。其计算公式为：

$$\text{债务本息偿付比率} = \frac{\text{税息前利润} + \text{折旧额}}{\text{利息} + \dfrac{\text{本金支付额}}{1 - \text{所得税税率}}}$$

企业使用长期负债是以到期还本付息为前提的，因此债务本息偿付比率比利息保障倍数更能全面反映支付利息和偿还本金的能力，是从盈利能力方面考察偿债安全性的一项重要指标。

利息作为一笔财务费用应在交纳所得税前扣减，企业归还借款本金所支付的现金必须是交纳所得税后的利润。因此在税前必须有$\frac{\text{本金}}{1 - \text{所得税税率}}$的利润才能保证税后有这笔现金来偿还债务本金。所以，在计算公式中本金支付额需要扣减所得税税率进行换算。

债务本金偿付比率与利息保障倍数一样，都不能低于1，否则就意味着当年的盈利不足以支付当年的利息和本金。但是它不像利息保障倍数那样严格，有时企业可用新债务偿还到期债务的本金。另外，有可能短期内债务集中到期，这时此比率小于1，从总体上说并不意味企业偿付能力不足。

【**例10－5**】新华公司债务本息偿付比率计算见表10－7。

表 10－7　新华公司债务本息偿付比率计算　　单位：万元

项　　目	2005 年	2006 年	2007 年
税息前利润	33 000	18 000	5 600
折旧额	17 800	18 000	13 000
合计	50 800	36 000	18 600
利息	3 200	1 700	1 300
税后本金	448	448	0
本息合计	3 648	2 148	1 300
债务本息偿付比率	13.93	16.76	14.31

该企业 2005 年、2006 年长期负债均为 300 万元，折合为税后本金 448 万元，债务本息偿付比率较高；2007 年尽管利润降低较多，但因无长期负债，所以债务本息偿付比率依然保持较高。

10.3.3　固定费用保证倍数的分析

从利润表的角度分析企业的长期偿债能力，还有一个固定费用保证倍数指标。这个分析指标是利息保障倍数指标的延伸。如果企业无法按期支付固定费用，必然发生财务困难，以致企业破产。因此，衡量一个企业支付固定债务的能力，是利息保障倍数的概念进一步扩展。该指标将支付固定费用的收益与需要支付的固定费用进行比较，计算与分析固定费用保证倍数指标。固定费用保证倍数可按以下公式计算：

$$固定支出保障倍数=\frac{税前利润+固定支出}{固定支出}$$

式中，固定支出包括：（1）因短期借款、应付票据而定期支付的利息，（2）因经营租赁而定期支付的应付经营租赁费，（3）因融资租赁而定期支付的应付融资租赁费，（4）因长期借款而定期支付的利息。

新华公司在生产经营过程中运用负债融资活动较少，则该企业的固定支出保障倍数与利息保障倍数水平相近。

10.3.4　债务保障比率

债务保障比率是以年度经营活动所产生的现金净流量与全部债务总额相比较，表明企业现金净流量对其全部债务偿还的满足程度。其计算公式为：

$$债务保障比率=\frac{经营活动净现金流量}{负债总额}\times 100\%$$

债务保障比率是以本期经营活动所产生的净现金流量衡量偿还全部负债的能力。比率越大，企业偿债能力越强。债务保障比率与经营活动净现金比率的差别在于，后者可能为短期债权人所重视，而前者则更为长期债权人所关注。

【例10－6】新华公司债务保障比率计算见表10－8。

表10－8 新华公司债务保障比率计算表 单位：万元

项目	2005年	2006年	2007年
经营活动净现金流量	150 000	120 000	60 000
负债总额	180 000	180 000	240 000
债务保障比率	83%	66%	25%

从表10－8中可以看出，该公司债务保障比率逐年下降，尤其2007年经营活动现金流量较上年减少50%；而负债总额增加30.3%，致使债务保障比率下降幅度较大，表明企业的偿还债务能力较弱，需要结合企业情况进行具体分析。

10.4 运用资产负债表项目分析企业长期偿债能力

企业经营所需资本来源主要有以下三个方面：一是企业投资者向企业投入的原始投资，二是企业的资本公积金、盈余公积金和未分配利润，三是通过对外负债取得资本。企业的长期偿债能力分析在于研究不同的资本来源与组成，借以了解企业的资本结构，进而计算其承担利息费用的数额并且衡量其长期偿债能力。企业对一笔债务要负两种责任：一是偿还债务本金的责任，二是支付债务利息的责任。

10.4.1 资产负债比率

1. 资产负债比率概念

所谓资产负债比率是指负债总额对资产总额之间的比例关系，又称负债比率。它是衡量企业长期偿债能力的指标之一。负债比率表明企业的全部资金来源中有多少是由债权人提供的，或者说在企业的全部资产中有多少属于债权人所有。站在债权人角度可以说明债权的保证程度；站在所有者角度既可说明自身承担风险的程度，也能反映财务杠杆作用和所有权控制的利益；站在企业角度既可反映企业的实力，也能反映其偿债风险。这一比率也可衡量企业在发生清算时对债权人权益的保障程度。如果债权人认为负债对总资产比例过高，将停止对企业发放贷款，企业也就无法获取贷款融资。该指标用于衡量企业利用负债融资进行财务活动的能力，也是显示企业财务风险的重要指标。其计算公式如下：

$$资产负债比率=\frac{负债总额}{资产总额}\times 100\%$$

资产负债比率是从总体上反映企业偿债能力的指标。负债比率越低，则股东或所有者权益所占的比例就越大，说明企业的实力越强，债权的保证程度越高；负债比率越高，则股东或所有者权益所占比例就越小，说明企业的经济实力较弱，偿债风险越高，债权的保证程度相应越低，债权人的安全性越差，企业的潜在投资人越少。

2. 运用资产负债比率时的注意事项

1）各利益主体（如债权人、所有者、经营者）因不同的利益驱动而从不同的角度评价资产负债比率

（1）对企业债权人而言，他们最为关心的就是所提供的信贷资金的安全性，期望能于约定时间收回本息。这必然决定了债权人总是要求资产负债比率越低越好，希望企业的每一元债务有更多的资产做后盾。如果企业的主权资本较少，表明投资者投入的份额不足，经营过程中创造和留存收益的部分较少，债权人就会感到其债权风险较大，因此做出提前收回贷款、转移债权或不再提供信贷的决策。

（2）对企业所有者来说，负债比率高，有以下好处：一是当总资产报酬率高于负债利率时，由于财务杠杆的作用，可以提高股东的实际报酬率；二是可用较少的资本取得企业的控制权，且将企业的一部分风险转嫁给债权人，对企业来说还可获得资金成本低的好处；但债务同时也会给投资者带来风险，因为债务的成本是固定的。如果企业经营不善或遭受意外打击而出现经营风险时，由于收益大幅度滑坡，贷款利息还需照常支付，损失必然由所有者负担，由此增加了投资风险。对此，投资者往往用预期资产报酬率与借款利率进行比较判断，若前者大于后者时，表明投资者投入企业的资本将获得双重利益，即在获得正常利润的同时，还能获得资产报酬率高于借款利率的差额，这时，资产负债比率越大越好；若前者小于后者时，则表明借入资本利息的一部分，要用所有者投入资本而获得的利润数额来弥补，此时，投资者希望资产负债比率越小越好。

【例10－7】某企业资产报酬率为15%，全部资本为800万元，其中，借入资本500万元，利率10%。分析举债经营对投资者是否有利。

企业全部资本获利120（即800×15%）万元。利息费用50（即500×10%）万元。主权资本300（即800－500）万元，所有者获利为120万元－50万元＝70万元，则所有者权益报酬率为23.33%。此时，资产报酬率大于借款利率，举债经营对投资者有利。

承上例，若企业资产报酬率为7%，其他条件不变，企业获利56万元，而所有者获利仅为56万元－50万元＝6万元，所有者权益报酬率为2%。此时，资产报酬率小于借款利率，显然，举债经营对投资者不利。

（3）从企业经营者角度来看，负债比率的高低在很大程度上取决于经营者对企业前景的信心和对风险所持的态度。如果企业经营者对企业前景充满信心，且经营风格较为激进，认为企业未来的总资产报酬率将高于负债利率，则应保持适当高的负债比率，这样企业可有足够的资金来扩展业务，把握更多的投资机会，以获取更多的利润；反之，经营者认为企业前景不容乐观，或者经营风格较为保守，那么必然倾向于尽量使用自有资本，避免因负债过

多而冒较大的风险，此时则应保持适当低的负债比率。尽管如此，即便较为激进的经营者，也不能使负债比率过高，应将资产负债比率控制在适度水平上。由于债务成本可税前扣除和财务杠杆收益功能，任何企业均不可避免地要利用债务；但负债超出某个程度时，则不能为债权人所接受，企业的后续贷款难以为继。随着负债的增加，企业的财务风险不断加大，进而危及主权资本的安全和收益的稳定，也会动摇投资者对经营者的信任。因此，经营者利用债务时，既要考虑其收益性，又要考虑由此而产生的风险，审时度势，做出最优决策。

2）最佳资产负债比率的研究

企业资产负债比率多少为佳，并没有一个公认的标准。在分析和评价时，通常要结合国情、同行业的平均水平或先进水平、本企业的前期水平及其预算水平来进行。

（1）就国情比较而言，可以通过表10－9分析。

表10－9　中、日、美、德运用的资产负债比率

国　别	比　　率		
	资产负债率	流动比率	速动比率
中　国	65.06%	92.40%	59.47%
日　本	61.24%	140.04%	108.08%
美　国	62.48%	139.44%	89.28%
德　国	72.51%	116.59%	72.55%

从表10－9中看出，中国国有工业企业的资产负债率略高于日本和美国，但低于德国。将这个数据与美、日、德三国比较，中国国有工业企业并不存在资产负债率偏高的问题。流动比率和速动比率，中国国有工业企业均低于美、日、德三国。其中流动比率比日本低47.64个百分点，比美国低47.04个百分点，比德国低24.19个百分点；速动比率比日本低48.61个百分点，比美国低29.81个百分点，比德国低13.08个百分点，表明中国国有工业企业资产流动性差，变现偿债能力不强，确实存在负债过重的问题。

（2）就行业比较而言，一般来讲，第一产业为20%、第二产业为50%、第三产业为70%较为合理。

（3）就企业比较而言，由于企业的负债总额和资产总额包含着丰富的内容，而各个企业在计算这一指标时，口径并不完全一致，如坏账准备、存货跌价损失准备、长期投资减值准备、固定资产减值准备、递延税项等项目的处理存在较大的差异。因此，将该指标与其他企业或行业平均水平进行对比分析时，注意用于计算的各个数字的实际内涵，剔除差异因素后，再做评价。

【例10－8】新华公司资产负债比率计算见表10－10。

表10-10 资产负债比率计算表 单位：万元

项　目	2005年	2006年	2007年
资产总额	820 000	830 000	880 000
负债总额	180 000	180 000	240 000
资产负债比率	21.95%	21.68%	27.27%

由表10-10可知，该企业融资渠道较单一，总资产中的70%以上是由投资人提供的，投资人面临的风险较大。2007年资产负债比率下降，为27.27%，表明投资人承担的风险减弱，该企业可能处于成熟期，可以考虑运用财务杠杆，提高资产负债比率，有利于利润增长。

10.4.2 所有者权益比率和权益乘数

1. 所有者权益比率

所有者权益比率是企业所有者权益总额与资产总额之比，表明主权资本在全部资产中所占的份额。一般又称股东权益比率、主权比率、净值比率等。其计算公式为：

$$所有者权益比率=\frac{所有者权益总额}{全部资产总额}\times 100\%$$

所有者权益比率可以表明在企业的全部资金来源中，有多少是由股东提供的，揭示了股东对企业资产的净权益。

所有者权益比率与资产负债比率之和应该等于1。因此，这两个比率是从不同的侧面反映企业的长期资金来源的。所有者权益比率越大，资产负债比率就越小，企业的财务风险就越小，反之亦然。

2. 权益乘数

所有者权益比率的倒数称做权益乘数，即企业的资产总额是所有者权益的多少倍。该乘数越大，说明投资者投入的一定量资本在生产经营中所运营的资产越多，可用下列公式表示：

$$权益乘数=\frac{全部资产总额}{所有者权益总额}$$

3. 运用指标分析的注意问题

所有者权益比率和权益乘数也是对资产负债率的必要补充。运用这些指标分析企业长期偿债能力时，还应注意以下两点。

（1）它们与资产负债率都是用于衡量长期偿债能力的，两个指标可以互相补充。在资产负债率分析中应当注意的问题，在所有者权益比率和权益乘数分析中也应引起注意。

（2）它们与资产负债率之间是有区别的。其区别是反映长期偿债能力的侧重点不同。所有者权益比率和权益乘数侧重于揭示资产总额与所有者权益的倍数关系：倍数越大，说明企业资产对负债的依赖程度越高，风险越大；资产负债率侧重于揭示总资本中有多少是靠负债取得的，说明债权人权益的受保障程度。

【例 10－9】新华公司所有者权益比率及权益乘数计算见表 10－11。

表 10－11　所有者权益比率及权益乘数计算表　　单位：万元

项　　目	2005 年	2006 年	2007 年
资产总额	820 000	830 000	880 000
所有者权益总额	640 000	650 000	640 000
所有者权益比率	78.05%	78.32%	72.73%
权益乘数	1.28	1.28	1.38

10.4.3　产权比率

1. 产权比率概念

产权比率也称负债与所有者权益比率。负债对所有者权益比率是指负债总额与所有者权益总额之间的比例关系，用以反映负债占所有者权益的比重，衡量负债与所有者权益的比例关系。在分析中还需注意，为了确切分析企业在资本周转发生困难时，债权人可受保障的程度。在计算这项比率时应当扣除相当于无形资产价值的部分，因为无形资产不能用于偿还债务。其计算公式为：

$$产权比率=\frac{负债总额}{所有者权益总额}\times 100\%$$

产权比率实际上也是资产负债比率的另一种表现形式，只不过其表达得更为直接、明显，更侧重于揭示企业财务结构的稳健程度，以及所有者权益对偿债风险的承受能力。产权比率越低，表明企业的长期偿债能力越强，债权人承担的风险越小。当这一比率过低时，所有者权益比重过大，意味着企业有可能失去充分发挥负债的财务杠杆作用的大好时机；当该指标过高时，表明企业过度运用财务杠杆，增加了企业财务风险。

2. 运用产权比率衡量企业长期偿债能力时，还应注意的问题

（1）产权比率与资产负债率都是用于衡量长期偿债能力的指标，具有共同的经济意义，两者可以互相补充。因此，对产权比率的分析可以参考对资产负债率的分析。对资产负债率分析时应当注意的问题，在产权比率分析中也应引起注意。例如，将本企业产权比率与其他企业对比时，应注意计算口径是否一致。

（2）尽管产权比率与资产负债率都是用于衡量长期偿债能力的，但两个指标之间还是有区别的。产权比率侧重于揭示债务资本与权益资本的相互关系，说明企业财务结构的风险

性，以及所有者权益对偿债风险的承受能力；资产负债率侧重于揭示总资本中有多少是靠负债取得的，说明债权人权益的受保障程度。

（3）所有者权益就是企业的净资产，产权比率所反映的偿债能力是以净资产为物质保障的。净资产中的某些项目，如无形资产、递延资产、待摊费用、待处理财产损益等，其价值具有极大的不确定性，且不易形成支付能力。因此，在使用产权比率时，必须结合有形净值债务率指标，做进一步分析。

【**例10－10**】新华公司产权比率计算见表10－12。

表10－12　产权比率计算表　　单位：万元

项　目	2005年	2006年	2007年
负债总额	180 000	180 000	240 000
所有者权益总额	640 000	650 000	640 000
产权比率	28.13%	27.69%	37.50%

10.4.4　有形净值债务比率

有形净值债务比率是将无形资产、长期待摊费用从所有者权益中予以扣除，计算企业负债总额与有形净值之间的比率。该指标实际上是一个更保守、谨慎的产权比率。其计算公式为：

$$有形净值债务比率=\frac{负债总额}{所有者权益-（无形资产+长期待摊费用）}\times 100\%$$

所有者权益代表企业的净资产，而它减去无形资产和长期待摊费用后被称为有形资产。之所以进一步考察负债对有形资产的比例关系，是因为无形资产的价值具有很大的不确定性，而长期待摊费用本身就是企业费用的资本化，它们往往不能用于偿债。因此，在企业陷入财务危机或面临清算等特殊情况下，强调对债权人有形财产的保障。有形净值债务比率实际上是产权比率的延伸，是更谨慎、保守的反映债权人利益的保障程度的指标。该比率越低，保障程度越高，企业有效偿债能力越强；反之亦然。

【**例10－11**】新华公司有形净值债务比率计算见表10－13。

表10－13　有形净值债务比率计算表　　单位：万元

项　目	2005年	2006年	2007年
有形资产总额	650 000	665 000	620 000
负债总额	180 000	180 000	240 000
有形净值债务比率	27.69%	27.07%	38.71%

由表10－13可知，该企业2005年和2006年有形净值债务比率为27.69%、27.07%，

长期债权人面临的风险较小。2007 年有形净值债务比率明显上升，即 38.71%，该指标与产权比率的 37.50% 相比，差距不大，尚可接受。这表明债权人承担的风险加大，而投资人承担的风险相应减少，企业财务风险增高，债权人利益受保护的程度下降。

10.4.5 营运资金与长期负债比率

营运资金与长期负债比率是指企业的营运资金（即流动资产 - 流动负债）与长期负债的比例关系。其计算公式为：

$$\text{营运资金与长期负债比率}=\frac{\text{流动资产}-\text{流动负债}}{\text{长期负债}}\times 100\%$$

长期负债随着时间的推移不断地转化为流动负债。因此，流动资产除了满足偿还流动负债的要求外，还须有能力偿还长期负债。一般而言，如果保持长期负债不超过营运资金就较好。营运资金与长期负债比率越高，不仅表明企业的短期偿债能力越强，而且预示着企业未来偿还长期债务的保障程度也越强。该指标在一定程度上受企业筹资策略的影响，因为在资产负债比率一定的情况下，流动负债与长期负债的结构安排因筹资策略的改变而不同，保守的做法是追求财务稳定性，更多地筹措长期负债；而激进的做法是追求资金成本的节约，更多地用流动负债来筹资。

【例 10 - 12】 新华公司营运资金与长期负债比率计算见表 10 - 14。

表 10 - 14 营运资金与长期负债比率计算表 单位：万元

项 目	2005 年	2006 年	2007 年
营运资金	510 000	480 000	460 000
长期负债	300	300	—
营运资金与长期负债比率	170 000%	160 000%	—

由表 10 - 14 可知，该企业基本上是主权资本融资，长期负债融资较差。2007 年营运资金有所下滑，表明该企业营运资金对长期负债的保障程度有所降低。

10.4.6 长期负债比率

长期负债比率是指企业的长期负债与负债总额之间的比例关系，用以反映企业负债中长期负债的份额。其计算公式为：

$$\text{长期负债比率}=\frac{\text{长期负债}}{\text{负债总额}}\times 100\%$$

长期负债比率的高低可以反映企业借入资金成本的高低，也可反映企业筹措长期负债资金的能力。相对而言，长期负债具有期限长、成本高、风险低、稳定性强的特点。在资金需求量一定的情况下，提高长期负债比率，意味着企业对短期借入资金依赖性的降低，从而减轻企业的当期偿债压力。

【例10－13】新华公司长期负债比率计算见表10－15。

表10－15 长期负值比率计算表

单位：万元

项　目	2005年	2006年	2007年
长期负债	300	300	—
负债总额	180 000	180 000	240 000
长期负债比率	0.17%	0.17%	—

由表10－15可知，该企业债务融资中长期负债所占比重很小，表明该企业对流动负债的依赖性较强，增加了短期偿债的压力。对该指标的分析应结合其他财务指标进一步考察评价。

思考与练习

1. 资本结构的含义是什么？
2. 影响资本结构的因素有哪些？
3. 企业对外举债的原因是什么？
4. 如何理解财务杠杆在企业中的作用？
5. 如何理解利息保障倍数指标意义？
6. 如何评价利息保障倍数指标？
7. 如何运用利润表分析企业长期偿债能力？
8. 如何运用资产负债表分析企业长期偿债能力？
9. 根据甲企业资产负债表、利润表计算有关长期偿债指标，见表10－16和表10－17，并且根据计算结果分析企业长期偿债能力。

表10－16 甲企业资产负债表

编制单位：甲企业　　2007年12月31日　　单位：万元

资　产	期末余额	年初余额	负债及所有者益	期末余额	年初余额
流动资产：			流动负债：		
货币资金	490	340	短期借款	420	400
交易性金融资产	80	30	交易性金融负债	0	0
应收票据	15	20	应付票据	70	50
应收账款	683.1	634.5	应付账款	355	264

续表

资　产	期末余额	年初余额	负债及所有者益	期末余额	年初余额
预付账款	14	22	预收账款	10	20
应收利息	1	23	应付职工薪酬	0.6	0.8
应收股利	2	8	应交税费	56.4	65.2
其他应收款	4.9	13.5	应付利息	0	0
存货	690	580	应付股利	8	5
1年内到期的非流动资产	0	30	其他应付款	18	15
其他流动资产	0	0	一年内到期的非流动负债	62	80
流动资产合计	1980	1710	其他流动负债	0	0
非流动资产：			流动负债合计	1 000	900
可供出售金融资产	0	0	非流动负债：		
长期股权投资	180	110	长期借款	550	500
固定资产	2 150	1 800	应付债券	420	320
在建工程	150	150	长期应付款	100	104
工程物资	0	0	专项应付款	0	0
固定资产清理	0	0	预计负债	0	0
无形资产	32	20	递延所的税负债	0	0
开发支出	0	0	非流动负债合计	1 070	924
商誉	0	0	负债合计	2 070	1 824
长期待摊费用	0	0	股东权益：		
递延所得税资产	8	10	股本	1 500	1 500
其他非流动资产	0	0	资本公积	240	132
非流动资产合计	2 520	2 090	盈余公积	459	219
			未分配利润	231	125
			股东权益合计	2 430	1 976
资产合计	4 500	3 800	负债及所有者权益合计	4 500	3 800

表 10－17　甲企业利润表

编制单位：甲企业　　　　2006年12月　　　　单位：万元

项目	本期金额	上期金额（略）
一、营业收入	8 520	
减：营业成本	4 190.40	
营业税金及附	676	
销售费用	1 370	
管理费用	1 050	
财务费用	325	
资产减值损失	0	

续表

项目	本期金额	上期金额（略）
加：公允价值变动收益	851.40	
加：投资收益	63	
其中：对联营企业和合营企业的投资收益	0	
二、营业利润	1 823	
加：营业外收入	8.5	
减：营业外支出	15.5	
三、利润总额	1 816	
减：所得税	556	
四、净利润	1 260	
五、每股收益		
(一) 基本每股收益	1.26	
(二) 稀释每股收益	1.26	

第 11 章　企业盈利能力分析

【学习目标】

☑ 了解决定企业投资报酬率高低的因素。
☑ 掌握产品（商品）毛利的因素分析法。
☑ 掌握非股份制企业获利能力分析指标。
☑ 掌握股份制企业获利能力分析指标。

一个企业经营的主要目标在于获取利润，因为企业只有获得利润才能谋求生存与发展，进而完成对社会应尽的责任。因此，凡是与企业有利害关系的团体和个人，包括投资人、债权人、供应商、企业员工，以及政府机构都对企业的盈利能力非常重视。企业盈利能力的分析有不同的方法，可以通过各种比率加以研究。世界各国在分析盈利能力方面没有一个统一的标准，加之分析者从不同的角度出发，企业盈利能力的分析在指标上有着较大的分歧。分析的核心是企业收益率水平、投资报酬的评价和影响企业收益的因素分析。

11.1　企业盈利能力的概念与基本指标分析

11.1.1　企业盈利能力的概念与意义

1. 盈利能力的概念

盈利能力是指企业赚取利润的能力。严格地说，对盈利能力的理解必须附加期间限制。因而盈利能力分析包含两个层次的内容：一是企业在一个会计期间内从事生产经营活动的盈利能力的分析，二是企业在一个较长期间内稳定地获得较高利润能力的分析。也就是说，盈利能力涉及盈利水平的高低、盈利的稳定性和持久性。企业经营的主要目的在于使投资人获得较高的利润与维持企业适度的增长。只有盈利，才能使其经营与规模不断成长与发展。因此，盈利能力是企业的投资人、债权人、经营者及政府管理部门共同关心的问题。

2. 盈利能力分析的意义

（1）对于企业的所有者来说，企业盈利能力的强弱直接影响他们的权益，因为企业的盈利能力关系到利润的分配。企业的盈利能力越强，企业的税后利润也就越多。这样，在提取企业法定公积金之后向投资者分配的利润也就必然越多；投资者的投资去向，基本由投资报酬所决定，投资报酬是以盈利支付的；另外，企业的盈利能力与其股票价格之间具有密切关系。在一般情况下，企业的盈利能力越高，其股票在股市上的价格也就会提高，企业的股东在股票交易中就会获得资本收益。

（2）对于企业的债权人来说，企业的盈利能力也非常重要。企业的偿债能力大小最终取决于获利水平的高低，因为，利润是企业偿还债务的重要资本来源之一，一个具有良好盈利能力的企业在偿还短期债务与长期债务以及支付利息方面一般不会存在问题。如果企业利润枯竭，偿还各种债务的能力也就不复存在。

（3）对于企业的经营者来说，盈利能力是公司财务结构和经营绩效的综合体现。经营管理者通过分析盈利能力，可以评价、判断公司的经营成果，分析其变化原因，研究改进措施，不断提高盈利能力。如果管理者经营良好，企业就应该具有较高的利润水平，并且具有较强的盈利能力；如果企业经营较差，企业利润会很低甚至出现亏损，在这种情况下企业的盈利能力必然较弱。

3. 企业利润的构成

为了研究企业的盈利能力，必须对企业利润的构成进行较为深入的分析，否则，就无法确切地说明企业是通过何种途径获取的利润，也就无法解释企业的盈利能力水平。中国的企业会计准则将利润划分为以下 3 个层次。

（1）营业利润。这是指企业经营业务的总收入减去企业经营业务所发生的实际成本总额、营业税金及附加、销售费用、管理费用、财务费用、资产减值损失，加上公允价值变动收益、投资收益后得到的余额。

营业利润 = 营业收入 − 营业成本 − 营业税金及附加 − 销售费用 − 管理费用 −
财务费用 − 资产减值损失 + 公允价值变动收益（ − 公允价值变动损失） +
投资收益（ − 投资损失）

（2）利润总额。企业的利润总额是由营业利润与营业外收支净额之和组成。

利润总额 = 营业利润 + 营业外收入 − 营业外支出

（3）净利润。这是企业在交纳所得税之后剩余的利润。

净利润 = 利润总额 − 所得税

11.1.2 中国企业财务通则规定的盈利能力指标

我国企业财务通则所规定的考核盈利能力的指标主要有三个部分，即以销售为基础分析盈利能力、以投资回报为基础分析盈利能力和以资源盈利能力为基础分析盈利能力。

1. 销售盈利能力分析

1）销售毛利率

销售毛利是指企业销售收入扣除销售成本之后的差额，它在一定程度上反映企业生产环节的效率高低。销售毛利率是指销售毛利与销售收入的比例关系，一般用来匡算企业获利能力的大小。销售毛利对于企业是非常重要的，因为毛利是企业利润的起点，也是企业向利益相关的各方分配现金流的起点。一般而言，企业的毛利首先应补偿固定的期间费用后，才能为所有者创造利润。因此，企业如果没有足够多的毛利率，很可能使企业陷入收不抵支的亏损状态。较高的销售毛利率则预示着企业有更多的机会获取较多利润。销售毛利率的计算公式为：

$$销售毛利率 = \frac{销售毛利}{销售收入} \times 100\%$$

该公式可理解为每百元销售收入能为企业带来多少毛利。

对于销售毛利率，分析时注意如下 2 个问题。

（1）销售毛利率是企业产品定价政策的指标。企业获取利润的主要途径是产品销售，而产品销售价格取决于销售毛利水平的高低。一般来说，产品销售毛利越高，企业用于补偿产品销售税金、营业费用、管理费用和财务费用等支出后，才会产生余额，而使企业获取利润。可以说，产品销售毛利是企业利润的最基本、最主要的来源，产品销售毛利的确定对企业的盈利产生巨大的影响。不同行业之间有时毛利率会有很大差别。有时候企业为了增加产品的市场份额，也会采取薄利多销政策，从而使企业销售毛利率偏低。

（2）销售毛利率指标有明显的行业特点。一般说来，营业周期短、固定费用低的行业毛利率水平会比较低，如商品零售行业；营业周期长、固定费用高的行业则必须有较高的毛利率，以弥补其巨额的固定成本，如制造业。因此，在分析企业的毛利率时，必须与企业的目标毛利率、同行业平均水平及先进水平的毛利率加以比较，以正确评价本企业的盈利能力，并且分析差距及其产生的原因，寻找提高盈利能力的途径。

【例 11 −1】大明公司的销售毛利率计算见表 11 −1。

表 11 −1 销售毛利率计算表 单位：万元

项 目	2005 年	2006 年	2007 年
销售毛利	80 000	81 000	57 600
销售收入	500 000	540 000	480 000
销售毛利率	16%	15%	12%

由表 11－1 可知，该公司销售毛利率在逐年下降，2006 年的销售收入略有所增长，但销售毛利率比上年下降 1%，其原因可能是行业竞争激烈销售价格下调，无法采取新技术大幅度降低成本所致；2007 年销售毛利大幅度下滑，降幅为 3%，表明该企业市场份额和销售价格进一步下降。这是一个危险的信号，表明大明公司的经营存在薄弱环节，应当采取措施加以改进。

2）销售净利率

销售净利率是指企业实现的净利润与销售收入的对比关系，用以衡量企业在一定时期销售收入获取利润的能力。其计算公式为：

$$销售净利率 = \frac{净利润}{销售收入} \times 100\%$$

该公式可理解为实现百元销售收入所给企业带来利润的多少。销售净利率低，表明企业经营者未能创造足够多的销售收入或未能控制好成本费用，或者两方面兼而有之。该指标数值越高越好，数值越高表明企业盈利能力越强。

对销售净利率分析时应注意以下 3 个问题。

(1) 净利润中包含了营业外收支净额和投资净收益，这些指标在年度之间变化较大且无规律。企业短期投资者和债权人的利益主要在企业当期，他们更关心企业总盈利能力的大小，通常可以直接使用这一指标进行盈利能力判断。对于企业管理者和所有者来说，应将该指标的数额与净利润的内部构成结合分析，以正确判断企业的盈利能力。如果本期销售净利率的升降主要是营业外项目起了很大影响作用，就不能简单地认为企业管理水平的提高或下降。

(2) 对单个企业来说，销售净利率指标越大越好，但各行业及企业之间的竞争能力、经济状况、负债融资的程度及行业经营的特征，使得不同行业的企业之间与同行业的企业之间销售净利率的大小有所不同。因此，在利用该指标进行分析时，还要注意个别企业的销售净利率指标的行业比较与同行业内其他企业间的比较。

(3) 从销售净利率公式可以看出，企业的销售净利率与净利润成正比例关系，与销售收入额成反比例关系。企业在增加销售收入的同时必须相应获得更多的净利润，才能使销售净利率保持不变或提高。通过该指标分析，可以促使企业在扩大销售的同时改进经营管理，提高盈利水平。

【例 11－2】大明公司的销售净利率计算见表 11－2。

表 11－2 销售净利率计算表 单位：万元

项 目	2005 年	2006 年	2007 年
净利润	25 000	14 000	5 000
销售收入	500 000	540 000	480 000
销售净利率	5%	2.59%	1.04%

由表 11－2 可知，该公司销售净利率持续下降，至 2006 年销售净利率仅为 1.04%，公司已处于亏损边缘，这表明大明公司在经营管理方面存在较严重的问题。

销售净利率指标并不能全面反映企业的盈利能力，因为较高的销售净利率也可能是依靠较大的资产或资本的投入来维持的，因此还必须分析企业运用资源的效率和投资报酬率，才能真正判明企业的盈利水平的高低。

2. 投资回报能力分析

投资回报能力分析是从企业投资人（包括所有者和债权人）的角度，根据投资与收益之间的内在联系，考察投资收益水平，同时用以说明企业的盈利能力。

1）资本金利润率

资本金利润率是指净利润与企业所有者投入资本的对比关系，用以表明企业所有者投入资本赚取利润的能力。可用公式表示为：

$$资本金利润率=\frac{净利润}{资本金总额}\times 100\%$$

在这个公式中资本金是指企业的注册资金总额，公式中资本金总额的数据取自于资产负债表中的实收资本项目；如果本期实收资本数额发生较大变化，应取期初与期末平均值，或直接以期末数计算。该指标高说明投入企业资金的回报水平越高，而且企业盈利能力很强。

资本金利润率指标是站在所有者立场来衡量企业盈利能力的。所有者投资于企业，最终目的是为了获取利润。资本利润率直接体现投资者权益的实现程度，因而是投资者最关心的问题。资本金利润率也体现了企业管理水平的高低、经济效益的优劣、财务成果的好坏，尤其是直接反映所有者投资的效益好坏，是所有者考核其投入资本的保值增值程度的基本指标；通过对该指标的分析，还可判定企业的投资效益，制约着所有者的投资决策和潜在投资人的投资倾向，影响着企业的筹资方式、筹资规模，进而影响企业的发展规模及发展趋势。

资本金利润率分析时注意如下 3 个问题。

（1）资本金是指企业在工商行政管理部门登记的注册资金，即注册资本。不同的资金缴付方式，资本金的含义不同。在实收资本制下，投资者需一次缴清全部出资额，实收资本与注册资本保持一致；但在授权资本制下，投资者只需缴纳第一期出资，公司便可成立，成立之后再委托董事会继续筹措资本，这样，资本金与注册资本可能并不相等。因此，资本金利润率中的资本金总额应为企业的实收资本数额。

（2）资本金利润率只反映投入资本的获利水平，并非企业每期实际支付给所有者的利润。因为利润净额必须按规定先提取公积金等，再向投资人进行分配，不能全部用来作为股利分配。

（3）这个比率是从企业所有者投资角度来考察企业的盈利能力的，因此，需要注意资本结构是否大体一致，否则不宜进行横向或纵向的比较。例如，*A* 和 *B* 两个企业在某一会计期实现利润数额大体一致，运用资本总量也接近，但资本结构相差较大，其中 *A* 企业以所有者投入资本为 80%，*B* 企业借入资本比重 60%。在这种情况下，计算出来的资本金利润率悬殊，如果就此下结论，就不符合实际情况了。因此该比率的使用存在一定的局限性。

【例 11－3】大明公司的资本金利润率计算见表 11－3。

表 11－3 资本金利润率计算表 单位：万元

项　目	2005 年	2006 年	2007 年
净利润	25 000	14 000	5 000
资本金总额	100 000	100 000	100 000
资本金利润率	25%	14%	5%

由表 11－3 可知，近三年该公司资本金利润率迅速持续下跌，至 2007 年降至 5%，这表明公司投入资本的回报率不断降低，企业盈利能力越来越差。为此，投资者可能转移资金，且会影响公司近期的筹资方式、筹资规模，甚至影响企业的发展规模及发展趋势。

2）净值报酬率

净值报酬率，亦称所有者权益报酬率或净资产收益率，是企业利润净额与平均所有者权益之比。该指标表明企业所有者权益所获报酬的水平。其计算公式为：

$$\text{净值报酬率}=\frac{\text{净利润}}{\text{所有者利益（净资产）}}\times 100\%$$

对于所有者权益数额，一般取期初与期末的平均值。如果要通过该指标观察分配能力的话，则取年度末的净资产额更为恰当。

净值报酬率是从所有者权益角度考核其盈利能力的，该指标与资本金利润率的差异仅在于两者分母涵盖的范围不同。资本金利润率使用所有者权益中最基本、最主要的内容——实收资本，而净值报酬率则使用所有者权益总额。两个指标所说明的问题、考核的目的、受到的影响、注意的事项基本相似，此处不再赘述。

【例 11－4】大明公司的所有者权益报酬率计算见表 11－4。

表 11－4 所有者权益报酬率计算表 单位：万元

项　目	2005 年	2006 年	2007 年
净利润	25 000	14 000	5 000
所有者权益平均值	650 000	652 000	648 000
净值报酬率	3.85%	2.15%	0.77%

注：所有者权益 2005 年为 650 000 万元；2006 年为 654 000 万元；2007 年为 642 000 万元。

由表 11－4 可知，近三年该公司净资产收益率持续下跌，至 2007 年降至 0.77%。这表明公司所有者权益的收益越来越差。

3）净利润现金保证比率

净利润现金保证比率是指企业一定时期经营活动净现金流量与净利润之间的比例关系。

这一指标是评价企业净收益质量的重要比率，反映以现金流量为基础的资产报酬率。其计算公式为：

$$净利润现金保证比率=\frac{经营活动净现金流量}{净利润}\times 100\%$$

式中，经营活动净现金流量可以从现金流量表中取得数据，净利润可从利润表中取得数据。这一比率说明企业净利润中现金收入的保证程度。

在市场经济条件下，企业现金流量在很大程度上决定企业的生存和发展的能力，在很大程度上也决定着企业的盈利能力。这是因为若企业的现金流量不足，将出现现金周转不畅、现金调配不灵，进而影响企业的盈利能力。一般的盈利能力评价指标基本上是以权责发生制为基础进行计算并且给出评价的，如净值报酬率、总资产利润率和成本费用利润率等指标。它们不能反映企业现金含量的盈利状况，存在着只能评价企业盈利能力的“数”量、不能评价企业盈利能力的“质”量的缺陷和不足。

【例 11－5】大明公司 2007 年的净利润现金保证比率计算如下：

$$净利润现金保证比率=\frac{68\ 000}{5\ 000}\times 100\%=1\ 360\%$$

由此可知，净利润现金保证比率大于 1，表明该企业当期收益质量较好，但存在净利润较低的问题。对此，还应结合企业的历年情况、行业水平进行全面的分析。

4）资本保值增值率

资本保值增值率是指企业期末所有者权益总额与期初所有者权益总额之间的对比关系。它可以衡量企业投资者拥有企业主权资本的完整性、保全性和增值性。其计算公式为：

$$资本保值增值率=\frac{期末所有者权益总额}{期初所有者权益总额}\times 100\%$$

如果资本保值增值率大于 100%，说明所有者权益增加；如果这一比率小于 100%，则意味着所有者权益遭受损失。一般而言，资本保值增值率越高，说明企业生产经营的效果越好；反之，则说明企业经营业绩不佳。运用该指标分析时注意，有时资本保值增值率有较大增长，并不是通过企业自身生产经营，提高经济效益的结果，而是由于投资者对企业新注入了资金。因此，分析时要区别投资者的新投资（实收资本、资本公积）还是企业经营所得（盈余公积、未分配利润）。

【例 11－6】大明公司 2007 年的资本保值增值率计算如下：

$$资本保值增值率=\frac{642\ 000}{654\ 000}\times 100\%=98.17\%$$

由此可知，资本保值增值率小于 1，表明所有者权益遭受损失，公司经营效益较差。

3. 资源盈利能力分析

企业进行生产经营活动必须以拥有一定的资产，资产的结构配置合理且要有效运用，才能获取较大的利润。也就是说，企业所占用资产的盈利能力越强，经济效益越好。资产盈利能力分析可以衡量资产的运用效益，从总体上反映投资效果，这对企业管理当局和投资者来说都是至关重要的会计信息。财务报表使用者关心的是公司的资产盈利能力是否高于社会平均的资产利润率和同行业的资产利润率。如果某个企业的盈利能力长期低于社会平均盈利能力，不仅无法继续吸引投资，原有的投资也会转移到其他行业或本行业的其他企业。只有企业的资产盈利能力在同行业或社会平均水平之上，企业才能顺利筹措所需资金，企业的发展才会处于有利的地位。反映公司的资产盈利能力的指标一般包括两个，即总资产利润率和成本费用利润率。

1）总资产利润率

总资产利润率是指企业一定期间内实现的利润净额与该时期企业平均资产总额的比率。其计算公式为：

$$总资产利润率=\frac{净利润}{总资产平均值}\times 100\%$$

公式的经济含义是每百元资产能够创造的净利润额，它是反映企业资产综合利用效果的指标。总资产利润率指标越高，表明企业资产利用的效益越好，利用全部资产创造的利润越多，整个企业盈利能力越强，财务管理水平也就越高。

该比率的分子是净利润，净利润属于所有者权益。其分母则利用了总资产这一概念，而总资产是由所有者和债权人共同所有的，所以该比率的分子、分母的计算口径不一致，这是该指标最主要的缺陷，因而限制了它的运用。因此，可以采用国际上通行的投资报酬率的计算方法进行修正，详细内容见国际上评价盈利能力的基本指标的叙述。

对总资产利润率分析时应注意如下 3 个问题。

（1）总资产利润率集中体现了资金运动速度与资金利用效果之间的关系。从其计算公式可以看出，资金运动速度快，相同的资金占用能够完成更多的业务量，表现为较少的资产投资获得较多的利润。通过对总资产利润率分析，能使企业管理者形成一个较为完整的资产与利润关系的概念，即企业要想创造高额利润，必须重视“所得”和“所费”的比例关系，合理使用资金，降低消耗，避免资产闲置、资金沉淀、资产损失浪费、费用开支过大等不合理现象。

（2）总资产利润率的高低反映企业经营管理水平的高低和经济责任制的落实情况。企业经营管理水平高，通常表现为资产运用得当，费用控制严格，利润水平高；反之，则是经营管理水平低的表现。通过对总资产利润率的分析，能够考察各部门、各生产经营环节的工作效率和工作质量，有利于分析内部各有关部门的责任，从而调动各方面生产经营和提高经济效益的积极性。

（3）保持分析的连续性。仅仅测算一个企业某年的总资产利润率，往往很难对该企业的盈利能力做出全面评价。因此，通常需要计算连续几年的总资产利润率指标，才能取得足以做出准确评价的信息。如果能够取得同行业的相关资料，将不同企业若干年的总资产利润率指标进行对比则可进一步提高分析质量。

【例 11－7】大明公司的总资产利润率计算见表 11－5。

表 11－5　总资产利润率计算表　　单位：万元

项　　目	2005 年	2006 年	2007 年
净利润	25 000	14 000	5 000
总资产平均值	820 000	830 000	860 000
总资产利润率	3.05%	1.69%	0.58%

注：资产总额 2005 年为 820 000 万元；2006 年 840 000 万元；2007 年为 880 000 万元。

由表 11－5 可知，近三年该公司总资产利润率迅速下降，至 2007 年降至 0.58%，这肯定低于社会平均的资产利润率和同行业的资产利润率。这是危险的信号。如果公司盈利能力长期低于社会平均盈利能力，不仅无法继续吸引投资，原有的投资也会转移到其他行业或本行业的其他企业，进而使企业面临倒闭的境地。

2）成本费用利润率

成本费用利润率是指企业的净利润与成本费用总额的比率。它是反映企业所费与所得之间的关系，是从总耗费的角度考核获利情况的指标。其计算公式为：

$$成本费用利润率=\frac{净利润}{成本费用}\times 100\%$$

式中，成本费用包括营业成本、营业税金及附加、销售费用、管理费用、财务费用、投资损失、营业外支出及所得税。

成本费用利润率是全面考核企业耗费所取得收益的指标。当获取的利润总额不变时，成本费用总额越小，成本费用利润率越高；当成本费用总额不变时，利润总额越大，成本费用率越高，说明每百元耗费赚取的盈利越多，企业效益越好。反之，利润不变而成本费用额增加，或成本费用额不变而利润额减少时，则成本费用利润率会下降，说明每百元总耗费的盈利能力降低，企业经济效益下滑。

企业为了选择经营品种，有时需要测量每个品种产品的经济效益，因而企业常用成本利润率指标测算盈利能力的做法。成本利润率的计算公式为：

$$成本利润率=\frac{净利润}{营业成本}\times 100\%$$

对于企业内部的经营管理决策来说，成本利润率是非常有益的指标。它可以告诉经营决策者应该从事哪个品种的产品经营，应该取消哪个品种的生产。对于企业外部财务报表使用者来说，他们更关心的是企业耗费取得的总体经济效益，并不注意企业经营产品品种的利润。因此，外部报表使用者在分析企业的盈利能力时，经常使用的仍然是成本费用利润率指标。

【例 11－8】大明公司的成本费用利润率计算见表 11－6。

表 11－6　成本费用利润率计算表　　单位：万元

项　目	2005 年	2006 年	2007 年
净利润	25 000	14 000	5 000
成本费用	500 000	550 000	500 000
成本费用率	5%	2.55%	1%

对于股份有限公司，尤其是上市公司而言，除了应用上述有关比率外，还常用每股盈余来进一步说明股份有限公司的盈利能力。评价股东投资回报水平的高低详见 11.4 节。

11.1.3　国际上评价盈利能力的基本指标

1. 关于销售毛利率指标

销售毛利率是指产品销售毛利与产品销售净额之间的比例关系。其计算公式为：

$$产品销售毛利率=\frac{产品销售毛利}{产品销售净额}\times 100\%$$

销售毛利率揭示企业产品销售中所获取的毛利数额，在实际工作中销售毛利率被称为毛利点。产品的毛利点越高意味着产品盈利能力越强。

从制造企业的经营过程分析，企业的经营主要是产品销售，其他经营业务及对外投资活动等，企业将从这些经营中获取利润。企业获取利润的主要途径应是产品销售，产品销售利润在收益中占最大比重，而产品销售利润的大小取决于销售毛利水平的高低。一般来说，产品销售毛利越高，企业用于补偿产品销售税金，营业费用、管理费用和财务费用等支出的数额就较大，企业最终获取的利润才能越大。可以说，产品销售毛利是企业利润的最基本、最主要的来源，产品销售毛利的变动对企业的盈利能力有很大的影响。因此，销售毛利率是评价企业盈利能力的一个非常重要的财务指标。企业管理部门对于利润的预测和成本的控制一般都以销售毛利率为主要目标。销售毛利率对于决定企业存货水平和判断会计系统的准确性也具有一定的作用。在进行财务报表分析时，不仅计算该产品销售毛利率指标，还应该对产品销售毛利的变动因素进行具体的分析，以便为经营管理者提供有关的数据资料，通过改善经营过程，提高企业的盈利能力。产品销售毛利的一般计算公式为：

$$产品销售毛利=产品销售净额-产品销售成本$$

2. 关于销售利润率指标

销售利润率是指销售利润与销售净额之间的比例关系。该指标是评价企业盈利能力指标中应用最广泛的指标之一。若要表明企业每百元的销售额中所获取的利润数额，销售利润率越高意味着企业的盈利能力越强。

在计算销售利润指标时，由于世界各国的损益计算方式有较大的区别，在确定销售净额数据与利润数据时必须注意指标的可比性。国际上评价销售利润率的指标有 3 种，表 11 －7 将一般的销售利润率指标与具体的销售利润率指标做一些对比。

表 11 －7　销售利润率计算对比表

一般的销售利润率指标	具体的销售利润率指标
$销售利润率 = \frac{销售利润}{销售净额} \times 100\%$	$销售营业利润率 = \frac{营业利润}{销售净额} \times 100\%$ $销售税前利润率 = \frac{税前利润}{销售净额} \times 100\%$ $销售税后利润率 = \frac{税后利润}{销售净额} \times 100\%$

从以上的对比中可以看出，作为一般的销售利润率是比较简单的，但在实际进行财务报表分析时应将其具体化，从不同角度说明企业的盈利能力。如将营业利润与销售净额比较，所计算出来的销售利润率重点在于说明企业销售营业环节中的获利水平；将税前利润与销售净额比较，所计算出来的销售利润率重点在于说明企业在交纳所得税之前的盈利能力；而将税后利润与销售净额比较，其重点在于说明企业在纳税后实际所获取的利润水平。在进行销售利润分析时还应注意，企业利润总额和税后利润并不完全是营业收入所获取的。因为，利润总额中包含投资净收益和营业外收支净额。企业的投资净收益并不来自企业的日常营业过程，而是通过对外投资所获取的。这部分收益严格地讲应该与企业对外投资的总额形成对比关系。营业外收支净额也不是来自企业的日常营业中，这部分收益从性质上讲属于企业的特殊损益项目。如果企业的投资净收益和营业外收支净额过大，都会使销售利润率出现虚假现象，在判断上造成管理者高估销售利润率水平。

3. 关于投资报酬率指标

投资报酬率是指投资报酬与投资基数之间的比例关系。投资报酬率是从投资人的角度去分析企业的盈利能力。该指标表示投资者每投入一百元所获取的报酬数额，在实际工作中该指标又叫投资回报率。投资报酬率越高意味着投资的回报水平越高，投资人所投入资本的盈利能力也就越强。

投资报酬率指标是衡量企业盈利能力和管理绩效的最佳标准，可以作为利润规划与内部决策控制的有效工具。投资报酬率的具体的计算方法见表 11 －8。

表 11－8　投资报酬率计算方法比较表

国际通行的投资报酬率	国际通行投资报酬率的具体计算
$投资报酬率=\frac{投资报酬}{投资基数}\times 100\%$	全部资产观念： $投资报酬率=\frac{税后利润+(1-税率)}{资产总额}\times 100\%$ 长期负债加所有者权益观念： $投资报酬率=\frac{税后利润+长期负债利息\ (1-税率)}{平均长期负债+平均所有者权益}\times 100\%$ 所有者权益观念： $投资报酬率=\frac{税后利润}{所有者权益总额}\times 100\%$

4. 关于每股利润指标

每股利润也称每股盈余，是指在股份制企业中投资者每股股份所平均获取的税后利润数额。该指标表明一家股份公司每一股份在某个会计年度内所获取的税后净利，它从投资者的角度去衡量企业盈利能力的高低，以及投资风险的大小。每股利润指标对于上市公司的股票价格、股利发放率和股利的支付能力都具有重大影响。每股利润指标也被称为每股盈余。每股利润指标的一般计算公式为：

$$每股利润=\frac{税后利润}{股份总数}\times 100\%$$

11.2　企业投资报酬的分析

评价一个企业的盈利能力大小有很多不同的指标，例如毛利率，营业净利对销售净额比率，税前净利或税后净利对销售净额比率，投资报酬率和每股利润等指标。其中的一些指标在分析企业盈利能力时存在着一定的问题，衡量企业盈利能力的较为理想的指标是投资报酬率指标。

11.2.1　投资报酬率指标的意义

1. 投资报酬率概念

所谓投资报酬率是指投资报酬与投资基数的比例关系，该指标一般又称资本报酬率。投资报酬率对于企业经营管理具有非常重要的意义，它可衡量企业盈利能力的高低，评价企业经营管理的业绩，还可作为规划企业利润和进行内部经营决策的工具。

2. 投资报酬率指标的意义

1）作为衡量企业盈利能力的基本标准

企业所投入的资本是否获得了合理的利润，这是企业投资人、经营者和财务报表分析者急需了解的主要问题之一。投资报酬率是投资报酬与投资基数的比率关系，恰恰反映这个问题，因此投资报酬率是衡量企业盈利能力的重要指标。

2）作为评价企业管理业绩的指标

企业经营的成功与失败关键在于管理人员的素质。因为一个企业能否获得合理的投资报酬率取决于管理者能否不断地对企业经营过程进行创新与改进，发挥最大的管理效率。只有这样，企业才能有效地利用各种经济资源，并且实现预期的利润目标和经营目标。因此，采用投资报酬率指标可以评价一个企业管理者经营业绩的好坏。

3）作为企业规划利润的根据

投资报酬率可以表明一家企业过去所获取的投资报酬与投资人投资基数之间的比例关系，财务分析者可以依据这个比例关系去大致推算未来的投资利润率水平。因此，可以作为规划企业未来利润的根据。虽然决定投资报酬率的若干因素在未来一定时期内由于种种原因可能发生变化，但是根据过去获取的净利与投资的比率，并在此基础上考虑未来可能发生变化的因素，即能够对未来做出较为客观的分析，并且以此规划未来的利润目标。

4）作为企业内部决策与控制的工具

企业的投资报酬率对企业内部的决策与控制具有重要意义，而且对某项投资方案的规划、预算、协调和评价等方面都具有一定的作用。一个企业在任何一个期间内的投资报酬率均为平均水平，是若干个项目的投资报酬率汇总而形成的。这些个别的投资报酬是由不同的产品规划、生产作业和销售的具体方案所构成的。在一个具有良好管理水平的企业中，管理者对于企业内部每个“利润中心”所达成的投资报酬率是严格加以控制的，对于企业内部每一个利润中心的投资报酬率都规定一个基本的考核指标。如果该利润中心的投资报酬率超过或者不能达到规定投资报酬率，企业将对该利润中心的员工加以奖惩。就企业的管理控制而言，投资报酬率还是衡量一项新投资计划是否可行的参考标准。当实施某项投资计划时，企业的管理人员必须计算该项目预期的投资报酬率，依据预期投资报酬率的水准作为衡量投资方案是否可行的标准。

11.2.2 决定投资报酬率高低的基本因素

企业的投资报酬率一般是指企业获取的投资报酬与投资基数之间的比例关系。就投资报酬率这一基本概念来说是非常简单的，但是，由于分析者的角度不同，以及对投资基数的不同看法，在分析投资报酬率时会有较大的分歧。由于分析者对投资报酬率存在不同的分析角度，这就要求在分析之前对于影响投资报酬率高低的基本因素进行明确的解释。投资报酬率的一般计算公式为：

$$投资报酬率=\frac{投资报酬}{投资基数}\times 100\%$$

从以上公式中可以知道，影响投资报酬率的基本因素为两个，即投资基数与投资报酬。在这两个基本因素中，投资基数的选择直接影响到投资报酬的选择，因为，企业的资本是由不同资金供应者所提供的。就一般情况来说，企业的资本是由企业投资者和债权人所提供的，如果从投资人和债权人的角度分别进行观察，一定会从不同的资本来源得到不同的分析结果。所以，在进行投资报酬率分析时对投资基数与投资报酬加以规范是非常必要的。

1. 关于投资报酬率的投资基数

所谓投资基数是指在计算投资报酬率时所认定的投资总额。目前，对于投资基数的认定一般有 3 种不同的观念。在计算投资报酬率时，究竟用哪一种资本作为投资基数，目前，在国际与国内都还没有一个可以被普遍承认的确认标准。

1）用总资产作为投资基数的观念

这种观念认为在计算投资报酬率时应该以“总资产”作为投资基数，因为，总资产反映了企业实际运作的资本总额，是一个企业投入运转的经济资源的实际账面价值，总资产是衡量企业经营业绩的一项最佳标准。有人则认为在计算企业投资报酬率时还应该对企业的总资产进行必要的调整，因为，在企业的总资产中包含一部分非生产经营性质的资产，例如企业的闲置资产，超储积压物资等。这部分资产并没有在企业的生产经营中发挥应有的作用，没有为企业获取利润，对于企业的财务成果没有任何贡献。所以，在分析投资报酬率时应该对总资产进行必要的调整，将这部分非生产经营性质的资产在资产总额中扣除。在计算投资报酬率时，是否对非生产经营性质的资产和在建工程及递延资产扣除，应当根据各企业的实际情况予以考虑。在总资产观念下所计算的投资报酬率着重于所有的资金供应者，包括短期债权人、长期债权人和企业的所有者。

2）用长期负债加所有者权益作为投资基数的观念

以长期负债加所有者权益作为计算投资报酬率投资基数的观念，与总资产作为投资基数的观念区别主要在于流动负债。在长期负债加所有者权益观念下，计算投资报酬率时不包括流动负债，也就是不包括短期资本的提供者。因为，就接受投入资本的企业来说，流动负债所筹措的资金必须在短期内偿还，企业无法长期使用，同时，为了偿还这笔债务，企业往往需要在总资产项目之下储备等额的流动资产以备随时偿还，这部分资本参与企业经营运作的期间非常短暂。所以，在计算投资报酬率时应对流动负债加以扣除。在这种观念下，计算的投资报酬率主要着重于长期资本的提供者，也就是企业的长期债权人和企业的所有者。

3）用所有者权益作为投资基数的观念

在这种观念下以“所有者权益”作为计算投资报酬率的基数，也就是从所有者的角度去计算投资报酬率。因为，长期债权人一般都有固定的利息收入，投资报酬率高低并不影响其固定的收益，所以，他们已经不再过分关注企业投资报酬的多少。在这一观念之下，投资基数包括实收资本、资本公积、盈余公积和未分配利润。在股份制企业，如果其股本分为优先股和普通股，为了确切地反映普通股股东的获利水平，对于已经有固定股利收入的优先股本，在计算投资报酬率时应该在投资基数中扣除。

2. 关于投资报酬率的投资报酬

在计算投资报酬率时，投资报酬的内容取决于投资基数的选择，因为只有确定的投资基数，才能确认哪些报酬是属于这部分投资所取得的。投资基数与投资报酬之间应该具有内在的联系。下面分别就三种不同的投资基数观念说明投资报酬的确定方法。

（1）在总资产作为投资基数的观念下，投资报酬应该是企业所获取的扣除利息费用以前的净利。这种观念是从全部债权人和所有者角度去考虑投资基数及其所获取的投资报酬的。从短期债权人和长期债权人的角度考虑，他们投入企业资本所获取的报酬是利息收入。由于这部分利息依据中国的会计准则可以在纳税前列入企业的财务费用，所以，利息费用在客观上可以抵减一部分所得税；从企业所有者的角度考虑，投资人投入企业资本的获取的报酬是税后净利，在税后净利中已经包含了利息费用抵减所得税的部分。因此，在总资产作为投资基数的观念下，投资报酬应该包括投资人获取的税后利润和债权人获取的扣除所得税之后的利息费用，其投资报酬可用以下公式加以表述：

$$\text{总资产的投资报酬} = \text{税后利润} + \text{利息费用} \times (1 - \text{所得税率})$$

因此，在总资产作为投资基数的观念下，投资基数为企业的平均总资产，投资报酬为税后利润加扣除所得税后的利息费用。其投资报酬率的计算公式为：

$$\text{投资报酬率} = \frac{\text{税后净利润} + \text{利息费用}\ (1 - \text{所得税率})}{\text{平均总资产}} \times 100\%$$

（2）在长期负债和所有者权益作为投资基数的观念下，投资报酬应该是企业长期负债资本与所有者权益资本所获取的扣除长期负债利息费用以前的净利。这种观念是从长期债权人和所有者出发去考虑投资基数及其所获取的投资报酬的。从长期债权人的角度考虑，与总资产观念考虑的方式相同，长期债权人投入资本所获取的报酬也是利息收入。由于这部分利息依据中国的会计准则也可以抵减一部分所得税，从企业所有者的角度考虑，投资人投入企业资本所获取的报酬是税后净利，在税后净利中已经包含长期负债利息费用抵减的那部分所得税。因此，在长期负债加所有者权益作为投资基数的观念下，投资报酬应该包括投资人获取的税后利润和长期债权人获取的扣除所得税之后的利息费用。其投资报酬可以用以下公式加以表述：

$$\text{长期负债加所有者权益的投资报酬} = \text{税后利润} + \text{长期负债利息费用} \times (1 - \text{所得税率})$$

因此，在长期负债加所有者权益作为投资基数的观念下，投资基数为企业的平均长期负债总额和平均所有者权益的总额，投资报酬为税后利润加扣除所得税后的长期负债利息费用。其投资报酬率的计算公式为：

$$投资报酬率=\frac{税后净利润+长期负债利息费用（1-所得税率）}{平均长期负债+平均所有者权益}\times100\%$$

（3）在所有者权益作为投资基数的观念下，投资报酬应该是企业所有者权益资本所获取的税后利润。这种观念是从所有者的角度出发去考虑投资基数及其所获取的投资报酬的。从企业所有者的角度考虑，投资人投入企业的那部分资本所获取的报酬是税后净利。因此，在所有者权益作为投资基数的观念下，投资报酬只是投资人获取的税后利润。其投资报酬可用以下公式加以表述：

$$所有者权益的投资报酬=税后利润$$

因此，在所有者权益作为投资基数的观念下，投资基数为企业的平均所有者权益总额，投资报酬为税后利润，其投资报酬率的计算公式为：

$$投资报酬率=\frac{税后净利润}{平均所有者权益}\times100\%$$

在股份有限公司中，为了确切地计算与分析普通股股东的投资报酬，可将优先股固定的股利扣除，反映属于普通股股东的投资报酬，且在股权中将优先股股权扣除，反映属于普通股股东的权益。这样，普通股权的投资报酬率可以按照以下公式计算：

$$普通股报酬率=\frac{税后净利润-优先股股利}{平均普通股权益}\times100\%$$

3. 计算投资报酬率应该考虑的其他问题

（1）计算企业投资报酬率时，应该注意投资基数账面价值与市场价值的差异。企业的投资基数由于受通货膨胀等因素的影响，投资基数的账面价值与市场价值之间是存在较大差异的；如果两者的差距过大，依据投资基数账面价值计算的投资报酬率就会出现较大的误差，使投资报酬率出现高估与低估的可能；但是，市场价值的数据资料在实际工作中的取得是非常困难的。在计算与分析企业投资报酬率时，财务报表分析者由于受各种限制而无法获得投资基数的市场价值资料时，各种投资基数观念下的投资基数一般直接以财务报表所列报的资产账面价值为准，而不考虑其市场价值。如果各项资产的账面价值已经不符合实际情况或者与市场价值发生了重大偏差，或者在某种情况下，财务报表所列示的账面价值已经失去了公正与客观，财务报表的分析者就必须对账面价值进行调整，调整之后再计算与分析企业的投资报酬率。

（2）计算企业投资报酬率时，应该注意投资人和企业经营者对于投资基数具有不同的认识。在计算企业投资报酬率时，由于投资人和企业经营者所处的角度不同，对于投资基数的看法存在一定的区别。就上市公司的投资人而言，其投资于某一个企业的股票的实际支付的代价就是该投资人的投资基数。这样，除非投资人按企业的账面价值购入股票，否则，投资人的取得成本将不等于计算企业投资报酬率时的投资基数。财务报表分析者是从企业的角度计算投资报酬率的，企业所确认的所有者投资基数包括投入的资本、资本公积、盈余公积和未分配利润。

（3）计算企业投资报酬率时，如果在一定期间内投资基数变化不大，可以采用资产负债表资料直接确定；如果在此期间内投资基数变动较大，则应该采用平均投资基数作为投资基数。不论采用何种投资基数作为计算投资报酬率的基础，在某个期间内所获得的投资报酬多少是与这个期间内实际存在的投资基数相关的。

11.2.3 企业投资报酬率的分析

1. 企业投资报酬率的构成与分解

1）企业投资报酬率的分解

在总资产作为投资基数的观念下，企业的投资报酬率是以企业所拥有或控制的总资产作为投资基数的。以投资者所取得的税后净利和债权人所取得的利息作为投资报酬，投资报酬与投资基数之间的比例关系反映企业投资每百元资产可以获取的报酬数额。这个比率可以用来判断企业经营者运用资产的效率和运用这部分资产所取得的盈利能力。美国杜邦公司财务分析专家首先将总资产观念的投资报酬分解为两个构成指标，一个是销售利润指标，另一个是总资产周转率指标。这样的分解方法将有助于改善投资报酬率的分析。由于杜邦公司首先采用了这种分解技术，因而，这种投资报酬率也被称为杜邦资产收益率。分解后的投资报酬率可以表述如下：

$$\begin{aligned}\text{权益报酬率} &= \frac{\text{税后利润}}{\text{权益总额}} \times \frac{\text{资产总额}}{\text{资产总额}} = \frac{\text{税后利润}}{\text{资产总额}} \times \frac{\text{资产总额}}{\text{权益总额}} = \\ &\frac{\text{税后利润}}{\text{资产总额}} \times \frac{\text{销售收入}}{\text{销售收入}} \times \frac{\text{资产总额}}{\text{权益总额}} = \\ &\frac{\text{税后利润}}{\text{销售收入}} \times \frac{\text{销售收入}}{\text{资产总额}} \times \frac{\text{资产总额}}{\text{权益总额}} = \\ &\text{总资产报酬率} \times \text{权益乘数} = \\ &\text{销售利润} \times \text{总资产周转率} \times \text{权益乘数}\end{aligned}$$

从分解后的投资报酬率公式中可以看出：企业的投资报酬率取决于两个基本因素，一是企业销售利润率水平，二是企业总资产的周转速度。销售利润率是税后净利与销售收入的比例关系，用来衡量企业销售过程的盈利能力。通过税后利润与销售净额之间的数量关系，评价企业营运业绩的好坏。总资产周转率是销售收入与总资产的比例关系，一般又称总资产周转次数。该指标可以衡量一个企业在某个销售收入水平下所需投资的资产数额，又可确定在一定资产投资之下所能产生的销售收入，用以衡量企业管理者使用资产的效率。分解后的投资报酬率指标使分析进一步向纵深发展，使我们意识到企业投资报酬率的高低取决于营业收入的取得过程和总资产的运用过程。企业营业收入愈多，同时销售收入利润率愈高，在总资产一定的情况下，企业的投资报酬必然就愈高；企业的资产运用效率愈高，企业资本的周转速度必然愈快。在销售利润率一定的情况下，企业的投资报酬率也就必然愈高。为了对投资报酬率的构成因素进行深入分析，使对应关系更为清楚，杜邦资产收益率剔除了债权人的投资报酬。如果在计算中掺入利息费用，将使构成因素的研究变得过于复杂。

2）影响投资报酬率的因素分析

企业利润的产生不仅在于企业的经营损益，而且还在于销售收入本身的取得与增长。企业经营损益的大小可以透过企业销售利润率的高低加以反映，而销售收入的增长，必须透过资产周转率中的资产与销售收入的比例关系才能加以研究。在分解的投资报酬率基础上，还可以对影响销售利润率与总资产周转率的因素进一步展开分析。影响投资报酬率的因素见图 11－1。

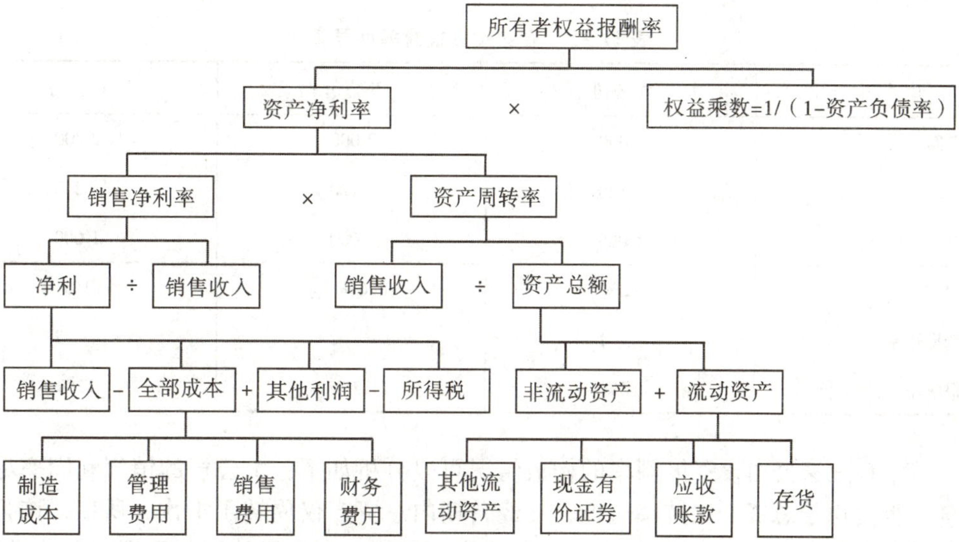

图 11－1　影响投资报酬率的基本因素

图中可以明显看出投资报酬率发生变动的主要原因，如果企业的投资报酬率下降，可以分析其降低的原因。投资报酬率的下降不是由于销售利润率的下降，就是由于总资产周转速度减慢所造成的。如果由于利润率的下降所致，有可能是企业成本费用的增加造成的，或者是企业销售收入的减少所致，或者是因为企业生产效率和销售业绩的降低所引起的，也可能是总资产的增长所致，或者是因为总资产的运用效率下降造成的。透过这种分析方法就可以发现投资报酬率存在的问题，以便采取正确的措施改善企业的投资报酬率，使企业的投资报酬率进一步提高。财务报表分析者若要衡量一个企业的盈利能力并且据此评价其管理业绩时，对影响投资报酬率的各项因素必须予以深刻分析，在彻底了解投资报酬率的变动原因之后，才能获得正确的判断。

2. 销售利润率，总资产周转率与投资报酬率的关系及其分析

1）销售利润率，总资产周转率与投资报酬率的关系

企业投资报酬率的高低主要取决于销售利润率的水平和总资产的周转速度。销售利润率指标、总资产周转率指标与投资报酬率指标之间为正比例关系。在企业总资产周转速度一定的情况下，销售利润率水平愈高，企业的投资报酬率必然愈高；在销售利润率一定的情况下，总资产的周转速度愈快，企业的投资报酬率也就必然愈高。不同的销售利润率水平和不同的总资产周转速度决定了企业投资报酬率水平的高低。

【例 11－9】A 公司、B 公司和 C 公司投入的资本总额是相同的，但是，三家公司由于经营方式不同取得的销售净额和税后利润是不一样的，从表 11－9 中可以看出三家公司的销售利润率有较大的区别，而在总资产周转速度上也存在一定的差别。

表 11－9　企业投资报酬率计算表　　单位：万元

项　　目	A 公司	B 公司	C 公司
销售净额	1 000	2 000	2 400
税后利润	120	120	240
总资产	1 000	1 000	1 000
销售利润率	12%	6%	1%
总资产周转率	1	2	12
投资报酬率	12%	12%	12%

A、B、C 三家公司投资报酬率的构成情况可以分析如下：A 公司的销售利润率尽管高达 12%，但是由于总资产周转率过低，在经营期内总资产仅周转了 1 次，所以，该公司的投资报酬率并没有超过 B 公司和 C 公司的投资报酬率；C 公司的销售利润率是非常低的，销售利润率仅为 1%，但该公司资产周转率却高达 12 次，因此，C 公司的投资报酬率也达到了 12%；B 公司介于 A 公司与 C 公司之间，其销售利润率为 6%，总资产周转率为 2 次，这也使得企业的投资报酬率达到了 12%。

2）销售利润率，总资产周转率与投资报酬率的分析

企业的投资报酬率分析，还应该研究销售利润率、总资产周转率和投资报酬率之间的不同组合，通过研究这种组合去分析实现预期投资报酬率的途径，或者分析改善投资报酬率的方法。

【例 11－10】假设某公司预期的投资报酬率目标为 12%，为了实现这一目标，公司财务部研究了实现目标投资报酬率的销售利润率与总资产周转率的不同组合，如表 11－10 所示。

表 11-10　销售利润率、总资产周转率和投资报酬率的组合分析

投资报酬率	销售收入利润率	总资产周转率
12%	12%	1
12%	10%	1.2
12%	8%	1.5
12%	6%	2
12%	5%	2.4
12%	4%	3
12%	3%	4

这个分析数据将为企业的经营管理者提供重要的参考资料。例如，公司的销售利润率如果能够达到12%，总资产周转率只要能够周转 1 次就可以了；如果销售利润率只能达到10%、总资产周转率必须从 1 次加速到 1.2 次；如果公司的销售利润率只能达到 3%，公司在经营管理中就必须要求总资产周转率达到 4 次。反过来在总资产周转率一定的情况下，对于销售利润率的要求也能够通过这种组合加以分析。

11.3　产品销售毛利的分析

在市场经济条件下，企业经营的主要目的在于使投资人获取合理的利润且使企业生存与发展。企业唯有保持盈利能力才能实现这一经营目标。企业产品销售利润的主要来源是销售毛利。产品销售毛利是决定盈利能力高低的最重要的因素。产品销售毛利的分析除了进行销售毛利率分析之外，还应该对形成产品销售毛利的各因素进行深入的分析。

11.3.1　影响产品销售毛利的因素

1. 产品销售毛利概念

产品销售毛利是产品销售净额与产品销售成本之间的差额。产品销售毛利是销售利润的主要源泉，产品销售毛利的大小直接关系到企业盈利能力的高低。因此，分析产品销售毛利的变动是盈利能力分析的主要内容之一。如果分析单一产品的销售毛利，影响产品销售毛利变动的因素主要是产品销售量、产品销售价格和产品销售成本。如果分析多产品的销售毛利，影响产品销售毛利的因素除了产品销售量、产品销售价格和产品销售成本之外，还包括产品销售结构。因为，在多产品销售的情况下，由于各种产品的销售毛利是不同的，各种产品销售的组合将影响企业销售毛利总额的高低。如果多销售毛利水平高的产品，企业的销售毛利总额必然增加；如果多销售毛利水平低的产品，企业的销售毛利总额也就必然下降。

2. 影响产品销售毛利变动的因素

1）产品销售量因素

产品销售数量是影响销售毛利变动的主要因素。在市场经济的条件下，企业产品销售量受市场竞争的约束；如果市场已经均衡，企业增加销售量会有很大的难度。在产品销售价格、产品销售成本和销售的产品品种结构一定的情况下，产品销售量多少与销售毛利总额的大小之间往往保持着非常紧密的联系。在正常经营的条件下，产品销售量增加，企业的销售毛利也将随之增加；如果产品销售量下降，企业的销售毛利总额也就随之下降。

2）产品销售价格因素

产品销售价格也是影响销售毛利变动的主要因素，在市场经济的条件下，产品价格的水平受市场的价值规律约束，产品销售价格的高低将直接影响产品销售量的大小。在产品销售量、产品销售成本和产品销售品种结构一定的情况下，产品销售价格的高低直接影响销售毛利总额的大小。在正常的经营条件下，产品销售价格越高，企业的销售毛利也越大；产品销售价格越低，企业的销售毛利也就必然下降。

3）产品销售成本因素

产品销售成本属于企业内部因素，它的高低也将直接影响企业销售毛利的大小。产品销售成本的高低取决于企业在生产过程中的管理水平高低。在产品销售量、产品销售价格和销售产品品种结构一定的情况下，产品销售成本越高，企业所获取的销售毛利也就越少；如果能够降低产品销售成本，企业的销售毛利就会增加。

4）产品销售结构因素

产品销售结构在国外称为销售组合。销售的品种结构问题是由于销售多种产品所引起的，如果一个企业仅仅销售一种产品，就不存在产品销售的结构因素。所谓产品销售结构是指在销售多种产品的情况下，各种产品的销售数量占总销量的比重。销售结构之所以能够对销售毛利产生影响，是由于各种产品的销售毛利不同所引起的。如果企业多销售毛利高的产品，企业的销售毛利总额必然增加；如果企业多销售毛利低的产品，企业的销售毛利总额就会下降。

11.3.2 产品销售毛利分析的程序

产品销售毛利分析的主要目的在于了解产品销售毛利变动的原因，以此评价企业经营管理的业绩和确定管理的责任归属。所谓产品销售毛利的分析程序就是分析销售毛利的具体步骤，也就是怎样对企业的销售毛利进行分析。

1. 确定产品的销售毛利的分析对象

产品销售毛利的分析对象是分析期销售毛利总额与基期销售毛利总额之间的差额。在对财务报表进行分析时应该注意，分析资料的基期选择应该根据分析目的加以确定。产品销售毛利的分析对象可以用以下公式加以表述：

$$产品销售毛利的分析对象=分析期销售毛利-基期销售毛利$$

2. 各因素变动对产品销售毛利的影响

分析期的产品销售毛利之所以与基期的产品销售毛利出现差异，是由于各相关因素的变动引起的。在单一产品的情况下，影响产品销售毛利的因素包括产品销售量、产品销售价格和产品销售成本；在多产品的情况下，影响产品销售毛利的因素包括产品销售量、产品销售结构、产品销售价格和产品销售成本。为了确定每个因素对企业产品销售毛利的影响，必须采用一定的方法对各因素的影响程度进行分析，以便确定哪些因素是影响销售毛利的主要因素，为企业的经营管理提供有关的信息资料，在此基础上改善经营管理过程。

3. 汇总分析结果且确定责任的归属

通过分析即可以确定每个因素对产品销售毛利的影响程度。依据这个分析结果，可以判断每个因素对企业销售毛利影响的性质。如果某个因素的变动能使销售毛利增加就属于有利因素，如果某个因素的变动使销售毛利下降就属于不利因素；如果销售毛利的变动是产品销售量、产品销售价格和产品销售结构的问题，从责任归属来看就应该由企业的销售部门负责；如果是产品销售成本的问题，应该归属于企业的生产制造部门负责。

11.3.3 产品销售毛利分析的方法

1. 单一产品销售毛利变动的分析

企业如果只生产和销售一种产品，该产品的销售毛利是该产品销售净额减去该产品销售成本后的余额。产品销售毛利的计算公式可以表示为：

某种产品的销售毛利 = 该产品销售净额 - 该产品销售成本

某种产品的销售毛利 = 该产品销售量 ×（该产品销售单价 - 该产品单位销售成本）

从以上公式中可以看出：影响单一产品销售毛利的因素包括产品销售量、产品销售单价和产品单位销售成本。这三个因素中任何一个因素发生变动都会影响产品销售毛利的增加或减少。下面以某公司为例说明单一产品销售毛利的分析方法。

【例 11－11】假设某公司只生产和销售一种 *A* 产品，分析期是 2007 年，基期选择为 2006 年，有关产品销售毛利分析的资料见表 11－11。

表 11－11 某公司销售毛利分析资料 单位：元

项目	2006 年度	2007 年度
销售数量（件）	20 000	18 000
销售单价（元）	10	12
单位成本（元）	7	9
销售收入	200 000	216 000
销售成本	140 000	162 000
销售毛利	60 000	54 000

某公司2007年度A产品销售毛利变动原因分析如下：

1）确定分析对象

某公司2006年的产品销售毛利为60 000元，2007年的产品销售毛利却下降到54 000元，表明该公司的盈利能力下降了6 000元。根据以上资料，该公司的产品销售毛利分析对象可以确定如下：

分析对象 = 分析期销售毛利 − 基期销售毛利 = 54 000 − 60 000 = −6 000（元）

2）分析各有关因素的变动对A产品销售毛利的影响

对于生产和销售单一产品的企业，影响产品销售毛利的因素包括产品销售数量、产品销售成本和产品销售单价。

（1）产品销售数量变动对销售毛利影响的分析

在产品销售成本和产品销售单价不变的情况下，产品销售数量的变动会使产品销售毛利增加或者减少。分析的方法是用分析期产品销售数量与基期销售数量相减，算出产品销售数量的变动数额，再与基期单位产品销售毛利相乘，即可以确定由于产品销售数量的变动对销售毛利的影响。销售数量变动对销售毛利的影响可以依据下列公式计算与分析：

销售数量变动对销售毛利的影响 =
（分析期销售数量 − 基期销售数量）× 基期单位销售毛利 =
（18 000 − 20 000）×（10 − 7）= −6 000（元）

以上的计算结果表明：由于A产品的销售数量2007年度比2006年减少了2 000件，使得该产品的销售毛利2007年较2006年减少了6 000元。

（2）产品销售成本变动对产品销售毛利影响的分析

在产品销售数量和产品销售单价不变的情况下，产品销售成本的变动会使产品销售毛利增加或者减少。分析的方法是将销售量固定在分析期的基础上，然后确定分析期单位销售成本与基期单位销售成本之间的差异，在此基础上确定由于销售成本变动对产品销售毛利的影响。销售成本变动对销售毛利的影响可以依据下列公式计算与分析：

销售成本变动对销售毛利的影响 =
分析期销售数量 ×（基期单位销售成本 − 分析期单位销售成本）=
18 000 ×（7 − 9）= −36 000（元）

以上的计算结果表明：由于A产品的销售成本2007年较2006年提高了2元，使得该产品的销售毛利2007年较2006年减少了36 000元。

（3）产品销售价格变动对产品销售毛利影响的分析

在产品销售数量和产品销售成本不变的情况下，产品销售单价的变动会使产品销售毛利增加或者减少。分析的方法是将销售量固定在分析期的基础之上，然后确定分析期销售单价与基期销售单价之间的差异，并在此基础之上确定由于销售单价变动对产品销售毛利的影响。销售单价变动对产品销售毛利的影响可以依据下列公式计算与分析：

销售成本变动对销售毛利的影响＝

分析期销售数量×(分析期单位销售价格－基期单位销售价格)＝

18 000×(12－10)＝36 000(元)

以上的计算结果表明：由于A产品的销售价格2007年较2006年提高了2元，使得该产品的销售毛利2007年较2006年增加了36 000元。

3）汇总分析结果并确定责任归属

根据以上的计算与分析，可将分析结果和责任归属的划分汇总如表11－12所示。

表11－12 A产品销售毛利影响因素汇总表 单位：元

影响因素	影响数额	责任归属
销售数量减少使销售毛利减少	－6 000	销售部门
销售成本增加使销售毛利减少	－36 000	生产部门
销售价格提高使销售毛利增加	36 000	销售部门
合 计	－6 000	

2. 多产品销售毛利变动的分析

企业如果生产和销售多种产品，产品销售毛利总额是全部产品销售净额减去全部产品销售成本后的余额。产品销售毛利总额的计算公式可以表示为：

产品销售毛利＝全部产品销售净额－全部产品销售成本

$$产品销售毛利 = \sum[产品销售量 \times (产品销售单价 - 产品单位销售成本)]$$

从以上公式中可以看出：影响企业产品销售毛利总额的因素包括产品销售量、产品销售结构、产品销售单价和产品单位销售成本。这四个因素中任何一个因素发生变动都会影响企业产品销售毛利总额的增加或减少。下面以某公司为例说明多产品销售毛利总额的分析方法。

【例11－12】假设某公司生产和销售两种产品，分析期是2007年，基期选择为2006年，有关产品销售毛利分析的资料如表11－13所示。

表11－13 大明公司产品销售毛利分析资料 单位：元

项 目	2006年度	2007年度
销售数量（件）		
A产品	5 000	6 000
B产品	3 500	2 000
销售单价（元）		
A产品	12.50	10.00
B产品	25.00	20.00
单位成本（元）		
A产品	10.00	8.00
B产品	20.00	18.50

续表

项　　目	2006 年度	2007 年度
销售收入	150 000	100 000
销售成本	120 000	85 000
销售毛利	30 000	15000

1）确定分析对象

某公司 2006 年的产品销售毛利总额为 30 000 元，2007 年的产品销售毛利总额却下降到 15 000 元，表明该公司的盈利能力下降了 15 000 元。依据以上资料，该公司的产品销售毛利总额分析对象可以确定如下：

$$分析对象=分析期销售毛利-基期销售毛利=15\ 000-30\ 000=-15\ 000\ （元）$$

2）分析各有关因素的变动对企业产品销售毛利总额的影响

对于生产和销售多产品的企业，影响产品销售毛利变动的因素主要包括产品销售数量、产品销售品种结构、产品销售成本和产品销售单价，各因素的变动对产品销售毛利总额变动的影响计算与分析如下。

（1）产品销售数量变动对销售毛利总额影响的分析

分析的方法是先将各种产品的销售量合计起来，得到产品销售总量；再将分析期的产品销售总量与基期的产品销售总量相减，得到销售数量变动的差异；与基期单位产品平均销售毛利相乘，即可得到多产品下的销售数量变动对企业销售毛利总额的影响。销售数量变动对产品销售毛利总额的影响可以依据下列公式计算与分析：

$$销售数量变动对销售毛利的影响=$$

$$（分析期产品销售总量-基期产品销售总量）\times\frac{基期产品销售毛利总额}{基期产品销售总量}=$$

$$(8\ 000-8\ 500)\times\frac{30\ 000}{8\ 500}=-1\ 765\ （元）$$

以上的计算结果表明：由于企业产品的销售总量 2007 年较 2006 年减少了 500 件，使得企业产品的销售毛利总额 2007 年较 2006 年减少了 1 765 元。

（2）产品销售结构变动对销售毛利总额影响的分析

分析的方法是先算出按照分析期产品销售结构确定的销售毛利总额；再计算出按照基期销售结构确定的销售毛利总额；最后，将两种不同结构计算的销售毛利总额相减，即可算出产品销售结构变动对销售毛利总额的影响。产品销售结构变动对销售毛利总额的影响可以依据下列公式计算与分析：

销售结构变动对销售毛利的影响＝

$$[分析期产品销售数量\times（基期产品销售单价-基期产品销售成本）]-\left(分析期产品销售总量\times\frac{基期产品销售毛利总额}{基期产品销售总量}\right)=$$

$$[6\ 000\times(12.5-10)+2\ 000\times(25-20)]-\left(8\ 000\times\frac{30\ 000}{8\ 500}\right)=-3\ 235(元)$$

以上的计算结果表明：由于企业产品的销售结构的变动使企业销售毛利总额减少了3 235元。2006年A产品的销售量占总销售量的58.82%，B产品的销售量占总销售量的41.18%；2007年A产品的销售量占总销售量的75%，B产品的销售量占总销售量的25%；A产品销售量的比重增加了，而B产品销售量的比重下降了；A产品在2006年每件产品的销售毛利是2.5元，而B产品在2007年每件产品的销售毛利是5元，所以，由于产品销售品种结构的变动使销售毛利减少了3 235元。

（3）产品销售成本变动对产品销售毛利影响的分析

分析方法是将销售量固定在分析期的基础上，通过分析期与基期单位产品销售成本的差异，确定由于销售成本变动对销售毛利的影响。销售成本变动对销售毛利的影响可以依据下列公式计算与分析：

销售成本变动对销售毛利的影响＝

$$\sum(分析期单位销售成本\times分析期产品销售数量)-分析期销售总成本=$$

$$(10\times6\ 000+20\times2\ 000)-85\ 000=15\ 000(元)$$

以上的计算结果表明：由于产品销售成本2007年较2006年有所下降，其中A产品单位成本下降了2元，B产品单位成本下降了1.5元，使得企业产品销售毛利总额2007年较2006年增加了15 000元。

（4）产品销售价格变动对产品销售毛利影响的分析

分析的方法是先确定分析期的销售总收入，依据分析期的销售数量和基期的销售单价确定销售总收入，最后将两者相抵即为销售价格变动对产品销售毛利总额的影响。销售单价变动对销售毛利的影响可以依据下列公式计算与分析：

销售价格变动对销售毛利的影响＝

$$分析期销售总收入-\sum(基期单位销售价格\times分析期产品销售数量)=$$

$$100\ 000-(12.5\times6\ 000+25\times2\ 000)=-25\ 000(元)$$

以上的计算结果表明：由于产品销售价格2007年较2006年有所下降，其中*A*产品价格降低了2.5元、*B*产品销售价格降低了5元，使得产品销售毛利总额2007年较2006年下降了25 000元。

3）汇总分析结果并且确定责任归属

根据以上的计算与分析可以将分析结果汇总如表 11－14 所示。

表 11－14　产品销售毛利影响因素汇总表　　单位：元

影响因素	影响数额	责任归属
销售数量减少使销售毛利减少	－1 765	销售部门
销售结构变化使销售毛利减少	－3 235	销售部门
销售成本下降使销售毛利增加	15 000	生产部门
销售价格下降使销售毛利减少	－25 000	销售部门
合　计	－15 000	

11.4　每股盈余分析

11.4.1　股份有限公司的盈利能力指标

对于股份有限公司，尤其是上市公司而言，除了应用上述有关比率外，还常用以下若干比率来说明股份有限公司的盈利能力，评价股东投资回报水平的高低。

1. 股东权益报酬率

1）股东权益报酬率概念

股东权益报酬率也可称为股东权益收益率或净值报酬率，它是指股东权益与利润的对比关系。它站在股东的角度，衡量股东权益的收益水平。其计算公式为：

$$股东权益报酬率=\frac{净利润}{股东权益平均值}\times 100\%$$

就股东而言，关注的是属于他们的最终利益，因此分子使用税后利润（净利润）。如果公司股份中含有优先股，还应将这部分因素剔除。

2）普通股股东权益报酬率

财务制度规定，优先股股利在提取任意盈余公积和支付普通股股利之前支付，无论公司的收益多少，优先股股利是固定不变的。因此，可以说普通股股东是公司资产的真正所有者和风险的主要承担者。在股份有限公司中，资本金利润率应以普通股股东所创造的利润进行考核，公式可进一步表示为：

$$普通股股东权益报酬率=\frac{净利润-优先股股利}{股东权益平均值-优先股股东权益平均值}\times 100\%$$

该比率数值越高，说明普通股股东投资的收益水平越高。

2. 普通股每股收益

1）普通股每股收益概念

普通股每股收益也称普通股每股利润或每股盈余，它是指公司净利润与流通在外普通股的比值。该比率反映普通股的盈利水平，是衡量上市公司盈利能力的重要财务指标，对于公司股票市价、股利支付能力等均有重要影响，因而是股票投资人最为关心的指标之一。将历年普通股每股收益进行比较，观察变化趋势，对于投资决策很有帮助。其计算公式为：

$$\text{普通股每股权益}=\frac{\text{净利润}-\text{优先股股利}}{\text{流通在外普通股股数}}\times 100\%$$

公式表明在某一时期内每股普通股能够赚取多少净利润。

关于公式中的分母有 3 点需要说明。

（1）流通在外普通股股数不同于已发行股数，它不包括已发行又购回的库藏股数。

（2）由于某些原因可能导致流通在外普通股股数的发行时间不一样，比如年度中间增资发行新股、分派股票股利等都会导致不同的时间段里增加外发股份。为使该指标更加合理，遇有这种情况，应以流通时间为权数，计算加权平均股数。因股票股利而增加的股份，应视为全年的变化，用 12 个月加权；增资发行的股份按其实际流通的月数加权。

（3）若公司资本结构复杂，发行在外有可转换为普通股的优先股、公司债券、认股权证等（称为“约当普通股”），还应考虑这些因素。假定它们在年初时就转换为普通股，按照谨慎和充分反映原则再计算一个普通股每股收益，以警示普通股股东，未来的每股收益可能会由于证券的转换而受到“稀释”。

2）普通股每股收益要注意的问题

对投资者而言，普通股每股收益的高低比公司财务状况的好坏或其他收益率指标更重要，也更为直观。因此，可从同一公司不同时期普通股每股收益的纵向对比中，了解其投入股本获利能力的大小及变动情况。但是在使用普通股每股收益分析盈利性时要注意以下 5 个问题。

（1）普通股每股收益不反映股票所含的风险。

（2）投资者不应以股本收益率直接衡量上市公司的盈利水平和资金利用效果。这是因为公司通过生产经营活动所获税后利润，并非只动用了股本，而是使用了所筹集的全部资金。基于同样的理由，以普通股每股收益进行不同公司股票投资价值对比分析时，也必须注意这点。

（3）股票是一个份额的“概念”。不同股票的每一股在经济上不等量，它们所含的净资产和市价不同，即换取每股收益的投入量不相同，限制了每股收益的公司间的比较。

（4）每股收益多，不一定意味着多分红，还要看公司的股利分配政策。

（5）股票投资是对公司未来的投资，而普通股每股收益所反映的是过去的情况，投资者应结合公司其他财务指标进行综合分析和判断。

3. 普通股每股股利

1）普通股每股股利概念

普通股每股股利是指普通股股利总额与流通在外普通股股数的比值。其计算公式为：

$$普通股每股股利=\frac{普通股股利总额}{流通在外普通股股数}\times 100\%$$

公式表明在某一时期内每股普通股能够分享多少股利收益。公式中的分子也可采用现金股利而不考虑股票股利，因为大多数小股东的投资目的还是在于取得现金收益。该指标的数值越高不仅能够体现公司具有较强的获利能力，且能引起股东的关注。

2）普通股每股股利分析

分析这项指标时应当注意公司所采用的股利政策。若公司准备扩充，对净利润可能多留少分，这势必会造成每股现金股利的减少。若公司采取股票股利政策，虽可减少公司现金压力，将其用于扩大生产规模和经营活动，而每股股利也不致减少。经常如此则会增加流通在外股数，引起股价下跌，对公司和股东均不利。一般认为，每股股利若能逐年持续稳定地增长，就能提高该股票的质量。

4. 股利支付率

1）股利支付率概念

股利支付率又称为股利发放率。它是指普通股每股股利与普通股每股收益的比率，用于衡量普通股的每股收益中，有多大比例用于支付股利。合理的股利支付率没有一个固定标准，各公司可以根据自己的股利政策及股东大会决议支付股利。其计算公式为：

$$股利支付率=\frac{普通股每股股利}{普通股每股收益}\times 100\%$$

从稳健性原则出发，公式中的分母应采用充分稀释后的每股收益。另外，股利支付率只反映当年税后利润用以支付股利的程度。有些公司动用积累资本公积金、以前年度的盈余公积金派送红股或支付现金股利时，不应在本指标内反映。

2）股利支付率分析

在公司没有发行优先股的情况下，股利支付率与留存收益率之间存在着此消彼长的关系，两者之和为1。显而易见，股利支付率过高，留存收益率就会降低，公司可用于扩大再生产的自有资金就会相应减少，因从外部筹资所支付的资本成本相应增加，最终导致公司未来可能发放的股利减少。反之，股东在未来可获得更多的股利。不同目的的投资者有不同的偏好，短期投资者希望当期多分红，而长期投资者可能希望公司将更多的利润用于投资。因此，与留存收益指标相对应，新企业、高速发展企业和外界认为正在日益取得进步的企业的股利支付率通常比较低。

5. 市盈率

1）市盈率概念

市盈率是指普通股每股市价与每股收益的比值，也称本益比。其计算公式为：

$$市盈率=\frac{普通股每股市价}{普通股每股收益}\times 100\%$$

该公式可理解为投资人为获取公司每 1 元收益所付出的价格。一般而言，市盈率越低越好，市盈率越低表示公司股票的投资价值越高。然而也有一种观点认为，若公司在股票市场上连续维持较高的市盈率，或较其他上市公司市盈率高，则说明公司具有潜在的成长能力，公司有较高的声誉，对股东有较大的吸引力。因为股东购买股票获取的收益由两部分组成：一是股利收入，二是股票增值收益。股东认为，虽然从目前盈利情况分析，每获取 1 元钱付出代价较高，但相信将来公司股票市价必会上涨，股东会取得更高的差价。

2）在运用该指标进行分析时应注意 3 个问题

（1）该指标不宜用于不同行业的公司之间的比较，因为资本对于新兴产业、成熟产业和夕阳产业的青睐程度是不同的。

（2）当每股收益很小时，可能会导致一个没有多少实际意义的高市盈率。

（3）市盈率也受利率水平变动的影响。当市场利率水平发生变化时，市盈率也应适当调整。在股票市场的实务操作中，利率与市盈率之间的关系通常用如下公式表示：

$$市盈率=\frac{1}{1\ 年期银行存款利率}$$

6. 普通股每股账面价值

1）普通股每股账面价值概念

普通股每股账面价值也称为普通股每股净资产，它是指普通股权益与流通在外普通股股数的比值。其计算公式为：

$$普通股每股账面价值=\frac{期末股东权益总额-优先股股利}{期末流通在外普通股股数}\times 100\%$$

该指标显示每一普通股所能分配的账面净资产的价值。它反映每一普通股在会计期末账面价值，它与股票的面值、发行价值、市场价值、内在价值、清算价值等可能会有较大差异。

2）普通股每股账面价值分析

利用该指标进行纵向和横向的对比及结构分析等，可以衡量公司的发展进度、发展潜力，间接地表明企业盈利能力的大小。虽然净资产账面价值反映的是其历史成本而非现实价值，但它至少在理论上提供了每股股票的最低价格，可以用来估计其上市股票或拟上市股票的合理市价，判断投资价值及投资风险的大小。也就是说，在公司性质相同、股票市价相近的条件下，某公司股票每股净资产越高，则该公司发展潜力与股票的投资价值越大，投资者所承受风险越小。

需要注意的是，计算每股账面价值时，分子用期末股东权益，分母也用期末普通股股数，而计算每股净收益时，分母用的是加权平均普通股股数。造成这一差异的原因是每股账面净值的分子和分母是存量，而每股净收益的分子是流量，分母是存量。

7. 每股现金流量

1）每股现金流量概念

每股现金流量是反映每股发行在外的普通股票所平均占有的现金流量，或者是反映公司为每一普通股获取的现金流入量的指标。其计算公式为：

$$每股现金流量=\frac{现金净流量-优先股股利}{发行在外的普通股股数}\times 100\%$$

在现代经济社会中，商业信用成为企业之间购销活动的主要方式。在商业信用大量存在的情况下，收现能力便成为影响企业获利能力的主要因素之一。因为未收现的销售额只是观念上的获利能力。该指标所表达的是作为每股盈利支付保障的现金流量，因而每股现金流量指标越高，股东们就越乐意接受。

2）每股现金流量分析

每股现金流量反映每股流通在外的普通股的现金流量。它通常高于每股收益，因为现金流量中没有减去折旧等非付现成本。在短期经营中，每股现金流量在反映企业进行资本支出和支付股利的能力方面，要优于每股收益。该比率不能替代衡量企业获利能力的每股收益，它是与投资者有关比率的补充比率。其中，发行在外普通股股数的计算口径应与每股收益的计算一致。

11.4.2 关于每股盈余分析

每股盈余是指属于普通股股东权益所有的税后利润与普通股股数之间的比例，即每股普通股可摊到的税后利润额。

每股盈余的多少取决于两个因素，一是公司获得的税后利润的多少，二是公司发行在外的普通股股份的多少。在股份数既定的情况下，每股盈余的多少直接取决于公司税后利润的多少；而在税后利润总额既定的条件下，每股盈余的多少直接取决于发行在外的普通股股份的数额的多少。因此在分析每股盈余及其变化时，应当结合公司税后利润和股份数的变化来进行，公司税后利润的增减变化及公司发行新股等都会对每股盈余发生影响。

由于公司资本结构不同，相同数额的净收益算出的每股盈余不同。这是因为不同的资本结构普通股股数不同。因此，每股盈余在实际计算时，分母的情况比较复杂，需要根据资本结构的繁简不同，还要考虑发行在外普通股发行时间的不同，以及发生股份分割、股份合并，或分配股票股利等因素加以确定。计算每股盈余的分母一旦确定，分子要与之保持相同的口径。

1. 简单资本结构的每股盈余分析

每股盈余在简单资本结构下，利润表要求仅表示基本每股盈余，即普通股每股盈余。因为所谓简单资本结构是指公司仅发行普通股，或除发行普通股外，另发行无潜在稀释作用或潜在稀释作用较低（3%以下者）的其他证券，例如特别股、公司股、公司债、认股权、认股证等。所以在简单资本结构下计算每股盈余时，不必考虑证券潜在的稀释作用；在确定分母普通股股数时，不包括普通股以外的其他证券。

1）普通股每股盈余的计算

若公司无优先股，则每股盈余的计算公式为：

$$每股盈余=\frac{税后利润}{普通股平均股数}$$

若公司有优先股，则每股盈余的计算公式为：

$$每股盈余=\frac{税后利润-优先股股利}{普通股平均股数}$$

这里要说明的是，分母中的普通股平均股数是指按照流通时间进行加权平均的。也就是说，普通股股数在某一会计期间内会有所增加或减少，应该按该期间的时间长度加权平均计算流通在外的普通股股数。

【例11-13】大华股份有限公司2007年初发行在外的股数为1 000 000股，在这年4月1日增加发行600 000股，则这年流通在外的平均普通股股数为：

1 000 000×12（12个月）=12 000 000（股）

600 000×9（9个月）=5 400 000（股）

合计为17 400 000÷12=1 450 000（股）。

这1 450 000股就是2007年度内的普通股平均股数。若大华股份有限公司在2007年的税后利润为2 900 000元（无优先股），则该公司的每股盈余为：

2 900 000÷1 450 000=2（元/股）

2）发生股份分割、合并或股利分配的每股盈余的计算

流通在外的普通股数若遇到股份分割、股份合并或股票股利分配时，为使前后期每股盈余可以比较起见，应调整以前各期股数，重新计算各期每股盈余。

因为进行股份分割、合并或股票股利分配，公司收入并无增减，所投入资本总额也未发生变化，仅仅是普通股股数发生变化，没有任何经济意义上的实质变化。这类变化在计算某一会计期间的每股盈余时无须通过加权平均计算普通股股数。在与以往各期的每股盈余比较时，为了具有可比较性，应对前几期做相应的调整。

【例11-14】立华股份有限公司第一年初发行在外的普通股为30万股，在第一年10月1

日又增加发行8万股，第二年增发股票股利10%，第三年公司宣布股份分割，一股分割为二股，假定三年的税后利润均为32万元，并且该公司无优先股，则三年的每股盈余分别如下。

第一年：

$$普通股平均股数=30\times\frac{9}{12}+38\times\frac{3}{12}=32\text{（万股）}$$

$$每股盈余=\frac{320\ 000}{320\ 000}=1\text{（元/股）}$$

第二年：

$$普通股股数=38万\times110\%=41.8\text{（万股）}$$

$$每股盈余=\frac{320\ 000}{418\ 000}=0.766\text{（元/股）}$$

第三年：

$$普通股股数=41.8万\times2=83.6\text{（万股）}$$

$$每股盈余=\frac{320\ 000}{836\ 000}=0.383\text{（元/股）}$$

这时如果比较三年的每股盈余，显然是没有经济意义的，只有将以往年度的每股盈余做相应调整后再进行比较，才能说明问题。

调整第二年每股盈余：

普通股股数41.8万股，如果一股分割为二股，则为：

$$41.8万股\times2=83.6万股$$

$$每股盈余=\frac{320\ 000}{836\ 000}=0.383\text{（元/股）}$$

调整第一年每股盈余：

普通股平均股数为32万股，如果先发放10%股票股利，则为：

$$32万股\times110\%=35.2万股；$$

再将一股分割为二股，则为：

$$35.2万股\times2=70.4万股$$

$$每股盈余=\frac{320\ 000}{704\ 000}=0.455\text{（元/股）}$$

经过调整后立华公司的每股盈余为：第一年为0.455元/股，第二年为0.383元/股，第三年为0.383元/股。

可知第一年的盈利能力最强，每股盈余最高，而第二年与第三年的情况一样。

2. 复杂资本结构的基本每股盈余分析

所谓复杂资本结构是指公司除发行普通股之外，还发行可转换为普通股的其他证券，例如可转换债券、可转换优先股、认股权、认股证等。这些证券一旦履行其转换的权利即变成普通股。正是由于可转换证券一旦转换为普通股，或流通在外的认股权与认购证在购买了普通股之后，将使流通在外的普通股股数增加，从而导致普通股每股盈余减少。因此，这种现象称为每股盈余的稀释。

在复杂资本结构下每股盈余要求进行双重的列示。即列示基本每股盈余的同时，还需列示充分稀释每股盈余。如果用普通股股数做分母，其计算结果称为基本每股盈余；如果分母包括全部有潜在稀释作用的证券，其计算结果称为充分稀释每股盈余。

1）可转换为普通股的优先股或债券

资本结构中存在可转换为普通股的优先股或债券，在每股盈余计算时应注意这一现象。资本结构中如果存在可转换为普通股的优先股或债券，需要考虑这些可转换证券转换为普通股，可能冲淡每股盈余。如果转换后每股盈余淡化在3%内，则认为影响不大而无须考虑。如果超出这一范围，则须将这些可转换证券视为约当普通股，除了计算现有普通股每股盈余外，还要计算约当普通股的每股盈余，以提供给投资者，使其明了公司潜在的普通股股数及其对每股盈余的影响，作为投资的参考。

【例 11－15】大兴公司的普通股股数为400 000股，另有可转换优先股60 000股。优先股面值为每股100元，股利率为6%。当时银行利率为10%。一股优先股可转换为两股普通股。该年度大兴公司的税后利润为1 800 000元，则大兴公司该年度普通股每股盈余计算如下：

$$\text{普通股每股盈余}=\frac{\text{税后利润}-\text{优先股股利}}{\text{普通股股数}}=$$

$$\frac{1\ 800\ 000-100\times 60\ 000\times 6\%}{400\ 000}=3.60\ \text{（元/股）}$$

$$\text{充分稀释每股盈余}=\frac{\text{税后利润}}{\text{普通股}+\text{约当普通股股数}}=$$

$$\frac{1\ 800\ 000}{400\ 000+60\ 000\times 2}=3.46\ \text{（元/股）}$$

这时每股盈余冲淡率为$\frac{3.60-3.46}{3.60}=3.9\%>3\%$，因此必须加以考虑。如果加入约当普通股之后的每股盈余反而大于原普通股的每股盈余，称为反冲淡。这时就没有必要将约当普通股加入计算每股盈余，这是因为把约当普通股加入计算每股盈余的目的在于提醒分析者每股盈余会被冲淡的可能；既然没有冲淡而是反冲淡，自然就无须考虑约当普通股了。

【例 11－16】明华公司发行可转换公司债券，面值总额为2 000 000元，债券利率为5%。每1 000元债券可转换普通股25股，该公司发行在外的普通股为150 000股。当年公

司的税后利润为500 000元，所得税率为40%，则

$$\text{普通股每股盈余}=\frac{\text{税后利润}}{\text{普通股股数}}=\frac{500\ 000}{150\ 000}=3.33\ (\text{元/股})$$

$$\text{充分稀释每股盈余}=\frac{\text{税后利润}+\text{债券利息}\times(1-\text{所得税率})}{\text{普通股股数}+\text{约当普通股}}=$$

$$\frac{500\ 000+2\ 000\ 000\times5\%\times(1-40\%)}{150\ 000+25\times\dfrac{2\ 000\ 000}{1\ 000}}=2.80\ (\text{元/股})$$

明华公司的每股盈余冲淡率为：$\frac{3.33-2.80}{3.33}=15.9\%$。

这时每股盈余冲淡率为15.9%，大于3%，因此必须向财务报表使用者充分揭示。

2）可转换为普通股的认股权证，购股权证

认股权证、购股权证通常在任何情况下均应视为约当普通股，只有当稀释作用低于3%，或产生反稀释作用时，在计算基本每股盈余时，不考虑其潜在稀释作用，即不得将其视为约当普通股。

认股权证，购股权证的约当普通股的确定通常采用“库藏股法”。所谓“库藏股法”，就是假定认股权、购股权在期初即已认购普通股，且已取得现金，按当期普通股的平均市价购买库藏股。在“库藏股法”下，认股权证、购股权证的约当普通股的股数，可依下列公式求得：

$$\text{约当普通股}=\text{行使股权增加股数}-\frac{\text{认购价格}\times\text{认购数}}{\text{普通股每股市价}}$$

【例11-17】大为公司有发行在外购股权证500张，每张可购得普通股2股，购价5元。本年度公司普通股平均市价是11元。

$$\text{行使购股权增加股数}=500\times2=1\ 000\ (\text{股})$$

$$\text{进款}=5\times1\ 000=5\ 000\ (\text{元})$$

$$\text{购入库藏股票}=5\times1\ 000\div11=455\ (\text{股})$$

$$\text{约当普通股}=1\ 000-\frac{5\times1\ 000}{11}=545\ (\text{股})$$

虽然流通在外购股权证为1 000股，但约当普通股仅增545股。当认股权证，购股权证所规定的购买价格超过普通平均市价时，持有者将不会行使购股权，故不会产生稀释作用。

可转换证券通常包括可转换为普通股的可转换债券与可转换优先股两种。可转换证券是否为约当普通股，要视其在发行时现金收益率是否低于优惠利率的2/3而定。现金收益率低于优惠利率2/3或66.67%的可转换证券，可以视为约当普通股。因为，该类证券的价值主

要取决于它们的可转换性，而不是取决于它们的收益率。

【例 11－18】大为公司在某会计期间发行可转换优先股，其股利率为 6%，而发行时银行利率为 10%。

该例优先股的股利率 6% 低于银行利率的 2/3，即 10% ×66.67% =6.67%，说明当时购买优先股的股东，目的在转换普通股而不在股利。因此该优先股应被视为约当普通股。

【例 11－19】大为公司在某会计期间发行可转换公司债券，面额 1 000 元，利率 6%，报价 109%，银行的优惠利率为 9%。

该债券的现金收益率是：(1 000 ×6%) ÷(1 000 ×109%) ×100% =5.51%

优惠利率的 2/3 是：9% ×66.67% =6%

说明该债券的现金收益率 5.51% 低于优惠利率的 2/3 即 6%。因此该债券应被视同为约当普通股。

式中分子是在分母确定的基础上确定的，目的是分子与分母要保持相同的口径。所谓归属于普通股与约当普通股的净利，就是指在计算基本每股盈余时：

① 凡是被视为约当普通股的可转换债券，应将债券利息扣除所得税后的数额，加回本期净利之内（因为可转换债券即被视为约当普通股，作为计算每股盈余的基础，则其利息亦不应作为费用处理，应加回到本期净利之内）；

② 凡被视为约当普通股的可转换优先股，其股利不应从净利中扣除，只有不可转换或其他无稀释作用的优先股股利则仍然要从净利中扣除。

3）认股权与购股权对每股盈余的稀释

【例 11－20】A 公司 2007 年度净利为 178 900 元。发行在外普通股 100 000 股，本年度公司流通在外认股权（认股权证在整个期间都发行在外）可购得普通股 20 000 股，购买价 42 元。本年度公司普通股市价变动如下：

1 月 1 日　42 元

4 月 1 日　46 元

8 月 10 日　50 元

10 月 1 日　52 元

12 月 31 日　60 元

本年度公司普通股平均市价 50 元，即[(42 +46 +50 +52 +60) ÷5]。

A 公司 2007 年度基本每股盈余计算如下：

行使计股权增加股数　20 000

购买普通股所得款项　840 000，即（20 000 ×42）

购入库藏股票（平均市价）　16 800，即（20 000 ×42 ÷50）

净增普通股数　3 200 ×12/12，3 200，即（20 000 －16 800）

$$基本每股盈余 = \frac{178\ 900}{100\ 000 + 3\ 200} = 1.73\ 元$$

4）可转换证券对每股盈余的稀释

【例 11－21】A 公司 2007 年度净利为 178 900 元，发行在外普通股 100 000 股，本年度公司发行 9% 可调换债券（可转换证券在整个期间都发行在外），可调换普通股 30 000 股，调换金额 3 000 000 元。发行时银行的优惠利率为 15%，所得税率为 33%。

A 公司 2007 年基本每股盈余计算如下：

净利的调整：

本期净利　178 900

加：债券利息 3 000 000 × 9% = 270 000

减：所得税 270 000 × 33% = 89 100

调整后净利　359 800

$$基本每股盈余 = \frac{359\ 800}{100\ 000 + 30\ 000} = 2.77\ 元$$

3. 复杂资本结构的充分稀释每股盈余分析

如上所述，在计算基本每股盈余时，仅包括若干有潜在稀释作用的约当普通股，而某些潜在稀释作用的非约当普通股，则不予考虑。例如发行的可转换证券，其现金收益率若高于当时银行的优惠利率 2/3 时，则作为非约当普通股处理，在计算基本每股盈余时，不予考虑。

计算充分稀释每股盈余的目的，在于反映最大潜在稀释效果，以符合会计上的稳健原则的要求。因此在计算充分稀释每股盈余时，不论是否属于约当普通股，均假定已于期初或发行日，调换或行使购股权和认股权，除发生反稀释作用时，才应予以排除。

充分稀释每股盈余因反映最大潜在稀释效果，与基本每股盈余计算不同，除具有反稀释效果外，不论是否为约当普通股，在计算时都应考虑在内；若流通在外认股权与购股权具有稀释作用时，虽然两种情况均采用库藏股法核算，但采用的价格却不同。计算基本每股盈余时，按当时的平均市价购买，而计算充分稀释每股盈余时，按规定，期末市价如果高于当期平均价格时，应按期末市价购买。

【例 11－22】基本每股盈余与充分稀释每股盈余综合举例。

设 A 公司 2007 年度有关资料如表 11－15 所示。

表 11－15　A 公司 2007 年度部分资料

日　期		股　数
1 月 01 日	流通在外普通股	100 000
1 月 01 日	流通在外认购权（购价 42 元）	20 000
5 月 01 日	发行 9% 可调换债券（面值 3 000 000 元）	30 000

续表

日 期		股 数
7月01日	发行10%可调换优先股（面值100元）	40 000
12月31日	流通在外普通股	100 000

另外：

（1）2007年5月1日及7月1日银行利率均为15%；

（2）2007年普通股平均市价50元；

（3）2007年12月31日普通股市价为60元；

（4）2007年度净利为178 900元；

（5）所得税率为33%。

A公司2007年度每股盈余计算如下：

<u>净利的调整：</u>

本期净利		178 900
加：债券利息 3 000 000×9% ×8/12		180 000
减：所得税 180 000×33%		59 400
调整后净利		299 500

<u>计算基本每股盈余的股数：</u>

（1）流通在外普通股 100 000×12/12	100 000	
（2）流通在外认股权	20 000	
购买普通股所得款项	840 000	
按平均市价购入库藏股	16 800	
普通股净增加数 3 200×12/12		3 200
（3）发行9%可调换债券 30 000×8/12		20 000

（4）发行10%可调换优先股不低于银行利率 15% ×2/3，因此，属于非约当普通股

加权平均普通股与约当普通股	123 200

<u>计算充分稀释每股盈余的股数：</u>

（1）流通在外普通股 100 000×12/12	100 000
（2）流通在外认股权	20 000
购买普通股所得款项	840 000
按期末市价购入库藏股	14 000
普通股净增加数 6 000×12/12	6 000
（3）发行9%可转换债券 30 000×8/12	20 000
（4）发行10%可转换优先股 40 000×6/12	20 000
充分稀释加权平均股数	146 000

每股盈余：

基本每股盈余 299 500 ÷ 123 200 = 2.43 元

充分稀释每股盈余 299 500 ÷ 146 000 = 2.05 元

在本例中，假定 2007 年 7 月 1 日发行的 10% 可转换优先股 40 000 股不转换，A 公司 2007 年度每股盈余的计算则为：

本期净利		299 500
减优先股股利	100 × 20 000 × 10%	200 000
调整后净利		99 500

$$\text{基本每股盈余} = \frac{99\ 500}{146\ 000 - 20\ 000} = 0.79 \text{ 元}$$

上述计算的每股盈余是不包括可转换优先股的，基本每股盈余为 0.79 元，而前述包括可转换优先股的充分稀释每股盈余则为 2.05 元。此种现象即为反稀释作用。因为列入优先股后，不但未稀释每股盈余，反而使每股盈余由 0.79 元增为 2.05 元，因此不应认定该优先股已经转换。

思考与练习

1. 获利能力指标分析的意义是什么？
2. 决定投资报酬率高低的因素有哪些？
3. 关于投资基数分析有几种观点？为什么？
4. 关于报酬分析有几种观点？为什么？
5. 计算投资报酬率应考虑哪些问题？
6. 简要说明杜邦资产收益率分析的内容。
7. 影响产品（商品）毛利的因素有哪些？
8. 非股份制企业获利能力分析指标有哪些？
9. 股份制企业获利能力分析指标有哪些？
10. 同资本结构下每股盈余分析有什么不同？
11. 根据表 11－16 分析甲公司的盈利能力。

表 11－16 甲公司利润表

编制单位：甲公司　　　　2007 年 12 月　　　　单位：万元

项　　目	上年数（本栏略）	本年累计数
一、营业收入		8 520
减：营业成本		4 190.40
营业税金及附加		676
销售费用		1 370
管理费用		1 050
财务费用		325
加：公允价值变动收益		851.40
投资收益		63
二、营业利润		1 823
加：营业外收入		8.5
减：营业外支出		15.5
三、利润总额		1 816
减：所得税费用		556
四、净利润		1 260
五、每股收益		
（一）基本每股收益		
（二）稀释每股收益		

项　　目	期初数	期末数
股本（1 000 万股）	1 500	1 500
资本公积	132	240
盈余公积	219	459
其中：公益金	85	158
未分配利润	125	231
股东权益合计	1 976	2 430
负债及所有者权益合计	3 800	4 500

要求：

（1）分析该公司以销售为基础的盈利能力，以投资回报为基础的盈利能力和以资源为基础的盈利能力指标；

（2）该公司每股市价 10 元，本年每股股利 0.5 元。分析该公司的股东回报水平。

12. 根据表 11－17 进行产品毛利分析。

表 11－17　乙公司产品销售毛利分析资料

单位：元

项　　目	2006 年度	2007 年度
销售数量（件）		
A 产品	6 000	5 000
B 产品	4 000	6 000
销售单价（元）		
A 产品	10	8
B 产品	20	21
单位成本（元）		
A 产品	8	7
B 产品	16	18
销售收入	140 000	166 000
销售成本	102 000	143 000
销售毛利	38 000	23 000

13. 根据表 11－18 进行每股盈余分析。

表 11－18　新大公司 2007 年度有关资料

日　　期		股　　数
1 月 01 日	流通在外普通股	1 000 万股
1 月 01 日	流通在外认购权（购价 30 元）	400 万股
4 月 01 日	发行 4% 可调换债券（面值 50 元）	400 万股
9 月 01 日	发行 5% 可调换优先股（面值 100 元）	400 万股
12 月 31 日	流通在外普通股	1 000 万股

另外：

(1) 2007 年 4 月 1 日及 9 月 1 日银行利率均为 6%；

(2) 2007 年普通股平均市价 25 元；

(3) 2007 年 12 月 31 日普通股市价为 40 元；

(4) 2007 年度净利为 200 万元；

(5) 所得税率为 40%。

第12章 企业资产运用效率分析

【学习目标】

☑ 了解进行企业营运能力分析的目的。
☑ 掌握企业资产结构分析为分析指标。
☑ 掌握分析企业资产周转速度的指标。

企业在生产经营活动中，一方面努力满足社会的各种需求，一方面则是尽可能多地获取经营利润。对企业的经营利润构成影响的或者说企业经营利润的主要来源，是企业所实现的各项收入。收入取得的多少与企业的资产是否能够充分发挥效率有着密切的关系。资金投资在公司的生产经营中具体表现为各种资产，如流动资产、固定资产、长期股权投资、无形资产等。所以，企业运用各项资产的效率如何，各项投资、购置是否既满足需要而又不出现浪费等情况，就成为企业管理者、投资人、债权人及有关会计信息的利用者最为关心的问题。为了较好地解释这些问题，可以借助各种资产占用资金的比例和各种资产运用效率来计算、评价企业运用各项资产的效率。

12.1 资产运用效率分析的意义与作用

12.1.1 资产运用效率分析的意义

企业营运能力是指企业充分利用现有资源创造社会财富的能力。其实质是要以合理的资金占用，尽可能短的周转时间，生产出尽可能多的产品，创造尽可能多的营业收入。因此，企业营运能力分析是了解企业财务状况稳定与否和获利能力强弱的关键环节。

1. 进行资产运用效率分析有利于企业管理者改善经营管理

企业经营者受托于业主或股东，对其投入企业的资本负有保值增值的责任。他们负责企业的日常经营活动，确保支付给股东与其投资风险相适应的收益，且使企业的各项经济资源得到充分有效的利用。因此，他们关心企业盈利能力。在企业财务分析中经营者关心的不仅是盈利的结果，更重要的是盈利的原因及过程，如资产结构分析、营运状况与效率分析等。通过资产结构分析，可以发现与企业经营性质、经营时期不相适应的资产结构，并且及时加以调整，形成合理的资产结构，使企业资产保持足够的流动性，提高资金周转速度，改善财务状况，以赢得外界对企业的信心。特别是对于低质量资产或虚拟资产进行分析，可以摸清存货资产结构，迅速处理有问题的资产，且可有效防止或消除资产经营风险，提高盈利能力，使企业现有经济资源产生更多的盈利，保持持续增长。通过营运能力分析，还可以为财务决策和财务预算指明方向，为预测财务危机提供必要信息。

2. 进行资产运用效率分析有助于投资者进行投资决策

企业的投资者包括企业所有者和潜在投资者。他们进行财务分析的目的是看企业的盈利能力和财务安全性，只有投资者认为企业有良好的发展前景才会保持或增加投资。

企业营运能力分析有助于投资者判断企业财务的安全性、资本的保全程度以及评估企业的价值，用以进行相应的投资决策。企业的安全性与资产结构密切相关。当企业流动性及变现能力强的资产所占的比重越大，企业的偿债能力就越强，企业的财务安全性也就越高；企业的资产结构直接影响着企业的收益，企业存量资产的周转速度越快，其实现收益的能力越强，在商品资产中毛利额高的商品所占比重越高，企业取得的利润率就越高。良好的资产结构和资产管理效果，预示着企业未来收益的能力和资本的安全程度。

对企业所有者而言，企业营运能力分析也可评价经营者的经营业绩，发现经营中的不足，通过行使股东权利为企业未来的发展指明方向。

3. 进行资产运用效率分析有助于债权人进行信贷决策

从债权人角度来看财务分析的主要目的，一是企业的债权能否及时、足额收回，即研究企业偿债能力的大小；二是收益状况和风险程度是否相适应，即研究企业的盈利能力。企业的营运能力直接影响和关系着企业的偿债能力和盈利能力，体现企业的经营绩效。资产结构和资产管理效果分析有助于判明其债权的物资保证程度或安全性，可以用来进行相应的信贷决策。

短期债权人通过了解企业流动比率、应收账款平均收账期、存货周转率等指标，加上对支持有关比率的各个变量进行质量分析，可以判明企业短期债权的物资保证程度；长期债权人通过了解与长期债务偿还期相接近的长期资产，可以判明企业长期债权的物资保证程度。通过对企业的营运能力进行分析，还可了解企业的长期获利能力及现金流动性，这些都是企业按期清偿长期贷款本金及利息的基础。在通过资产结构分析企业债权的物资保证时，应将资产结构与债务结构相联系，进行匹配分析，考察企业资产的周转期限（变现期限）结构与债务的偿还期限结构的匹配情况、资产的周转（变现）实现日结构与债务的偿还日结构的匹配情况，以进一步掌握企业的各种结构是否相互对应。

4. 与企业有密切经济利益关系的部门和单位，分析企业的营运能力同样具有重要意义

企业的营运能力分析有助于政府及相关管理部门判明企业经营是否稳定，财务状况是否良好；监督企业各项经济政策、法规的执行情况；为国家宏观决策与调控提供可靠信息。企业的营运能力分析有助于业务关联企业判明企业是否有充足合格的商品供应或有足够的现金支付能力；有助于判明企业的供销能力及其财务信用状况是否可靠，以确定可否建立长期稳定的业务合作关系或者所能给予的信用政策的松紧度。总之，营运能力分析能够客观公正地评价一个企业的经营水平、管理水平，全面预测企业的发展前景。

12.1.2　资产运用效率分析的作用

资产运用效率是指通过确定各项营运资产占资金总额的比例及企业的营业收入净额与各种营运资产的比率，分析各项资产对收入的贡献程度，借以评价企业各项资产运用效果的方法，也称资产周转率分析。企业的管理者、投资人、债权人及有关会计信息的使用者，出于不同的需要，通常要对企业各项资产的运用效率做出分析评价。资产运用效率分析的结果可以满足各方面的需要，主要原因在于资产运用效率分析在企业的生产经营活动中所起的重要作用。

1. 资产运用效率分析指标，是企业投资报酬率指标的必要补充和进一步说明

企业在生产经营活动中，为取得较多的收入，就需投入较多的资产。在这里，如何使企业的资产投入与收入的取得维持一个合理的比例，投入的资产是否能够发挥作用，企业如何在正常的经营活动中获得较高的利润，资产运用效率分析恰恰可说明上述需要解决的问题。通过对企业的各项资产对营业收入的贡献程度，资产项目与收入是否保持了合理的指标分析，说明这些指标对企业的投资报酬所构成的重要影响。

2. 资产运用效率分析是考核企业管理者企业管理绩效的重要指标

企业生产经营过程中，在对收入构成影响的诸因素不变的情况下，如果销售收入下降，资产周转率下降，说明资产运用效率降低，一定程度上说明管理者对资产的管理出现问题，如存货积压、投资过大，等等。相反，当营业收入增加时，则资产周转率升高，说明该企业的资产运用效益提高，一定程度上说明企业的管理者对资产的管理有方，而使其发挥的效益增加。所以，在评价企业管理者经营业绩时，通常将资产运用效率作为一项重要的指标。

12.2 企业营运能力的结构分析

12.2.1 资产结构分析的含义

一个企业的资产按变现速度及其价值转移形式，可以分成流动资产和非流动资产两大部分，其中非流动资产包括固定资产、无形资产、长期股权投资等。企业资产总额中流动资产和非流动资产各自占有的比例以及各自的内部结构，称为企业的资产结构。通常，企业的存货水平、流动资产与固定资产的比例等应保持相对稳定，出现变动则意味着企业生产经营可能存在某种潜在危机。由于资产结构中包含着经营风险、流动性、收益能力等信息，对其深入分析可以了解企业的财务状况和营运能力。

1. 影响资产结构的因素

为了分析公司的资产运用效率，必须先了解各类资产占总资产的比例。资产结构分析就是根据资产的不同类别，分析各类或各种资产占总资产的比例以及各类或各种资产之间的比例。通过这些比例分析，可以衡量资产的流动性和承担风险的能力，判断和确定其对公司经营和财务活动的影响，提出相应的合理占用资金的对策，使公司的资产结构最优。

1）经营者对风险的偏好

理论上说，若能正确预计的话，公司应持有最佳数量的现金，以备必要的支出；保持不多不少的存货，以供应生产与销售的需要；实行最优化条件下的应收账款额，不购置交易性金融资产，除非其收益率超过公司的平均资本成本而风险又比较小。如果这些能够正确预计，则流动资产可掌握在足以维持正常生产经营的尽可能低的水平，且使公司的利润达到尽可能高的目标。如果流动资产超过这样的理想水平，则公司的报酬率将因此会降低；低于这一理想水平，将会增加公司的风险。

在同样销售、同样生产规模的情况下，风险型公司保持最低额流动资产并且崇尚短期筹资，而保守型公司则保持较多流动资产并且主张长期筹资。因此这两种类型的公司将获得不同的报酬率。高报酬的代价是冒更多的风险。究竟采取哪一种政策，将取决于经营者，特别是高层决策者对风险的偏好。

2）经营性质

经营性质的不同，将对企业资产结构产生很大的影响。生产型企业比流通型企业需要更多的固定资产。生产型企业中以机器作为主要加工手段的企业，比之以手工作为主要加工手段的企业需要更多的固定资产；资本密集型企业，比技术密集型企业需要更多的固定资产；流通型企业中批发企业比零售企业需要更多的固定资产。此外，企业生产周期长，则占用的原材料和在制品就多；销售时间长则占用产成品就多；收账时间长则占用的应收账款就多。因此对企业资产结构进行分析，就能看出企业的行业特点、经营特点和技术装备特点。另外，市场环境及经营的季节性也将影响企业的资产结构。

2. 资产结构分析应遵循的原则

1）把握资产流动性

资产的流动性是指资产变现的速度（或能力），一般是指周转速度。资产负债表中资产的分类和排序就是按照其流动性强弱进行的。也就是说，在正常情况下，企业流动资产比非流动资产、短期资产比长期资产的流动性强；货币资产比非货币资产、金融资产比实物资产、临时波动资产比永久固定资产的流动性强。在非正常情况下，比如资产质量出现问题，则应按照资产的质量，即变现速度进行重新排列。最易出现质量问题的资产主要是存货资产，一旦存货滞销、停销，其流动性几乎为零；那么按流动性排列，它可能居于全部资产的最后。资产的流动性与资产的风险性及其收益性均具有密切联系。就整体而言，流动性大的资产风险相对较小，收益相对较高；反之则相反。因此，企业应当通过调整资产结构，尤其是质量结构，增强企业资产的流动性。

2）突出资产的收益性

企业资产对收益形成的影响有三种。一是直接形成企业收益的资产，主要包括产品、商品等存货资产，应收账款等结算资产和交易性金融资产等投资资产等，其中结算资产中已经包括收益或毛利，其他资产的收益或毛利则需在市场销售中实现。二是对企业一定时期收益不产生影响的资产，主要如货币资产。货币资产通常是企业收益的结果，在正常情况下既不会增值也不会减值，其价值也不会转移，因此也不会产生收益。三是抵扣企业一定时期收益的资产，主要包括非产品（商品）资产、固定资产、支出性无形资产等。这些资产是企业收益实现的必要条件，在一定时期内有助于收益的实现，但从收益的计算过程可以看出，它们的转移或摊销的价值是收益的抵扣项目。因此，在总资产一定的条件下，这类资产的占用越多，要抵扣的收益就越多，所得收益越小。由此可见，资产结构中直接形成企业收益的资产比重相对越大，其余两类资产的比重相对越小，将有利于企业收益的最大化。但是，资产类别之间、项目之间的结构必须合理，若走向某种极端，结果只能适得其反。

3）考虑表外信息因素

根据现行会计制度规定，列入企业报表的仅仅是可以用货币计量的经济资源。实际上，有些资本项目由于会计处理的原因或计量手段的限制未能在资产负债表中体现，但仍能对企业未来收益做出贡献。这些账外资产主要包括：① 已经提足折旧，但企业仍然继续使用的固定资产；② 表外存在的大量无形资产，例如，具有悠久历史、良好信誉、知名度高的企业存在着价值巨大的商誉。目前的财务会计还难以将其列入企业的资产负债表。因此，对企业资产结构与质量的整体把握，应当结合表内与表外因素综合考虑。

在实际工作中，报表分析者拟对有关资产运用效率比率进行分析时，应掌握的基本资料为几个会计年度的利润表及资产负债表。为使算出的某项资产运用效率指标具有客观性，表12-1列出汇丰公司2004—2006年度资产负债表与利润表有关资料。

表 12－1 汇丰公司资产负债表及利润表 单位：万元

资 产	2005 年 12 月 31 日		2006 年 12 月 31 日		2007 年 12 月 31 日	
	金额	百分比	金额	百分比	金额	百分点
流动资产：						
货币资金	102 000	12	68 600	8. 01	105 180	11.93
交易性金融资产	5 000	0.59	20 000	2.35	20 000	2.27
应收票据	20 500	2.41	82 600	9.65	60 000	6.8
应收账款	153 000	18	93 450	10.92	15 6794	17.78
其他应收款	92 950	10.94	92 380	10.78	47 821	5.43
存货	340 000	40	310 000	36.21	333 000	37.77
其中：材料	160 000		155 000		180 000	
在制品	95 000		85 000		68 000	
产成品	85 000		70 000		85 000	
其他流动资产	550	0.06	650	0.08	205	0.02
流动资产合计	714 000	84	667 680	78	723 000	82
非流动资产：						
长期股权投资	5 000	0.59	40 000	4.67	40 000	4.53
固定资产	98 175	11.55	117 390	13.72	101 394	11.50
在建工程	28 050	3.3	17 745	2.07	15 327	1.74
工程物资	1 275	0.15	1 365	0.16	1 179	0.13
无形资产	3 200	0.38	11 616	1.36	840	0.09
递延所得税资产	300	0.03	204	0.02	60	0.01
非流动资产合计	136 000	16	188 320	22	158 800	18
资产合计	850 000	100.00	856 000	100.00	881 800	100.00
利润表资料						
	2005 年		2006 年		2007 年	
营业收入	510 000		554 450		521 340	
营业成本	408 000		455 000		418 000	
净利润	25 500		25 830		27 100	
应付股利	6 375		7 200		6 775	

12.2.2 资产结构比重分析

资产结构比重分析即运用比重或比例的方法，对资产结构进行多侧面、多角度的具体分析，包括资产结构类别比重分析、资产结构项目比重分析等。

1. 资产结构类别比重分析

所谓资产结构类别比重分析，就是对构成资产的各大类别与总资产的比例关系，以及各大类资产之间的比例关系所进行的分析。

1）流动资产比率分析

流动资产比率是指流动资产占总资产的比例关系。其计算公式为：

$$\text{流动资产比率} = \frac{\text{流动资产}}{\text{总资产}} \times 100\%$$

流动资产代表企业短期内可运用的资金，一般是指企业可以或准备在一年内或超过一年的一个营业周期内转化为货币、或被销售、被耗用的资产。流动资产具有变现时间短、周转速度快的特点。一般而言，流动资产因能在短期内完成周转，实现其价值，所以企业对其预测往往较容易且准确。而且，短期内市场变动少，也就很少出现市场预测与市场变动不一致的情况，这就为有效经营资产提供了可能。因此，这类资产的经营风险相对较小。

流动资产比率越高，说明企业资产的流动性和变现能力越强，偿债能力也越强，企业承担风险的能力也越强。过高的流动资产比率并非好事，它表明企业实力不强，持续经营能力不足，缺乏发展后劲。企业为了增加收益，必须加速流动资产周转，而加速流动资产周转，一方面取决于销售的扩大，另一方面取决于降低流动资产的占用。假设企业其他类资产数量不变，流动资产的增加将引起资产总量的增加，流动资产的占用越多，流动资产周转速度便越慢。此时，既会增加流动资产的占用成本，还会降低周转价值或收益，从而降低其收益能力。可见，从公司经营的稳定性考虑，应当加大流动资产比率，但从公司的收益性考虑，则应降低此比率。在这种情况下，公司必须在提高承担风险的能力与提高获利能力两者之间进行权衡，确定适宜的流动资产比率。

关于流动资产比率合理性的分析，还应根据公司的性质、经营状况、经营的季节性波动、市场周期等因素进行分析。或者对近几年来的流动资产比率进行趋势分析，或者与同行业的平均水平或先进水平进行比较，以判断流动资产比率的合理程度。

【例 12－1】汇丰公司的流动资产比率变动分析见表 12－2。

表 12－2 流动资产比率变动分析表

单位：万元

项　　目	2005 年末	2006 年末	2007 年末
流动资产	714 000	667 680	723 000
资产总计	850 000	856 000	881 800
流动资产比率	84%	78%	82%

（1）汇丰公司三年内资产总额增长缓慢，2006 年末比 2005 年末增加 6 000 万元，增加幅度为 0.71%；2007 年末比 2006 年末增加 25 800 万元，增加幅度为 3%。企业扩大再生产速度较慢。

（2）2007 年流动资产年末数比年初数增加了 55 320 元，总资产年末数比年初数增加了 25 800 万元，二者综合作用的结果使流动资产比率年末比年初增长了 4%。该公司流动资产比率很高，2005 年末为 84%，2006 年末为 78%，2007 年末为 82%。该公司的流动资产比率很高，说明该公司生产经营结构存在一定问题，非流动资产比例较小，资金安排上对远期的投资生产能力考虑不足，应结合该公司的行业特点加强对固定资产、无形资产等项目的投入，以扩大企业的生产经营规模。

2）固定资产比率分析

固定资产比率是指固定资产占总资产的比例关系。其计算公式为：

$$固定资产比率=\frac{固定资产}{资产总额}\times100\%$$

相对而言，固定资产具有投入资金多、收回时间长、变现能力差、对企业的经济效益和财务状况影响大等特征。

同一产业中，固定资产比率过低，企业的生产经营规模受到限制，生产能力不足，会对企业的长期发展产生不良影响；反之，适当提高固定资产比率，寻求规模经济，有利于降低企业总成本，从而提高总资产的获利能力。由于固定资产的流动性和变现能力较差，过高的固定资产比重必然影响企业的支付能力，从而加大企业的财务风险。另外，该指标只反映总资产中固定资产的数量，而没有表明其质量构成状况。如果非经营用或未使用和不需用的固定资产占很大比重，说明固定资产的结构不合理，利用效率不高。这时，应当减少多余的和即将从技术上淘汰的固定资产，改变企业固定资产比率。

【例 12－2】汇丰公司的固定资产比率变动分析见表 12－3。

表 12－3　固定资产比率变动分析表　　单位：万元

项　　目	2005 年末	2006 年末	2007 年末
固定资产	127 500	136 500	117 900
资产总计	850 000	856 000	881 800
固定资产比率	15%	15.95%	13.37%

（1）汇丰公司固定资产比率过低，2005 年为 15%，2006 年为 15.95%，2007 年为 13.37%，难以发挥规模效应，应当结合行业特点进一步分析。

（2）2006 年固定资产、资产总计年末数比年初数稍有增加，固定资产比率增加 0.95%。2007 年固定资产年末数比年初数减少了 18 600 万元，而总资产年末数比年初数增加了 25 800 万元，二者综合作用的结果，使固定资产比率年末比年初降低了 2.58%，这对汇丰公司未来生产经营的扩充产生不利影响，影响公司的获利水平。

3）非流动资产比率分析

非流动资产是指除流动资产以外的所有资产，主要包括固定资产、长期股权投资、无形资产、长期待摊费用及其他非流动资产等。非流动资产比率即非流动资产占总资产的比率，计算公式如下：

$$非流动资产比率=\frac{固定资产+长期股权投资+无形资产+长期待摊费用+其他非流动资产}{资产总额}\times100\%$$

或

$$=\frac{\text{资产总额}-\text{流动资产}}{\text{资产总额}}\times 100\%$$

或

$$=1-\text{流动资产比率}$$

非流动资产代表企业长期可以使用的经济资源，它们需要在较长时期内完成周转，实现其价值。在这一较长时期内，固定资产等长期资产作为主要劳动手段，它们所能加工的产品或商品具有相对稳定性和单一性；一旦市场需求发生变化，这些产品或商品就可能卖不出去，固定资产等长期资产也就相应地成为废品。所以，过高的非流动资产比率将导致企业产生巨额固定费用（固定资产折旧、无形资产摊销），增大亏损的风险；降低了资产周转速度，增大了营运资金不足的风险；降低资产弹性，削弱了企业的资金调整能力。显然，无论企业的资金运用，还是对于资本结构的安全和稳定，或者对于资产风险的回避，非流动资产比率一般应以低为好。

【例 12－3】汇丰公司的非流动资产比率变动分析见表 12－4。

表 12－4　非流动资产比率变动分析表　　单位：万元

项　目	2005 年末数	2006 年末数	2007 年末数
非流动资产	136 000	188 320	158 800
总资产	850 000	856 000	881 800
非流动资产比率	16%	22%	18%

汇丰公司非流动资产比率不高，2005 年末为 16%，2006 年末为 22%，2007 年末为 18%，是先上升后下降的趋势。2007 年非流动资产年末数比年初数减少了 29 520 万元，而总资产年末数比年初数增加了 25 800 万元，二者综合作用的结果，使非流动资产比率年末比年初下降了 4%。汇丰公司应当根据所在的行业特点，对这一比率做进一步的调整。

4）金融资产比率分析

金融资产是指可以随时用于清欠、退还融资或购买其他资产的资产，主要包括货币资金、应收票据、交易性金融资产等。金融资产比率即金融资产占总资产的比例，计算公式如下：

$$\text{金融资产比率}=\frac{\text{现金}+\text{应收票据}+\text{交易性金融资产}}{\text{资产总额}}\times 100\%$$

这一比率的意义在于它表明企业资产的弹性。资产弹性是指资产占用总量和结构能被随时调整的可能性。由于市场的变化和产品季节波动，企业的资产占用总量和结构也应随之调整，这种调整必须建立在资产弹性的基础上。流动资产中的其他实物资产、固定资产、无形资产及长期待摊费用等都具有一定的实物凝固性和时间凝固性，不能随时转换为其他的资产，因而不能灵活调整企业的资产结构。可见，一个企业的资产弹性大小只能由资产中金融资产的比重来衡量：金融资产比重越大，企业的资产结构弹性也越大。持有金融资产必然带来较大的机会成本，即由于持有货币性金融资产所丧失的潜在收益，因而可能影响企业资产的收益。显然，如果企业的资产结构缺乏弹性，则企业资产的内部结构难以随市场变化进行适当调整，同时企业还会面临难以满足临时支付的需要，以至带来不能及时偿付的风险；如果企业的资产弹性过大，企业持有大量金融资产未投入生产经营，从而丧失大量的周转利益，给企业带来巨大的机会成本。所以，每个企业应当根据自己的经验选择一个恰当的金融资产比率。

【例 12－4】汇丰公司的金融资产比率变动分析见表 12－5。

表 12－5 金融资产比率变动分析表 单位：万元

项 目	2005 年末数	2006 年末数	2007 年末数
金融资产	127 500	171 200	185 180
总资产	850 000	856 000	881 800
金融资产比率	15%	20%	21%

汇丰公司金融资产比率一直很高，2005 年末为 15%，2006 年末为 20%，2007 年末为 21%；2006 年金融资产年末数比年初数增加了 43 700 万元，而总资产年末数比年初数增加了 6 000 万元，二者综合作用的结果，使金融资产比率年末比年初上升了 5%，变化较大；2007 年金融资产年末数比年初数增加了 13 980 万元，而总资产年末数比年初数增加了 25 800万元，二者综合作用的结果，使金融资产比率年末比年初上升了 1%，变化不大。这说明该公司的资产弹性非常大，安全性较高，企业收益相应差一些；是否增加其他长期股权投资或周转，还应结合行业特点做进一步分析。

5）不良资产比率分析

这里的不良资产，特指那些纯摊销性的“资产”。也就是那些由于会计核算要求而暂时作为资产处理的有关项目，包括待摊费用、待处理资产（固定、流动）净损失、递延所得税资产等项目。该比率的计算公式为：

$$\text{不良资产比率} = \frac{\text{待摊费用} + \text{待处理资产损失} + \text{递延所得税资产}}{\text{资产总额}} \times 100\%$$

上述项目中，除个别项目可能包含对企业未来有利的资产性质的内容外，绝大多数并不能对企业的生产经营提供任何实质性帮助，没有实际的利用价值。由于这些不良资产的实际价值趋近于零，如果企业的不良资产比率较高，说明企业的资产质量较差，应努力改善资产的结构，提高资产质量，否则对企业的经营运转十分不利。

【例 12－5】汇丰公司的不良资产比率变动分析见表 12－6。

表12-6 不良资产比率变动分析表

单位：万元

项目	2005年末数	2006年末数	2007年末数
不良资产	850	854	265
总资产	850 000	856 000	881 800
不良资产比率	0.1%	0.09%	0.03%

由表12-6可知汇丰公司不良资产比率比较低，2005年末为0.1%，2006年末为0.09%，2007年末为0.03%，如此低的比率说明该公司的资产质量结构较好。2007年不良资产年末数比年初数减少了589万元，而总资产年末数比年初数增加了25 800万元，二者综合作用的结果，使非流动比率年末比年初下降了0.06%，资产质量有进一步提高，这对公司的运转非常有利。

2. 主要资产项目比重分析

资产负债表中的各大类资产，必然包含各个不同的资产项目，各项资产在企业经营中具有不同的特点和作用，在企业生产经营活动中的重要性亦有所不同。进行主要资产项目比重分析，企业可以进一步了解各项资产的结构，以便根据企业的行业特点和营运目标进行调整。一般而言，企业往往从流动资产、非流动资产中选择主要项目进行比重分析。

1）流动资产的主要项目比重分析

在流动资产中，货币资金是流动性最强的资产。企业必须经常持有一定量的货币资金以支付各项日常费用或偿还即期债务，它是维持企业的支付能力和资产弹性所不可缺少的。货币资金是资金运动的暂时停滞状态，它不能给企业带来收益，且货币资金具有较大的机会成本，所以不宜过多持有；交易性金融资产是指为近期出售而持有的资产，交易性金融资产的流动性仅次于货币资金，但其投资收益通常高于货币资金，因此它通常作为企业协调流动资产流动性和收益性的一种财务运作手段，凡暂时闲置的资金均可用于此；应收账款作为商业信用的产物，在商品经济条件下，为了增强市场竞争能力，也是不可避免的，它通常应与销售保持一定的依存关系；存货是保障企业持续生产经营的前提，但存货的存在既增加企业的成本费用，又会因其质量问题而影响到存货资产的变现价值。所以，流动资产的结构将直接体现企业的资产运用状况。

【例12-6】汇丰公司的流动资产主要项目变动分析见表12-7。

表12-7 流动资产主要项目的比重分析表

单位：万元

资产	2005年12月31日		2006年12月31日		2007年12月31日	
	金额	百分比	金额	百分比	金额	百分比
货币资金	102 000	14.29	68 600	10.27	105 180	14.55
交易性金融资产	5 000	0.7	20 000	3	20 000	2.77
应收票据	20 500	2.87	82 600	12.37	60 000	8.29

续表

资　　产	2005年12月31日		2006年12月31日		2007年12月31日	
	金额	百分比	金额	百分比	金额	百分比
应收账款	153 000	21.43	93 450	14	156 794	21.69
其他应收款	92 950	13.01	92 380	13.84	47 821	6.61
存货	340 000	47.62	310 000	46.43	333 000	46.06
其他流动资产	550	0.08	650	0.09	205	0.03
流动资产合计	714 000	100	667 680	100	723 000	100

从该公司流动资产的构成可以看出，存货项目比重偏小，应收账款和货币资金比重较大，表明其流动资产的变现能力较高。但应注意应收账款的质量，警惕坏账损失“挂账”。另外，应当结合行业的特点分析存货水平是否会影响公司的正常经营。

2）非流动资产主要项目比重分析

对于非流动资产主要项目比重分析，也应选择主要项目分别进行构成分析，如对固定资产、在建工程、无形资产等项目进行比重分析。

【例12－7】汇丰公司的非流动资产主要项目变动分析见表12－8。

表12－8　非流动资产主要项目的结构比重分析表

项　　目	2005年比重（%）	2006年比重（%）	2007年比重（%）
固定资产	77	86	86
工程物资	1	1	1
在建工程	22	13	13
非流动资产合计	100	100	100

汇丰公司非流动资产的构成主要为固定资产净值2005年77%，2006年86%，2007年86%；工程物资比重极小，连续三年都是1%；有一定的固定资产建设规模，在建工程比重2005年22%，2006年13%，2007年13%，说明汇丰公司的非流动资产结构较好。

12.3　企业营运能力的比率分析

资产管理效果的好坏可以通过资产周转速度快慢和资产利润率高低两方面来体现。资产周转速度反映企业资产周转使用效率的情况，而资产利润率则反映资产价值增值或获利能力的情况。

12.3.1　资产周转速度比率分析

反映资产周转速度的财务指标分别有总资产周转率、固定资产周转率和流动资产周转率及主要流动资产项目的周转率等。

1. 总资产周转率

总资产是指企业所拥有或控制的能以货币计量的全部经济资源。总资产周转率是指企业主营业务收入净额与资产总额的比率，即企业的总资产在一定时期内（通常为1年）周转的次数。总资产周转率是反映企业的总资产在一定时期内创造了多少主营业务收入的指标，反映资产利用的效率。其计算公式如下：

$$总资产周转率（次数）=\frac{营业收入净额}{平均资产总额}$$

其中：

$$平均资产总额=\frac{期初资产总额+期末资产总额}{2}$$

$$主营业务收入净额=销售收入-销售折扣-销售折让-销货退回等$$

总资产周转率也可用周转天数表示。其计算公式为：

$$总资产周转天数=\frac{计算期天数}{总资产周转率（次数）}$$

其中，计算期天数通常定为1年，即360天。

企业的总资产周转率反映总资产的周转速度。总资产周转率越高，表明总资产周转速度越快，企业的销售能力越强，企业利用全部资产进行经营的效率越高，进而使企业的偿债能力和盈利能力得到增强。反之，则表明企业利用全部资产进行经营活动的能力差，效率低，最终还将影响企业的盈利能力。应当注意该指标的特殊情况。如果企业的总资产周转率突然上升，而销售收入与以往持平时，则有可能是企业本期报废了大量固定资产造成的。那么，这时的总资产周转率就不具有可比性，并不说明资产利用率提高。同样，异常的供应问题或者停工也是影响资产使用效率的原因，需要对此进行特殊的揭示。

【例12-8】汇丰公司的总资产周转次数和周转天数计算见表12-9。

表12-9 总资产周转次数和周转天数计算表 单位：万元

项目	2005年	2006年	2007年
营业收入	510 000	554 450	521 340
平均资产总额	850 000	853 000	868 900
总资产周转次数	0.60	0.65	0.60
总资产周转天数	600	554	600

注：2005年平均资产总额850 000万元为假定数。

该公司2007年总资产周转率为0.60次，即平均约600天周转一次。周转速度的快慢，意味着公司资产管理效果的好或坏，应当结合行业平均水平对汇丰公司该指标的情况进行比较，才能做出判断。当然，仅以总资产周转率一个指标还不能全面说明企业的问题，还应结合对流动资产周转率、固定资产周转率等有关资产组成部分的使用效率的分析，做进一步判断。

2. 固定资产周转率

固定资产周转率是指企业年主营业务收入净额与固定资产平均净值的比率。它反映企业固定资产周转状况和运用效率。其计算公式为：

$$固定资产周转率（次数）=\frac{营业收入}{全部固定资产平均总额}$$

其中：

$$全部固定资产平均总额=\frac{期初固定资产总额+期末固定资产总额}{2}$$

固定资产总额是指固定资产净额，即固定资产原值减去累计折旧

固定资产周转率也可用周转天数表示。其计算公式为：

$$固定资产周转天数=\frac{计算期天数}{固定资产周转率（次数）}$$

其中，计算期天数通常为1年，即360天。

一般情况下，固定资产周转率越高，表明企业固定资产利用越充分，说明企业固定资产投资得当，能够充分地发挥固定资产的使用效率，投资回收期短；反之，则表明固定资产使用效率不高，企业的营运能力较差。企业生产经营用固定资产越多，设备生产利用效率越好，就能提高产量，增加产值。所以，管理者应当不断改善固定资产的配备，提高设备生产率，加速产品的销售与利润的实现，提高生产经营活动的经济效果。固定资产周转率还可以进一步分解：

$$固定资产周转率=\frac{主营业务收入}{生产设备平均总值}\times\frac{生产设备平均总值}{生产用固定资产平均总额}\times\frac{生产用固定资产平均总值}{全部固定资产平均总值}=生产设备产值率\times生产设备构成率\times生产用固定资产构成率$$

可以看出，固定资产周转率的变动原因有两个方面：生产设备的利用效果和固定资产结构状况。生产设备产出率反映生产设备生产适销产品的能力和利用效果，生产设备构成率反映生产设备占全部固定资产的比重，标志着固定资产的结构状况。这说明在全部固定资产中，应首先提高生产用固定资产比重，降低非生产用固定资产比重，使企业的固定资产大部分用于生产经营。其次，在提高生产用固定资产比重时，重点应放在增加生产设备方面。当然，固定资产周转率的提高还必须有一定的销售力度作为保障。

运用固定资产周转率分析时，应注意以下3个问题。

(1) 固定资产总额的增加通常不是渐进的，而是陡然上升的。增加固定资产导致固定

资产周转率的变化。

（2）固定资产的不同来源和折旧率的高低将对该比率的大小产生重要影响。如果一家公司的厂房或生产设备是通过经营性租赁得来的，而另一家公司的固定资产全部是自有的，那么对这两家的固定资产周转率进行比较就会产生误导，显然前者较高。即使同样的固定资产，由于企业所采用的折旧方法和使用的折旧年限长短不同，也会导致不同的固定资产账面净值，造成该指标的人为差异。

（3）企业的固定资产一般采用历史成本法记账。在企业的固定资产、销售量都未发生变化的条件下，可能由于通货膨胀导致物价上涨等因素而使销售收入虚增，导致固定资产周转率提高，而实际上企业的固定资产效能并未增加。

【例12－9】汇丰公司的固定资产周转次数和周转天数计算见表12－10。

表12－10　固定资产周转次数和周转天数计算表　　单位：万元

项　目	2005年	2006年	2007年
营业收入	510 000	554 450	521 340
平均固定资产总额	127 500	132 000	127 200
固定资产周转次数	4	4.2	4.1
固定资产周转天数	90	86	88

注：2005年平均固定资产总额127 500万元为假定数。

该公司三年的固定资产周转率基本稳定，固定资产的使用效率较高，2007年主营业务收入的下降幅度5.97%，固定资产的下降幅度1.4%，固定资产的周转次数有所上升。对此，应进一步分析固定资产的使用和配置情况，找出问题的根源所在。

3. 流动资产周转率

流动资产周转率是反映企业的流动资产周转速度和综合利用效率的指标，是指企业年产品（或商品）销售收入净额与流动资产平均占用额的比率，即企业的流动资产在一定时期内（通常为1年）周转的次数。其计算公式如下：

$$\text{流动资产周转率（次数）}=\frac{\text{营业收入净额}}{\text{平均流动资产总额}}$$

其中：

$$\text{平均流动资产总额}=\frac{\text{期初流动资产}+\text{期末流动资产}}{2}$$

流动资产周转率也可用周转天数表示。其计算公式为：

$$\text{流动资产周转天数}=\frac{\text{计算期天数}}{\text{流动资产周转率（次数）}}$$

其中，计算期天数通常为1年，即360天。

由以上公式分解可得：

$$流动资产周转率（次数）=\frac{营业收入净额}{平均流动资产总额}=\frac{营业成本}{平均流动资产总额}\times\frac{营业收入净额}{营业成本}=以成本计算的流动资产周转率\times成本收入率$$

可见，由销售收入计算的流动资产周转率不仅反映流动资产的周转速度，而且反映生产经营过程中新创纯收入的情况；不仅受流动资产周转速度的影响，还受成本收入率的影响。流动资产周转率还可以用产品（或商品）销售成本来计算。使用这种方法得出的流动资产周转率仅反映企业流动资产占用资金的周转速度，而剔除了企业盈利水平的影响。当成本收入率大于1时，说明企业有经济效益，此时流动资产周转越快，其营运能力越好；反之，当成本收入率小于1，说明企业发生了亏损，这时流动资产周转加快，亏损就越来越严重，不利于企业经济效益的提高。

企业的流动资产周转率越高，流动资产周转速度越快，周转次数越多，表明企业以一定的流动资产完成的周转额越高，企业流动资产的经营利用效果越好，企业的经营效率越高，进而使企业的偿债能力和盈利能力得到增强。反之，则表明企业利用流动资产进行经营活动的能力差，效率低。由于流动资产的多少反映企业短期偿债能力的强弱，企业应有一个较稳定的流动资产数额，在此基础上提高使用效率，但应注意不能单纯地以大幅降低流动资产为代价去追求高周转率。

【例 12－10】汇丰公司的流动资产周转次数和周转天数计算见表 12－11。

表 12－11　流动资产周转次数和周转天数计算表　　单位：万元

项　　目	2005 年	2006 年	2007 年
营业收入	510 000	554 450	521 340
平均流动资产总额	714 000	690 840	695 340
流动资产周转次数	0.71	0.80	0.75
流动资产周转天数	507	450	480

注：2005 年平均流动资产总额 714 000 万元为假定数。

该公司 2007 年营业收入下降，而平均流动资产有所上升，二者结合导致流动资产周转率下降了 0.05 次，表明流动资产利用效率略有降低。当然，该公司的流动资产周转率的高低应结合公司的历史资料或行业平均（或先进）水平判断。

11.3.2　各项流动资产周转速度分析

1. 现金周转率

现金周转率是指企业主营业务收入与现金平均余额的比率。它表明一个企业对现金的管理水平和利用效率，可以用来分析企业利用现金头寸产生收益的能力。其计算公式如下：

$$现金周转率=\frac{营业收入}{现金平均余额}\times 100\%$$

其中：现金包括库存现金和可随时支取的银行存款；

现金平均余额 =（期初现金 + 期末现金）÷2。

持有现金主要是为了满足日常的交易需要，并且作为一个流动储备以弥补现金流入和流出不平衡时出现的短缺。较高的现金周转率意味着企业对现金的利用效率较好，但并不说明这一比率越高越好。过高的现金周转率一方面表明现金利用效率高，另一方面也表明企业日常所持有的现金过少，这可能是出现潜在财务困难的先导信号。相反，过低的现金周转率一方面可以反映企业现金充裕，另一方面也说明了企业持有现金过多。现金闲置说明管理者没有充分利用机会将现金投入企业运行或投资产生效益。因此，一个企业的现金周转率是否恰当，现金持有量是否合理，应当充分考虑企业的行业性质和业务性质，最基本的权衡是在流动性与社会平均报酬率之间的权衡。

【例 12－11】 汇丰公司的现金周转次数计算见表 12－12。

表 12－12　现金周转次数计算表

单位：万元

项　目	2005 年	2006 年	2007 年
营业收入	510 000	554 450	521 340
现金平均余额	102 000	85 300	86 890
现金周转率	5.0	6.5	6.0

注：2005 年现金平均余额 102 000 万元为假定数。

由于该公司的现金平均余额较大，不存在现金持有量过少的问题，而是存在闲置的隐患。对此，应当进一步结合行业性质和平均水平进行分析。

2. 应收账款周转率

应收账款周转率是指企业商品或产品赊销净额与应收账款平均余额的比率，即企业的应收账款在一定时期内（通常为 1 年）周转的次数。应收账款周转率是反映企业的应收账款变现速度和管理效率的指标。其计算公式如下：

$$应收账款周转率（次数）=\frac{赊销收入净额}{应收账款平均余额}$$

其中：

$$赊销收入净额=主营业务收入-现金销售收入-销售折扣-销货退回等$$

$$应收账款平均余额=\frac{期初应收账款+期末应收账款}{2}$$

赊销收入净额在企业内部进行分析时是适用的。在市场经济条件下，由于赊销活动属于商业机密，不要求企业在报表中披露赊销额，因此财务报表外部使用者可以用销售收入净额来代替，但要注意一贯性和可比性。

应收账款周转率也可以用周转天数来表示。应收账款周转天数也称应收账款平均收账期，是指企业自商品或产品销售出去开始至应收账款收回为止经历的天数。其计算公式为：

$$应收账款周转天数=\frac{计算期天数}{应收账款周转次数}=\frac{应收账款平均余额\times计算期天数}{赊销收入净额}$$

在计算并且分析应收账款周转率指标时，应注意以下两个问题。

(1) 平均应收账款并不代表应收账款的总体情况。例如，较长的平均收账期并不代表顾客总体上的拖延，有可能是因为一两个极端客户的逾期未付款项造成的。考察极端收款期的一个非常好的工具就是应收账款账龄分析，它按过期天数列示了每一笔过期账款的分布情况，揭示了付款拖延究竟是普遍现象，还是个别客户的特殊现象。

(2) 有些因素会对应收账款周转率的计算结果产生较大的影响：① 季节性经营的企业使用这个指标时不能反映实际情况；② 企业大量使用分期付款结算方式时，会高估该指标；③ 当企业年初年末销售额有大幅上升或下降时，会影响该指标的准确性；④ 当两个企业计提坏账准备的方法和比例有很大差异时，它们的应收账款周转率便不具有可比性。

【例 12－12】假定汇丰公司赊销收入占销售收入的 90%，应收账款周转次数和周转天数计算见表 12－13。

表 12－13 应收账款周转次数和周转天数计算表 单位：万元

项目	2005 年	2006 年	2007 年
赊销收入净额	459 000	499 005	469 206
平均应收账款	153 000	123 225	125 122
应收账款周转次数	3	4.05	3.75
应收账款周转天数	120	89	96

注：2005 年赊销收入净额＝510 000×90%＝459 000（万元）

2006 年赊销收入净额＝554 450×90%＝499 005（万元）

2007 年赊销收入净额＝521 340×90%＝469 206（万元）

2005 年平均应收账款 153 000 万元为假定数。

汇丰公司应收账款的变现总体情况应当结合行业平均水平来分析。2007 年平均应收账款增加 1 897 万元，赊销收入净额反而减少 29 799 万元，导致应收账款周转次数有所下降。产生这种情况有以下原因：企业的收款力度较差，客户拖延付款，客户发生财务困难。所以企业需要加强应收账款管理，制定并且实施适宜的信用政策，进行应收账款账龄分析。

3. 存货周转率

存货周转率也称存货利用率，是指企业一定时期产品或商品销货成本与存货平均余额的比率，即企业的存货在一定时期内（通常为 1 年）周转的次数。存货周转率是反映企业的存货周转速度、存货的质量和流动性的指标，也是评价企业购入存货、投入生产、销售收回等环节的管理状况和运营效率的综合性指标。其计算公式如下：

$$存货周转率（次数）=\frac{营业成本}{存货平均余额}$$

其中：

$$存货平均余额=\frac{期初存货+期末存货}{2}$$

存货周转率也可以用周转天数来表示。其计算公式为：

$$存货周转天数=\frac{计算期天数}{存货周转次数}$$

或

$$=\frac{存货平均余额\times计算期天数}{营业成本}$$

在一定期间内，如果企业经营顺利，企业的存货周转率越高，存货资金占用越低，表明企业存货转化为现金或应收账款的速度快，经营管理效率高，资产流动性和销售能力较强；进而企业的利润率较高，短期偿债能力也较强。但是，存货周转率过高，可能说明企业在管理方面存在企业存货资金投入过少、存货储备不足、存货采购困难、或是采购次数过于频繁、批量太小等。反之，如果存货周转率过低，则表明企业存货的管理效率较低，存货周转较慢，存货占用资金较多，企业的利润率较小。

在计算并且分析存货周转率指标时，应注意以下 4 个问题。

（1）如果企业的生产经营活动具有很强的季节性，则年度内各季度的销售成本与存货都会有较大幅度的波动。因此，为了客观反映企业的营运状况，平均存货应该按月份或季度余额来计算，先求出各月份或各季度的平均存货，然后再计算全年的平均存货。

（2）关注企业的竞争战略。企业之间的差别常常表现为采用高周转率/低毛利的战略，还是低周转率/高毛利的战略。采用高周转率/低毛利策略的企业应当是薄利多销。由于价低，毛利较低，若要获得成功，企业必须严格控制成本，以保证毛利不至于过低，如零售超级市场通常采用这种战略。

（3）掌握企业目前所处的产品生命周期，针对不同阶段所表现的财务特征来考察存货周转率。

（4）为了分析存货周转速度的具体原因，在企业中还应进一步考察存货的构成；通过不同时期的比较，找出影响存货利用效果变动的原因。存货周转率是不同存货类别的不同周转率的混合物，例如，工业企业可将存货按原材料、在产品、低值易耗品和产成品等计算周转率，考察在供、产、销不同阶段存货的运营情况。

如果企业的存货周转率恶化，则可能由以下因素引起：

① 低效率的存货控制与管理导致存货的购买过度；

② 低效率的生产导致存货缓慢的转换生产量；

③ 存货冷背，需求疲软或者难以出售，甚至丧失交换价值，导致库存积压；

④ 企业可能存在不适当的营销政策，如对信用政策控制过严而导致销路不畅。

【例 12－13】汇丰公司的存货周转次数和周转天数计算见表 12－14。

表 12－14 存货周转次数和周转天数计算表 单位：万元

项目	2005 年	2006 年	2007 年
主营业务成本	408 000	455 000	418 000
平均存货	340 000	325 000	321 500
存货周转次数	1.2	1.4	1.3
存货周转天数	300	257	277

注：2005 年平均存货 340 000 万元为假定数。

该公司 2006 年主营业务成本增加了 47 000 万元，平均存货减少了 15 000 万元，二者结合使存货周转次数增加了 0.2 次；2007 年主营业务成本减少了 37 000 万元，平均存货减少了 3 500 万元，二者结合使存货周转次数减少 0.1。公司管理者可以进一步计算材料周转率，在产品周转率及产成品周转率，分析周转速度下降的原因，进而找到改进的方法，使订货、生产、销售和分销各环节有机结合，将存货保持在较低的水平上，提高存货周转率。

12.4 所有者权益运用效率的分析

12.4.1 所有者权益周转率的分析

1. 所有者权益周转率的意义及计算

所有者权益周转率是指企业的主营业务收入与所有者权益的比率关系。该比率关系将表明企业运用所有者权益效率的高低。

在计算所有者权益周转率时，可以借助前已述及的计算各项资产的周转率的办法。其中的营业收入应按其净额确定，而所有者权益一般以期初和期末所有者权益的平均数为基础确定。

所有者权益周转率计算公式如下：

$$所有者权益周转率=\frac{营业收入}{所有者权益平均余额}$$

$$所有者权益平均余额 = \frac{期初所有者权益 + 期末所有者权益}{2}$$

2. 所有者权益周转率举例

【例 12 – 14】利用汇丰公司的比较性资产负债表及比较性利润表资料，计算该公司 2000 年度至 2002 年度的所有者权益周转率见表 12 – 15。

表 12 – 15　所有者权益周转率趋势分析　　单位：万元

项　目	2005 年	2006 年	2007 年
营业收入	510 000	554 450	521 340
所有者权益	245 000	275 000	275 000
所有者权益周转率	2.08	2.02	1.9

由表 12 – 15 可知，所有者权益周转率 2005 年为 2.08 倍，2006 年为 2.02 倍，2007 年为 1.9 倍，呈不断下降趋势。进一步分析可知，2006 年与 2005 年相比营业收入增长 44 450 万元，增长率 8.72%，而所有者权益增长 30 000 万元，增长率 12.25%，在营业收入与所有者权益均增长的情况下，该企业所有者权益增长幅度大于营业收入增长幅度，致使企业所有者权益周转率下降；2007 年营业收入比 2006 年减少 33 110 万元；降低率 5.97%，所有者权益维持不变，致使企业所有者权益周转率下降。

12.4.2　所有者权益成长率的分析

1. 所有者权益成长率的意义及计算

所有者权益成长率是指企业从每年盈利分配中留存于企业的部分，占所有者权益总额的比例关系，用以表明该企业当年度所有者权益的成长速度。

企业在经营过程中实现利润后，首先应向国家缴纳所得税，所得税后部分企业按一定比例计提盈余公积，再向投资人分配利润。由此可知，留存于企业的盈余公积金将是企业所有者权益项目的重要补充，它占全部所有者权益总额的比例，表示当年所有者权益的增长情况。

所有者权益成长率是由于企业保留所获盈利的结果，是表明企业不必依赖对外融资的方式，便可拥有足够资金，以促进企业不断成长的速度。由企业盈利而使所有者权益增长引起的企业资金的增加额，经过再投资，将会创造新的投资效益，产生新的所有者权益成长率。

所有者权益成长率可按下列公式计算：

$$所有者权益成长率 = \frac{净利润 - 应付股利}{所有者权益额} \times 100\%$$

上式中的净利润及向投资人分配利润的资料，均可取自年度的利润分配表。

2. 所有者权益成长率的计算案例

【例 12 – 15】 汇丰股份有限公司 2005 年度至 2007 年度的税后利润，利润分配等情况见表 12 – 16，计算该公司所有者权益成长率。

表 12 – 16 税后利润、利润分配情况 单位：万元

项　　目	2005 年	2006 年	2007 年
所有者权益额	245 000	275 000	275 000
净利润	25 500	28 530	27 100
应付股利	6 375	7 200	6 775
净利润减应付股利	19 125	21 330	20 325
所有者权益成长率	7.8%	7.76%	7.39%

根据以上资料，分析汇丰公司 2005 年至 2007 年度的所有者权益成长率趋势如下：该公司的所有者权益成长率 2005 年度为 7.8%，表示其成长速度较快，而至 2006 年度和 2007 年度则分别为 7.76% 和 7.39%，比 2005 年度的所有者权益增长率有所下降。对这一趋势应做出进一步分析，企业的所有者权益总额 2006 年度较 2005 年度增加了 30 000 万元，增长率为 12.25%，而企业的盈利留存额从 2005 年度比 2006 年度增加了 2 205 万元增长率为 11.53%，企业的盈利留存额增长速度快于所有者权益总额增长，使得汇丰公司所有者权益增长率 2006 年较 2005 年下降 0.04%。

汇丰公司 2007 年所有者权益总额与 2006 年相同，企业的盈利留存额 2007 年比 2006 年减少 1 005 万元降低率为 4.71%。所有者权益增长率 2007 年较 2006 年下降 0.37%。说明企业在成本管理方面存在一定的问题。分析者可以了解企业盈利留存额占所有者权益的比例关系，评价企业所有者权益的成长率，以确定盈利转投资对企业成长率高低的影响。

12.5 企业成长能力的分析

12.5.1 企业成长能力的概念

1. 概念

企业的成长能力是指通过企业有关增长率的指标所反映出来的企业扩张能力和持续发展能力。

企业发展的内涵是企业价值的增长，企业价值表现为给企业带来未来现金流的能力。公司的价值受风险性、获利性、成长性影响，其中成长性就是获利持续性，是影响公司价值的三大因素之一。

2. 影响成长能力分析的因素

影响企业成长的因素有多种，总的分为可量化因素和无法量化的因素。可量化因素包括财务报表分析、市场状况分析。通过分析可量化因素可以了解作为成长动力的资金基础是否充足；可以了解企业经营状况和市场占有能力、预测企业经营业务拓展趋势的重要指标。无法量化的因素包括产业前景、公司远景、竞争策略等。

3. 主要分析指标

企业成长能力分析的主要指标包括：总资产增长率、销售收入增长率、净利润增长率、资本增长率。

12.5.2 企业成长能力的主要指标

1. 总资产增长率

1）定义

资产是企业用于取得收入的资源，也是企业偿还债务的保障。资产增长是企业发展的一个重要方面，发展性高的企业一般能保持资产的稳定增长。总资产增长率是企业报告期总资产增长额与基期总资产额的比率。

2）计算公式

$$总资产增长率=\frac{本年总资产增长额}{年初资产总额}\times 100\%$$

$$本年总资产增长额=年末资产总额-年初资产总额$$

3）指标评价

总资产增长率指标从资产总量扩张方面衡量企业的持续发展能力，指标越高表明企业资产经营规模扩张速度越快，但应注意资产规模扩张的质与量之间的关系及企业的后续发展能力，避免盲目扩张。用三年平均资产增长率指标消除了资产短期波动的影响，反映了企业较长时期内的资产增长情况。

4）分析中应注意的问题

（1）不同企业采取的发展策略会体现为资产增长率的不同。

（2）会计处理方法的不同会影响资产增长率（影响资产的账面价值）。

（3）受历史成本原则的影响，资产总额反映的只是资产的取得成本而非现时价值。

（4）由于一些重要资产无法体现在资产总额中（如人力资产、某些非专利技术），使得该指标无法反映企业真正的资产增长情况。

2. 销售收入增长率

1）定义

该指标反映的是相对化的销售收入增长情况，与绝对量的销售增长额相比，消除了企业规模的影响，更能反映企业的发展情况。

2）计算公式

$$销售收入增长率=\frac{本年销售增长额}{上年销售额}\times 100\%$$

$$本年销售增长额=本年销售额-上年销售额$$

3）指标评价

销售收入增长率表示销售业务收入的增减幅度，反映公司主营业务的经营状况及变动趋势，可用于衡量公司产品生命周期、判断公司所处的发展阶段，从而有助于营销决策人员制定合适的营销策略。

4）分析时应注意的问题

（1）该指标是衡量企业经营状况和市场占有能力、预测企业经营业务拓展趋势的重要指标，也是衡量企业增长增量和存量资本的重要前提。不断增加的销售收入是企业生存的基础和发展的条件。

（2）该指标大于0表示企业本年的销售收入有所增长，指标值越高，表明增长速度越快。在实际分析时应结合企业历年的销售水平、企业市场占有情况、行业未来发展及其他影响企业发展的潜在因素进行潜在性预测，或结合企业前三年的销售收入增长率做出趋势性分析判断。

（3）分析中可以其他类似企业、企业历史水平及行业平均水平作为比较标准。

（4）指标值受增长基数影响，因此分析中还要使用增长额和三年销售收入平均增长率等指标进行综合判断。

5）销售收入增长率指标的营销价值

销售收入增长率指标所体现的营销价值如表12－17所示。

表12－17　销售收入增长率指标的营销价值

销售收入增长率	产品生命周期	营销策略
增长率上升≤10%	投入期	扩大客户群第一，利润第二，同时改进产品
增长率上升＞10%	成长期	提高产品市场占有率，利润第一
增长率下降5%～10%	成熟期	延长产品生命周期，加强促销
增长率下降＜5%	衰退期	淘汰老产品，以新产品逐步取代老产品

3. 净利润增长率

1）定义

企业价值表现为给企业带来未来现金流的能力，因此可以用净利润的增长分析作为企业发展能力分析的核心。净利润增长率是企业报告期利润增长额与基期净利润的比率。

2）计算公式

$$净利润增长额=\frac{报告期利润增长额}{基期净利润}\times 100\%$$

3）指标评价

企业的积累、发展和给投资者回报主要取决于净利润，净利润增长率是考察企业成长能力的重要指标。该指标越高，说明企业积累越多，持续发展能力越强。

在对净资产规模增长的分析方面，在净资产收益率不变时，净资产规模和收入规模之间存在正比例关系。同时，净资产的增长反映着资本的不断加入，表明投资者对企业信心充足，也为企业进行负债筹资提供了保障，有利于企业获得进一步发展所需要的资金。

4）分析时应注意的问题

以净利润增长率代替企业的发展能力存在一定的局限，企业的发展必然体现出净利润的增长，但二者并不一定同步，净利润的增长可能滞后于企业的发展，这就使得净利润增长率无法真正反映企业的发展能力，只是近似替代。

4. 资本增长率

1）定义

较多的资本积累是企业发展强盛的标志，是企业扩大再生产的源泉，是评价企业发展潜力的重要指标。资本增长率是企业本年净资产增长额同年初净资产的比率，反映企业净资产当年的变动水平。

2）计算公式

$$资本增长率=\frac{本年净资本增长额}{年初净资本数}\times 100\%$$

该指标体现了企业资本的保全和增长情况。该指标越高，表明企业资本积累越多，应付风险和持续发展的能力越强。

资本积累率指标有一定的滞后性，仅反映当期情况；为反映企业资本保全增值的历史发展情况，了解企业的发展趋势，需要计算连续几年的资本积累情况。

$$三年平均资本积累率=\left(\sqrt[3]{\frac{年末净资产总额}{三年前年末净资产总额}}-1\right)\times 100\%$$

该指标越高，表明企业所有者权益得到的保障程度越大，企业可以长期使用的资金越充裕，抗风险和连续发展的能力越强。

3）指标评价

企业资本额的多少是企业发展和负债融资的基础和保证，资本增长率从资本扩张方面衡量企业的持续发展能力。该指标越高，表明企业资本扩张的速度越快。但并非企业的增长率越快越好，过快和过大的扩张可能该企业带来潜在的风险。

4）分析时应注意的问题

利用该指标分析时应注意所有者权益各类别的增长情况。实收资本的增长一般源于外部资金的进入，表明企业具备了进一步发展的基础，但并不表明企业过去具有很强的发展和积累能力；留存收益的增长反映企业通过自身经营积累了发展后备资金，既反映企业在过去经营中的发展能力，也反映了企业进一步发展的后劲。

【例 12－16】汇丰股份有限公司 2005 年度至 2007 年度的有关资料如表 12－18 所示，试计算该公司的成长能力。

表 12－18　汇丰公司 2004—2006 年度的相关资料

项　　目	2005 年	2006 年	2007 年
总资产	850 000	856 000	881 800
营业收入	510 000	554 450	521 340
净利润	25 500	28 530	27 100
资本金	245 000	275 000	27 5000
总资产增长率	—	0.7%	3.01%
销售收入增长率	—	8.72%	－5.79%
净利润增长率	—	11.88%	－5.01%
资本增长率	—	12.24%	0

根据以上资料，分析汇丰公司 2005 年至 2007 年度的公司成长率趋势如下。

该公司的总资产增长率 2006 年度为 0.7%，2007 年度为 3.01%，表示其成长速度较快，而销售收入增长率 2006 年度和 2007 年度则分别为 8.72% 和 －5.79%，有所下降。对这一趋势进一步分析，该公司的营业收入总额 2007 年度较 2006 年度减少了 33 110 万元，2006 年度净利润增长率为 11.88%，2007 年度为 －5.01%，下降速度较快。进一步分析得知，企业的净利润 2007 年度较 2006 年度减少了 1430 万元，资本增长率 2006 年度和 2007 年度则分别为 12.24% 和 0，表示公司 2007 年度资本没有变化。总的来说，汇丰公司 2006 年度成长能力较强，2007 年度成长能力较差，需要结合公司具体情况做进一步的原因分析。

思考与练习

1. 为什么要进行企业营运能力分析？
2. 影响企业资产结构的因素有哪些？
3. 企业资产结构分析应遵循的原则有哪些？

4. 资产结构类别比重分析指标有哪些?
5. 简述流动资产主要项目比重分析的意义。
6. 分析资产周转速度比率的指标有哪些?
7. 根据表 12 - 19 所示资料做 A 公司资产运用效率的综合分析。

表 12 - 19　所有者权益成长率分析

单位：万元

项　目	2006 年	2007 年
	金　额	金　额
流动资产:		
货币资金	905	850
交易性金融资产	102	50
应收票据	2 200	2 180
应收账款	4 400	5 470
其他应收款	280	200
存货	20 800	23 800
其中：材料	10 000	8 200
在制品	6 200	6 750
产成品	4 600	8 850
其他流动资产	150	200
流动资产合计	28 837	32 750
非流动资产:		
长期股权投资	500	1 400
固定资产	22 902	24 402
在建工程	3 000	3 300
无形资产	1 300	1 150
递延资产	200	150
非流动资产合计	27 902	30 402
资产合计	56 739	63 152
所有者权益	34 459	36 790
营业收入	120 000	112 100
营业成本	94 000	87 900
净利润	5 600	5 250
应付普通股股利	2 941	2 719

参 考 文 献

[1] 中华人民共和国财政部. 企业会计准则. 北京：经济科学出版社，2006.

[2] 中华人民共和国财政部. 企业会计准则：应用指南. 北京：中国财政经济出版社，2006.

[3] 财政部会计资格评价中心. 初级会计实务. 北京. 经济科学出版社，2006.

[4] 财政部会计资格评价中心. 中级会计实务. 北京. 经济科学出版社，2006.